U0360739

悦·读人生

THE BIG QUESTIONS

A SHORT INTRODUCTION
TO PHILOSOPHY

大问题

简明哲学导论

（第十版）

[美] 罗伯特·所罗门（Robert C. Solomon）
凯思林·希金斯（Kathleen M. Higgins） 著

张卜天 译

清华大学出版社

北京

北京市版权局著作权合同登记号　图字 01-2018-0461 号

The Big Questions: A Short Introduction to Philosophy
Robert C. Solomon, Kathleen M. Higgins

图书在版编目 (CIP) 数据

大问题: 简明哲学导论: 第 10 版 / [美] 罗伯特·所罗门 (Robert C. Solomon)，[美] 凯思林·希金斯 (Kathleen M. Higgins) 著; 张卜天译. —北京: 清华大学出版社，2018（2023.7重印）
（悦·读人生）
书名原文 : The Big Questions: A Short Introduction to Philosophy 10th Edition
ISBN 978-7-302-49887-2

Ⅰ.①大… Ⅱ.①罗…②凯…③张… Ⅲ.①哲学理论—基本知识 Ⅳ.① B0

中国版本图书馆 CIP 数据核字（2018）第 052572 号

责任编辑：刘志彬
封面设计：李召霞
责任校对：宋玉莲
责任印制：丛怀宇

出版发行：清华大学出版社
　　　　　网　　址：http://www.tup.com.cn, http://www.wqbook.com
　　　　　地　　址：北京清华大学学研大厦 A 座　　　　　邮　　编：100084
　　　　　社 总 机：010-83470000　　　　　　　　　　　邮　　购：010-62786544
　　　　　投稿与读者服务：010-62776969，c-service@tup.tsinghua.edu.cn
　　　　　质 量 反 馈：010-62772015，zhiliang@tup.tsinghua.edu.cn
印 刷 者：三河市人民印务有限公司
装 订 者：三河市启晨纸制品加工有限公司
经　　销：全国新华书店
开　　本：185mm×260mm　　　　印　张：28.5　　　　字　数：523 千字
版　　次：2018 年 7 月第 1 版　　印　次：2023 年 7 月第 6 次印刷
定　　价：98.00 元

产品编号：077096-01

故事发生在1806年秋天的耶拿大学城（今德国境内）。照常理来说，大多数学生和教师在那个时候本应为课程做着准备，心中充满着紧张与期待。教授们即将完成夏季学期的研究工作，而学生们也本该着手他们通常在夏末所做的事情了。

然而这一年，学校却不会像往常那样开学了。

拿破仑的军队已经逼近了这座城市，你可以在大学图书馆的阶梯上听到远方传来的隆隆炮声。法国侦察兵已经到了这个城市，他们在大学附近来回走动，不时停下来在学生酒吧里喝杯葡萄酒，偶尔也会同当地居民聊上几句。有许多民众都很欣赏那个新的法国口号——"自由、平等、博爱"。

正当战争迫在眉睫之时，一位名叫格奥格·威廉·弗里德里希·黑格尔的年轻哲学教员正在匆匆赶写一本书。这是一部非常艰深的哲学著作，它有着一个令人生畏的标题——《精神现象学》。但这本书的内容却使人"意气风发"，它极好地把握住了那段艰险岁月的紧张、激动与焦虑。旧的生活方式行将结束，新的生活方式正要开始。这本书是意识的一种洞见，这种意识被裹挟在一股强大的力量当中，正在一个崭新而可怖的人类世界中寻找着方向。它代表着对普遍理解的憧憬和思想努力，激发了那种当时被天真地称为"人性可以完善"的信念。

现在把目光转回到我们这个时代。美国的生活似乎正要发生彻底的改变，我们旧有的一切习惯和标准，关于自身的观念以及生活方式，都要被某些几乎闻所未闻的全新事物所取代。我们会谈论"规则改变者"（game changers）和"临界点"（tipping points），但在多数情况下，我们所认为的生活中的巨变其实只是重点的转移罢了，有些时候这还表现在经过改良的新技术和新工艺所带来的并不怎么实用的好处。如果我们中的大多数人都对计算机、智能手机和互联网大肆渲染，那么我们将如何面对生活中的那些真实变化呢？黑格尔和他的学生们感到信心十足甚至是欢欣鼓舞。为什么？因为他们拥有一种哲学，拥有一种对他们自身以及未来的洞察，这种洞察能够让他们直面失业的困境，甚至是社会的崩溃以及接踵而来的巨大混乱。激励他们的是思想，思想能把最危险的处境变得意味深长。

 与哲学家相遇： 格奥格·威廉·弗里德里希·黑格尔（1770—1831）

格奥格·威廉·弗里德里希·黑格尔1770年出生于斯图加特。当他还是一名大学生时，他就对法国大革命（1789—1795）抱以很高的热情，并且是拿破仑的崇拜者。当拿破仑的军队于1806年进攻和占领了耶拿这座城市，结束了神圣罗马帝国长达800年的历史，并且在德国全境掀起广泛改革之时，黑格尔正在耶拿大学教书。正是在这种国际战争和憧憬自由的气氛下，黑格尔建立了自己的哲学，它以"精神"概念为中心，意指世界经由人的意识而统一起来。他的方法是辩证法，也就是说，他试图论证相互矛盾的看法如何能被调和起来，它们实际上是一种更深层现象——精神——的不同方面。直到今天，黑格尔仍然被认为是人类知识和价值的伟大综合者。他的《哲学科学全书纲要》（初版于1817年）是对整个人类生活——包括逻辑、科学、心理学、哲学、艺术、宗教、形而上学和伦理学——的一部简要概括。黑格尔于1831年去世。

我最近请我的一些读过黑格尔哲学的美国学生描述一下，他们对于自己和时代的看法是怎么样的，结果并不令人鼓舞。在他们中的许多人看来，"沉闷"一词似乎可以概括这个世界，而另一些人则会说"危机"和"绝望"。有一位学生说，生活是"荒谬的"，而另一位则说，生活是"无意义的"。我问为什么。答曰：油价昂贵、许多人还没有得到令自己满意的工作、电视节目很糟糕等。我们都认为这些事情还谈不上悲剧性，更谈不上"荒谬"，还没有使生活"无意义"。每个人都会同意，核战争和恐怖主义的阴魂压抑了我们的乐观情绪，但我们也都认为，这种灾难的可能性是未定的，而且不管怎样，即使存在着这种阴影，我们也要尽可能好地活下去。但为什么在这个相对来说更为富足和安宁的时代（与历史上绝大部分时期的绝大多数地方相比），我们的回答却如此令人丧气？我们似乎失去了某种东西，正是这种东西使得黑格尔和他的学生们在面对着最可怕的战争时，仍能保持乐观和自信。那么，这种东西到底是什么呢？回答依然是——一种哲学。

哲学、宗教和科学一直都是紧密相关的。它们虽然各有侧重，但目标都是一样的，那就是强调思想和认识的重要性，强调理解我们这个世界，用某种更宏观的甚至是从宇宙的角度来审视生活的重要性。**思想决定了我们在宇宙中以及与他人的关系中的位置。**思想决定了什么是重要的，什么是不重要的；什么是公平的，什么是不公平的；什么是值得相信的，什么是不值得相信的。思想赋予了生命以意义。我们的心灵需要思想，就像身体需要食物一样。我们渴望洞察，企盼理解。我们被生活的常规束缚住了，不时会被那些所谓的"消遣"或"娱乐"活动分神。我们整个国家失去的是思考的快乐、理解的挑战、灵感以及哲学的慰藉。

哲学就是**努力思索**生命，思索我们已经学到的东西，思索我们在宇宙中的位置。从字面上讲，哲学就是**对智慧的爱**。它追求更广阔的图景，渴望这样一种**知识**，那种使我们理解自己的生命以及周围世界的知识。因此，它是对**价值重要性**的坚持，是对完全陷于生活琐事而仅仅随波逐流的拒斥。哲学与智慧规定了我们在宇宙中的位置，赋予了我们的生活以意义。

当初入大学的学生们问及有关生活意义和宇宙本性的问题时，回答这些问题的应当是哲学。但许多学生由于没有受过严格思维的训练，却又急于得到一个答案，于是就会诉诸一些廉价的替代品，即那些自助的通俗哲学、舶来的怪异宗教、极端的政治等。如果哲学的严肃思考没有提出过这些大问题，那么也许这些通俗之物可以代劳。哲学与这些通俗的替代品之间的根本区别是质上的，即思想的品质和理解的彻底性。无论如何，我们都是借着思想而生活的，所以问题的关键并不在于从事哲学与否，而在于是接受一种廉价的、没有挑战性的替代品，还是试图进行真正的思考。本书的目的就是要把你引入真正思考的大门。

────── 哲学的主题 ──────

哲学有时候会被视为一种极为深奥和抽象的专门学问，仿佛与其他各个门类的研究——或与我们的余生——没有什么关系。其实这完全是错误的。哲学恰恰是要努力去理解我们是谁，以及我们是怎样看待自己的。这正是我们在哲学课堂上所学到的哲学史上的大哲学家们所做的事情，那就是力图去理解他们自身、他们那个时代以及他们在宇宙中的位置。事实上，他们做得是如此出色，以至于直到今天仍然堪称我们的榜样。他们帮助我们提出自己的观点，学会澄清我们到底相信哪些东西。

自始至终，我都会在本书中简要介绍历史上的一些伟大哲学家（简要的传记包含于各章之中）。但哲学主要不是研究其他人的观点，而是努力用尽可能有说服力、尽可能使人感兴趣的语言来清楚地表述你自己的观点，这才是做哲学，而不是仅仅读一下别人是怎么说的。

本书正是要帮助你做到这一点，那就是把以往的哲学家及其伟大的思想作为启发，作为一种组织你自己观点的方式去做哲学，去表达你的想法，唤起你单凭自己的能力可能无法想到的其他可能性。你应当独立思考，澄清你所倾向的是哪种观点，以及为什么是那种观点，并把这些观点组织起来以应对其他可能看法。有些学生可能会想当然地认为，一旦你进行抽象地讨论，那么你怎么谈就无所谓了。所以他们会侈谈一些毫无意义的话，表达一些他们从未反思过的说法，或者仅仅是套用一些字眼——比如"价值"这个时髦的词——而丝毫不去考虑他们自己认为什么是正确的。我曾经教过一个非常聪明的学生，他有一次宣称自己并不存在（尽管他没能使我确信这一点，但我还是给了他一个成绩）。有些学生甚至认为即使自相矛盾，也没什么大不了的，"这不过是些思想而已"。但如果我们是依靠思想来看世界的，如果正是思想决定了我们会怎样看待自己和生活，那么思想的意义就非同一般了。所以非常要紧的（这也是为理智所必需的）是，你必须在每个节骨眼上问一句："我真的相信它吗？""它与我所相信的其他事物矛盾吗？"一种哲学如果是好的和伟大的，那么它的提问方式就必定是严肃的和严格的。本书旨在帮助你提出这些问题，用哲学的语言表述你自己的世界观。

单凭一门课就囊括你关于生活的意义以及宇宙本性的看法，这种任务听起来似乎过于艰巨。但无论你的第一次努力有多么艰难，这种整体性的批判性思考——把它们组织成一个整体——对于你未来所要从事的任何工作都是极为重要的：厘清你的优先次序，知道你是谁以及自己相信哪些东西。在这门也许是你第一次有机会了解哲学的导论课上，你的思想即将迈出第一步。一旦你开始思考大问题，你就会——像大多数同学以及几乎所有职业哲学家那样——有充分的理由发觉，这不但是你所学过的最能给予你回报的活动之一，而且操作起来也非常简便，因为你几乎可以在任何时间、任何地点，与任何人一起或者是独自进行。如果开始时有些困难（就像通常那样），那是因为你还没有习惯于哲学家的思考方式，因为我们的问题无可避免地会比我们原先以为的复杂，还因为你一旦开始思考，需要思考的问题数目就会变得没有止境。所以你应当把这当作一次初步的、探索性的尝试，努力表达你自己和你的观点——不是针对这个话题或那个话题，而是针对你的整个世界观。即使只是第一次，做哲学也会把这种过程变得令人激动和富有挑战性。

　　本书的第一章由一些预备性的问题所组成，为的是让你就一些见仁见智的基本哲学问题提出自己的看法。有些问题你可能会觉得好笑，但也有一些是极为严肃的。通过回答这些问题，让你了解到相信哪些东西，不相信哪些东西，这两者之间的界限应当渐渐明晰起来。接下来的每一章也都会以一些基本问题开篇，这些问题同样旨在鼓励你先来表达自己的看法，而不是在我们讨论了哲学家们已经提出来的观点之后才进行。每一章都包含有对各种可供选择的观点的讨论，附带一些大哲学家的简短言论。对于那些你可能是初次见到的专门的哲学术语，我都酌情给予了介绍，它们有助于你做出比日常语言更加精确的区分和澄清思想（大多数这种词都收在书末所附的一张术语表里）。每一章都以若干篇末问题结束，为的是帮助你把自己的观点定位于传统哲学的适当位置。每章末尾还有一份可供进一步阅读的参考书目，其中包含有阅读建议。你可以就自己觉得有意思或有挑战性的主题进行研究，因为没有教科书能够取代原著。

── 致教师 ──

　　对于在大学里按照单元教学的哲学导论课而言，第10版使用起来更方便了。我会在每一章开头（通常在开篇的几段话或者在第一节的结尾）概括这一章的总体安排。方框中的要点为正文中讨论的内容提供了辅助材料。本版中的方框主要分为三类：传记、概念和引文框。传记框的标题是"与哲学家相遇"（偶尔会写成"与思想家相遇"），它们为正文中提到的许多哲学家的生平提供了一瞥。"引文资料"框提供了重要哲学著作的各种引文和摘录，以及相关的通俗资料。"掌握概念"框提醒读者注意重要的术语，并指出重要的概念区分。偶尔我还会加入"运用概念"框，以鼓励学生把特定的哲学概念与日常生活中遇到的现象联系起来。关键词用黑体字表示，词汇表中列出了它们的定义。

　　在本版中，我改变了第十章和第十一章的顺序，因为西方对"美"的讨论应与关于西方哲学的其他各章结合起来，然后才是讨论非西方哲学的一章。在本版中，我对"道德和良好生活"一章作了相当大的修改和调整，扩展了对基本道德理论的讨论，并且更详细地阐述了如何将它们应用到日常生活中。我还把以前版本中没有考虑或几乎没有考虑的对一些话题的思考包括了进来：解放神学（第三章）、理智德性（第八章）、实践三段论（第八章）、元伦理学（第八章）、善良意志（第八章）和中道（第八章）。

每一章的讨论多多少少是自成一体的，各章的顺序可以任意选择。比如，一些教师愿意以"上帝"一章开始，而另一些教师则愿意选择更具认识论色彩的"真理""自我"或"自由"等章开始。较之开头就碰上那些大思想家或者哲学中的那些最棘手的问题，我发现，如果开头几章能够既包含严肃的又包含有趣的哲学问题，加之对"生活意义"的各种讨论，可能更有利于缓解初识哲学的学生的紧张心情，使之能够更加随心所欲地谈论哲学，而且，我还发现开篇问题有助于学生在进入本章之前先自己想想这些问题。为了激发学生写出和思考哲学问题，使他们习惯于与文本和论点进行**互动**，我们鼓励学生在书的空白处直接写下自己的反映和评论。每一章的篇末问题也可以作为潜在的考题或问题来促进课堂讨论。

凯思林·希金斯

致 谢
Acknowledgments

我要感谢所有那些对我的那本较早的《哲学导引》（*Introducing Philosophy, Harcourt Brace Jovanovich*）提出肯定或批评意见的学生及同事。现在这本第10版的《大问题》是一次全新的尝试，它所面向的是不被那本书所吸引的读者。我要感谢所有那些指出了这本新书的必要性，并且帮助我构思和改进它的朋友们。

我特别感谢所有那些教给我哲学的乐趣与技巧以及如何去讲授它的人。首先是我的父亲Charles M. Solomon，他总是给我以鼓励。还有Robert Hanson，他在Cheltenham高中通过巴门尼德和赫拉克利特第一次使我受到了心灵的震撼。还有Doris Yocum，他给我上了第一堂哲学课。对于教授哲学，我从Elizabeth Flower, James Ross, Peter Hempel和Frithjof Bergmann那里受益良多，而且我仍能从像Bobe Kane, Stephen Phillips和Paul Woodruff这样出色的同事那里学到东西。我也要感谢Donette Moss, Winkie Conlon和Shirley Hull的非常必要的关心和照顾，以及Jon Solomon就书中那些外来的内容所提出的建议.

关于鼓励性的评论和有益的建议，我要感谢Stephen Waters，Mark Gilbertson，Victor Guarino， Michael Thomas， Thomas E. Moody， Stanley M. Browne，Ronald Duska，Albert B. Randall，Emrys Westacott，Gary Prince，Janet McCracken，Timothy Davis，Charlie Huenemann， George Matejka，Christopher Trogan，张卜天，Mathias Bildhaver，Clancy Martin，Karen Mottola，Cleavis Headley，Dave Hilditch，George Matejka和Erin Frank。还要谢谢David Tatom，Bill Mclane，Steve Wainwright和Worth Hawes。

罗伯特·所罗门

除了以上各位，我还要感谢协助编写本版的评论者：Luisa Benton, Richland College; Lori Jean Brown, Eastern Michigan University; David Burris, Arizona Western College; Jeremy Byrd, Tarrant County College; Jeff Cervantez, Crafton Hills College; John Cleary, Raritan Valley Community College; Lynne Cropper, Muscatine Community College; Will Heusser, Cypress College; John Fredrick Humphrey, North Carolina A&T State University; Timothy Madigan, St. John Fisher College; Colleen Mallory, Ursuline College; James McRae, Westminster College; Chad Meister, Bethel College; Gregory Millard, Central Arizona College; Charlotte Pressler, South Florida State University; Massimo Rondolino, Carroll University; Michael Shell, Jefferson Communications and Technical College; John Shuford, Linfield College; Tyler Young, Northeast Texas Community College; Tara Zrinski, Northampton Community College。还要感谢Sarah Canright, Lisa Kemmerer, Alex Neill和Markus Weidler，特别要感谢Adrienne Devlin, Debra Matteson, Anupriya Tyagi, Andrea Wagner, Anais Wheeler, Adrienne Zicht和Susan Zorn协助编写本版，以及圣智（Cengage）出版公司的许多人对之前各版的帮助。特别感谢Jen Burton编制索引，Tara Zrinski制作电子题库教师手册，Charlotte Pressler制作Cognero题库，Brian Prosser为与教材配套的MindTap Digital Solution制作活动内容。

凯思林·希金斯

目　录
CONTENTS

——— 导言 ———
做哲学

Introduction
Doing Philosophy

未经审视的生活是不值得过的。

——苏格拉底（公元前5世纪）

认识你自己！

——德尔菲的神谕（苏格拉底的箴言）

哲学是我们关于自身和世界的信念及态度的总和。因此，做哲学首先是这样一种陈述活动，这种活动要尽可能清晰和有力地把我们的所思所想表达出来。然而，这并不意味着哲学的全部工作就是去宣称自己赞成某些听起来顺耳的观念或字眼。哲学是对这些观念的发展，它试图发掘其中所蕴含的全部意义和结构关系，尝试发现它们与其他哲学家的观点——包括以往那些大哲学家的经典论述——之间的关联。此外，哲学还要尽力去评价一个人自己的观点同其他观点之间的区别，能够与那些持不同意见的人进行争论，并且尝试去解决他们可能留给你的一些困难。有一位学生曾经说，把自己的主要观点列在一张纸上很容易，但要说清楚它们彼此之间是如何建立联系的，或者当有人持不同意见时应当如何作答就很困难了。我想，她所说的大概是这个意思：只要不必与其他球员合作，她将很乐意充当橄榄球队的四分卫，直到有另一支球队上场为止。但橄榄球比赛是与你的球队相互配合以对抗来挑战的其他球队，哲学也是尝试把若干各不相同的思想协调成一种观点，并且坚持用你自己的想法去回应那些反驳意见。的确，如果一种信念无法与其他信念相联系，而且又经不起批评，那么它可能根本就不值得相信。

 与哲学家相遇： 苏格拉底（公元前469或前470—前399）

苏格拉底可能是一切时代最伟大的哲学家，尽管他从来都是述而不作（我们所知道的关于他的一切，都来自他的学生柏拉图以及其他哲学家的记载）。苏格拉底大约生于公元前469年或公元前470年，他一辈子都生活在雅典，对于修辞和辩论特别有天分。关于他的婚姻有各种传言，他有几个孩子，一生中大部分时间都在贫困中度过。他把自己的哲学基于以下两点，即人需要"认识你自己"和过一种"经过审视的生活"。在苏格拉底看来，即使是智慧的程度也表现为知道我们到底有多么无知。他一生中的大部分工作都致力于阐释和追求诸如智慧、正义以及良好生活等目标。公元前399年，他被雅典人告上法庭并被判处死刑，理由是这种思想"腐蚀青年"。他放弃了所有逃跑的机会和撤销判决的尝试，在做了几次出色的讲演之后，他以绝对的尊严接受了这个残酷不公的判决，矢志不渝地捍卫自己的思想。

——— 避免时髦词语 ———

无论语词听上去多么有道理，为你的思想进行辩护和坚持它是非常不同的。例如，说自己信仰"自由"可能会使你备感骄傲和充满正义感，但如果你不能说清楚你所赞成的是什么，你所相信的是什么，以及为什么你所谓的"自由"如此值得追求，那么这将与哲学或自由没有任何关系。然而绝大多数学生，甚至是许多职业哲学家，都会受这样一些听上去富有亲和力的令人赞叹的词语的迷惑，我们姑且把这些词称为"时髦词语"（buzzword）。乍听上去，这些词指的好像是一些非常明确而具体的东西（就像"狗"这个词一样），但实际上，这些词应被归于那些最难理解的词之列，它们引发了哲学中一些最困难的问题。"自由"听上去好像意味着摆脱了监狱的束缚，或者能对政府糟糕的政策提出自己的反对意见；但是当我们试图说出是什么东西把这两个例子（以及许多其他例子）联系在了一起时，我们就会很快发现，我们其实并不真正清楚自己所谈论的到底是什么。事实上，任何人都信仰"自由"，但问题在于他们所信仰的到底是什么。与此类似，许多人都把诸如"真理""实在""道德""爱"甚至"上帝"这样的词作为时髦词语来使用，这些词之所以能够让我们感到快慰，仅仅是因为我们说出了它们。但要说明这些词可能表达的含义，却不仅仅是将它们说出来，而且也要说清楚它们的含义是什么，在我们所讨论的这个世界里（或世界之外），其自身到底是什么。时髦词语就像我们用来证明自己身份的徽章，但弄清楚这些徽章到底代表着什么也是同样重要的。

"科学"与"艺术"是两个很好的例子，可以说明有些时髦词语是怎样充当我们证明自己身份的方式的。有多少可疑的建议和愚蠢的广告不是打着"科学"的幌子来赚钱的？有多少激进的行为不是凭借"艺术"的名分而被容忍的？有多少政治活动不是打着"国家安全"或"民族自决"的旗号而被正当化的？这些时髦词语不仅妨碍了我们理解自己行为的真正本质，而且还会成为哲学的一块绊脚石（而非帮助）。哲学家们往往是通过做出严格的区分来构造新词的。比如，"主观"和"客观"这两个词，它们一经成为有用的哲学术语，就具有了如此众多的含义并且遭到了滥用，以致这些语词本身几乎已经不知所云了。有些自称的哲学家（其中也包括一些口头表达较为流利的哲学专业的学生）可能会认为，只有当他们把这些引人注目的术语连成一长串时，才是在做哲学。哲学术语只有当紧紧扣住所要解决的问题时才是有用的，这时它们的含义业已明确。时髦词语非但不能帮助我们思考，而且还会替代思考；言之无物尽管听上去一套一套的，但在思想上却没有什么实质性的价值。

对时髦词语的滥用说明了那条已经多次强调过的哲学命令——"定义你的术语"——的重要性。事实上，定义术语是非常困难的，在大多数情况下，定义出现在一个思想过程的结尾而非开端。你很清楚你所说的是什么意思。然而一旦讨论中包含某些哲学术语，我们就会发现，为什么要反复强调这一点。许多学生似乎认为，正因为已经学会了几个令人印象深刻的新词，这才算了解了某种哲学。但这就好比说，仅仅因为你已经试穿过冰靴了，你就相信自己已经学会了滑冰。然而，真理是要在你继续拿它们做事时才能发现的。

—— 明确表达和论证：哲学的两个重要特征 ——

哲学首先就是反思。它要求你后退一步，倾听自己和他人（包括那些大哲学家）的声音，并试图对你的所思所闻做出理解和评价，表述你自己的哲学就是尽可能清晰透彻地说出你的想法。通常，我们会认为自己相信某种东西，然而一旦我们试图把它写出来或是向朋友进行解释，就会发现，刚才还感觉很清楚的东西，现在已经变得模糊不清了，就好像我们一准备去表达它，它就蒸发了一样。也有一些时候，我们会感到自己对某个话题没有什么特别的看法。然而一旦我们开始就这个话题与朋友进行讨论，一旦我们的想法得以明确表达，就好像重新拥有了非常明确的看法。明确表达——用语词和句子把我们的想法清楚地说出来——是哲学的首要步骤。坐下来写出你的想法是明确表达它们的一种极好的方式，但大多数人选择的可能是一条使人轻松愉快的更佳途径，那就是就这些观点与他人（如与同学、好朋友、家庭成员，有时甚至可以是一个不期而遇的陌生人）进行讨论。的确，与另一个人进行交谈不但会迫使你在表达自己的想法时更加明确和具体，而且还会让你——或迫使你——进入到做哲学的第二种重要特征中来，即为你的观点做出论证。明确表达你的观点仍然不能保证它们就是值得相信的或是思考得很周到，从而能够经受住来自反对者的各种批评。论证可以对我们的观点加以检验，它之于哲学就好比训练之于正式比赛。通过这种方式可以看出你准备得是否充分，你的技巧如何，以及你的观点在哲学上到底有多少说服力。

 掌握概念： 哲学的首要特征

　　明确表达：用清晰、简洁、易懂的语言把你的思想表达出来。

论证：利用源自其他思想、原理和观察结果的理由来支持你的说法，得出你的结论，驳斥反对意见。

分析：通过区分和澄清各种组分来理解某种观念。比如，"谋杀"这一观念包含三个子观念：杀害、错误与意图。

综合：将各种不同的观念结合成一种统一的看法。比如，古代哲学家毕达哥拉斯的"天球和谐"观念（认为各个天体运动之间的关系形成了一种音乐）就把数学、音乐、物理学和天文学综合了起来。

明确表达和论证你的观点还有另一种人所共知的好处，那就是对一种观点进行表述和辩护可以在很大程度上把它变成你自己的。有太多的学生在阅读和学习哲学的过程中这样看待大哲学家的表述和论证，就好像他们只是某个智力博物馆中的展品，彼此之间奇怪地相互反驳，却与我们没有什么干系。然而，一旦你采纳了某种在历史上很可能曾被某位哲学天才辩护过的观点，这种观点也就在很大程度上成了你自己的。的确，做哲学几乎总要求助于其他哲学家来为你自己的观点提供支持，而且还要借用其论证和例证，当他们有惊人之语时引用他们的话（当然要在脚注中给予适当的说明）。正是通过做哲学，通过明确表达和论证你的观点，而不是仅仅阅读他人的哲学著作，也就是说通过同他们合作，公开地表述他们、捍卫他们、依靠他们，你才能真正提出自己的观点。正因如此，以往的哲学家才变得对我们重要起来，我们自己不成熟的、不清晰的、借用过来未经消化的思想才开始变得更有意义了。通过反思、明确表达和论证，哲学帮助我们对自己的思想进行分析和批判性的考察，帮助我们把关于自身和世界的看法综合起来，将其整合为一种独立的、统一的、能够为之辩护的看法。这种综合就是哲学反思的最终目的，凌乱的想法和论证不是哲学，这就好比一堆彼此无关的语词不是诗歌一样。

掌握概念：哲学的各个领域

为方便起见，同时也是为了把这门学科分成适于讲授的几个部分，哲学通常会被划分成若干领域。这些领域最终相互交织在一起，当我们研究某一领域的某个问题时，往往不经意间就会发现自己已经置身于另外一个领域了。然而就像大多数其他学者一样，哲学家也喜欢把东西专门化，你也许会发觉你的主要兴趣集中在以下某个领域。

形而上学：关于实在以及万物最终本性的理论。形而上学的目标是形成一种关于宇宙的全面而整体的世界观。形而上学中有一个有时被称为本体论的部分，它所研究的是"存在"，试图依次列出构成宇宙中不同种类的实体的优先性。

伦理学：对善恶对错的研究，对"良好生活"的寻求，以及对道德原理和准则的辩护。所以它有时又被称为道德哲学，尽管这实际上只是伦理学的丰富内容的一部分。

认识论：对知识的研究，包括诸如"我们能知道什么？""我们是怎样知道某种事物的？"以及"什么是真理？"这样的问题。

逻辑（或哲学逻辑）：对合理思维和好论证的形式结构的研究。

宗教哲学（或哲学神学）：对宗教、宗教的本质、神圣事物的本质以及相信（或不相信）上帝存在的各种理由的哲学探究。

政治（或社会政治）哲学：对社会和国家的基础与本质的研究，试图构想出理想社会的样子，并且在我们自己的社会中实践某些观念和改革以更好地达到这个目标。

美学（包括艺术哲学）：对艺术的本质以及艺术体验或愉悦体验的研究，包括对"美""表现"等概念的理解。

—— 概念与概念框架 ——

我们的哲学体系和哲学观点的基本单元被称为概念。概念赋予经验以形式，并使明确表达成为可能。甚至在我们试图说清楚自己的观点之前，概念就已经使我们可能去认识世界中的事物了。我们之所以能够看到或听到具体的人或物，而不是像透过一个焦距没有对准的摄影机那样看到一团模糊的世界，就是因为依靠了概念。除了规定我们经验的形式，概念还能把我们的经验组织起来。概念罕有孤立存在的情况，它们实际上总是要组成一个概念框架。

下面是一个关于概念的例子：当我们还是孩童时，学会了把某种东西称作狗，于是获得了"狗"这个概念。起初，我们使用起概念来很笨拙，会把任何有四条腿的动物都称作"狗"，比如猫、牛、马等。但随后父母作了纠正，于是我们学会了更加精确地使用概念，先是学会了把狗与猫、牛、马区分开，然后又学会了把它与狼和豺区分开。这样我们就拥有了"狗"这个概念，可以辨认出狗，也可以谈论狗，甚至即使没有狗出现，我们也能对狗进行思考和想象，并且可以谈论对一般的狗的看法。我们还可以通过学习和辨认狗的不同种类——比如辨别凶恶的狗和温顺的狗——而把概念精致化。因此，在某些情况下，概念在实践上具有无可置疑的重要性，因为正是概念告诉了我们应当怎样去行动，什么时候奔跑，以及什么时候礼尚往来等。但"狗"这个概念也成了我们对世界看法的一部分——一个狗在其中不无重要的世界，一个划分成狗与非狗的世界，一个可以思考狗的生活与我们的生活之间有什么区别的世界。（古代哲学中有一股重要思潮就被称为"犬儒主义"，该词取自"狗"的希腊词。犬儒派通过过一种苦行的贫穷生活而获得了这一名声，在其同时代人看来，他们的生活比"狗的生活"好不了多少。）

　　某些概念有着非常具体的对象，比如"狗"这个概念就是这样。因为这些具体概念来源于经验，所以我们通常把它们称为经验概念。我们已经看到，"经验的"（empirical）一词指向经验（比如说，知道狗的不同种类和行为），我们还会多次看到，*empiri-*这一词根意味着与经验有某种联系。通过经验概念，世界开始变得对我们有意义了。我们借助于经验概念把世界分成了可以区分的各个部分，学会了怎样与之打交道，发展了我们谈论、理解和解释它的能力，学习和谈论关于它的更多情况。除这些具体概念以外，我们还要使用一些更为抽象的概念，它们的对象无法触及或经验到，因此无法对其进行简单定义。这些概念被称为**先天**（*a priori*）概念，因为它们在概念上是**先于**经验概念的。"数"这个概念便是一例。无论数对于我们关于经验的讨论是多么的重要，算术概念并不是经验概念。虽然数学家谈论"无理数"的概念，但这个概念却无法对应我们日常经验中的任何一样东西。要想理解这一概念需要具备许多数学知识，因为与大多数概念类似，这个概念仅能在一个由其他抽象概念所组成的系统中进行定义。

 掌握概念： 知识的类型

　　经验知识：基于经验的知识（无论是基于你自己的经验还是他人的观察和实验），比如"芝加哥今天的气温是17℃"。

　　先天知识：独立于（"先于"）任何特殊经验的知识，比如"2＋3＝5"或"A+B=B+A"。

　　较之"狗"这个经验概念，"数"这一先天概念引发了更加困难的问题。一般来说，哲学所关注的其实正是这些最困难的概念。由于哲学概念是抽象的，它们的含义可能会为各种不同的意见留有广阔余地，比如"好人"和"良好生活"的概念似乎在不同的社会、对于不同的人有着非常不同的含义。因此，"上帝"的概念导致了巨大的困难。事实上，这种困难是如此之大，以至于有些宗教会拒绝对上帝进行定义，甚至会拒绝给他（并不总是"他"）一个名号。在犹太—基督教传统和伊斯兰教传统中，上帝这一概念的含义是多种多样的，甚至在《圣经》中也是如此。

然而，一旦我们开始思考其他某些上帝概念，比如古希腊关于宙斯和阿波罗的概念，印度教关于毗湿奴和湿婆的概念，或者把上帝等同于宇宙整体、某种生命力，或被一个人当作自己"生命的终极关切"的无论什么东西的某些现代概念，你就可以看到，仅就这个语词达成一致还不能解决最困难的问题：上帝是什么样子？我们能够期待他什么？信仰他是什么意思？我们的上帝概念是什么？

📝 引文资料：牛形上帝？

　　埃塞俄比亚人说，他们的神皮肤是黑的，鼻子是扁的；色雷斯人说，他们的神是蓝眼睛、红头发的。

　　假如牛、马和狮子有手，并且能够像人一样用手作画和塑像的话，它们就会各自照着自己的模样，马画出和塑出马形的神像，狮子画出和塑出狮形的神像了。[①]

——克塞诺芬尼（公元前约570—约前475），希腊小亚细亚

"自由"这个概念特别难以定义。有些人认为，自由就是能做任何你想做的事情；而另一些人则认为，自由仅仅在社会允许的范围之内才是有意义的。然而，这并不意味着"自由"就已经是非此即彼了。语词及其含义可以有各种各样的解释，进行解释正是哲学的工作。但这并不是说，我们的意见分歧仅仅是针对一个词的含义。我们所无法达成一致的是概念，而概念又反过来决定了我们看待世界的方式。

"自我"的概念也与此类似。在纯粹语法的意义上，"自我"一词仅仅指某个人，比如当我说"我向院长毛遂自荐"时指的就是我本人。但什么是这个自我？它并没有被这个仅仅有所指向的词所定义。我的自我指的就是我吗？是正在说话的声音吗？还是指整个一个人？它是否包含关于我的每一样琐碎的、无关紧要的事实（如我今天早上忘了梳头）？它指的是某种本质性的事实（如我是一个有意识的存在）吗？我的自我是一种灵魂吗？抑或是一种社会建构，它无法用单个的人来定义，而必须用我的社会和我在其中的特定角色来定义？

"真理"概念是哲学中的一个重要概念。真理就是"事物真实存在的方式吗"？它依赖于我们相信什么以及对如何才算是相信的规定吗？有没有这样的可

---

① Xenophanes, as translated in Waterfield, Robin, translator and commentator. *The First Philosophers*: *The Presocratics and Sophists*. Oxford University Press, 2000, p. 27.

能，我们都被自己有限的世界观限制住了，以致无法超出自己语言的概念和有限的经验来看世界？

在所有概念当中，最为抽象和最有争议的并不是那些我们用来把世界划分成为可以理解的各个部分的概念，而是那些我们试图用来理解世界之整体含义的大概念。宗教是传达这种整体理解的传统渠道。但在我们的文化中，也是为了这个最终的目的，宗教已经受到了来自科学、艺术、法律、政治和哲学的挑战。

这些包容一切的图景和视角是我们最终的概念框架，即我们用来"框定"和组织所有其他更为具体的概念的那些最抽象的概念。"概念框架"这一术语强调了概念的重要性，它对于明确表达那些构成大多数哲学的概念是重要的。然而从一种更具实践性的眼光来看，所谓"概念框架"也可以被当作一套价值和一种审视生活的方式，或者用现代的话来说，可以被当作一种生活方式。如果把侧重点放在政治与社会，那么这种东西可被称为意识形态——一套关于社会本质以及我们在其中所扮演的政治角色的观念，这些观念本身也反映在一个人的生活方式中；如果转向更加历史的角度，我们会发现，历史学家们有时把这种东西称为舆论气候，促使人们注意这些框架是如何转变的；如果我们把侧重点从为世界赋予形式的概念移开，而去强调由这种东西得出的对世界的看法，那么我们可以用一个通俗的哲学术语——世界观（它经常被写成德文的形式Weltanschauung，因为有几位德国哲学家曾经在19世纪频繁地使用这个词）来表达。然而不论我们所使用的是哪一个术语，侧重的是哪一点，重要的是我们已经在某种意义上拥有这些观点了，通过它们，我们不仅把世界条理化了，而且还规定了我们的生活。当我们在哲学中明确表达它们时，我们并非是在任意创造一种思想结构，而是在明确和澄清我们业已相信的东西，从而更加清楚自己的思想，能够为之辩护，在必要的时候有能力改变它们。

📝 **引文资料：** 宇宙宗教情感

不难看出，为什么教会总是要同科学斗争，并且迫害热忱从事科学的人。另外，我认为宇宙宗教情感是科学研究的最强有力、最高尚的动机。只有那些做出了巨大努力，尤其是表现出热忱献身——要是没有这种热忱，就不能在理论科学的开辟性工作中取得成就——的人，才会理解这样一种感情的力量，唯有这种力量，才能做出那种确实是远离直接现实生活的工作。为了提出天体力学的原理，开普勒和牛顿付出了多年寂寞的劳动，他们对宇宙合理性——而它只不过是那个显示在这世界上的理性的一点微弱反映——的信念该是多么深

续

挚，他们要了解它的愿望又该是多么热切！那些主要从实际结果来认识科学研究的人，对于下面这样一些人的精神状态容易得出完全错误的看法：这些人被一个怀疑的世界所包围，但却为分散在全世界和各个世纪的志同道合者指出了道路。只有献身于同样目的的人，才能深切地体会到究竟是什么在鼓舞着这些人，是什么给了他们以力量，能使他们能够不顾无尽的挫折而坚定不移地忠诚于他们的志向。给人以这种力量的，就是宇宙宗教情感。有一位当代的人说得不错，他说，在我们这个唯物论的时代，只有严肃的科学工作者才是深信宗教的人。①

——阿尔伯特·爱因斯坦（1879—1955，德裔美籍物理学家）《宗教与科学》

通常，我们的概念框架、生活方式、意识形态、舆论气候或者世界观都会被想当然地用作我们做其他工作的理智基础。然而有的时候，检查一下基础、仔细审察一下我们通常认为的理所当然的事情是必要的。如果我们计划建造一座房屋，认真考察一下地基是个不错的想法，特别是当有什么东西好像出了毛病时就更是如此，比如，土质过于松软，地点位于易发生地震的断层处等。我们的概念框架也是这样。一旦我们去检查它们，它们就有可能显得十分软弱或畸形，甚至有可能马上坍塌下来，任何切中核心的问题或者反对者的进攻都有可能使它垮掉。比如在大学新生中，这种经历屡见不鲜：他们带着某些一直认为是理所当然的宗教、道德、政治和个人的观点（他们从未对这些观点进行过质疑或辩护）入了学，随后碰到了某个人（这个人可能是一位室友、老师或学友），紧接着，这些自己从小到大都坚信不疑的观点陷入了混乱。那些尚未做好思想准备的学生可能会发现，他们对许多想法不再像以前那样有把握了，于是便开始进行防御。在此过程中，他们甚至会感到自己受到了侵犯，经常会为某件事情争论不休。但随着时间的推移，在经历了一些哲学思考之后，这些学生又会对他们相信什么以及为什么要相信重新明确起来。在基础得到考察之前，它可能已经相当虚弱甚至近于崩溃了，然而一旦他们看清了自己所处的位置，便会把空隙填补坚实，使自己免于不期而遇的"思想地震"的侵袭，并能以一种更为坚定的自信重塑自己的信念。

当然，你可能会发现自己正在使用两种甚至多种概念框架。例如，一种是学校里的科学框架，一种是周末的享乐主义（或快乐主义）框架，还有一种是周日早晨

① Albert Einstein's "Religion and Science" appeared in the *New York Times Magazine*, November 9, 1930.

的宗教框架。那么问题就来了：这些不同的框架应当怎样联系在一起呢？哪种是最重要的？它们果真互不相容吗？要想生活得一致，我们难道不是必须把所有这些信念全都统一起来吗？说到底，对概念和概念框架的理解之所以如此重要和有价值，是因为我们对它们进行理解的同时就在进行创造，从而丰富、发展和巩固它们，赋予我们的日常生活以新的意义和清晰性。

 与哲学家相遇： 需要知道的三个重要人物

柏拉图（公元前427—前347）是苏格拉底的学生，也是其思想的第一代言人。苏格拉底被处决使他深感震惊，他一生都致力于发展和传播苏格拉底的哲学。公元前385年，他创立了学园，旨在就道德和哲学的一般方面对雅典未来的领导者进行教育。

亚里士多德（公元前384—前322）是柏拉图的学生，他对自己老师的许多理论都很不赞同。亚里士多德不仅是一个哲学家，而且也是一个极有成就的科学家。他的思想统治了绝大部分科学（特别是生物学），这种局面一直到近代才有所改观。他是亚历山大（后来成了"亚历山大大帝"）的家庭教师，后来在雅典创立了他自己的（吕克昂）学园。亚历山大死后，亚里士多德被迫出逃，并说他将不会让雅典"第二次触犯哲学家"。

伊曼努尔·康德（1724—1804）在许多哲学家看来是近代最伟大的哲学家。他终身都生活在东普鲁士的一个小城（哥尼斯堡），并以他简朴且有规律的生活而著称（他终身未娶，据说他的邻居们曾根据他准时的午后散步对表）。然而这位似乎有些无趣的教授却是法国大革命的热情支持者，并且发动了一场以他自己的方式进行的革命。他的思想彻底扭转了许多关于知识、宗教和道德的传统看法。

—— 有风格地做哲学 ——

一种哲学的质量取决于它所提出的思想的独创性、彻底性、观念之间相互联系的严密性，以及整套看法留给读者的印象的鲜活程度。哲学史上那些最伟大的哲学家——柏拉图、亚里士多德和德国哲学家康德——的想法与他们的大多数同时代人（以及经常与他们进行交谈的其他哲学家）并无很大区别，但他们之所以会成为大哲学家，是因为他们雄辩地提出了自己的思想，出色地为之做了辩护，并把它们组织到一起，建成了一座宏伟壮观的（同时也是很艰深的）大厦。哲学首先是明确表达和论证，但哲学也是有风格地进行明确表达和论证。（附录一列出了一些哲学家独特风格的例子。）从本质上讲，任何一种哲学、哲学中的每一篇文章或每一本著作都是在为某种观点**提出充分的理由**。这就是为什么哲学训练会对将来从事法律、政治、商业或几乎任何一门职业的学生如此有价值的原因。

然而，并不旨在为某些特定的听众（即使他们只是你的室友或哲学老师）提供充分理由的杂乱表述和论证是没有意义或目标的。哲学应当有说服力，也就是说，除了表现出批判性的思考和显示智慧以外，哲学作品还应当风趣、机智、有戏剧性甚至是诱惑性。哲学要以绝非平凡的方式得出平凡的观点。不过无论是刚入校的一年级哲学专业学生的稳妥思考，还是大哲学家厚达数百页的经典文本，哲学活动本身都是一样的，那就是力图尽可能吸引人地明确表达和澄清自己关于世界的看法。你完全有可能参与其中，通过当一回哲学家来欣赏哲学。当你学完这门课的时候，你也将成为定义"西方"——也包括一点"非西方"——哲学世界的悠久传统的一部分（哪怕只是一小部分）。你需要理解以下几点。

1. **你的思想**：没有被明确表达的思想，就没有东西可以思考或写下来。

2. **批判性的思考**：未经审察、批评、发展和论证的思想还不是哲学。你从哲学课上所能汲取的最有价值的东西之一就是批判性阅读和思考的能力，在收集信息的同时还能对其思想进行细究的能力。

3. **论证**：哲学并不仅仅是陈述你的观点，而且还要用论证为你的观点提供支持，并对他人的观点进行反驳。最好的哲学总是具有一种针锋相对的形式。不要只是陈述，还要给出论证，预期可能会出现的各种反对意见，尽早去反驳它们（"你可能会反驳说……但就这种说法，我想指出的是……"）。

4. **一个问题**：哲学不是由对这个或那个话题的随随便便的思考和论证所组成的，而是被一个问题，一个自己真正关注的问题激发出来的。死亡和生活的意义之所以会成为哲学问题，是因为——温和地说——我们都关心生与死以及**我们的**生死问题。之所以会产生关于知识的问题，是因为有时某人会怀疑我们是否真正知道我们自认为知道的东西，自古以来，哲学家们一直在回应这种挑战（比如，你怎么知道你现在没有在做梦？或者，你怎么知道这个世界不是五分钟前随着它的所有化石和古代遗迹，以及我们和我们所有的记忆一同创造出来的）。哲学可能始于对一般意义上的生活和世界的好奇，但它必须关注某一个问题。

5. **想象**：你的一连串合理的思想和论证也许可以算作哲学，但却可能是死板无趣的。不要害怕使用比喻和类比。正如你将会看到的，某些最伟大的哲学家把他们对世界的看法既写成了哲学文章，又写成了诗。

6. **风格**：无论什么作品，只有当它具有一种生动的风格时，其可读性才强。

写作好文章的规则固然适用于哲学，但悦人耳目——令人激动、有吸引力、富有魅力、有说服力——的规则也同样适用。无论一种思想多么令人振奋，一则批评多么入木三分，如果它能伴着恰当的修辞和感人的笔触表达出来，再辅以优雅的起承转合，其表达效果必然更佳。

也许苏格拉底本来可以这样说，"每个人都应当思考他的生活，因为至少有的时候这样做能够帮助我们摆脱困境，使生活更加值得过"，但这样一来，也许就没有人会记住这句话了；他所采取的是另外一种说法，即"未经审视的生活是不值得过的"。千百年来，无数人都被这句话的大胆与直率所震慑，没有人不赞同这种说法。然而，一则警句只是一则概括陈述。苏格拉底的整个哲学包含了他的全部思想、形象和论证。同样，你的哲学也应当尽你所能去有力而优雅地明确表达和论证你所相信的一切。

关于哲学风格以及如何进行哲学写作的更多讨论，读者可以参见附录一。

逻辑准备
A Little Logic

逻辑的核心问题是对论证进行分类，即把坏的论证归为一类，把好的论证归为另一类。[①]

——查尔斯·桑德斯·皮尔士

　　哲学涉及观念、重要理论和眼光，它们必须在演讲或写作中以尽可能清晰的方式表达出来。因此，在表述过程中很重要的一点就是要为你的观点提供理由，要用各种例子和周到的考虑来支持你的理论，以表明你的哲学要比其他哲学更有说服力。因此，好的哲学表述的关键是论证。在日常语言中，我们有时会觉得某种论证就像一个火药桶，当中充满了敌意与怨恨，然而这未必是事实。论证不过是用理由来支持你的想法。"我知道自己现在没有做梦，是因为我从未把梦做得如此鲜活。我刚刚捏了一下自己，从而得出了这个结论；而且如果我是在做梦，那么我可能已经在打鼾了。"论证把你的信念同其他信念联系在了一起，而且有助于别人接受你的想法。一则好的论证完全能够以一种冷静、平和的方式表达出来。的确，最好的论证总是由一种被我们称为逻辑（或哲学逻辑）的缜密思维过程来规定的，我们通常把逻辑定义为"进行正当推理的科学（和过程）"。

　　哲学家们会运用各种不同的论证和论证类型。当然，政客、商人、脱口秀电视节目主持人以及其他任何人，每当试图说服自己或别人相信某种观点时都会这样做。有些论证是通过例子（"让我们看一个具体的例子"）和类比（"生活就像一部小说，它有开头和结局，或枯燥乏味或轰轰烈烈，必定会有冲突、不愉快、悬念

[①] Charles Sanders Peirce. "Logic." *Dictionary of Philosophy and Psychology*, ed. Jack Mark Baldwin, in 3 vols., Macmillan, 1902, Vol. II, p. 20.

以及错综复杂的情节。因此，生活最重要的就是要活得有乐趣，应当充分展示你的性格，不应只是委曲求全"）进行的；有些论证是基于广泛的科学研究；有些论证非常抽象，在很大程度上还只是言辞上的（更关注描述一种现象所使用的语词而非现象本身）；有些论证仅仅是基于对其对手的恶意攻击；还有一些论证只是徒有其表，根本就称不上论证。一般来说，我们可以根据不同陈述之间的关系把论证分为好的论证和坏的论证。（"真"与"假"适用于陈述本身而非论证。）

然而，什么样的论证算是好的，什么样的算是坏的，则要取决于该论证属于什么类型。为了更好地理解论证，弄清楚什么才是评判论证好坏的标准，我们可以方便地把论证分为两大类：哲学家和逻辑学家（也就是那些把逻辑作为自己研究兴趣的人）把它们分别称为演绎和归纳。

—— 演绎 ——

在演绎论证中，结论的真是由其他几条陈述的真来保证的。一个熟知的例子是你在高中几何所学到的对某条定理的证明。有些陈述从一开始就被假定为正确的（如公理就是那些依据定义为真或显然为真，以至于你根本用不着加以证明的陈述），于是，新的陈述就经由几条已经建立起来的推理规则——亦即思维规律，例如一条陈述不能既为真又为假，或者"如果A或B，现在非A，那么B"——被演绎或推导出来了。因此，演绎论证是从一条真陈述推演出另外一条真陈述。演绎论证有时可以这样来定义：最终陈述（或结论）为真完全由初始陈述（前提）为真来保证。

最出名的演绎论证要算是三段论了。下面就是一个例子：

所有哲学家都是智慧的。

苏格拉底是哲学家。

_____

因此，苏格拉底是智慧的。

在这种论证中，重要的是论证的形式。用字母来代替这些陈述中的主词和谓词，我们便会看到这种论证的基本形式：

所有的P都是Q。

S是P。

_____

因此，S是Q。

当一则演绎论证严格按照这种形式进行时，我们就说它是**演绎有效的**或**有效**的，否则就是**无效的**。演绎保证我们的结论至少是与前提同样可靠的。如果前提为真，那么结论也必然为真。但需要注意的是，对于有些论证来说，即使前提和结论都为假，该论证也可能是有效的。例如，下面这则三段论由于符合前面所给出的形式，因此是有效的：

> 所有的牛都是紫色的。
>
> 苏格拉底是牛。
>
> ─────────────
>
> 因此，苏格拉底是紫色的。

这是一则有效论证，尽管它的前提和结论都为假。因此，如果前提为假，那么即使是有效论证也不能保证结论一定为真。

重要的是要认识到，一则论证可以既具有有效的形式，又得出荒谬的结论。只有当所有前提都为真时，才能保证有效论证得出真的结论。因此，好的演绎论证既要有效，又要同时具有公认为真的前提。

需要注意的是，与通常的用法不同，哲学家们把"有效"和"无效"严格用于评判论证的正确与否上，而"真"与"假"则适用于论证中的各种陈述——它的前提和结论。因此，"三加二等于八"是假的，但不是无效的；"如果苏格拉底是人，而且所有的山羊都吃卷心菜，那么苏格拉底是羊"这则论证是无效的，但不是假的（无论其前提和结论是否为假）。如果一则论证既是有效的，前提又为真（换句话说，它是一则好的论证），那么该论证就被称为**可靠**的。如果一则论证的前提为假，或者其本身是无效的，那么该论证就被称为**不可靠**的（一则坏的演绎论证）。因此，一则好的演绎论证应当具备如下两条本质特征：

1．它是有效论证，

2．它的前提为真。

关于对有效论证形式的详细讨论，参见附录二。

── 归纳 ──

而对于**归纳论证**来说，即使前提为真，结论也未必为真。归纳论证最常见的形式是由若干个别事例出发进行**概括**。例如，我们注意到每一只前齿锐利的动物都食肉，于是就下结论说，所有前齿锐利的动物都食肉。但需要注意的是，尽管我们可能会确信该结论对于每个例子都是适用的，即我们所看到的每一只这样的动物都食肉，但我们依然有可能在概括的过程中出错，即我们下结论说所有这种动物都食肉可能是不对的。因此，对于任何一则归纳论证来说，细心挑选个别事例，确保它们尽可能地不同（也就是说，按照社会学家们通常所说的"随机抽样调查"来进行）是很重要的。根据证据对结论的支持度、所举事例的质量以及概括的可信度的不同，归纳论证可分为强的和弱的两种。归纳论证不会被说成是有效或无效。事实上，既然有效论证的定义是只要前提为真，结论就必然为真，那么归纳论证就不可能是演绎有效的（当然，这并不说明它没有任何价值。归纳论证虽然不可能是演绎有效的，但却具有其他功能）。

 掌握概念： 演绎逻辑与归纳逻辑

演绎逻辑保证，只要前提为真，结论就为真。

例子：如果某件事要么M做了，要么S做了，我们知道当时M还在狱中，所以一定是S做了（前提："如果某件事要么M做了，要么S做了"以及"M当时还在狱中"）。

归纳逻辑并不能保证其结论为真，而只能使我们认为结论（较之其他可能的结论）更合理一些。

例子：这支烟斗的种类与他用的一致，这里的脚印也与他的鞋子相吻合，案件发生前仅一小时，有人看见他正在附近，并且听到他说："只要我还有一口气在，我就要对她进行报复。"从这些证据来看，似乎只有认定他有罪才能最好地解释这些事实。

尽管概括是最常见的归纳方式，但事实上，归纳论证可以用来支持任何事实陈述。例如，如果你相信这样一则目前无法直接观察的事实陈述，即恺撒是公元前44年3月15日在罗马被人谋杀的，那么对该项陈述的论证就必定是归纳的。你只有基于从史书中获取的信息，发挥从莎士比亚戏剧中获得的想象力来加以论证；如果你确实有兴趣，还可以通过研究年表、罗马的政治记录甚至是留下来的遗迹等证据来进一步地证实它。在这样的归纳论证中，正是论据的融贯性（也就是说，论证的不同部分能够彼此搭配得很好）为论证创造了条件。比如，在一场审讯中，两种相互抵触的事实陈述（"被告有罪"和"被告无罪"）可能都存在证据支持。法官和陪审团——还有早先侦破此案件的人——头脑中的归纳问题是，定罪的证据是否要比反对定罪的证据更为一致。值得注意的是，在大多数情况下，福尔摩斯以及华生博士时常提起的福尔摩斯的"惊人的演绎能力"，其实只是一种从零碎的蛛丝马迹中获取事实论断的归纳推理能力。

归纳论证中最重要的部分之一是假说。在科学语境下，假说是指据信可以由实验加以证实或否证的陈述。对于科学中的假说，你可能已经比较熟悉了，然而事实上，我们终生都在使用假说。若非我们首先在头脑中有了某些假说，归纳可能就是白费气力。正如科学家会围绕一个特定的主题和目标去组织他的研究，我们也会根据某些具体的考虑和假设来调整我们的注意力。"谁吃了冰箱里的巧克力蛋糕？要么是我的室友，要么是小偷。哪个假设更可信？"其实不仅在科学中，我们已经知道或希望知道的每一件事情几乎都要依赖于假说和归纳论证，从早上寻找车钥匙（"我确信把它放在书本旁边了"）到对空间中黑洞的存在与性质的思考，所有情况莫不如此。

由前面的讨论我们可以看出，大多数所谓的论证其实根本就不是论证。例如，许多人似乎认为，强有力地、充满信心地陈述和复述自己的意见与用论证对它进行支持是一回事。其实不然，清楚地表述你的意见是论证的重要前提，但这并不等同于论证。论证超出了意见本身，它通过从其他陈述或经验证据进行演绎来为该意见提供支持。有些人似乎认为，单独一个例子就能构成整个论证，但一个例子至多只能成为论证的一个部分。大多数归纳论证都需要许多例子，同时还要应对那些并不符合假说的例子。每一则论证都必定会遇到反对意见，所以在很多情况下，即使是单个论证也是不够的。

类似地，许多人似乎认为诉诸权威性就可以万事大吉了，但在大多数哲学争论中，受到质疑的却正是权威性。如果某人坚持说，上帝之所以存在，是因为《圣经》是这样告诉我们的，那么问题就立刻指向了《圣经》的权威性（况且一个不信上帝的人可能也不会接受《圣经》的权威性）。如果某个人之所以会为某种政治立场辩护，是他的母亲曾经这样说过，或是托马斯·杰斐逊曾经这样说过，那么问题立刻就指向了说话者的母亲或杰斐逊的权威性。哲学的一个主要功用就是让我们对权威性进行质疑，亲自去思考我们应当相信什么，不应当相信什么。单单是诉诸权威性并不必然表示对该权威性的尊重，而是表示对我们自己的不尊重。正当的权威性既要尊重，又要博得。

——对论证进行批判——

哲学中非常关键的（但不是唯一关键的）活动就是批判。批判并不必然意味着——就像在日常生活中那样——对某人某事持反对意见；批判意味着对某条陈述进行认真的查验，看看对它的论证是否确是好的论证。不过这的确意味着，不论所考察的陈述是我们自己的还是他人的，重要的是发现它错在什么地方，以便对其进行修改或巩固。因此，我们甚至应当批判自己的立场，因为我们正是这样使它们变得更可辩护的。

批判演绎论证的一种典型方式是直接指出其前提不为真；如果该论证为归纳论证，那么只要证明它所基于的证据是错误的或虚假的就可以了。另一种批判方式是表明该论证包含了无效的演绎论证或弱的归纳概括，在这种情况下，使用反例是一种特别有力的方式。比如说，如果有人声称"所有美国人都热爱足球"，那么我们只要能够举出一个不喜欢足球的美国人的例子，就可以反驳这种说法了。我们可以通过举反例的方式来反驳任何一种具有"所有X都是Y"或者"没有A是B"的形式的陈述，也就是说，举出一个不是Y的X，或者一个是B的A的例子。假如有一个学哲学的学生说，"没有人能够确切知道某种事物"；一个常见的回应可能是举起你的手，并且伸出手指说，"这是一根手指：我确切地知道这一点"。这也许不是论证的结束，但正是通过这种一般的断言和反例，哲学论证才会变得更加精确。

即使所有论证似乎都是可靠的，某种哲学也可能会由于不一致而出问题，也就是说，从它的不同论证出发，会得到相互矛盾的结论。同样，如果一种哲学被证明会导致悖论——一种自相矛盾或者基于看似好的论证却得出了似乎荒谬的结论——我们就必须对它重新加以审查。例如，假定一位哲学家主张，上帝可以不受任何限制地做任何事情。上帝可以造出一座山，也可以搬动一座山。现在有一个具有批判眼光的人提出这样一个问题——"上帝能否造出一座大得连他也搬不动的山？"于是我们就得到了一个悖论。倘若上帝能造出这样一座山但搬不动，那他就不是全能的；而倘若上帝不能造出这样一座山，那他当然也不是全能的。这个悖论迫使我们重新考察关于上帝无所不能的原有主张（也许可以把它修改为诸如"上帝能够做任何逻辑上可能的事情"这样的话）。注意这是一种归谬法形式的论证，某种观点被驳斥是因为它会导致悖论。

 掌握概念： 悖论

悖论是指基于显然是好的论证而得出自相矛盾的或荒谬的结论。有时悖论只是表面上的，我们只需对其重新表述就可以消除了；但有的时候如果悖论得到很好表述，它将给整个科学分支、哲学、宗教或数学带来全新的思考。下面是一些例子：

"这句话是假的。"（如果它是真的，那么它就是假的；而如果它是假的，它又必定是真的。）

"有一个理发师声称要给镇上所有不给自己理发的人理发。"（他应当给自己理发吗？）

"上帝是全能的，所以他能够造出一座大到连他自己都搬不动的山。"

如果阿基里斯从A点向B点射一支箭，那么它必须通过A—B距离的一半A—C，再通过C—B距离的一半C—D，然后是D—B距离的一半D—E等，每一次移动的距离都是前一次的一半，依此类推。这个悖论是说，既然箭一直要这样移动下去，所以它将永远到达不了B点。

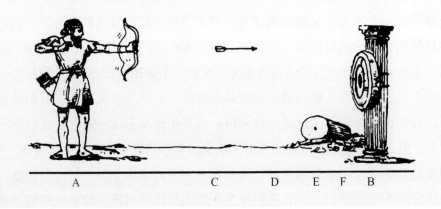

然而，即使一种哲学并不包含直接的不一致或悖论，它也可能是不连贯的，其各个陈述之间实际上并没有什么关系，或者陈述本身并没有什么意义，或者只能以一种荒谬的方式对它们进行解释。有的哲学可能会被指责为循环论证，即屡屡把试图解决的问题当作前提来使用。一个循环论证的例子是这样的："他人存在着，我知道这一点是因为我同他们交谈过。"该论证预设了他人的存在，而这正是争论点所在。

一种哲学可能会被指责为愚蠢或平凡（这也许是你所能说的最具冒犯性的话了），这意味着它甚至不值得你进一步花时间研究。说它尽管是错的但很有趣，要比说它愚蠢或平凡好得多（哲学陈述会沦为平凡的一种常见情况是，它们犯了被逻辑学家称为同义反复的弊病：如"A是A"）。同义反复是一种必然为真的陈述，它的正确性是如此明显，以至于与之相反的陈述会构成自相矛盾。

有的论证可能会具有人身攻击色彩，它们所针对的是人而不是问题。指控某个与自己意见相左的人是无神论者或纳粹，是人身攻击论证的一个再熟悉不过的例子。

一般来说，像这种坏的论证都被称作谬误，它们或多或少都是形式无效的（形式谬误是指违背了正当的推理规则；非形式谬误不一定违背推理规则，但会在暗中通过一种含混的术语、偏颇的语言、对事实的回避或者让人分散注意力来进行"欺骗"）。关于谬误的详细种类以及对它们的讨论，读者可以参阅附录三。

 掌握概念： 逻辑的基本概念

> 论证是用以支持某种观点或思想的一系列断言或陈述。所谓结论，是指为所有其他陈述所支持的断言。于是那些陈述就成为接受该结论的理由，那些（为了论证）被假定为真的陈述被称为前提。论证既可以是演绎的，也可以是归纳的：如果论证既是有效的（其形式使得如果前提均为真，结论即为真），其前提又为真，那么演绎论证就能保证结论为真；而归纳论证却不能保证其结论为真，无论证据看上去是多么可靠。演绎论证可以被称为有效的或无效的（论证绝没有真假之分），无效论证也被称为谬误。个别断言或陈述有真或假之分（它们不能被说成是有效或无效）。如果一则演绎论证既是有效的，其前提又为真，那么该论证就是可靠的（否则就是不可靠的）。得到了证据很好支持的归纳论证被称为强的，否则就被称为弱的。逻辑是对好的论证的运用与研究以及如何将好的论证与坏的论证区分开来。

在强调批判的同时也应当注意很重要的一点，即哲学是一项特别需要合作的事业。论证和批判不是用来对抗或防御的，它们是让你的思想及其含义——无论是对你还是对他人——变得清晰的方式。苏格拉底曾经说过，他最真诚的朋友也是他最好的批评者。的确，如果一个朋友从未批评过你，从不与你争论，那么我们是不会信任他的（"你要真是我的朋友，你早就告诉我了！"）。论证与反驳是在共同兴趣的指引下，为了探寻真理的共同目标而进行的。然而同样重要的是，在我们这样一个多元的民主社会中，意见有分歧的人之间的相互尊重是至关重要的。一种意见要得到所有人的赞成不大可能，每个人的意见都应受到尊重。但这并不意味着每个人的意见都具有同等的价值。思考的深度与论证的质量使得某些意见要比其他的更好或更加可信。同时，对于合作的尊重、就论证的重要性达成共识以及诚恳地提出否定意见是我们所向往的生活的前提。

 掌握概念： 同义反复

同义反复是一种平凡的真陈述。下面是一些例子：

如果一个人是自由的，那么他就是自由的。

如果你什么都不知道，那么你就不知道一切。

我如果没有到，就不会在这里。

下面这些陈述怎么样？它们是同义反复吗？

公是公，私是私。

男孩子总归是男孩子。

"玫瑰就是玫瑰。"（盖特鲁德·施泰因）

"你是什么，就成为什么。"（弗里德里希·尼采）

当你就哲学的各种问题提出自己的想法时，你一定会发现自己既使用了演绎论证，又使用了归纳论证。发现自己——或你的朋友——使用了错误的论证是完全正常的。然而重要的是，当它们出现时你能够辨别出它们的形式，并且在你为某种立场或思想进行论证时，能够知道——哪怕是初步地知道——你所做的是什么。论证并不是哲学的全部。如果论证所要支持的结论是无足轻重的或无趣的，那么该论证也不可能有趣；然而如果没有用好的论证加以表述，那么世界上最好的思想也可能会被认作无效或无人问津。

—— **篇末问题** ——

考虑下列论证。它们是归纳论证还是演绎论证？它们是有效的和可靠的吗？如果无效或者不可靠，其原因是什么？它们还错在什么地方（可以参考附录二和附录三）？

1. 世界上的每一件事情都是由其他事情引起的。人的行动和决定是世界中的事情。因此，人的每一次行动和决定都是由其他事情引起的。

2. 如果上帝存在，那么生活就有意义。上帝是不存在的。因此，生活没有意义。

3. 所有的企鹅都是紫色的。苏格拉底是紫色的。因此，苏格拉底是企鹅。

4. 威廉·詹姆士与约翰·杜威都把自己称为实用主义者。他们是主要的美国哲学家。因此，所有哲学家都是实用主义者。

5. 信仰上帝使人变得道德——也就是说，信仰者注意趋善避恶。

6. 我现在试图怀疑我的存在。然而我认识到，如果我在怀疑，那么我就必须存在。因此，我必然存在。

7. 我们一整天都没见到狐狸。因此，这个地方肯定没有狐狸。

8. 如果你不同意我的看法，我就揍你。

9. 上帝必然存在，因为《圣经》是这样说的。

10. 他一定有罪，因为他长了一副罪犯的面孔。

11. 如果她是无辜的，她就会大声喊冤了。她的确在大声喊冤。因此，她必定是无辜。

12. "城邦就像一个大写的人。"（柏拉图）

13. "我给你带来了不好的消息。玛丽和弗朗克一起出去了。我周六晚上给玛丽打了电话，她不在家。然后我又给弗朗克打电话，他也不在家！"

—— 阅读建议 ——

Copi, Irving, Carl Cohen, and Kenneth McMahon. *Introduction to Logic*. 14th ed., Routledge, 2010.

Engel, S. Morris. *With Good Reason: An Introduction to Informal Fallacies*. 6th ed., Bedford/St. Martin's, 2014.

Fogelin, Robert J., and Walter Sinnott-Armstrong. *Understanding Arguments*. 8th ed., Wadsworth, 2009.

Hurley, Patrick J. *A Concise Introduction to Logic*. 12th ed., Wadsworth, 2014.

Weston, Anthony. *Rulebook for Arguments*. 4th ed., Hackett, 2009.

Wright, Larry. *Critical Thinking: An Introduction to Analytical Reading and Thinking*. 2nd ed., Oxford UP, 2012.

1

——— 第一章 ———

哲学问题

Chapter 1

Philosophical Questions

> 研究哲学不是为了对哲学问题做出明确的回答……而是为了问题本身；因为这些问题扩展了我们对可能之物的构想，丰富了我们理智的想象力，减少了使心灵封闭起来不作思索的自以为是；但主要是因为，通过对伟大的宇宙进行哲学沉思，心灵也变得伟大起来。[①]
>
> ——伯特兰·罗素

哲学发端于令人困惑的个人问题。在许多情况下，我们的哲学意识可能源于失望或悲惨事件，比如当我们第一次想弄清楚生活是否公平，或者对在学校里是否真正学到了许多东西感到疑惑的时候。有时哲学也始于这样一种情况，即我们不得不做出某种决定，这种决定将会影响我们和他人今后的生活，比如要不要上大学、做生意或参军，要不要结婚，要不要孩子等。我们都感到有时需要向自己证明某某东西是否是正当的：比如在一个有无数人仍然饥寒交迫的世界上过一种相对奢侈的生活；即使我们有时似乎并不能从大学中获得许多东西，我们也依然要上大学；口里说相信某种东西，而行动（或不行动）却似乎暗示我们相信的是完全不同的东西等。

我们与哲学的邂逅可能源自一件平凡的小事：比如我们对一个朋友撒了谎，于是开始思考道德的重要性；我们被某种暂时的错觉或幻觉所折磨（或乐在其中），于是开始好奇我们怎样才能知道某种事物是否是真实的，我们怎么知道自己不是一直在做梦；我们与死亡擦肩而过（如差点碰上车祸、飞机的一次迫降等），于是开始思考生命的意义与价值。在这些时候，哲学便与我们相遇了，我们开始跳出琐碎的日常生活来思考问题和看问题。反过来说，做哲学就是去进一步思考这些激动人心的、有时会突然变得极为重要的问题。在本章，我们将思考这样一些问题和一些可能的回答。

—— 什么是哲学 ——

简单地说，哲学就是对诸如生命、我们知道什么、我们应当怎样做或应当相信什么这样一些重大问题的探究。它是一种对事物寻根究底的过程，一种对那些在大部分时间里被认为是理所当然、从未有过疑问或从未明确表达出来的想法提出根

[①] Russell, Bertrand. *The Problems of Philosophy*. Oxford UP, 1912, p. 161.

本质疑的过程。比如，我们认定一些行为是正确的而另一些是错误的，这有什么理由？我们知道杀人是不对的，但为什么如此？它总能成立吗？战争时如何？对一个生命已经不可挽回而又忍受着极大痛苦的人来说怎么样？如果世界变得如此拥挤，以致不是这些人死，就是另一些人死，那又将如何？

不论你对这些困难的问题作何反应，你的回答都反映出一张信念与思想之网，你很可能在对这些观念进行初次反思之前从未厘清过它。所以毫不奇怪，当一个人首次试图去思考他以前从未讨论过的一些问题时，其结果很可能是令人尴尬的、愚笨的甚至是令人心灰意冷的。这就是哲学问题背后的一般旨趣：它教给我们怎样去思考、澄清和论证我们所相信的东西，我们亲自把这些想法厘清，然后以一种令人信服的方式将它们呈现给其他可能持不同意见的人。因此，哲学经常是当两个哲学家或学习哲学的学生相互辩论时凭着意见的不同而有所推进的。有时争论似乎显得无关紧要，或者好像仅仅是语义上的问题，然而由于我们所寻求的正是基本的含义和定义，因此，即使是有关**语词含义**——特别是像"自由""真理"和"自我"这样的词——的争论，对我们所相信的一切也是至关重要的。明白了这些以后，让我们以一连串虽然有些奇特但却发人深省的问题开始我们的学习。每一个问题都旨在让你思考各种类型的哲学问题并表达出你自己的观点（如果你在阅读后面的文字之前先把这些问题的答案写出来，那么你将受益匪浅）。

 与哲学家相遇：勒内·笛卡儿（1596—1650）

勒内·笛卡儿1596年出生于法国的一个贵族家庭。当他还很年轻时，就发现了代数与几何之间的关联（这一领域现在被称为"解析几何"），为若干门科学建立了数学基础，并且在哲学与神学中用类似数学的方式进行思考。作为一位早期的启蒙思想家，他发展了一套基于个人理性进行思维的方法，即除了"明晰的理性之光"以外不承认任何权威。他的方法是去怀疑每样东西，直到能够令自己满意地给出证明为止。他的哲学的第一个前提是他自身存在的不可怀疑性（见第六章）。笛卡儿去世于1650年。

—— **开篇问题** ——

1. 有没有某种你愿意为之付出生命的东西？如果有，它是什么？

2. 如果你还能活几分钟，你将怎样利用这段时间？如果还能活几天呢？20年呢？

3．假如有人告诉过你，人的生命就像牛或昆虫的生命一样没有什么意义。我们吃饭、睡觉、活过一段时间、生殖，别的动物也是如此，生命没有任何最终的目的。你会怎样来回答他？人的生活拥有哪些在牛或昆虫那里无法找到的目的？你生活的目标是什么？

4．你信仰上帝吗？为什么？上帝是怎样的（也就是说，你所信仰的是什么）？你怎样向一个不信上帝的人证明你所相信的是真的，即上帝的确是存在的（什么会使你改变想法）？如果你不信仰上帝，那么为什么不信？描述一下你不相信的到底是什么（有没有其他你愿意接受的上帝概念？什么会使你改变想法）。

5．下面哪种东西最"真实"——是你所坐的椅子，构成这张椅子的分子，还是当你坐在上面时的感觉印象？

6．假定你是心理学家实验室里的一只动物，但你拥有思想和感觉的所有能力，也就是说有一个与现在完全相同的"心灵"。你无意中听到科学家跟一位助手说："别担心，它只是一头不会说话的动物，既没有思想，又没有感觉，只是在按照它的本能活动罢了。"你怎样证明你的确具有思想和感觉，有一个"心灵"？

现在假定有一位心理学理论家，比如哈佛大学的B. F. 斯金纳[B. F. Skinner（1904—1990），美国行为心理学家，操作性条件反射理论的奠基者]这样说，一般来说，没有所谓"心灵"这种东西，人只是"行动"罢了（也就是说，根据从环境中接受到的刺激去移动身体和发出声音）。你将怎样证明你的确有一个心灵，你不仅仅是一个自动机或机器人，而是一个有思想、有感觉的存在？

7．假如你生活在这样一个社会，每一个人都相信地球是静止不动的，而太阳、月亮和群星则围绕地球，沿着可以预测的轨道做着也许比较复杂的运动。你反驳说："你们都错了，地球是绕太阳转的。"但没有人同意你的说法。他们都认为你疯了，因为人人都感到地球并没有运动，人人都看到太阳、月亮和群星在运动。到底谁是正确的？难道真的可能只有你懂得真理，而其他人都是错的？

8．"生活不过是一场梦"，一首流行的老歌这样唱道。假如你觉得有这样一种想法是可能的或至少是可以设想的（如在一堂哲学课上）：

你此刻仍然还在床上睡着觉，只不过是梦见自己在读一本哲学书。你该怎样向你证明这不是真的，你其实正醒着（捏自己并不管用，为什么）？

9. 把你当成小说中的人物描述一下自己。谈谈你的举止、习惯、个性以及特征用语。你最终成了一个什么样的人？你喜欢这个人吗？喜欢（或不喜欢）他的哪些方面？

10. 你怎样向一位外星来客解释你是谁（什么）？

11. 我们发明了一台机器，它是一个有着若干电极和一个生命维持系统的箱子，名叫"快乐箱"。只要你进入这个箱子，就会体验到一种特别快乐的感觉，而且这种感觉将一直持续下去，因为它可以产生足够多的变化使你不会失去新鲜感。现在我们想邀请你去试试。只要你愿意这么做，你可以随时决定出不出来；但我们可能会对你说，人一旦进到箱中，还没有谁愿意出来过。过了10个小时左右，我们接通了生命维持系统，人们就在那里耗完他们的一生。当然，他们其他什么事都没做，所以过了若干年后，由于缺乏锻炼，他们的身体开始变得肥硕臃肿，摇摇晃晃，但他们似乎从未为此烦心过。现在轮到你做决定了：你愿意跨进快乐箱吗？为什么？

12. 一个好人（一个不去作恶，只做分内之事的人）必定会快乐吗？一个恶人——至少是最后——必定会受苦吗？换句话说，你相信生活最终是公平的吗（如果不是，为什么每个人还要力图做一个好人）？

13. 你相信杀生在任何情况下都是错误的吗？任何生命吗？

14. 你是否曾经做过一个不牵涉别的任何人而完全只属于你自己的决定（也就是说，不是因为你的父母向你提出，不是因为你的朋友或电视、书籍、电影的影响，也不是因为迫不得已或过分受到某个人或某种情况的影响）？

15. 自由总是一件好事吗？

16. 你想要孩子吗？为什么？

这些问题中有些似乎显得无关紧要，而也有一些很显然是"深刻的"。但它们都旨在让你清楚地说出，你对自己和这个世界相信些什么。然而，比你所相信的东西更为重要的是理由，因为你的哲学正是从你相信某种东西的理由开始展开的。

让我们依次看看这些问题，你可以把你的回答同历史上的一些著名哲学家和其他同学的回答比较一下（把你的回答与你的朋友及同学的回答做一比较也是个好办法。他们的角度很可能和你不一样，你也可能想到了一些他们没有想到的答案）。

1. 有没有某种你愿意为之付出生命的东西？

   哲学家苏格拉底之所以甘愿赴死，是因为他认为即使法律判处他死刑，他也有义务去遵守一个城邦的法律。他是服毒而死的。他被迫喝下了一杯毒芹汁，半小时后就死了。他的朋友曾经试图劝说他逃走，他本人也认为对自己的判决不公。但他对法律和荣誉是如此的看重，以至于他下定决心要以死来用自己的原则表明他的信念。在他看来，没有什么比这更重要了。在我们国家的近代史上，革命战争时期的年轻爱国志士内森·黑尔[Nathan Hale（1755—1776），美国革命烈士和爱国者，在对英国部队执行侦察任务时被捕，后被处以绞刑]被载入了史册。当他即将被英军绞死时，他说："我唯一的遗憾，就是只有一次生命可以献给祖国。"

   有些学生说，他们愿意为拯救至亲的生命赴死（有些学生很谨慎，他们补充说，只有在保证用自己的生命去拯救他人的生命有较大把握时，他们才会这样做）。一些学生说他们愿意为"耶稣"献出生命，但却不清楚在何种场合才需要做这种牺牲。有几个老兵曾经说，他们愿把生命献给自由，但参加了某些战役之后，他们非常怀疑什么才算是为自由而战。值得注意的是，在我的班上，极少有同学写他们愿意为"荣誉"等献身。然而苏格拉底这样做了，他的绝大多数希腊同伴也会宁愿死也不愿被同胞看不起。许多学生都说，他们不愿意为任何东西付出生命。这对于他们的价值说明了什么？他们认为什么才是生命中最重要的？

   ### 引文资料：活得好

   苏格拉底被判处了死刑，现正在狱中。他的朋友克力同安排了一次越狱。

   克力同：我得知一些人正要解救你出来，让你离开这个国家。为什么要抛弃你的生命？

   苏格拉底：我亲爱的克力同，如果这样做有理由的话，那么我感激你热情

续

的好意。告诉我，真正重要的不是活着而是活得好，难道不是这样吗？

克力同：是的，怎么了？

苏格拉底：活得好与正直地活着或正确地活着是不是一回事？

克力同：是的。

苏格拉底：那么由此我们就必须判定，在正式的释放令没有下达的情况下我就逃走，这是否正当。难道一个人不应当履行他所有的协议，只要它们是正确的吗？

克力同：是应当履行。

苏格拉底：那么试想一下逻辑后果。假定当我们正准备从这里逃走时，雅典的宪法和法律出现在我们眼前并质问我们："如果一个城邦所宣布的法律判决没有效力，而是能够任由个人取消和践踏，你能想象这个城邦仍可以存在下去并且不受损害吗？"假定它们问："你和我们[宪法和法律]之间所达成的协议中有没有哪条规定是你可以违背的？或者你有没有同意要去遵守任何已经宣布的判决？"我们该怎么回答，克力同？难道我们不是只能承认必须遵守吗？

克力同：我们确实得承认，苏格拉底。

苏格拉底：我亲爱的朋友克力同，那就是我似乎从它们那里听到的，就像是一个神秘主义者听到了音乐的旋律。它们论证的声音如雷贯耳，以至于我再也听不到与此不同的其他声响。你想提出一种不同的看法吗？

克力同：不，苏格拉底，我没有更多想说的了。

苏格拉底：那就放弃吧，克力同，我们还是遵循正道，因为神已经指明了道路。①

——柏拉图《克力同篇》，公元前4世纪

2. 如果你只有几分钟（几天、20年）可以活了，那么你将怎样利用这段时间？

有一则古老的谚语说：散兵坑里没有无神论者。这就是说，当面对死亡的时候，我们都会寻求一些终极的东西来支撑自己。当然，散兵坑这个例子既可以象征绝望和恐怖，又可以代表我们每个人都有的一些潜在的宗教冲动，但许多情况都表明，正是对死亡的思考才

---

① Plato. *Crito. The Trial and Death of Socrates*. Translated by G. M. A. Grube, Hackett, 1975, pp. 46–54.

使我们每个人都成了哲学家。你最后的想法会转向上帝吗？为什么？会转向你最好的朋友？你的家庭？你的工作？你已经落空了的雄心壮志？未竟的事业？性？最后一顿饭？最后一次听最喜欢的音乐？或是向世界说再见？在20世纪70年代的一部电影《心之王》（*The King of Hearts*）中，男主人公惊恐地说："我们只能再活3分钟了！"而女主人公却兴奋地喊道："整整3分钟，真是棒极了！"

3. 人的生活拥有哪些在牛或昆虫那里无法找到的目的？你的生活目标是什么？

"生活的意义"问题也许是哲学中最大的问题。同一只蚊子相比，我们料想人的生活意义一定有很大的不同。但它们的区别是什么呢？一种可能的回答是，在上帝的创造中只有人占据着一个特殊的位置，扮演着特殊的角色。但这是怎样一种角色呢？我们怎么能确信蚊子就没有呢？即使我们来自上帝的创造，我们的生活就有意义吗？一个人怎样知道他被指派的角色是什么呢？

如果没有上帝，生活可能有意义吗？

有些人认为，人的生活之所以有意义，是因为与牛和昆虫不同，我们是有意识的。但这是什么意思呢？这又能说明什么？难道有意识——甚至是有思想和有哲学气质——就能保证生活一定有意义吗？当我们问及生活的"目的"或"意义"时，我们追问的到底是什么呢？

4. 你信仰上帝吗？

大多数学生在回答这个问题时不会有什么困难，甚至是那些想法不甚明确的学生也会马上回答说，他们不知道自己到底信仰什么。在所有哲学问题当中，也许这个问题是被思考得最多的，因为它显然是如此重要（即使与我们生活中所关心的大多数事物相比，它显然是哲学上的）。但远为困难的是说清楚我们**为什么**相信以及我们所相信的**是什么**。许多人都会承认，他们之所以信仰上帝是因为他们就是这样被教育的。但这是一个关于信仰的正当理由吗？许多美国人似乎都认为，相信上帝的理由在于它能使自己更快乐或更安心——这个理由可能会令早期的基督徒惊恐万分。这是一个理由吗？如果是，那么只要能快乐，信仰什么又有什么区别呢？

如果你信仰上帝，这对你的余生又意味着什么？公元3世纪以来，基督教中一直存在着这样一种争论，即信仰上帝的重要性到底是一个信仰问题（比如哲学家奥古斯丁就持此种看法），还是一个通过善行"挣得"上帝恩典的问题，与奥古斯丁同时代的修道士佩拉纠[Pelagius（354—418），修道士和神学家，他的神学体系被称为佩拉纠主义，主张人的本性是善的，人在精神拯救过程中起主要作用，从而与奥古斯丁的理论完全对立。他的学说后被斥为异端，他本人也于417年被教皇英诺森一世逐出教门]就这样认为。如果你信仰上帝，这是否意味着他人也应当如此？你是否有义务去说服他们这样做？或者信仰上帝是你个人的事情而与他人无关？如果你信仰上帝，那么你怎样解释世界上存在的大量的恶与痛苦？如果你不信仰上帝，你还会认为生活有什么最终的意义吗？事实上，如果你不信仰上帝，宇宙的存在还会有什么理由吗？

5. 下面哪种东西最"真实"——是你所坐的椅子、构成这张椅子的分子，还是当你坐在上面时的感觉印象？

我们倾向于认为，所谓"实在"，就是那些相对于我们的感官最真实、最显然和最清晰的东西。但有时对感官来说是清楚和显然的东西却是一种不真实的幻觉。科学家告诉我们，说椅子是一种坚实的东西其实是不对的。他们说，椅子实际上是由无数不可见的粒子——处于各种排列的原子和分子，以极高速度飕飕旋转的电子，外加更多的虚空——组成的；而哲学家或心理学家可能会告诉你，那种相对于你的感官如此明显和清晰的东西其实并不是椅子本身，而是你的感觉（特别是视觉和触觉），你正是由此来推出某种造成这种感觉的东西存在的。倘若如此，你又如何能够确信你所经验到的椅子是真实的？

6. 你怎样证明你的确有思想和感觉，的确有一个"心灵"？

哲学中有一种基本但颇具争议的区分：一方是我们那些物理的、可触的，通过物理学、化学和生物学知识可以解释的身体层面；另一方是那些不得不与我们的心灵打交道的精神层面。问题在于，精神的事件和过程——比如我们的感觉和思想——只能为拥有它们的人所直接知晓，而我们的物理特征却几乎能被所有人观察到。这样一

来，如果一个人所能观察到的只能是另一个人的身体，那么他如何
*知道*这个人除了身体以外还有一个心灵呢？诚然，我们通常假定一
个人的身体可以看到的活动（他的行为、举止、讲话）是不可见
的精神过程的表达，但如何来证明这一点？你将怎样向一个并
不认为身体活动是精神过程之表达的人证明你有一个心灵（思
想和感觉）？你又将怎样去说服一个宣称你（或他）没有心灵
的人呢？

7. 倘若只有你一个人相信地球是绕太阳转的而非相反。你所相信的是
真的吗？

曾经有一段时间，大约在500多年前，当时只有少数几个人认为地球
是绕太阳转的，其中最著名的是哥白尼，他的理论现已为所有科学
家所接受。但值得注意的是，我们日常的谈话方式中仍然充斥着像
"日出""日落""夏天的星座"等这样一些语词和惯用语，就好
像地球实际是静止的一样。事实上，即使是在当今这样的科学氛围
中，绝大多数学生也无法给出令人信服的理由，说明为什么要相信
哥白尼理论而不是相信很显然的感觉证据。如果你并非置身于一个
人人都坚持地球是绕太阳转的社会里，你能给出什么理由让人们相
信它？

但你却仍然固执己见。你所相信的——与所有其他人的观点相对
立，与绝大部分常识相对立——是*真的*吗？其实，这取决于我们
所说的"真"是什么意思。如果"真"指的是"事物实际存在的
方式"，那么无论有多少人懂得它或拒绝它就无所谓了。但如果
"真"的意思要部分取决于人们所相信的东西和所达成的共识，那
又将如何？比如说，一个英文词的意思不可能只有一个人知道，一
个语词之所以有英文含义，是因为说英语的人就这种含义（多少）
达成了共识。算术真理——比如"2+5=7"——部分程度上就取决于
约定，取决于对某种符号（如"2"和"+"）的意思所达成的普遍
共识。这对于描述世界的科学理论也是真的吗？

8. 假如你觉得这样一种想法是可能的或至少是可以设想的：你此刻仍
然还在床上睡着觉，只不过是梦见自己在读一本哲学书。你该怎样向
你证明这不是真的，你其实正醒着？

长期以来，这一直是为哲学家们所使用的标准问题之一，用于检验其知识理论的严格性。或如法国哲学家笛卡儿在其《第一哲学沉思集》中所表述的：

我夜里曾经不知多少次梦见自己在这个地方，穿着衣服，靠在火炉旁边，虽然我是光着身子睡在床上！[①]

当然，很少有哲学家会真的说他们现在正在做梦，但不得不对此给出证明却迫使他们对知识是什么、实在是什么以及我们如何才能真正知道某种东西进行澄清。比方说，如果你说实在就是在任一时刻"你所经验到的"或"你所相信的"东西，那么也许就无法证明你当下所认为的实在不是一场梦。

这个问题与你所相信的其他事物有什么牵连吗？

9. 把你当成小说中的人物描述一下自己。

为我们自身寻找一种恰当观念这一问题部分是指，我们在大部分时间里都是从内部去看我们，而不是像他人那样从外部去看。然而，从内部去看很容易看不清楚自己。当我们第一次见到某个人时，他的举止和言行往往会给我们留下一种强烈的印象，但是从内部看就无法做到这一点。正因如此，当我们从影片上亲眼看到自己的影像，或从磁带上亲耳听到自己的声音时，我们往往会感到震惊。事实上，许多人思考自己的时候就好像处于白日梦中，想到的内容（在其他任何人看来）可能几乎与关于他们的一些最明显的事实毫不沾边。这个练习旨在起到纠偏的作用，让你像其他人看你那样审视一下自己，试着说说你的哪些方面是**本质性**的。同时，它也可以帮助你弄清楚，你最看重自己和别人的哪些方面。你羡慕什么？你想成为一个什么样的人？

有一位德国哲学家曾经说过，你羡慕谁就是对你是谁的检测。你羡慕运动员胜过艺术家吗？你羡慕那些拥有财富和权力的人吗？你羡慕一个为坚持自己的信念而最终成为殉道者的人吗？你羡慕一个人，会不会是因为你希望自己长得像他（或她）？或是其他什么原因？有些人羡慕运动员，是因为比赛看起来很带劲，但这些人并不会亲自去效仿他们。有些人羡慕耶稣，主要不是因为他是一个什么

---

① Descartes, René. *Meditations on First Philosophy*. Translated by John Cottingham, Cambridge UP, 1967, p. 13.

样的人（对此我们知道得很少），而是因为他是上帝的儿子。如果你羡慕的是一些迥异于你的人，那么这些人有可能使你感到自愧不如。一个人为什么要这样做？你羡慕别人是为了激发灵感或是为自己提供一种标准吗？抑或仅仅是因为好玩？还是为了使自己泄气？要成为一个你会羡慕的人，你必须做哪些事情（你准备好了吗）？

为了看清我们看重自己什么，我们认为什么样的人是理想的，列出一串美德（见第八章中的亚里士多德的美德清单）不失为一种好方法（当然，假定你不会像一个保育员那样去思考，在他看来，一个人所有的优点就是静静地坐着，不去做任何打扰别人的事）。试着对你的清单排序，把最重要的美德排在前面。比如说，诚实是否与体谅他人同样重要？既不麻烦人也不帮助人是否与为需要帮助的人提供一臂之力同样重要？谨慎是否与勇敢同样重要？礼貌是否与使人愉快或富有感染力同样重要？

10. 你怎样向一位外星来客解释你是谁？

类似"一个在校大学生"这样的回答显然是无济于事的（那个怪物将在它的美国词典中查"大学"和"学生"，但这又能告诉它什么呢）。你说："我是一个人。"这是什么意思呢？那个怪物掏出这样一件武器，你猜测可能是激光枪，于是连忙试图劝阻它不要把你杀了。你会怎么说？你能给出什么样的非个人原因（也就是说只有你和像你这样的人才能够理解的原因，比如"我两天后必须进行期中考试"，或者"我还拿着从图书馆借的书呢"）？身为人、身为学生和身为你自己各有什么令人印象深刻的？

11. 你愿意跨进快乐箱吗？

这个问题的含义是显然的。哪些东西是你所看重的？如果是享受和惬意，你当然应当进入箱子（享受和惬意与"快乐"是一回事吗）；而如果你认为生活是与他人的关系、实现抱负和做事情，那么你当然不应进去。但话又说回来，如果你爱自己的朋友或情人的原因是因为他们会使你感到愉快，如果你渴望胜利和成功的原因是因为它们会给你享受，那么为什么不直接进到箱子里去？在那里你会找到真正的快乐和享受，没有别人的打扰，不必工作、流汗或担心失败。毕竟，这难道不是你真正想要的吗？

12. 一个好人必定会快乐吗？生活最终是公平的吗？

我们看待世界最重要的观念之一就是对善有善报、恶有恶报的信念。当然，事实上并不都是如此。虽然政府竭力追捕和惩罚罪犯，但这并不总能成功。生活中有许多事情的确是惩恶扬善的，但不幸的是，这样的事情并不经常发生。从某种角度来说，正是为了这个信念，众多信徒才搬出上帝（或因果报应）来保证世界终将是公平的。即使在基督教神学中也有这样的问题，即我们能否相信上帝的确履行了这一职责（见第三章中"恶的问题"）。但即使没有什么来保证最终的赏罚，也不能就此推出没有理由为善（或者不去作恶）。比如说，希腊人并不相信最终的赏罚，但他们的确相信荣誉的重要性，而这，我们或可说，就是它自身的报偿。

13. 你相信杀生在任何情况下都是错误的吗？

提出这个问题的两个背景是颇具争议的堕胎问题和古老的战争难题。但这个问题还引发了另一个关于道德本性的问题。道德原则在**一切情况**下都成立吗？假如你有一个机会可以通过牺牲一个无辜儿童的生命来拯救一座城市（正如在古希腊悲剧《伊菲戈涅亚》中，勇士阿伽门农牺牲了自己的女儿伊菲戈涅亚来确保特洛伊战争的胜利），或者假如上帝对你说——就像他告诉亚伯拉罕的那样——他想让你通过牺牲你的孩子的生命来证明你的信仰，你该怎么办？此外，人为地延长一个饱受癌症折磨的人的生命是正确的吗？生命本身要比其他任何东西都重要吗？动物的生命呢？在何种情况下（如果有的话）杀害动物是正当的？为了吃而杀害动物是正当的吗？是哪种动物重要吗？

当我们面对其他社会时，我们是否有权把我们的道德规范强加给那里的文化（即使在我们看来是绝对正确的）？如果有一个食人族部落长期以来都遵照这样一种传统风俗来生活，即把他们中间最孱弱的人杀了吃掉，我们是否有权说他们是错的？你不能只是说，"是错的，因为杀人是不道德的"，既然你已经承认这条规则是有例外情况的，那为什么还要对可怜而饥饿的食人族横加指责呢？

14. 你是否曾经做过一个**完全**属于你自己的决定？

绝大多数学生都是就"完全"一词展开讨论的。有些人说："当然，没有完全属于我自己的决定。"他们都认为每一种决定都至少要受到某些影响，这些影响可能来自家庭和朋友、最近读到的文章、潜藏的压力、不安的心情或者某种虽然遗忘了大半但却仍在起着作用的童年的恐惧。但没过多久，这些意见就分成了对立的两派。一方学生认为，所有这些影响加到一起就完全决定了最终的选择，也就是说，他们不可能再有其他选择方式，任何一个熟悉这些的人都会承认这一点；而另一方的学生则认为，无论一个人所受的影响有多大，他也总是能够自由选择的。如果其他条件保持不变，我们总能做出与他人期待正好相反的选择，甚至单纯为了证明我们能够自由选择，我们也总可以违背自己的原初意愿进行选择。

这个问题已经成为哲学中最受争议的问题之一。它通常被称为自由意志与决定论问题，许多哲学家都把这个问题当作自己整个哲学世界观的中心问题。有些哲学家把自己称为决定论者，他们相信任何已经发生了的事情，甚至连那些我们业已经过深思熟虑的（显然是）自由选择的行为，也完全是由一套先决条件和影响所引起或"决定的"。这意味着没有"自由选择"这回事，因为没有人曾经"选择"过尚未被决定的事情；而另一些哲学家则相信，即使是出于被迫，一个人也总要对自己的行为承担责任。在这些思想家中，有些人称自己为自由意志论者，我们也可以称其为"自由意志的捍卫者"。在决定论者看来，我们是超出我们控制能力之外的力量的受害者；而在自由意志论者看来，我们总是要对自己的行为承担责任的。从这两种观点的争论中，哲学中一些最重要的分歧出现了。

15. 自由总是一件好事吗？

假定有这样一个社会，那里的人们必须遵照一个统治者的命令去行动，但他们遵守起来很快乐，而且整个社会运行平稳，完全没有那些困扰现代社会的许多问题，比如犯罪、失业、经济匮乏等。唯一的问题在于没有人（可能除了统治者以外）是自由的。在那里没有言论自由或出版自由，每一个人都在同一种宗教里被培养长大，而且任何形式的反常、与众不同的行为或信仰所得到的惩罚都是严厉的（通常是死刑）。你怎样去说服这样一个社会中的成员意识到他们失去了某些重要的东西？我们已经习惯于在不理解或根本不试图

去理解"自由"是什么意思的情况下就对"自由"大加褒扬，以致
当我们不得不给出理由时，我们发现自己所能说的只能是一再坚持
"自由是好的"。但相对于什么是好的？对于幸福或一个运转良好
的社会来说，它并不是必需的。我们很容易找到或想象一个社会，
那里的人民快乐富足，但在我们的意义上却不是自由的。可是什么
叫"在我们的意义上"？这样说总有意义吗？自由是产生快乐和富
足的一种方式吗？抑或自由本身就是目标，无论发生什么情况，人
类生活的这一特征也要加以维护？为什么是这样？如果自由是某种
有害的东西怎么办（如不系座椅安全带的自由）？如果一个人的自
由威胁到他人的自由怎么办（如纳粹支持者鼓吹暴力和不容异己的
讲演自由，或者一个反复无常的、具有潜在危险的精神分裂症患者
的自由）？

16. 你想要孩子吗？为什么？

大多数人都是由于糟糕的原因才要孩子的（或者根本没有任何原
因）。他们要孩子是为了使关系得以维系，要孩子是因为自己一时
很孤单，要孩子是因为忘了使用避孕措施或是错算了月份。但要不
要孩子是一个人所能做出的最重大的决定之一，这项决定会给个
人带来一连串影响深远的结果，并且可以揭示出我们与世界打交
道——或不打交道——的许多方面。我们是为了筹划自己家族的未
来吗？为什么？是需要更多的帮手来处理家庭杂务吗（不要过多指
望）？是希望对某人具有绝对权威吗（持续不了多久）？是需要有
人在我们死后继承王位吗（这对大多数人来说都不现实）？是认为
要孩子会给我们一种不朽的感觉吗？或是仅仅出于一种好奇、一种
空虚？是打算牺牲自己的大部分时间和精力吗？或者丝毫也不把这
看作牺牲？

我们可以看看另一篇苏格拉底对话，这场对话是在苏格拉底和一位
想象中的女智者"狄奥提玛"之间展开的，苏格拉底假装在和她说
话。这里的对话选自柏拉图的《会饮篇》：

狄奥提玛：一切人都有生殖冲动，苏格拉底，都有身体的生殖冲动和
精神的生殖冲动。到了一定的年龄，他们本性中就升起一种迫不及
待的欲望，要生育孩子……这整个过程是件神圣的事，可朽的人具

有不朽的性质，就是靠着孕育和生殖。生殖是一个可朽的人通往永恒和不朽的最便捷的途径。

苏格拉底：狄奥提玛，真是这样吗？

狄奥提玛：不用怀疑，苏格拉底，你只需放眼看一看世人的雄心就能明白这个道理了。你会觉得它毫无理性，除非你彻底了解了我所说过的话，时刻铭记着，他们那样奇怪地利欲熏心，乃是为了要成名，要"流芳百世"。为着名声，还有甚于为着子女，他们不怕铤而走险，倾家荡产，忍痛受苦，甚至不惜牺牲性命。如果他们放眼看一看荷马、赫西俄德等优秀的诗人，就会欣美他们身后留下的一群子女，如伟大的诗作《伊里亚特》和《奥德赛》，它们替父母赢得了不朽的荣名。[①]

狄奥提玛认为，生孩子以及其他重要的成人愿望都是出于对某种不朽的渴望。我们前面思考过"什么值得为之死"这个问题。狄奥提玛则问了相反的问题：什么值得为之活？这个问题涉及是什么东西让生命变得有意义，这也许是最大也最重要的哲学问题。我们将在第二章讨论它。

—— 阅读建议 ——

Russell, Bertrand. *A History of Western Philosophy*. 2nd ed., Routledge, 2004.

Solomon, Robert C., and Kathleen M. Higgins. *A Short History of Philosophy*. Oxford UP, 1996.

---

① Plato. *Symposium*. Translated by Alexander Nehamas and Paul Woodruff, Hackett, 1989, lines 206c, 207d, and 209c–d, pp. 53–57.

雅克-路易·大卫，《苏格拉底之死》
© Francis G. Mayer / CORBIS

2

———— 第二章 ————

生活的意义

Chapter 2
The Meaning of Life

"也许，我过去生活得不对头吧？"他脑子里突然出现了这个想法。"但是又为什么不对头呢，我做什么都是兢兢业业的呀？"他自言自语道，接着便立刻把这唯一能够解决生死之谜的想法当作完全不可能的事，从自己的脑海里驱逐掉了。[1]

——列夫·托尔斯泰《伊凡·伊里奇之死》

—— 开篇问题 ——

1. 填空："生活是_____。"

例如：

生活是一幅拼图，只是你不知道这幅图最终会是什么样子，甚至不知道你是否已经拿到了所有拼图碎片。

生活是一个迷宫，只是你总试图避开出口。

生活是一场扑克游戏。（它需要运气，你既可能以大对子胜出，也可能以一手清一色的牌落败。）

生活是输赢。少数人是赢家，大多数人是输家。

生活是一场冒险。

生活是一种学习经历。

生活是一种恩赐。

生活是受苦。

你的答案是什么？你对自己是怎样看的？你最终的目标、期待、希望和恐惧是什么？

2. 假定一个天使正在云端注视着人类的活动，就像我们端详一窝蚂蚁终日忙个不停。天使会怎样评价这种忙碌的生活？在天使眼中，这种生活是什么样子？

3. 举出三四种你不希望今生无法了结的事情。在这些事情中，有多少是你已经做完的或已经开始的？哪些事情是你现在本可以做却没有做

---

[1] Tolstoy, Leo. "The Death of Ivan Ilych." *The Death of Ivan Ilych and Other Stories*, translated by Alymer Maude, New American Library, 1960, p. 148.

的（为什么没有)?

4. 哲学家阿尔贝·加缪认为，生活就像希腊神话英雄西西弗斯的使命，他被罚把一块石头滚上山，到了山顶石头又会重新滚落，于是一切都要从头再来，直到永远。生活真的像这样吗？为什么？

生活的意义是什么？这是最难回答、最需要回答同时又是最模糊不清的大问题。认真的读者往往会回避正面作答，因为他们知道这个问题是很难说清楚的。"意义"一词的意义本身就是不明确的，因此，对它的回答并不总是一种字面上的真理，可以用论证和理性加以辩护。然而，正是理性才使回答成为可能，才使对这个问题的追问成为必然。在本章，我们将思考生活意义的某些可能基础，然后讨论一些候选的有意义的生活类型。

—— 什么样的意义 ——

对于我们当中的大多数人来说，生活意义的问题最可能在我们情绪低落或命运多舛的时候产生，这个时候，我们的头脑大都处于混乱状态。在日常生活中，当我们不对事情进行哲学思考或一般性思考的时候，生活似乎充满了意义。我们有试要考，有汽车的滤油机要更换，有宴会要参加，有数天后的一次重要面试要准备等。然而，一旦我们有时不得不进行抽象思考，就会清楚地发觉，这些小的目标和期待无一能够担负起生活的意义。于是，我们的精力开始转向那些更大的事情——快乐、事业、成功、权力和爱情。然而好景不长，《传道书》的预言隐隐传来："万事皆空。"于是，我们开始超越生活本身来寻找生活的意义，这也是哲学的最终问题。

生活的意义是什么？首先，我们必须清楚这里的"意义"是什么意思？有的时候，某种东西（一个标记、一个词）的意义就是它所指向的某种超越自身的东西。"小心狗"这个标记可能指向某条看不到的很大很凶的狗，"苏格拉底"就是苏格拉底的名字。如果以这种方式来理解意义，那么我们就可以说，每个人生活的意义就是他的生活所指向的无论什么东西。但这会是什么呢？有些人可能会说，我们每个人的生活都指向周围的其他人（家庭、朋友、同事等），所以生活的意义就是他人；还有人认为，我们每个人的生活都指向更大的共同体、国家或整个人类；也有人主张，生活所指向的是我们的造物主，所以生活的意义就是上帝。但"指向"的概念在此处显得很是单薄，人们完全可以反驳说，生活并不指向任何东西，生活就是生活。但这似乎并未给我们提供问题的答案，也许，问题出在把意义当成它的所指上。

📝 引文资料：生活的意义

传道者说：虚空的虚空，虚空的虚空，凡事都是虚空。人一切的劳碌，就是他在日光之下的劳碌，有什么益处呢？一代过去，一代又来，地却永远长存……万事满有困乏，人不能说尽。眼看，看不饱；耳听，听不足。已有的事，后必再有；已行的事，后必再行。日光之下，并无新事。

我心里说，来吧！我以喜乐试试你，你好享福。谁知，这也是虚空。我指嬉笑说，这是狂妄；论喜乐说，有何功效呢？我心里察究，如何用酒使我肉体舒畅，我心却仍以智慧引导我；又如何持住愚昧，等我看明世人，在天下一生当行何事为美。我为自己动大工程，建造房屋，栽种葡萄园；修造园囿，在其中栽种各样果木树；挖造水池，用以浇灌嫩小的树木。我买了仆婢，也有生在家中的仆婢；又有……后来，我查看我手所经营的一切事和我劳碌所成的功，谁知都是虚空，都是捕风，在日光之下毫无益处。

我转念观看智慧、狂妄和愚昧……我便看出智慧胜过愚昧，如同光明胜过黑暗。智慧人的眼目光明；愚昧人在黑暗里行。我却看明有一件事，这两等人都必遇见。我就心里说，愚昧人所遇见的，我也必遇见，我为何更有智慧呢？我心里说，这也是虚空……我所以恨恶生命，因为在日光之下所行的事，我都以为烦恼，都是虚空，都是捕风。

这些事都已听见了。总意就是敬畏神，谨守他的诫命，这是人所当尽的本分。因为人所做的事，连一切隐藏的事，无论是善是恶，神都必审问。[1]

——《传道书》，公元前3世纪

我们可以说个别的词和标记有所指，但这必定是在某种语境或意义共同体之内才是可能。"pepino"（西班牙语，"黄瓜"）对于一个不说西班牙语的人来说没有什么意义，"fore!"（打高尔夫球时警告前面的人以免被球击中所说的话，即"前面当心！"）在一个不打高尔夫球的人听来也是不知所云。指向要涉及语

---

[1] *Book of Ecclesiastes* (1:2–9, 13–14, 2:1–17), Unknown Author, King James Version.

境，生活中也莫不如此。我们每一种特定活动的意义可以由习俗和它的目的来解释（"他这样做是为了给招聘者留下深刻印象"，或者，"他这样做是为了发出左转弯的信号"），但我们能以类似的方式解释全部生活的意义吗？不错，极少数人可能确实会把他们的全部生命奉献给唯一的目标，比如赢得革命的胜利，或者寻找癌症的治疗办法等。然而大多数人却不可能如此一心一意，他们的生活并不能这样简单地加以规定，但这并不意味着他们的生活缺乏意义。我们可以在语言学中问"pepino"一词的意思是什么，但我们却不能从理智上对整个语言的意义发问，比如像"西班牙语的意义是什么？"这样的问题就没有任何意义。因此，或许我们可以这样说，追问整个生活的意义是没有意义的，但这似乎说明我们不可能给出这一关键问题的解答。

然而，当人们问及生活的意义时，他们头脑中所想到的往往正是这些外在于生活的超越的东西。这些东西可能极为重要，甚至就是生活中最重要的东西。但需要指出的是，在某种意义上，这并没有彻底解决问题，而只是把它延后了而已。有4种回答值得说一说，即认为自己的孩子是生活的意义，认为上帝是生活的意义，认为来生是生活的意义，以及在绝望中忙不迭地认为生活没有意义。

孩子作为意义

许多人会说，生活的意义在于他们的孩子以及他们孩子的孩子。然而，只要我们仔细琢磨一下，就会发现这种回答会导致一个很奇特的推论。如果生活的意义不在于我们自己的生活，而在于他人的生活，那么什么才能使他们的生活有意义呢？——他们的孩子。但什么又给了他们孩子的生活以意义呢？——他们孩子的孩子，依此类推。人们总是试图以这种方式为将来抽象地谋划一个全然安宁快乐的地方——哲学家们称为乌托邦，这就是他们希望自己的孩子，孩子的孩子，或孩子的孩子的孩子生活的样子。但这又怎样使他们自己的生活有意义呢？对于那些快乐地生活在乌托邦中的远亲来说，生活的意义又是什么呢？问题依然存在。成功的配偶往往会一起回首他们共同奋斗过的岁月，并且认为那才是他们度过的最美好的时光。这符合那种认为最终安宁的乌托邦才是生活意义的观点吗？难道快乐本身就显然是生活的意义吗？

上帝作为意义

对于生活意义的一种传统回答是:上帝。事实上，我们经常会听到这样一种观点，对于那些信仰上帝的人来说，这个问题根本就不成其为问题，在上帝的存在受到怀疑之前，生活的意义从不会成为困惑。然而，事实并非如此。大哲学家、最虔诚的基督徒奥古斯丁问这个问题的次数要多于任何无神论者；马丁·路德，还有在他之前和之后的许多基督教思想家也是如此。认为单凭信仰上帝就回答了生活的意义，这只是又把问题回推了一步。上帝为什么要创造我们？而且为什么恰恰是我们？他指望我们什么？有些人认为，上帝把我们创造成为某种特殊的东西，我们不仅是"按着他的形象造的"，而且也是为了代他完成使命而来到地球。然而，如果他是无所不能的，那他为什么还要这样做？是为了证明什么吗？（向谁证明？）是为了满足虚荣心吗（《旧约》中的耶和华首先是一个不容违抗的上帝，可能也就是一个虚荣的上帝）？我们为什么要认为，自己之所以被创造出来，是为了实现某种特殊的使命或目的？如果事实的确如此，那么什么才是这个使命或目的？正如基督教的大思想家们早已认识到的，问题还停留在原处。什么才是我们生活的意义？信仰上帝似乎只能使问题显得更为棘手，而并没有解决它。

来生作为意义

有些人认为，生活的意义可以在作为今生之回报的来生中找到。然而，不论你是否相信有这样一个"来生"，这种形式的回答总是很奇怪的：认为今生今世只是相对于来生才有意义，这就等于说——就像《传道书》中所说的那样——今生是无关紧要的和没有意义的。然而，在这个无足轻重的今生中，我们应当如何行事才能使来生得到报偿呢？仅凭信仰？善行？尽情享受生活？发掘我们的艺术潜质或社会潜力？使异教徒皈依？学习烹饪？问题又一次在原地打转。我们可以这样进行追问：如果今生是如此无关紧要，那么什么才能保证来生更有意义呢？是此世短暂，彼世长久吗？但如果生活本身——哪怕只是其中的几分钟——是无关紧要的，那么永恒的生活又有什么意义呢？如果一堂课上了一个小时你已经厌倦，那么如果被告知课还要再上10个小时，你一定会更加厌倦。另外，基督教思想家，特别是过去几个世纪的基督教思想家们常常认为，只有对于那些尽情享受今生的人来说，来生的报偿才是可能的。于是，我们的问题又出现了：怎样才算尽情享受生活？发现今生是有意义的是什么意思？

没有任何意义

此外，还有一些哲学家——以及今天的许多学生——持另外一种意见，他们会说，生活其实没有任何意义。用于表达这种看法的用语通常是荒谬。"生活是荒谬的。"他们会这样说，也就是生活并无意义。而且这也是信仰或不信仰上帝的人都会持有的一种看法，尽管最极端、最彻底的表述均源自那些没有信仰的人。例如，法国哲学家阿尔贝·加缪在《西西弗斯的神话》中说，荒谬已经成为我们这个时代的共同感受：

在任何一条街的拐角，荒谬感会袭上每一个人的脸孔……

有时候布景倒塌了。起床，电车，4小时办公室或工厂里的工作，吃饭，电车，4小时的工作，吃饭，睡觉，星期一二三四五六，总是一个节奏，大部分时间里都轻易地循着这条路走下去。仅仅有一天，产生了"为什么"的一问，于是，在这种带有惊讶色彩的厌倦中一切就开始了。[①]

 与哲学家相遇： 阿尔贝·加缪（1913—1960）

阿尔贝·加缪1913年出生于阿尔及利亚。他是一个直言不讳的新闻工作者，在政治上终生采取一种艰难的中立立场，这种立场的一边是激进派和改革派，另一边是纳粹的严酷统治和殖民地的不公正待遇。他出版的第一部小说《局外人》使其在欧洲一举成名，直到今天，它仍是美国大学校园里最流行的小说之一。加缪的哲学基于他的如下观点：生活本质上是"荒谬"的，宇宙永远也不会满足我们对于意义和正义的期盼。然而，这样回答并不是说生活就不值得过了，而是我们必须通过反抗这种荒谬性，通过拒绝参与世界的这种不公，尽情地享受生活来使生活值得过。1960年，他不幸在一场车祸中丧生。

要指出的是，在一个人的生活中，这些答案中的每一个可能都是无比重要的。就像许多人所做的那样，一个人当然可以全身心致力于培养自己的孩子，把生命全都奉献给上帝也是可能的（尽管人们通常说得多，做得少），然而，这些体面的回答并未解决我们的问题，因为它们仅仅是把问题沿着原有方向推进了一步而已。我们孩子的生活意义是什么？人应当怎样服务于上帝？我们要的答案是在自己的生活之中，而不是在它之外。

对于那种认为生活毫无意义或荒谬的看法，同样的话也是适用的。加缪有时会基于自己的无神论来为这种观点辩护：如果没有外在的意义，那就不会有任何意义。但外在的意义未必就是生活的意义，况且由上帝的不在场（如果他果真不存在

---

① Camus, Albert. "The Myth of Sisyphus." *The Myth of Sisyphus and Other Essays*, translated by Justin O'Brien, Vintage, 1955, p. 10.

的话）并不能推出生活就没有意义。

 引文资料："永恒轮回"的思想

最沉重的负荷——假如有个恶魔在某一天或某个夜晚闯入你最难耐的孤寂中，并对你说："你现在和过去的生活，就是你今后的生活。它将周而复始，不断重复，绝无新意。你生活中的每种痛苦、欢乐、思想、叹息，以及一切大大小小、无法言说的事情都会在你身上重现，而且均以同样的顺序降临……"

你听了这恶魔的话，是否会瘫倒在地呢？你是否会咬牙切齿，诅咒这个口出狂言的恶魔呢？你在以前或许经历过这样的时刻，那时你回答恶魔说："你真是神明，我从未听见过比这更神圣的话呢！"倘若这种想法压倒了你，恶魔就会改变你，说不定会把你辗得粉碎。"你是否还要这样回答，并且一直这样回答呢？"这是人人必须回答的问题，也是你最沉重的负荷！或者，你无论对自己还是对人生，均愿安于现状，放弃去追求比这最终的永恒更为热烈的东西吗？[1]

——尼采《快乐的科学》，1882

 引文资料：西西弗斯和巨石

诸神处罚西西弗斯把一块巨石不断地推上山顶，石头因自身的重量又从山顶上滚落下来。他们有某种理由认为，最可怕的惩罚莫过于既无用又无望的劳动……

如果说这神话是悲壮的，那是因为它的主人公是有意识的。如果每一步都有成功的希望支持着他，那他的苦难又将在哪里？今日之工人劳动，一生中每一天都干着同样的活计，这种命运是同样地荒谬。因此它只在工人有了意识时才是悲壮的。西西弗斯，这神的无产者，无能为力而又在反抗，他知道他的悲惨状况有多么深广：他下山时想的正是这种状况。造成他的痛苦的洞察力同时也完成了他的胜利。没有轻蔑克服不了的命运。

登上顶峰的斗争本身足以充实人的心灵。应该设想，西西弗斯是幸福的。[2]

——阿尔贝·加缪《西西弗斯的神话》，1942

---

[1] Nietzsche, Friedrich. *The Gay Science*. Translated by Walter Kaufmann, Random House, 1974, pp. 341, 273–274.

[2] Camus, "The Myth of Sisyphus," pp. 88–91.

值得注意的是，语言学家们现在认为，意义必须在语境中才能找到。一个词之所以有意义，并非仅仅是因为它的所指，而更是因为它在语言中的含义。于是，我们也可以通过类比的方式说，生活的意义只有在我们的生活情境中才能找到，而不能诉诸生活以外的什么东西。对于一个真正**为上帝活着**的人而言，把自己献给上帝回答了生活的意义；对于一个真正**为孩子活着**的人而言，孩子回答了生活的意义。具有讽刺意味的是，只要一个人能够真正把生活致力于生活毫无意义这一命题，把人们通常赋予生活的有时是自以为是的错误而有害的意义清除掉，那么虚无主义——即认为生活毫无意义——同样可以赋予生活一种意义。加缪似乎就是以这种方式活着的。

—— 生活的各种意义 ——

生活就像奥林匹克赛会；聚到这里来的人们通常抱有三种目的：有些人摩拳擦掌以折桂，有些人做买卖以赢利，但还有一些人只是单纯作旁观者，冷眼静观这一切。

——毕达哥拉斯（公元前6世纪）

生活就像公开演奏小提琴，在演奏的同时学习这门乐器。

——塞缪尔·巴特勒（1612—1680，英国诗人）

生活是一碗樱桃。[Life is just a bowl of cherries，这是一首老歌的名字，意思是说，一碗樱桃里总是有酸有甜，生命也是苦乐兼备]

——无名氏

生活是一碗果核。[这是对前一句话的曲解，为笑谈]

——罗德尼·丹杰菲尔德[Rodney Dangerfield（1921—2004），美国喜剧演员]

生活的意义问题不是那种需要给出或能够给出确切答案的问题。的确，它更像是一则不可或缺的隐喻或是对生活的看法和洞察，从中你可以看出自己正在扮演何种特定的角色，有哪些合理的期待。这个问题之所以重要，是因为你对它的看法从多方面决定了你未来生活的走向。比如说，你抱着生活就是"狗咬狗"和人人为我的态度去经商或上学，那么你就会把所有人都当作自己的威胁和对手；你不会做到完全诚实，而且无论如何都不会从与他人的交往中得到乐趣。人们会逐渐觉察到你的竞争敌意，开始不信任你，甚至会偶尔用一些让你恼火的行为来检验你的意图。于是，你不久就将发现自己的确身处一个"狗咬狗"的气氛中——这种气氛在很大程度上正是你自己造出来的。所以生活意义的问题并非只是发现的问题，它也是一种重要的创造活动。你自己的哲学仅仅在部分程度上是对你已有世界观的表述和澄清，因为你所提出的哲学也将为这种世界观的形成提供一臂之力。于是，有些对世界持一种晦暗的悲观情绪的哲学家，会故意把他们的哲学表述得甚为欣喜和乐观，这不是为了欺骗自己，而是为了*改变*自己，其中的确有一些人获得了很大的成功。

正是我们对生活的看法决定了我们在其中所能发现的意义。于是，你对开篇问题1和问题4的回答将对你可能持有的生活态度给出一个相对清楚的说明，即使你的答案显得滑稽或富有诗意（正是在戏剧和诗歌中，以及做严肃哲学的时候，我们的看法才变得明晰起来）。如果你认为"生活是一场游戏"，那么你的意思是说，生活不应当非常严肃地对待（不论你自己是否严肃对待了），生活最终不会增添任何东西，最好的生活方式就是去享受它；而倘若你认为"生活是上帝的恩赐，应当明智地加以利用"，那么你的意思是说，生活实际上是严肃的，它多少有着确定的使命（这一点你必须去领会），而且何谓成功、何谓失败（在上帝面前）也是比较清楚的。下面，我将简要描述几种关于生活的主要看法，无论是在历史上，还是在学生的试卷中，这些看法都时常出现。当然，这张清单不可能完整，你也可以把自己的某些看法加进去，说不定会比我列出的几种还要好。

生活是一场游戏

正如我们前面所说的，如果生活是一场游戏，那么它就不会被严肃地对待。游戏是一种自足的活动，即使它的确增添了某种东西（如打篮球提高了协调能力，跑步提高了耐力等），游戏的意义也在于玩本身（游戏的输赢并不重要，重要的是怎样去玩）。不过，有人因此便会以狂热的竞争眼光来看待游戏，所以才有文斯·隆巴迪[Vince Lombardi（1913—1970），美国职业橄榄球教练]那句著名的话："胜利不是一切，*而是唯一*！"以这种方式来看待生活，就是把生活当作一场不间断的你死我活的斗争。因此，如果你认为生活是一场游戏，那么追问一下这种游戏属于何种类型是重要的。有些游戏仅仅是为了消遣，有些游戏是为了证明你的优越（掰腕子），另有一些则是为了消磨时间（单人纸牌）；有些游戏别具交际性（桥牌），有些则是有意制造紧张（下高赌注的扑克游戏）；有些旨在伤害对手（拳击），有些则是为了帮助别人（如借助游戏来资助慈善事业，看看谁能为了同一目标筹款最多）。许多作家都曾把生活看作一种游戏，比如30多年前，排在畅销书榜首的就是埃里克·伯恩[Eric Berne（1910—1970），美国心理学家，他于20世纪60年代创立了沟通分析理论（TA）用于心理治疗。写于1964年的《人们玩的游戏》是TA理论的奠基著作之一，出版后大受欢迎，极为畅销，使得TA理论闻名于世]的《人们玩的游戏》（*Games People Play*）。有些哲学家也认为，语言、经济学和哲学本身都是游戏。认为生活是场游戏，是用一种特殊的眼光考察生活，避免把它看得太过严肃，同时也是为了强调一些东西，比如对规则的遵守、"生活要精彩"、享受生活、要尽力争取成功等。然而，我们却往往以一种危险的方式来谈论"胜败"。比如，当我们将世界杯亚军称为一帮"败将"时，我们给自己定下的标准又是什么呢？

生活是一个故事

"生活是对艺术的模仿。"相对于柏拉图的"艺术是对生活的模仿"，英国剧作家和散文家奥斯卡·王尔德曾这样针锋相对地写道。显然，我们的生活并不是断断续续的，也不是朝向唯一一个大目标的，而是因循着某个相当详尽的剧本、故事或传记不断展开着的，我们（至少在某种程度上）一边前行，一边构造着这个剧本。故事的轮廓以及我们所扮演的角色可能首先是由我们的家庭和文化所赋予的，其次是由我们身处的环境赋予的。把生活当作一个故事，就是以一种特殊的时间方式来思考生活，把生活看成不断展开的情节和个性的连续发展（19世纪的德国哲学家称生活为一种"教育小说"，即一个青年人在经历生活中各种追求、失望和发现的过程中的个人发展）。

当我们做出生活中的决定时，我们经常发现自己所使用的标准也正是评价文学作品或电影时所采用的标准，它有趣吗？令人厌烦吗？有悬念吗？是否得体？时机选得如何？是否过分？这种做法符合主人公（即你自己）的性格吗？美国小说家约翰·巴斯[John Barth（1930—），美国作家。其小说将辛辣的讽刺，犀利、粗俗的幽默与深奥、复杂的哲理融为一体，并以此闻名。他的许多作品描写在一个没有绝对价值的世界里，人似乎不可能选择正确的行动]在《路的尽头》（*The End of the Road*）中暗示，我们每个人都是自己故事中的主人公。他这样写道："波洛纽斯这个人物并不认为自己是《哈姆雷特》中的一个小人物。"《哈姆雷特》可以从波洛纽斯的角度加以重写①，正如剧作家汤姆·斯托帕德的确已在其《罗森克兰茨和吉尔登斯特恩已死去》（*Rosenkrantz and Guildenstern Are Dead*）[Tom Stoppard（1937—），捷克裔英国剧作家。他的作品，特别是根据莎士比亚《哈姆雷特》剧

---

① Barth, John. *The End of the Road*. Bantam, 1967, p. 88.

中人物所写的《罗森克兰茨和吉尔登斯特恩已死去》一剧突出表现了作者卓越的语言技巧、精心的动作安排和巧妙的戏剧结构。罗森克兰茨和吉尔登斯特恩本是《哈姆雷特》剧中受篡位国王之命，陪伴被认作疯人的哈姆雷特去英国的两个朝臣。斯托帕德将这段情节加以放大，两个弄臣反配为主。其作品的主题是，人只不过是一个处于更大系统之中的、由不可理解的力量所主宰的小角色而已]一剧中从两个更不重要的人物的角度重写了《哈姆雷特》。当然，《哈姆雷特》是一部悲剧，但有些人是按照喜剧或闹剧的方式生活的，还有一些人则按照冒险故事的方式——选择那些有挑战性的工作或危险的嗜好——来生活。他们不失时机地做一些富有戏剧性的事情，为的是给自己的光辉履历添上几笔。在这种观点看来，赋予生活以意义的不是终极的目标或生活的结局，而是故事的质量、一个人生活和扮演角色的质量。如果选错了角色（选择了不适当的或高于自己能力的角色），或者没有意识到自己的角色，或者扮演了多个相互矛盾的角色，都会毁掉一个人在生活中所发现的意义。

生活是一场悲剧

毫无疑问，我们每个人都会死。但这个事实往往会被忽视，死亡会被看成一件倒霉事、通往来生的路或最终的灾难。如果我们把自己的生活看得少一些戏剧性，视之为《哈姆雷特》《麦克白》《奥赛罗》或《浮士德》的稍逊一些的版本，那么就会发现，我们每个人身上都有悲剧的一些关键要素（某些悲惨的缺陷、判断的错误、严重的矛盾等），它们伴随着我们的一生，直到最后与死亡同归于寂。在小说《局外人》的结尾，哲学家加缪让一个角色说出了这样的话："人人皆为兄弟，等待他们的是同一个结局——死亡。"与游戏隐喻相反，悲剧隐喻把生活变成了一个严肃的、不愉快的过程，尽管偶尔也会碰上一些快乐的事情，但生活终将有一个不可抗拒的悲惨结局。在这种观点看来，活得好意味着把一个人的悲剧角色扮演好——英雄式地承受它，也许时而孤独地发出几声哀鸣。①

生活是一场喜剧

"生活是一个玩笑。"也许并非如此，但相对于把生活当作悲剧，这样想或许能使人重新振作起来。长期以来，笑作为生活中的一个要素，甚至是作为好生活所特有的要素，是备受忽视的。关于笑，柏拉图没有费多少笔墨，不过在其苏格拉底对话中，他确实赋予了幽默以很深的含义。16世纪的荷兰哲学家伊拉斯谟写了一本

① Camus, Albert. *The Stranger*. Translated by Stuart Gilbert, Alfred A. Knopf, 1946, p. 152.

有关人类生活的非常深刻的书，名曰《愚人颂》，即是对人的愚蠢进行颂扬。尼采所虚构的先知查拉图斯特拉教诲我们不要太过严肃，要享受欢笑与无常。

 引文资料： 等死

（默而索在狱中等待被处决：）

白天，我就考虑我的上诉。我估量我所能获得的效果，从我的思考中获得最大的收获。我总是想到最坏的一面，即我的上诉被驳回。"那么，我就去死。"不会有别的结果，这是显而易见的。但是，谁都知道，活着是不值得的。事实上，我不是不知道30岁死或70岁死关系不大，当然喽，因为不论是哪种情况，别的男人和女人就这么活着，而且几千年都如此。总之，没有比这更清楚的了，反正我总得死去，现在也好，40年后也好。此刻，在我的推理中使我有些为难的，是当我想到还要活40年时心中所产生的可怕飞跃。不过，在设想我40年后会有什么想法时（假如果真要到这一步的话），我尽管把它压下去就是了。假如要死，怎么死，什么时候死，这都无关紧要。所以（困难的是念念不忘这个"所以"所代表的一切推理）我的上诉如被驳回，我也应该接受。[①]

——阿尔贝·加缪《局外人》，1942

当然，幽默有各种各样的。既有好的，也有糟的；既有令人不快的，也有冗长杂乱的。有些思想家可能会强调幽默所含深意的重要性，但另一些人会说，笑本身就是重要的，而不应是笑声背后的东西。不过，笑话应当在短时间内就能奏效，一个花费过长时间去讲笑话的人很容易使人觉得乏味。然而也有一些更为严肃的喜剧，它们不是一个劲地做诙谐独白，而是关于抱负与挫折、欲求与失望的一个个故事。它们没有用加缪所说的"荒谬"进行加工，而是赋予荒谬一种幽默的含义。

悲剧和喜剧可以在"黑色幽默"或讽刺中融合起来。在由亨佛莱·鲍嘉任男主角，约翰·休斯顿任导演兼编剧的影片《碧血金沙》（*Treasure of Sierra Madre*）的结尾，那位老人（由约翰·休斯顿的父亲沃尔特·休斯顿扮演）失去了一切，但他却突然放声大笑，并鼓励其他人也这样去做。对于这样一个关于贪婪、失望与死亡的故事来说，这也许是唯一可能的"欢乐收场"。无可否认，我们每个人都可以更多地使用一些幽默，但不是用在我们的生活中（电视已经提供得够多了），而是用在

---

① Camus, Albert. *The Stranger*. Translated by Stuart Gilbert, Alfred A. Knopf, 1946, pp. 142–143.

我们对生活的态度上，用在我们审视自己弱点和不足的方式上。

 与思想家相遇： 约翰·沃尔夫冈·冯·歌德（1749—1832）

约翰·沃尔夫冈·冯·歌德至今仍然被认为是德国最伟大的作家。此外，他还是一个科学家、律师、艺术家、冒险家、物理学家和政治家。他在植物学上做出了重大发现，还就牛顿的物理学写了不少文章。从简单的情诗到复杂的鸿篇巨制，歌德的著作实际上涵盖了所有文学体裁，其中最著名的当数他花费六十余载写成的《浮士德》。他曾经主张要"让诗歌讲德语"，后来黑格尔在哲学上继承了他。这两位伟人都把自己的著作基于生长的生物自然观，从而与牛顿之后在很大程度上占支配地位的机械自然观相抗衡。

生活是一种使命

基督徒经常教导说，生活是一种使命，是一种把他人也变成基督徒的使命。然而，把生活当作一种"召唤"的并不仅仅是基督徒。比如，德国诗人约翰·沃尔夫冈·冯·歌德就把自己生活的使命描述为诗歌创作，以使德国人获得一种文化身份；哲学家黑格尔（大致与歌德同时）则把法国大革命之后用哲学来澄清世界的意义当作自己的使命；政治激进分子经常声称，自己生活的使命就是解放被压迫的人民，或是反抗自己国家的暴政；科学家有时会认为，自己的使命就是增加人类的知识或治疗某些可怕的疾病；有了孩子的人经常认为，他们的使命就是好好培养自己的孩子，尽力使他们生活得更好。如果一个人的使命首先是道德上的，那么这种使命就会依据其道德哲学进行表述。一个像边沁那样的功利主义者，会把一切行动都基于最多数人的最大幸福这一目的之上；而一个像康德那样的伦理理性论者则会说，我们的目标应当是培养我们的道德人格，通过履行理性所规定的义务来使世界变得更好。

生活是艺术

"把你的生活当作一件艺术品去过。"德国哲学家弗里德里希·尼采这样写道。他所认为的生活不是一个故事，而是一件像雕塑那样的艺术品。人的生活就是为自己打磨出一个形体，"塑造性格"，发展出所谓"风格"那样的东西。德国哲学家弗里德里希·冯·谢林把全部生活都视作上帝的艺术品（我们实际上就是上帝的学徒）。艺术家经常把生活的使命感简单地描述为"创造"，但在他们看来，创造活动本身与他们的努力结果是同样重要的。大致说来，这种看法就是主张要活得精彩，即使无法做到，也至少要活出风格，活出"格调"。由是观之，生活应被当成一件艺术品来评价——或令人感动、激动人心、设计合理、富有戏剧性、色彩斑斓或粗俗不堪、冥顽不化、让人留不下记忆。

 与哲学家相遇： 弗里德里希·尼采（1844—1900）

> 弗里德里希·尼采是德国哲学家。他一生中的大部分时间都在攻击基督教和基督教道德，还做出了一些关于女性的尖刻评论。他宣称自己是一个"不道德的人"，并且转而强调生活的审美价值。不过，他仍被公认为所有时代最伟大的道德哲学家之一（见第八章）。

 与哲学家相遇： 弗里德里希·冯·谢林（1775—1854）

> 弗里德里希·冯·谢林是德国哲学家，19世纪早期浪漫主义诗歌的热情支持者和崇拜者。因此，他的哲学罕见地强调了创造力的重要性和艺术的中心地位。他所阐释的上帝不仅是一个创造者，而且从根本上说还是一个伟大的艺术家，至今仍在通过我们创造这个宇宙。谢林是黑格尔最要好的大学同窗之一，他们两人共同发展了他们的哲学，直到后来发生争吵分道扬镳。

生活是一场冒险

无论是把生活看成艺术还是一个故事，这都是令人振奋的，但这样一来，生活的价值就成了文学作品或雕塑的价值——它们的形态、合不合潮流、对旁观者的吸引等。但生活不必总是考虑整体的形态或在观者看来是什么样子，也可以富有美感和令人激动。"尽情享受"生活、听天由命、迎接挑战和刺激也会让人心动不已。把生活看作冒险就是如此，一个人活着可以甘冒风险，让自己沉醉于各种技巧和不确定当中。这当然不是生活在所有人心目中的形象[中国有一则古老的诅咒语说："祝你生活在有趣的时代！"（May you live in interesting times！这是一句经常出现在美国的报刊封面和各种讲演中的流行语。乍一看，有趣的时代应当是活起来更舒服的，然而，我们的时代虽然提供了各种各样的选择机会，但过多的选择对人也是一种折磨和压迫，这一点我们都深有体会，所以才有了这句极富讽刺意味的诅咒语。不过这句话其实并非来源于中国，而很可能是第一个说这话的人为了显示其神秘而故意归之于中国的）]，但在那些的确这样对待生活的人看来，这也许是唯一的生活方式，任何其他方式都是乏味的和令人厌倦的。与把生活看作艺术或文学作品不同，把生活看作一场冒险不会预先规定一个恰当的结局。如果它要完结，那就完结好了。

 引文资料：生活的意义

　　在一切时代，智慧的人对生活都做了相同的判断：它毫无用处……无论何时何地，从他们嘴里听到的总是同一种腔调——一种充满怀疑、充满忧伤、充满对生活的厌倦的腔调……连苏格拉底似乎也厌倦了生活——这表明什么？这指点人们走向何处？从前人们会说（哦，人们确实说了，而且理直气壮，我们的悲观主义者带的头！）："这里无论如何有点东西是真的！智者的一致证明了真理。"我们今天还要这样说吗？我们可以这样吗？"这里无论如何有点东西是患了病的。"我们这样回答。这些历代最智慧的人，人们应当首先就近观察他们！也许他们全都不再站得稳？都迟暮了？都摇摇欲坠了？都颓废了？也许智慧之所以出现在世上，就像一只闻到腐尸气息而兴奋的乌鸦？……

　　倘若一个人不得不把理性变成暴君，如苏格拉底所为，那么必是因为有不小的危险，别的什么东西已成为暴君。这时，理性被设想为救星，无论苏格拉底还是他的"病人们"都不能随心所欲地成为有理性的：这是严格规定的，这是他们的孤注一掷。整个希腊思想都狂热地诉诸理性，这表明了一种困境：人们已陷于危险，只有一个选择：或者毁灭，或者——成为有荒谬理性的人……无论如何必须理智、清醒、明白，向本能和无意识让步会导致崩溃。①

　　　　　　　　　　　　　　　　　——尼采《偶像的黄昏》，1889

生活是一种疾病

　　如果说把生活看作悲剧还有某种庄严意味的话，那么把生活当成疾病就很悲惨了。比如，弗洛伊德曾多次讲过一个古已有之的看法，"全部生活的目的就是死亡"。前些年，美国小说家库尔特·冯内古特说我们是"可怕的动物"，地球的免疫系统正试图除掉我们。这种"疾病"隐喻曾被用于现代生活、西方文明和资本主义等。但"疾病"首先就预设了"健康"，对于那些认同这一隐喻的人来说，首先面临的一个问题就是：什么才是健康的生活？是不朽吗？是像蚂蚁那样高的社会生

---

① Nietzsche, Friedrich. *Twilight of the Idols*. Translated by Richard Polt, Hackett, 1997, pp. 12–16.

产率吗？纯粹的快乐？丝毫不含敌意的绵绵爱情？这些当然都令人向往，但这并不意味着，没有它们的生活就是一种疾病。然而，我们今天的大部分语言都受到了这类"健康"隐喻的感染（另一个表示类似观点的词是"自然的"；自然的就是健康的，非自然就意味着疾病或畸形）。我们谈论一种"健康经济"，把以往称呼游戏的词叫作"锻炼"以增进健康。透过这种健康隐喻来看，生活本身必定像是一种致命的疾病，至少最终是这样，因为它似乎无药可救。

 与理论家相遇： 西格蒙德·弗洛伊德（1856—1939）

西格蒙德·弗洛伊德出生于奥地利，他通常并不被看作哲学家。作为现时代最伟大的思想家之一，他改变了我们关于自己和心灵的观念，甚至还抛弃了为大多数哲学家所最津津乐道的一些假设。例如，他认为像笛卡儿那样的哲学家所谈论的明晰的自我知识可能往往是一种幻觉，我们绝大多数的观念和欲望实际上都是无意识的产物。当我们自以为知道得很清楚时，那些被禁止的冲动和欲望其实是被压抑和扭曲了。然而，弗洛伊德仍被看作一个伟大的理性思维的维护者，他曾经写道，其心理分析的全部技巧都不过是为了把无意识变得有意识起来，从而把无意识的内容置于理性理解的范围和控制之内。

生活是欲望

把生活看作欲望，往往会同西西弗斯神话把生活看成连续不断的受挫联系起来。希腊寓言中的这类形象是坦塔罗斯（Tantalus，坦塔罗斯是宙斯之子，因泄露天机被罚永世站在上有果树的水中，水深及下巴，口渴想喝水时水即减退，腹饥想吃果子时树枝即升高）["干着急"（tantalizing）一词就来源于此]，众神罚他永世被捆在一串葡萄的不远处，他老想去接近它，却总是无法得到。这个故事的近代版本是浮士德，近代的一些最伟大的剧作都是因他而写的，其中包括英国作家克里斯托弗·马洛于1589年所写的《浮士德博士》，另一个是前面已经提到的歌德的《浮士德》。浮士德为了他的欲望而活着，当一个欲望被满足时，它马上就会被另一个欲望所替代。生活就是这样一连串无休止的欲望。一个只求"挣钱能够养家糊口"的人最后会发现，他其实还想要更多的东西，于是这又成了新的生活目标，直到它被满足为止；但到时又不够了，他发现自己还想要更多的东西，于是只好这样无止境地走下去。这并不是说生活就是受挫，因为这些欲望通常都能得到满足，而是说生活就是永无休止的欲望，人不可能最终获得满足。正是欲望和欲望的满足才赋予了生活以意义，没有欲望便是已经离开了这个世界。

生活是涅槃

与生活是欲望相对立的看法是，生活是**不去欲望**或克服欲望。弗洛伊德在其早期的心理分析著作中，把这称为"恒常性原则"，后来又称之为"涅槃原则"。在他看来，生活的目标在于尽可能达到一种无欲无求的宁静状态。"涅槃"一词来自佛教，在梵语中的意思是"处于平和状态"。佛教的目标是减少我们对于欲望的执着，使我们达到一种没有东西能够打扰的宁静状态。在佛教中，涅槃包含一种直面死亡时的镇定，弗洛伊德有时也把他的这一原则称为"求死的愿望"。在西方哲学中，宁静的感觉有时会被擢升为哲学活动或沉思（不断地学习和思考）的目标。

引文资料：我们在这里是为了什么

我们被置于这个地球来帮助别人，但别人为什么要在这里我却说不出。[1]

——约翰·福斯特·霍尔（1867—1945，英国喜剧演员）

生活是利他主义

利他主义是指，即使对一个人自身没有任何好处，也要为他人的利益而行动。有些人认为他们身处地球，就是要帮助那些处境不如他们的人。这种生活观有着非常确定的使命感，对于成功、失败以及应当怎样行事也有着相当明确的看法。对于某些人来说，利他主义的生活一定是单向的。他们帮助别人是为了赋予自己的生活以意义，他们并不期待能够换回什么；对于另一些人来说，利他主义的生活是一个普遍的理想，他们希望有朝一日，每个人都会无私地帮助其他所有人。

引文资料：最看重什么？

不要把你的孩子、生活或任何其他东西看得比善更重。[2]

——苏格拉底《克力同篇》

---

[1]　Attributed to John Foster Hall (1867—1945, a.k.a. The Reverend Vivian Foster, the Vicar of Mirth, English comedian).

[2]　Plato. *Crito. The Trial and Death of Socrates: Euthyphro, Apology, Crito, Death Scene from Phaedo*, translated by G. M. A. Grube, Hackett, 1975, line 54b, p. 54.

生活是荣誉

荣誉是一个随时间不断变化的概念。在荷马的《伊里亚特》中的希腊人看来，生活本质上是真正做到无愧于集体的期待，在战斗中证明自己，不以任何方式使自己丢脸。这并不是说你不能有不佳的表现：当国王把阿基里斯最宠爱的一个女奴从他身边夺走时，阿基里斯像小孩一样在帐中生起了闷气。但当他返回战场为其最好的朋友复仇时，他又重新赢得了荣誉。对于那些希腊英雄来说，荣誉是比生命本身更重要的东西，如果需要在光荣地死去和不光彩地活着之间做出抉择的话，他们会毫不犹豫地选择前者。但荣誉的概念并非仅限于军事英雄。苏格拉底也是为荣誉而死的，但不是在战场上，而是在牢狱中，为的是表明他重视原则甚于自己的生命。

然而，我们的荣誉概念却并不如此清晰。美国士兵当然也是带着荣誉而死的，但在美国的日常生活中，更一般意义上的（能够充当生活的指导原则的）荣誉感肯定不像古代雅典那么突出。不过我们的确有一种**义务感**，许多人会说，无论怎样，生活的意义都在于尽你应尽的义务——无论是为了上帝、国家、家庭、朋友还是你的雇主。

 掌握概念： 斯多亚派哲学

斯多亚派哲学是一种兴盛于公元前300年（距亚里士多德的死不久）到公元四五世纪左右（接近罗马帝国灭亡）的哲学。斯多亚派把人类的大多数欲望和情感都视为非理性，主张为了与宇宙和谐统一，我们需要控制自己的激情，过一种正直的、有责任的简朴生活。生活在尼禄皇帝宫廷中的塞涅卡（公元前4—65)是晚期斯多亚派最著名的代表。像苏格拉底一样，他也是由于自己的名望和观点而被判处了死刑。这个学派还包括一位罗马皇帝马可·奥勒留（121—180)以及其他数以百计的人，这些人当时都是他们那个时代强有力的代言人。绝大多数斯多亚派并不像塞涅卡的命运那样悲惨，但事实上，他们都强调要看重一个人的荣誉感和正义感甚于无常的生活。

生活是学习

有一种常见的看法是把生活当作一种学习经历。当然，我们**为什么**要学习所有这一切的确是个问题，但至少有些学习本身就是让人满足的。也许，这种满足本身就是学习生活的全部意义所在。只要有了什么糟糕的经历（如失恋、由于吸烟被学校开除等），我们就会把它们"记录在案"。有些人感到有必要经历尽可能多的东西；"什么东西都要至少试一次"，仅仅是为了知道它是怎么回事。在他们看来，

"尽情地享受生活"就意味着什么都做一遍。但需要注意的是，这种说法对于不同的人有着非常不同的含义：把生活当作一种使命的人尽情享受生活的方式是尽一切可能来实现自己的使命；把生活当作悲剧的人会把这种说法理解为相当程度地受苦。时下有一则流行的比喻说，生活是一种"成长经历"，活着就是"开发你的个人潜力"。大约200多年前，这种生活观曾在德国流行过，我们也能在古希腊哲学比如亚里士多德那里找到这种说法。我们学习是为了什么？由来已久的答案是，学习出智慧，相应地，沉思的生活自古以来就是哲学家的建议。

 掌握概念：佛教的"四圣谛"

1. 苦谛：生活是苦。

2. 集谛：苦源于欲念。

3. 灭谛：欲念可以被消除。

4. 道谛：人可以通过遵循"正道"来消除欲念。

生活是苦

"生活是苦"，这是佛教四圣谛中的第一谛。也许"苦"更应被译成"烦恼"或"不满足"，但要点是生活充满了混乱和痛苦。深受佛教影响的伟大的悲观主义者阿图尔·叔本华也认为生活是苦，我们的欲望终将是非理性的和无果的。他所给出的回答是，人因为认识到不可能获得最终的满足而超然物外。叔本华的解答类似于古代的斯多亚派哲学，这种学说认为，我们的绝大部分激情都是非理性的，运用理性的超然智慧可以最好地使我们免受它们的干扰。

我们可以在这里重提一下西西弗斯的故事，他把石头滚上山，换来的不过是石头又重新滚落，这反映了生命无法最终实现这一观念。我们有时看到生活正是一遍遍地重复，最终什么也没有增加。有一个现代小说中的人物，当她看到自己的牙刷，并且意识到自己今后不得不一次又一次地刷牙时，她自杀了。不错，有些事情猛然回想起来，的确显得没有意义。有时你虽然定出了某个计划，但你很清楚不久以后又会把它打破。你第十七次学会了做某样事情，但你知道自己一个星期后仍会把它忘掉。你争取高中文凭是为了上大学，是为了拿到学士学位，为了进医学院，为了拿到医学博士，为了实习，为了学习外科，为了动手术，为了过你在高中时梦想的生活，但你那时年纪已经很大，工作太忙，以致不能享受它了。有些人会以同样的方式说，生活是荒谬的。但值得指出的是，尽管加缪认为西西弗斯的任务具有荒谬性，但他的生活还是有意义的，因为他以一种蔑视反抗着自己的命运。我们的生活中有没有类似的东西？

 引文资料：唯一严肃的哲学问题

> "真正严肃的哲学问题只有一个，那就是自杀。生活是否值得过，这就是哲学的基本问题。其余的……都在其次……必须首先给出回答。" ①
>
> ——阿尔贝·加缪《西西弗斯的神话》，1942

生活是一场投资

由于我们生活在一个以商业为主导的社会里，因此有时会很自然地把生活看成一桩买卖（"美国人民的主要事务就是做生意"，卡尔文·柯立芝这位有幸当上总统的商人如是说）。以这种方式看待生活，是把我们的有生之年看作为取得回报而在各种事业中——职业、上学、婚姻、孩子——所投入的资本。由于回报的东西并不都那么清楚，因此投资成败的标准颇受争议。一位父亲可能会由于他的儿子决定要当一个诗人，而认为他"浪费了自己的才能"（也就是做了坏的投资）；而儿子却有可能指责父亲"唯利是图"，其实是在背地里打他的如意算盘。这则隐喻很容易同它最突出的表现混淆起来，即认为一个人一生赚的钱和积累的财产才是检验成功的标准。然而稍加考虑就会发现，这并不总是一条可靠的衡量标准。如果一项好的投资要用一个人最后得到的东西加以衡量，那么这里就有一个非常真切的问题：这种生活之外的东西怎么可能是生活的意义？

 引文资料：论友谊和善

> 杰出的人用心很专一，他的全部灵魂都欲求同样的东西。卓越的人对待他的朋友就像对待自己一样，朋友是他的另一个自我。因此，友谊似乎是良好生活的一个特征。②
>
> ——亚里士多德《尼各马可伦理学》，公元前4世纪

---

① Camus, "The Myth of Sisyphus," p. 3.

② Aristotle. *Nicomachean Ethics*. Translated by Terence Irwin, Hackett, 1985, lines 1166a and 1170b, pp. 245 and 260.

生活是各种关系

关于爱情、婚姻和友谊，我们还没有谈多少，但在许多人看来，他们生活中最重要的以及使生活获得意义的显然就是人与人之间的关系——不是身为人类的一员或国家公民那种抽象意义上的关系，而是一个人与另一个或另几个人之间达成的非常特殊的关系。因此人们会说，生活中真正重要的是友谊或爱情。但为什么我们会用"关系"这个平淡的词来形容如此重要的东西？为什么我们会认为两个人的结合就是两个分离的存在者发生了"关系"，而不是先从结合开始思考？的确，我们语言中关于"关系"的大部分内容都呈现给我们这样一幅令人难堪的图景，即两个孤独的灵魂试图相互"理解"，彼此"沟通"或者"打破壁垒"。然而，另一幅图景是更加使人振奋的，即如黑格尔所主张的，我们所有人都业已被一种无所不包的精神联系起来。根据这种观点，正是我们之间的距离而非亲密才是偏离常规的东西。生活的意义就在于人与人之间的关系之网；理想地说，生活的意义就是爱。

--- **篇末问题** ---

1. 根据你的偏好，对下列关于生活的看法排序。用1～5给它们打分，5代表你完全赞同，1代表你几乎完全不赞同。有没有一些尽管你并不喜欢（例如，生活作为疾病或受苦），但仍认为有道理的条目？如果有，就用X标出。除此之外，你还可以任意添加你自己的看法。

生活是

一场游戏 ＿＿＿＿＿

一个故事 ＿＿＿＿＿

一场悲剧 ＿＿＿＿＿

一种使命 ＿＿＿＿＿

一场喜剧 ＿＿＿＿＿

艺 术 ＿＿＿＿＿

一场冒险 ＿＿＿＿＿

一种疾病 ＿＿＿＿＿

欲 望 ＿＿＿＿＿

涅 槃 ＿＿＿＿＿

利他主义 ＿＿＿＿＿

荣 誉　　　＿＿＿＿

学 习　　　＿＿＿＿

受 苦　　　＿＿＿＿

一场投资　　＿＿＿＿

各种关系　　＿＿＿＿

2. 假如你的一个朋友对你说，生活的意义不过就是"尽量争取属于你的东西"。对于这种观点，你会怎么看？你会试图告诉他，这种生活观是自私的吗？你将怎样去做？

3. 美洲印第安人有一则传统的谚语说："让世界保持原样。"（意思是不要把世界污染和毁坏了）与此相对照，许多美国人都认为，他们应当"在世界上留下标记"（意思是为社会贡献些什么，它是一种与前一句非常不同的生活态度）。这是两种极为不同的思维方式，它们各有什么优缺点？你会怎样试图调和这两者？它们分别给出了什么样的"生活意义"？

—— 阅读建议 ——

Cheney, David R., and Steven Sanders. *The Meaning of Life*. Prentice-Hall, 1980.

Freud, Sigmund. *Civilization and Its Discontents*. Translated by James Strachey, Norton, 1962.

Goethe, Johann Wolfgang von. *Faust*. Translated by Walter Kaufman, Doubleday, 1961.

Moore, Thomas. *Care of the Soul*. HarperCollins, 1992.

Nietzsche, Friedrich. *The Birth of Tragedy*（together with *The Case of Wagner*）. Translated by Walter Kaufmann, Random House, 1967.

Schopenhauer, Arthur. *The World as Will and Representation*. Translated by E. F. J. Payne, vol. 1, Dover, 1969.

Vonnegut, Kurt. *A Man Without a Country*. Edited by Daniel Simon, Seven Stories Press, 2005.

3

上帝

Chapter 3
GOD

（虽然本章所说的神（God）并不单单指基督教的上帝，但由于习惯的原因，也是为了行文的方便，我们将尽量把文中出现的God都译为"上帝"，除非显然是指一般意义上的"神"）

我是耶和华你的神……除了我以外，你不可有别的神……

——《出埃及记》20:2-5

从来没有人看见神。只有在父怀里的独生子将他表明出来。

——《约翰福音》1:18

除真主外，绝无应受崇拜的。

——《古兰经》Ⅲ

> "我"为祭祀兮，"我"为牺牲……
>
> "我"为此世界父，母，保护，先祖
>
> 为唯一当知者，为清净化者……
>
> 为道，为天，为主
>
> 为见证，为居所，为皈依处，为同心侣
>
> 为始作，为坏散，为存住……
>
> "我"为永生兮，又为死
>
> "我"乃万是兮，又为非是[1]

——《薄伽梵歌》（《薄伽梵歌》是印度教经籍，也是印度史诗《摩诃婆罗多》第6篇的一部分。"薄伽梵"词义为"世尊"，即对至上神的尊称。其体裁是武士阿周那王子与为他驱车的友人黑天（毗湿奴大神的化身）对话。共有梵文诗偈700首，分为18章。这里的译文选自徐梵澄先生的译本），9:16-19

--- 开篇问题 ---

1. 你信仰上帝吗？
   如果你回答"信"，那么你就是一个有神论者（无论你信仰的是何种意义上的上帝）。
   如果你回答"不信"，那么你就是一个无神论者。

---

[1] Bhavagad Gita. *The Sacred Books and Early Literature of the East*. Edited by Charles F. Horne, vol. 9, Parke, Austin, and Lipscomb, 1917, p. 154.

如果你回答"我不知道"，那么你就是一个不可知论者。

2. 上帝最突出的特征是什么？（即使你是一个不可知论者或无神论者，这个问题也同样重要。弄清楚你不相信的是什么，或者不知道的是什么，这并不是无关紧要的。也许你并不相信一个如父亲般关照着我们的上帝，但你可能确实相信存在着某种必不可少的力或"第一推动者"，比如最初正是他把宇宙发动起来的。）

上帝是无所不能（全能）的吗？

上帝是无所不知（全知）的吗？

上帝创造了宇宙吗？

上帝关心人类吗？

上帝有感情吗？

如果有，那么有哪些？

爱

嫉妒

生气（愤怒）

仇恨

报复

仁慈

其他

上帝与他所创造的世界截然不同并且相互分离吗？

上帝对我们来说是可知的吗？

他能否表现为或曾经表现为人的样子？

3. 你为什么信仰上帝？或者为什么不信？

 与哲学家相遇：索伦·克尔恺郭尔（1813—1855）

索伦·克尔恺郭尔是近代以来最重要的哲学家之一，他通常被称为存在主义之父。他一辈子生活在哥本哈根。在体验了短暂的放荡生活，并在一次短暂的婚约宣告失败之后，他全身心地致力于阐明"身为基督徒意味着什么？"这项工作。他的基本观点是：成为宗教信徒，意味着做出一种激情的个人抉择，要置一切证据甚至理性本身于不顾，来实现"信仰的飞跃"。信仰有时是私人的，它与教义、教会、社会团体或仪式无关。

引文资料： 宗教生活的目标

> 关键是要理解我自己，理解上帝真正希望我做什么；关键是要找到一条对我来说为真的真理，找到那种我愿意为之生和为之死的理念。[1]
>
> ——克尔恺郭尔《日记》，1835

—— 信仰上帝 ——

在大部分西方哲学中，是否信仰上帝是最重要的问题之一。正是上帝使得宇宙最终可以理解，使生活有了意义。比方说，如果我们相信生活应当是公正的，那么相信有某个强大的存在者能够使一切以一种公正的方式呈现出来——不在今生，便在来世——就是很重要的。信仰上帝会给人这种信心，否则便无从得之。因此，法国哲学家加缪虽然热情地相信正义，却感到由于自己是一个无神论者，正义是得不到保障的，甚至没有什么实现的可能。于是他得出结论说，生活是"荒谬"的，能在生活中找到的任何意义都必须来自我们同生活中的不公正和不合理所作的斗争。

而另外，许多人之所以会信仰上帝，却是因为他们无法在宇宙中找到任何最终的正义。尽管生活显然是"荒谬"的，但正是上帝才使一切有了意义。在《约伯记》中，上帝用各种灾难来折磨一个完全无辜的人，便有力地表明了这一点。丹麦哲学家索伦·克尔恺郭尔曾用它来证明"荒谬"——他的意思是指"非理性"——是真正信仰上帝的前提，而不会导致无神论。

上帝的存在性是宗教哲学中的一个核心议题。本章首先会简要讨论信仰上帝是什么意思，然后回顾各种传统的西方上帝观念以及一些非传统的上帝观念。接下来要考虑一些人不信上帝的一个主要原因，那就是世界上存在着恶，并且给出有神论者提出的一些解决方案。最后，我们要考察为上帝的存在性提供的一些证据，以及反对用这种策略来支持信仰的论点。

 掌握概念： 我对宗教持什么看法？

我之所以会这样看待宗教，是因为：

□ 我已经思考过，并且向自己论证过。

续

□ 它赋予了我的生活以意义。

□ 它对别人来说似乎还不错。

□ 我从未真正考虑过它。

□ 我父母这样告诉我的。

当我参加一个宗教仪式时，我感到：

□ 敬畏而且感情强烈。

□ 平静与喜乐。

□ 舒适与安心。

□ 没什么特别的感觉。

□ 不舒服、厌倦或者气愤。

当我听到或读到有关"精神性"的内容时，它让我：

□ 久久地思考它的含义。

□ 想起真正重要的东西。

□ 觉得说话者或作者意志薄弱。

□ 感到厌烦。

□ 发狂。

有组织的宗教和宗教团体：

□ 是精神价值唯一真实的传播手段。

□ 体现了一个共同体的精神特质。

□ 是重要的社会团体，而非精神团体。

□ 与真正的宗教观念相抵触。

□ 是社会中不担负责任的、寄生的团体。

　　相信上帝存在并不等于信仰上帝。比如，18世纪的哲学家伏尔泰曾经说过，他相信一个作为物理学假说的上帝。伏尔泰相信宇宙就像一座大钟，由牛顿的运动定律统治着，因此必须要有某种初始力量把宇宙发动起来。但伏尔泰也说过："说上帝是公正的或道德的，就像说他是蓝的或方的一样。"[①]换句话说，上帝对伏尔泰的生活观和对生活价值的看法没有影响。上帝与正义或赏罚无关，与道德的原则无关，

---

① Voltaire. *Traité de métaphysique*. 1734. Quoted in Schneewind, Jerome B., translator. *The Invention of Autonomy: A History of Modern Moral Philosophy*. Cambridge UP, 1998, pp. 121–122.

与生活的意义也无关；而《约伯记》和克尔恺郭尔的哲学也明确指出，信仰上帝并不必然与正义和赏罚等观念相关。即使生活并不公平，信仰上帝也会赋予生活以意义，但这种意义必须到一种深刻而热烈的信仰中寻找，而不能仅仅停留在相信某种超自然的东西存在着这一事实之上。这清楚地表明，作为与我们的生活息息相关的事情，信仰上帝并不只是相信上帝存在着，它也是信仰某种特定意义的上帝，这个上帝以某种方式影响着我们，而我们也在某种意义上影响着他。

 与哲学家相遇：伏尔泰（1694—1778）

伏尔泰是法国最重要的启蒙哲学家。他是一个技巧高超的批评家和热忱的政治改革者。他利用自己与欧洲法院和英法贵族的社会关系，热情宣扬宗教宽容和其他启蒙改革，持续不断地与法国天主教会进行斗争。尽管他不是一个无神论者，而是一个自然神论者，但他把基督教斥之为一个社会机构，并自诩说："我已经听厌了那十二个人是怎样建立起基督教的，我倒想说，仅凭一个人就可以摧毁它。"

—— 男女众神 ——

在我们的各种宗教中，宇宙更加完美和永恒的方面被表现成具有人格形式。宇宙在我们看来不仅是一个它，还是一个你……我们不知道这种感觉从何而来，但它却迫使我们通过固执地相信有神存在着（尽管不这样做无论是对我们的生活来说，还是对我们的逻辑来说都很容易），而觉得自己正在尽可能为宇宙提供最热忱的服务。这似乎是宗教假说的活生生的本质的一部分。[①]

——威廉·詹姆士，1902

当有人声称自己信仰或不信仰上帝时，我们通常可以认为，这里的上帝就是《旧约》或《新约》中那个尚未严格定义的最高存在者。根据这种传统观念，神是一个精神性的存在，他智慧无限、法力无边、无所不知（包括未来将要发生的任何事情）、无所不能，比如改变历史的进程、让太阳停住不动、使人起死回生、把红海的水分开、扮成一个凡人进入尘世等。

为了有助于理解我们自己的宗教信仰，有必要看一看历史上曾经有哪些神灵

---

① James, William. "The Will to Believe." *The Writings of William James: A Comprehensive Edition*, edited by John J. McDermott, Random House, 1967, p. 733.

满足过宗教所求。有些宗教——比如说佛教——并不包含我们所理解的上帝概念；还有一些宗教更看重仪式和集体活动，而不像我们这种沉思型的、以誓约为导向的宗教；也有一些宗教把我们所信奉的上帝的种种能力分配给了许多神，比如古希腊人、罗马人和北欧的条顿人的男女众神。

在某些古代宗教中，"你信仰哪个神？"这个问题有着非常明确的含义，那就是你最常祷告和特别信赖的神是哪一位？这也许要取决于你住在哪里，因为每一座城镇都有自己的守护神；它还可能依赖于你的家庭和生计，农民往往崇拜丰收女神，铁匠则崇拜锻冶之神（在罗马神话中是武尔坎）。在打仗的时候，诸神都有自己的立场，比如在特洛伊战争中，根据荷马的说法，有些神站在了希腊人一方，一些神则站在了特洛伊人一方。他们经常会对战斗进行干预，把箭对准某个目标，或是为某一方提供支援或进行阻拦。

在犹太—基督教传统和伊斯兰教传统中，神只有一个，而不是几个（这被称为**一神论**，与此相对，许多其他文化则被称为**多神论**）。但在过去的两百年里，我们关于这个神的观念已经大为改观，《圣经》中所展示的神的观念也已经在它成文的一千年里发生了巨大的变化。此外，虽然《圣经》强调神是最高的存在，但"我是耶和华你的神，除我以外，你不可有别的神"这一诫命已经承认存在着其他次要的神。我们对于人应当怎样与神建立联系的看法甚至更加不一。因此，仅仅说一个人"信仰上帝"是不够的，我们还须知道他所信仰的是**什么意义**上的上帝。

希腊神	罗马神	条顿神	司职
宙斯	朱庇特	奥丁	王
赫拉	朱诺	弗雷亚	女王
阿瑞斯	玛尔斯	提尔	战争
雅典娜	密涅瓦	—	智慧
阿佛洛狄特	维纳斯	弗里亚	爱
波塞冬	尼普顿	埃吉尔	海
赫尔墨斯	墨丘利	洛基	雷
—	杰纳斯	海姆达尔	开端

—— 西方关于上帝的传统观念 ——

以社会、历史和文化的眼光审视一下我们自己关于上帝的传统观念是绝对必要的。这并不意味着一个人永远也不能相信他的上帝就是"真正"的上帝，但这的确意味着一个人不应当宣称只有他自己的观念才是唯一可行的。宗教信仰也有其特定的起源和独特的文化维度。

在犹太—基督教和伊斯兰教传统中，神只有一个（尽管在基督教中，他有时被认为是"圣父、圣子、圣灵"的"三位一体"）。他是一个男性的神，我们关于神的观念在某种程度上不可避免是拟人的——也就是说，我们是用自己的属性来描述神的。希腊神和罗马神几乎完全是拟人的，因为他们几乎拥有人的所有通常特征，只不过他们更为强大，长生不老，还能做出某些大多数人连做梦都想不到的事情（比如宙斯曾经化身为天鹅和公牛；所有的神都曾将人变成过各种植物和动物）。希腊神往往行为不端，当他们的爱情受到挫折时，就会产生嫉妒心而渴望报复；他们会闷闷不乐，而且会孩子气地干一些事情。

📝 **引文资料**：信仰调和：宗教的融合

宗教在传播过程中不会一成不变。下面是对基督教传入墨西哥时的"信仰调和"（一种宗教融合）的解释。

在宗教领域，信仰调和是指不同的或最初是相互抵触的信仰与实践逐渐结合成为新的宗教学说或信仰体系的发展过程。要想让一个新世界中的土著皈依基督教，这并不是一件简单的事情，因为在全然接受基督教教义的过程中，古代的宗教信仰要完全消失。作为替代，一种在当地的信仰与基督教信仰之间建立起来的信仰调和产生了，它使一种同时包含两种传统中的教义和宗教的新的宗教前景得以可能。这种信仰调和过程的动力往往来自（印第安人与西班牙人的）混血儿或某些印第安团体的努力。之所以如此，可能是这些团体的成员感到有必要找到一种基础来对这种新的宗教做出认同，也可能是在一种被剥夺了政治、经济和文化权力的情况下，他们想努力获得一定程度上的尊严和文化团结。

信仰调和的一个最著名的例子是瓜达卢佩圣母（瓜达卢佩圣母是墨西哥的护国女神，她有着印第安人的面孔和肤色。每年的12月12日是瓜达卢佩圣母节）的故事，当时她在墨西哥城附近的特派雅山向一个名叫胡安·迪戈的印第安贫民显现。这位黑皮肤的圣母用尤蒂—阿茨蒂克语（阿兹特克人的语言）对他说，在她出现的地方应当建一座神殿。当迪戈把自己的经历告诉大主教时，这位主教对他的话将信将疑。当圣母第二次向迪戈显现时，她让迪戈就近采了些玫瑰（即使当时还不到玫瑰盛开的季节）带给大主教作为自己显现的证据。

续

迪戈遵照她的指点把花放在自己的斗篷里。当他敞开斗篷向大主教展示玫瑰时，这两个人惊讶地发现，圣母的形象被神秘地印在斗篷上面。这件事使得大主教完全相信了迪戈的故事。现在墨西哥最著名的宫殿就建在特派雅山的山脚下，迪戈的斗篷也被悬挂在瓜达卢佩圣母教堂高高的圣坛上。①

——乔治·瓦拉德兹，美国哲学家，1993

犹太—基督教和伊斯兰教传统中的神仍然保留了一些本质性的拟人特征。据《人民》杂志报道，在最近的一次民意测验中，有55%的读者说上帝是人形的，有27%的读者说"绝对不是"，只有18%的读者承认他们"不知道"。当我们小的时候，主日学校[主日学校：星期日对儿童进行宗教教育的学校，大多附设于教堂]有时会通过一些插图来告诉我们，上帝是一位留着长长的白胡子的老爷爷，就像米开朗琪罗在罗马西斯廷小教堂所作的著名天顶画中所描绘的那样。甚至在长大之后，我们也被告知，上帝具有人类的某些感情。比如在《圣经》中，上帝有时被说成是一个"忌妒的神"，他会对那些不信仰他或不听从他的诫命的人施行报复。比如罗得的妻子由于没有遵守诫命（不许回头看那座燃烧的城市）而被变成了一根盐柱，约拿由于没有遵照上帝的要求行事（去警告一座冒犯的城市）而被一条"大鱼"吞吃；而在另一些地方，他又被说成是一个有着无限的爱心、怜悯和耐性的上帝。

整部《圣经》已经说得很清楚，尽管上帝具有许多人的品性，但其中有些品性不仅在程度上与我们不同，而且在类型上也区别于我们：他所感到的不是某些爱和正义，而是一种我们无法理解的无限的爱和正义。的确，基督教的特点之一就是强调上帝的神秘性，强调他是不能被我们理解和知晓的。然而，他仍会倾听我们这些祈祷者的声音，并会关怀我们，这也是我们关于上帝的传统观念的一部分。他是一个理性的存在。但对上帝不断进行拟人化的最明显的证据莫过于我们坚持用代词"他"来指代他了。我们为什么认为上帝像我们一样具有性别？现在许多人正在对这一传统的父权上帝观念提出挑战，他们认为把上帝当成男性，更多是出于政治考虑而不是宗教考虑。

尽管犹太—基督教和伊斯兰教传统的核心教义是只有一个上帝存在，但我们必

---

① Valadez, Jorge. "Pre-Columbian and Modern Philosophical Perspectives in Latin America." *From Africa to Zen: An Invitation to World Philosophy*, edited by Robert C. Solomon and Kathleen M. Higgins, 2nd ed., Rowman & Littlefield, 2003, p. 87.

须充分认识到，我们在漫长的历史中对这个独一无二的上帝有着非常不同的看法。从把上帝当成一个仁慈的、容易忌妒和发怒的、拥有他的"选民"的老人这一不无幼稚的图像出发，我们已经发展出了关于上帝的一大套极为复杂和抽象的哲学观念，其中包括《约翰一书》4:8中所说的"上帝就是爱"；圣托马斯·阿奎那把上帝看作一个不断创造的造物主；伏尔泰和一些18世纪自然神论者仅仅把上帝看作物理学的第一原理，其中包括《独立宣言》的作者、美国的第三任总统托马斯·杰斐逊。某些人认为上帝是一个遥远的秘密，是我们在大部分时间里渴望的一个理想；另一些人认为上帝的呈现不需要中介，我们实际上在每一个清醒的时刻都能感受到他。在某些人看来，上帝是通过一种位格关系（如通过基督这一位格）而被知晓的；而在另一些人看来，上帝仅仅是一种抽象的力，一种非人格的宇宙力量，他也许就等同于宇宙本身。因此，说一个人信仰上帝，并不说明他所持有的是哪种上帝观念。

上帝是超验的

我们关于上帝的传统观念特别强调上帝是超验的，也就是说，他超越于人的日常经验世界，在我们之外，并且与他所创造的世界截然不同。在《旧约》中，上帝在创世之前就已经存在了，并且仍将一直存在下去。然而，如果上帝是外在于人的日常经验的，他只是偶尔介入人类的事务，那么我们怎样才能知晓他的存在，知道他与我们有关系呢？有些人并不觉得知晓上帝是个问题，因为他们也把上帝理解为无所不在和无所不知的，他只向那些信仰他的人显现；有些人则认为这是一个严肃的问题，他们把努力接近上帝看成一生中最大的任务之一；也有一些人尽管信仰上帝，却认为我们绝对无法知道他，而只能信仰他；还有一些人会说，一般情况下我们无法知道上帝，但是在极少数场合，我们确实可以或多或少地直接体验到他，那些体验——神秘体验——已经足以支撑我们一生了（"神秘"并不意味着"故弄玄虚"，它指的是体验到与上帝进行直接而密切的融合）。

与上帝建立联系是另一个问题。有一种观点认为，我们无法直接知晓上帝，但我们可以通过他在地球上的代表来知道他并与之建立联系，比如通过教会、某些重要人物（如天主教的教皇、民族宗教观念中的某位首领）、《圣经》或其他圣典、近来某位圣徒的教诲来实现；另一种观点认为，我们关于上帝的知识以及与他的关系必须是直接的和个人的。比如，起初试图从内部改革天主教会的德国教士马丁·路德（1483—1546），他于1521年被革除了教籍。他之所以会发起基督教的宗教改革运动，部分原因就在于，他认为教会妨碍了个人与上帝之间直接的联系；而丹麦哲学家索伦·克尔恺郭尔之所以拒绝接受路德的宗教改革，就是因为在他看来，路德的教会仍然阻碍着他所认为的信仰中最重要的因素，即个人与上帝之间是一种纯粹个人的关系，而不是基于教会或任何信众集体。

最近，有些基督教思想家通过与他人的关系来解释与上帝的关系。例如，耶稣会神学家卡尔·拉纳（Karl Rahner，1904—1984）把上帝描述为我们无法理解的"绝对的奥秘"，他不能被设想为我们有限意义上的"人"。然而，我们之所以能够与上帝发生联系，是因为趋向于上帝是人之为人的一个本质特性，人就是这样被创造的。这明显地表现在，我们（隐喻性的）目光总是倾向于超越我们直面的事物，转向某种超越于它和我们所无法企及的东西，即最终转向上帝。通过日常生活中尤其是与他人关系中的选择，我们决定是接受还是拒绝相信上帝。这种观点的批评者可能会认为，拉纳的论述是将宗教归结成了伦理，但拉纳会回应说，实际情况应该是反过来：他表明伦理有一种精神维度。虽然他所构想的上帝是超越的，但我们是通过对他人做出完全内在的回应来回应上帝的。

通过思考我们如何与他人相关联，在拉丁美洲发展起来的解放神学为思考与上帝的关系提供了另一种方式。该运动的创始人、天主教神父、秘鲁神学家古斯塔沃·古铁雷斯（Gustavo Gutiérrez）认为，正确理解基督教必然要致力于帮助穷人和受压迫者。基督徒不仅要帮助减轻他们的痛苦，还要努力改变剥削工人和导致贫困的政治经济结构。天主教教会等宗教机构也应致力于"优先考虑贫苦的人"，将实现社会正义置于最优先的地位。解放神学强调宗教信仰与政治行动直接相关。根据这种观点，对上帝的信仰应当显示于创造一个致力于所有人（特别是贫弱者）需求的公正世界的尘世努力中。

上帝是内在的

虽然拉纳声称我们在日常行为和与他人的接触中与上帝相关联，但他认为上帝是超验的。他的观点可以被列为万有在神论（Panentheism）的一个例子，认为虽然上帝超越于世界，但上帝仍然居于它的每一个部分中。新教神学家马库斯·博格（Marcus Borg）近来为万有在神论的上帝观辩护，认为它使人们注意到了上帝的亲近，并把宗教的重点放在关系而不是信仰本身上。博格明确拒斥那种认为上帝不能既超越又内在的观点，认为万有在神论是一种融贯的理论，比认为上帝距我们遥远的传统观念更能贯穿精神生活。

　　与此相反，另有一些人并不认为上帝是超验的。他们认为上帝是内在的，上帝并不在我们之外，他与这个世界并非迥然不同。这种看法可以通过各种不同的方式表达出来，无论是基督教所宣扬的上帝道成肉身以及充满所有人身体的圣灵的概念，还是某些哲学家所主张的上帝等同于宇宙整体，都体现了这种思想。

　　根据内在上帝的看法，我们关于上帝的知识以及同他关系的问题，在某种意义上是依靠我们自己来解决的，因为要想找到上帝，我们不必向外"寻求"他，而只需内视我们自己。然而困难的问题接踵而至：什么样的经验才是与觉察到上帝相关的？是爱一个人吗？是一种深切的信仰体验吗？（但你怎么知道它什么时候才是真正的信仰，而不是某种十分强烈但却是非宗教的体验？）抑或感到一种良心的责备？在一场暴风雨中或在凝视大峡谷时所产生的某种敬畏之情？

　引文资料：上帝支持哪一方？

反对共产主义是上帝的律条。

——E.F.兰德格瑞伯

上帝爱你。上帝并不想让任何人吃不饱和受压迫。他张开巨大的臂膀拥抱每一个人。

——诺曼·文森特·皮尔[Norman Vincent Peale（1898—1993），传教士及作家，著有《积极思考的力量》《人生的光明面》等多部著作，被誉为"积极思想之父"]

谁说我没有受到上帝的特别保护？

——阿道夫·希特勒

上帝已把美国当作他特选的民族。

——阿尔伯特·贝弗里奇[Albert Beveridge（1862—1927），美国演说家、参议员和历史学家。曾发表雄辩的演说，鼓吹美国的海外扩张领土。他所著的《约翰·马歇尔传》曾获普利策奖]

没有一个立法者是不诉诸神权的。

——马基雅维利

我们没有一个人是偶然聚在这里的。在我们全体人员、支持者以及我们个人的努力背后，在人们投票的背后，我们明白了上帝的指派。

——理查·哈维逊牧师（在1981年美国共和党占多数的参议院会议开幕时的布道）

掌握概念： 其他宗教—其他选择

　　3000多年以前，印度教不像犹太教那样只强调一个神。事实上，某些吠檀多（印度教的）教派并不包含神的观念，它有的只是一种非人格的、并不特别关心人类的关于最终实在的观念（梵）。印度教经常被认为是一种多神论的宗教，但事实上，它所强调的是生活可以具有多种形式。与突出强调历史启示（如摩西、圣保罗、穆罕默德所得到的启示）不同，印度教强调每个人自己的觉悟与智慧，强调体认与整个宇宙合"一"的感觉（定）。

　　佛教是印度教的一种发展（佛是公元前6世纪的一位印度国王的儿子），它强调苦是人类生存的普遍境况，原因是我们对于自我和个人利益过于执着。要想摆脱痛苦，达到最终的安宁（涅槃），我们只有放下这些执着。禅宗则是更为晚近的一次发展（7世纪），它首先发源于中国，后来又成功地传入日本。它强调沉思以及师徒之间直接的交流对于达到涅槃的重要性。在过去的几十年中，禅宗在美国变得非常流行。

上帝是完全内在的：泛神论

　　在关于上帝是内在的几种观念中，也许最为简洁和有力的要算是泛神论了。它主张上帝即万物，上帝与宇宙是同一的。泛神论最著名的拥护者是17世纪的犹太哲学家巴鲁赫·斯宾诺莎（1632—1677）。斯宾诺莎的目标是发展出这样一种上帝观念：它不会使我们与最高存在者之间可怕的遥遥相距，因为那样一来，各种鱼目混珠的宗教和上帝观念就有可能滋生出来，而说不清楚它们中哪一种才是"真正"的宗教。在斯宾诺莎看来，我们就是上帝，这当然不是就个人来说的，甚至也不是就人类整体来说的，我们是宇宙整体（或者斯宾诺莎所说的"唯一实体"）的一部分，因此也就是上帝的一部分（按照斯宾诺莎的说法，上帝具有无限多种属性，其中我们只知道两种——思想和广延）。斯宾诺莎曾经借用一幅图像暗示，我们每个人就像某个伟大存在者血液中的一个小虫，我们只看到了自己的周围，就不由得把它当作实在，并产生了某个"外在于我们"的更伟大的存在者的模糊观念。但实际上，我们就是那个伟大存在者的一部分，一旦认识到这一点，我们便会超越自己狭隘的感性认识以及关于某种外在事物的看法，开始把我们自己看成那个存在者的一部分。在这种情况下，那个存在者就是整个宇宙。而对斯宾诺莎来说，信仰上帝实际上就是意识到我们的真正所是，而不是诉诸某种超出我们经验之外的、不包含我们的东西。

然而，即使是在他的家乡，欧洲最自由和最具宗教宽容的国家——荷兰，斯宾诺莎的观点也没有得到广泛接受。他对宗教宽容的主张过于极端了，其他观点也太不寻常。他被自己从小到大所处的正统宗教团体驱逐了出去，在他去世之前，其著作一直被禁止向基督徒和犹太人传播。他尽管有虔诚的信仰，却被称为"无神论者"，因为在他看来，上帝不可能创造宇宙（因为他就是宇宙），向上帝祈祷——而不是单纯地信仰他——没有任何意义。但我们从斯宾诺莎这里所能获得的最重要的教益就是，历史上一切上帝观念的转变都遭受了不宽容的对待，甚至连那些虔诚的宗教信徒所秉持的上帝观念也难逃此厄运。在大多数人看来，即使像斯宾诺莎所主张的，我们所有人信仰的上帝都是同一个上帝，单纯信仰上帝也是不够的，关键还要信仰"正确的"上帝，亦即有一个正确的上帝观念。

> **引文资料：日常生活中的上帝**
>
> 然而，这位普通的信仰者不会报告一种对脱离任何其他经验对象而独立存在的上帝的觉知。他对于上帝的意识并不包含他对某种物质和社会环境的意识的中断。这种观念并不是去孤立地颂扬上帝，让上帝充满信仰者的整个心灵而遮蔽其正常的理解领域……信仰者与上帝的相遇不仅发生在礼拜的时候，而且也发生在良心的召唤使他感到上帝的诫命对他自己的生活具有强制力的时候；发生在朋友的善举使他理解了神恩的时候；发生在自然的奇迹与美妙使他觉察到了造物主的手笔的时候；发生在他在生活中对各种要求做出回应而越发领悟上帝的意图的时候。简言之，这位普通的信仰者领悟上帝的在场和行动所依凭的经验并不脱离世俗生活，而就在生活之中，无论它是多么不完美和不完全。[①]
>
> ——约翰·希克《信仰与知识》，1957

斯宾诺莎的泛神论可以在某些东方宗教中找到对应。比如，在佛教的某些说法中，神与宇宙的分离甚至是不可理解的，因为任何东西都不是作为分离的实体而存在的，一切事物都是内在关联的。印度教也是如此，梵（神）是无所不在的，它甚至存在于动物和更低的生命形式当中。但泛神论的宗教含义却使得我们对于"你信仰上帝吗？"这样一个普通的问题感到有些不解了：如果上帝等同于宇宙整体，那么信仰上帝与相信宇宙的存在还有什么区别？也许一个无神论者会说："我相信宇

[①] Hick, John. *Faith and Knowledge*. Cornell UP, 1957, pp. 109–110.

宙存在，但我看不出有什么理由要把它称为'上帝'。"但斯宾诺莎、佛教徒和印度教徒的宗教态度和教义又表明，仅仅这样说是不够的，因为在一个只相信宇宙存在的无神论者和一个相信宇宙是神圣的泛神论者之间存在着巨大的差异。那么，这种差异是什么呢？有些人也许会说，这只是心态不同而已。他们所信仰的东西（即宇宙的存在）也许从一种较窄的意义上说是一样的，但他们看待它以及在其中行动的方式却是完全不同的。这就把对某种东西的宗教信仰变成了一种面向万物的宗教态度，信仰上帝的观念也随之发生了巨大的变化。

 与哲学家相遇：巴鲁赫·斯宾诺莎（1632—1677）

巴鲁赫·斯宾诺莎1632年出生于阿姆斯特丹的一个正统犹太家庭，他的父母曾经由于西班牙宗教法庭的追查而不得不四处避难。斯宾诺莎毕生致力于为宗教宽容而斗争。尽管荷兰是当时欧洲最自由的国家，他在犹太教哲学和中世纪哲学方面也受过系统的教育，但他的非正统观点还是导致他在自己的故乡阿姆斯特丹被革除了教籍。他的著作被禁，在一生中的大部分时间里都以磨制镜片为生。由于吸入过多玻璃粉尘，斯宾诺莎患上了致命的疾病，后于1677年去世。他的全部哲学都基于这样一种观念：世界与上帝是一个统一体，我们所有人都是这一整体的一部分（见第四章）。

上帝是普遍精神

与此相关的一种上帝观念是黑格尔所主张的精神，不过在斯宾诺莎认为上帝是与宇宙永远同一的地方，黑格尔又补画了一幅更为动态和复杂的图景。在这幅图景中，人本质上是精神的主要表现，精神通过我们进行活动，甚至利用我们来为它的目的服务。同时，精神并非与我们相异。这里可以举一个简单的例子：想象你正在为某个橄榄球队加油，你甚至是该队的一个忠实球迷。你会发现自己被"团队精神"和球队的热情所感染，就好像有某种东西牢牢抓住了你。的确，我们所说的"精神"并不是什么异己的力量，而就是在赛场上与他人同样感受到的情感联系、比赛的刺激以及大家共有的热情。现在，想象把这幅图景一直扩展到全人类，扩展到你作为人类的一分子所感受到的那种"团队精神"，扩展到对生活的热情，那么这就是黑格尔所说的"精神"的意思了。它大于我们任何一个人，却不是某种异于我们的东西。对黑格尔来说，这就是上帝。

> **引文资料：**黑格尔论精神
>
> 　　那条绝对命令的含义：认识你自己——无论我们是就其自身，还是就其被首次提出时的历史背景来考察——并不只是增进关于个体自我的特定能力、性格、偏好和弱点的自我知识。它所要求的知识是关于人的真正实在——本质上以及最终是真实的和实在的——的知识，关于把精神当作真实的、本质的存在的知识。①
>
> ——《哲学科学全书纲要》，1817
>
> 　　这一目标，即绝对知识或知道自己为精神的精神，必须通过对各个精神形态加以回忆的道路来达到，即回忆它们自身是怎样的以及怎样完成它们的王国的组织的。②
>
> ——《精神现象学》，1807

上帝是过程

　　黑格尔的"精神"不仅在宇宙中全方位拓展，而且在时间维度中也是拓展的。黑格尔的一个大胆说法就是，作为普遍精神的上帝不能只用上帝的当下存在——某一特定时刻的某个存在者——来把握，而必须通过一段长期的发展，作为一个过程来理解。换句话说，上帝并非总是现在这个样子，而是一直处于生成过程之中。也许会有人说，上帝正在不断创造着自己和宇宙，而这就意味着，比如"特创论者"和"进化论者"之间通常所进行的对抗有可能是错误的，因为上帝本身的存在就是一个进化过程。

　　在某种意义上，它又是一种极为古老的宗教观念。古埃及的一神论者阿克那吞[Akhnaton，古埃及第十八王朝国王，建立了对阿吞神的崇拜（因而取名阿克那吞，意为对阿吞神有益的人）]曾经说过，神是不断自我创造的；佛教也很早就指出，必须通过过程，而不能仅仅用静态的、永恒不变的说法来理解终极实在。近年来，这种上帝的过程观得到了哲学家查尔斯·哈茨霍恩（1897—2000）的特别辩护。

---

① Hegel, G. W. F. *The Philosophy of Mind. Part Three:* (The Third Part). *Encyclopedia of the Philosophical Sciences*, translated by William Wallace, Oxford UP, 1894, p. 3.

② Hegel, G. W. F. *The Phenomenology of Mind.* Translated by J. B. Baillie Vol. 2, New York: Harper & Row, 1931, p. 808.

上帝是超验的造物主：自然神论

法国哲学家伏尔泰所持的上帝观非常不同于拉纳、博格等强调关系的思想家的上帝观，他主张上帝是物理学的必要假设。虽然伏尔泰认为自己是教会的敌人，但他也认为无神论是不可想象的，并曾激烈地批评他那些不信上帝的学者朋友。但在绝大多数基督徒看来，伏尔泰对上帝的信仰是相当狭隘的。他不仅不相信基督以及基督教的大部分教义和学说，甚至也不承认上帝具有人的属性。上帝不能被说成是公正的、智慧的或仁慈的，也不能被说成是有爱心的、忌妒的或关心我们的。伏尔泰不会被那些坚持上帝是所有这些事物的信徒的观点所打动，而会反驳说，我们根本无法理解上帝的行事方式。然而，说我们绝无可能理解上帝，"正义"这个专属于人的词不能在任何意义上应用于他，便引出了我们如何来刻画我们的信仰对象这个问题。伏尔泰坚持认为我们应当放弃拟人论的"迷信"，但这样一来，这位上帝也就不再是一个道德的存在、一个**人格**神了。那种认为上帝创造了世界但不扮演任何其他角色的观点被称为自然神论。

伏尔泰的观点把上帝观念减少到了极致，距离完全抛弃这个概念也许只有一步之遥。如果仅仅把上帝当作一种初始的创造力来理解，那么这即使是对（从我们意义上讲）最初级的宗教信仰也是不够的。一个非人格的、不关心人类事务的上帝不是一个可以崇拜的上帝，他不能赋予我们的生活以意义。在大多数人（既包括有神论者，也包括无神论者）看来，他绝对配不上"上帝"这一称号。

上帝是未知的信仰对象

正如我们已经看到的，索伦·克尔恺郭尔不承认教会是我们与上帝之间的必要中介。他抨击那些被他讽刺地称为"基督教帮"的人的虚伪。他愤愤地说，对于这样的人而言，"身为一个基督徒"仅仅意味着自己的父母是基督徒。他们会偶尔去教会，无论什么时候被问及是否信仰上帝，他们都会不假思索地点头。然而对于克尔恺郭尔而言，成为一个基督徒，或是在一般意义上成为"有信仰的"，并不是你生活中的**某件事**，而是**每件事**。信仰上帝不是一件可供辩论的事情，克尔恺郭尔鄙视那些把时间浪费在试图证明上帝存在的神学家。他说过一句名言："站着证明上帝的存在与跪倒感恩是非常不同的。"[1]

---

[1] Kierkegaard, S. *Kierkegaard's Journals and Notebooks*, Vol. 3: Notebooks 1-15, ed. Niels Jørgen Cappelørn et al. (Princeton: Princeton University Press, 2010), Notebook 7:44-472010) 7:57 (1840-41), p. 215.

引文资料：上帝是未知的

但这种理性因其悖论激情的感召而与之相冲突，甚而干扰人及人的自知的未知者是什么呢？它是未知的。就我们对人的理解，它不是一个人，也不是任何已知的东西。因此，让我们把这种未知者称为：上帝。上帝只是我们给这未知者起的一个名字。理性几乎想不到有必要去论证这种未知者的存在。也就是说，假如上帝不存在，那当然就不可能去论证他；而假如他存在的话，去论证他的存在就是愚蠢的。①

——索伦·克尔恺郭尔《哲学片断》，1844

在克尔恺郭尔看来，成为一个基督徒是一种绝对的承诺，或者用他的话说，是"信仰的飞跃"。人不可能认识上帝，也不可能知道上帝是否存在，或者关于他的一切。但人必须表现得就像绝对确信他的存在，与他处于一种私密的关系中一样（克尔恺郭尔甚至认为就像父子或情侣之间的关系）。克尔恺郭尔说，上帝是伟大的未知者，而与此同时，人又必须相信上帝是绝对亲近的和当下在场的。的确，克尔恺郭尔如此强烈地反对（以一种抽象的、理智的方式）认识上帝，以至于抛弃了整个基督教神学，拒绝发展一种理性的、可理解的上帝观念；相反，他认为任何关于上帝的观念都是完全不可理解的和非理性的。因此，重要的不是上帝观念，而是我们信仰他的激情。我们还可以再次提出"信仰什么"的问题，但克尔恺郭尔会说，这种问题不仅是无关的，而且是与宗教感情相对立的。他说："当信仰开始丧失激情的时候，也就是需要论证来为无信仰鸣锣开道的时候。"②换句话说，理解上帝与信仰上帝是相互对立的，理性只能对信仰构成阻碍。然而，尽管克尔恺郭尔拒斥那种对上帝秉持某种观念的看法，但他对什么叫作"有宗教信仰"有着明确的概念。因此，尽管克尔恺郭尔对哲学进行了攻击，但他仍然是一位哲学家，他为我们提供了一种关于信仰上帝意味着什么的极端看法。

上帝是道德的存在

在所有被归于上帝的特征中，有一组是最为突出的。无论你是否相信上帝创

---

① Kierkegaard, Søren. *Philosophical Fragments*. Translated by David Swenson, revised by Howard V. Hong, Princeton UP, 1962, p. 49.

② Kierkegaard, Søren. *Concluding Unscientific Postscript*. Translated by David Swenson and Walter Lowrie, Princeton UP, 1941, p. 31.

造了宇宙，是否化身为基督来到人间，是否分开了红海，是否是一个超验的存在或内在的精神，可以肯定地说，正是上帝的道德特征、他对正义的维护和对我们的关切，才使宗教对于许多人的生活如此之重要。这使伏尔泰的上帝观念变得无关痛痒，也使克尔恺郭尔的上帝观念显得重要而生动。在《旧约》中，也许字里行间都透露着一条最重要的训诫，那就是：上帝是一个给我们立法——包括十诫以及数以千计较轻的诫命——的道德存在者。同样，《新约》的每一句话几乎也在传达这样一条重要讯息：上帝是关心我们的，他是神圣的法官，不仅关注地球上的善与恶，而且惩恶扬善。的确，即使一个人不相信上帝是一个施予赏罚的神圣法官，也绝对有必要认为上帝是一个关心着我们的道德存在，而不是宇宙间的一种冷漠力量。

因此，在所有关于上帝的观念中，也许最重要的问题就是：上帝具有什么样的道德特征？他在多大程度上关心着我们？他会为我们做些什么？是否会对我们的祈祷做出回应？（回应哪些祈祷？也许不会是像我们童年时诅咒一个坏孩子遭雷击那样的祈祷。但如果是祈祷世界和平，祈祷能够获得力量战胜某种磨难或克服某种可怕的烦恼，那么情况又将如何？）什么才是上帝的法律[上帝说："不可杀人。"这是说永远不许吗？战争除外吗？某些（所谓正义的）战争除外吗？敌人除外吗]？也许最为关键的是，上帝在控制地球上的苦难和恶的方面扮演了什么角色？这个问题牵动着大多数哲学家和宗教思想家的神经，并由此发展出了一般称为恶的问题的整个领域。

—— 恶的问题 ——

恶的问题起源于大多数上帝观念都含有的一个要素——上帝是善的。但这个观念似乎显然与事实不符，因为恶与苦难在世界上比比皆是。这里，你怎样理解"上帝是善的"已经不那么重要了。无论你认为它意味着上帝每时每刻都在关照着我们，保护我们不受伤害，还是认为上帝创造了我们，因此会以某种方式照顾我们，反正这种观念是说，上帝的确关心着我们，因为他对我们很在意。但果真如此的话，为什么世界上还会有那么多恶和苦难呢？而且甚至连年幼无辜的孩子都不能幸免？

我们可以这样来提出这个论证。首先，我们用三条陈述来概括我们对于上帝的理解：

1．上帝是全能的；

2．上帝是全知的；

3．上帝是善的。

然而，如果世界上存在着恶，那么根据前面就可以推出，以下三条陈述中至少有一条必然为真：

　　1．他对此无能为力；

　　2．他对此一无所知；

　　3．他对此漠不关心。

但所有这些都与我们对上帝的理解相冲突，因此我们的问题仍有待解决。

否认上帝

　　针对这则论证，存在着各种不同的回答。其中有一种是断言上帝并不存在，因为要想配得上"上帝"这个称号，最高的存在者必须具备第一栏中所有三条特征；不过，还有许多回答是为了维护对上帝的信仰而反对该论证的，可以这么说，只要信仰上帝，那么每一位哲学家都感到回避不了恶的问题。

两种类型的恶

　　许多哲学家解决这个问题的办法是区分道德的恶与非道德的恶。道德的恶是由我们的行动和意图造成的，而非道德的恶则是由自然灾害和"上帝的行动"造成的。大屠杀以及对千百万犹太人、吉卜赛人、天主教徒和其他少数派进行迫害是一种道德的恶；而1755年发生在里斯本的大地震夺去了数千名正在教堂做礼拜的无辜民众的生命，则是一种非道德的恶。解决恶的问题的大多数尝试都会涉及这两种恶中的某一种。

📝 引文资料：上帝死了

　　狂人——你听过狂人的故事吗？他大白天打着灯笼跑到市场上不停地喊叫："我找上帝！""我找上帝！"——由于许多不信上帝的人正站在那里，他招来了一片哄笑。怎么！他丢了？一个人说。他像小孩一样迷路了吗？另一个人说。或者他藏起来了？他害怕我们？还是去远航了？或是搬到另一个地方去了？——他们就这样叫着笑着。狂人跳到他们中间，瞪大了眼睛紧紧盯住他们。"上帝到哪里去了？"他喊道，"我来告诉你们！是我们杀了他——你们和我！我们都是他的谋杀者！"[①]

——尼采《快乐的科学》，1882

---

① Nietzsche, Friedrich. *The Gay Science: With a Prelude in German Rhymes and an Appendix of Songs.* Translated by Josefine Nauckhoff, Cambridge UP, 2001, pp. 125,119–120.

否认恶

有一种对恶的问题的回答是，与现象所表现出来的不同，其实并没有恶或苦难这回事。一直都有人拒绝承认恶的存在，他们试图佯称没有什么问题（当然，对别人的痛苦下断语总是要比对自己容易）。总有一些人会说（尽管存在着那么多相反的证据），纳粹实际上并没有屠杀数百万的犹太人（但马上就会有人站出来指责这种否认本身就是恶，而且祸患无穷）。也总有人拒绝承认战争是恶的。他们坚持说，在战争中死亡或受伤的每一个人——不仅是士兵，而且还包括平民和孩子——的遭遇都是应得的。但我们越是考虑，便越觉得这种回答有问题。

当然，许多人受苦是由于他们自己的过错（这对上帝的善并没有什么影响），但还有许多人却并非如此，特别是那些饿死或在战火中丧生的孩子。你也许会说，"他们都是由于父母的罪而受到惩罚的"。但很难想象这是公平的。如果你的父母或祖父母中的一位由于开车不小心而受到警察局的传讯，而他们把你的驾照收走，你会觉得公平吗？正义，无论是人的还是神的，都意味着惩罚罪有应得的人，而不是无辜的人。

📝 引文资料： 上帝的几条戒律

《旧约》

当孝敬父母……

不可杀人。

不可奸淫。

不可偷盗。

不可作假证陷害人。

不可贪恋人的房屋，也不可贪恋人的妻子、仆婢、牛驴，并他一切所有的。

——选自十诫，《旧约·出埃及记》20:12-17

《新约》

"你们听见有话说：'以眼还眼，以牙还牙。'只是我告诉你们：不要与恶人作对。有人打你的右脸，连左脸也转过来由他打；有人想要告你，要拿你的里衣，连外衣也由他拿去。"

"你们听见有话说：'当爱你的邻舍，恨你的仇敌。'只是我告诉你们：要爱你们的仇敌，为那逼迫你们的祷告。这样，就可以作你们天父的儿子。"

续

因为他叫日头照好人，也照歹人；降雨给义人，也给不义的人。你们若单爱那爱你们的人，有什么赏赐呢？就是税吏不也是这样行吗？你们若单请你弟兄的安，比人有什么长处呢？就是外邦人不也是这样行吗？所以你们要完全，像你们的天父完全一样。”

"你们不要论断人，免得你们被论断。"

"所以，无论何事，你们愿意人怎样待你们，你们也要怎样待人，因为这就是律法和先知的道理。"

……"你要尽心、尽性、尽意，爱主你的神。这是诫命中的第一，且是最大的。其次也相仿，就是要爱人如己。这两条诫命是律法和先知一切道理的总纲。"

——《新约·马太福音》5：38-40,43-48；7：1,12；22：37-40

最少的恶

有人说，上帝凭借自己的智慧看到了世界所有的可能情况；他发现所有这些世界中都必定存在着恶和苦难。于是上帝就选择了一个苦难最少的世界，或者用莱布尼茨的话说，是"所有可能世界中最好的"。这种回答要求我们的信仰很坚定，因为很容易被设想，有时候世界发生一点变化就能变得更好，同时也不会打破善与恶的平衡。此外，这种回答还要求世界上必定有恶和苦难存在，但为什么会有那么多呢？

"恶的总量最少"是指，也许除了我们自己所招致的道德的恶以外，世界上的恶都是必然的（参见我们马上就要谈到的自由意志解答）。至于非道德的恶，即降临到许多人头上的自然灾祸或"上帝的行动"，神学家兼哲学家约翰·希克认为这样的事情是"构筑灵魂的"；它们也许会使我们的生活更加难以预料或更具悲剧性，但这同时也使我们成为更优秀的人。这是一种对于《约伯记》的惯常解释，《约伯记》记述了一个善良的人由于信仰受到"考验"而不得不受苦的故事。还有一种非常不同的建议是美国拉比哈洛德·库希纳所倡导的，这种说法认为，只有上帝自身的局限性才能解释"为什么坏事会降临到好人头上"。上帝既不是全能的也不是残忍的，他的力量受制于自然法则、人类进化的程度以及人类的道德自由。但多数有神论者都倾向于从我们自身有限的理解力上寻找解答，而不愿归诸上帝。

审美解答

还有一种解答是在对"最少的恶"做巧妙变动之后得出的。持这种观点的人有时会认为上帝是一种过程，或者是某位宇宙艺术家（如19世纪的浪漫派会这么看）。在这种观点看来，规定世界的是戏剧的和美学的范畴，而不是对于个人福祉的狭隘坚持。这种解答再一次促使我们用一幅"大图景"去审视世界，从而领悟到整体的美和善是部分依赖于恶和悲剧的。如果把上帝理解为一种过程，我们就会发现，世界上被称为恶的东西，其实是上帝（和世界）发展的关键一步。在传统上，这种观点一直是神正论所探讨的话题，这样一种学问解释了恶的存在如何能与上帝的存在相容。根据这种看法，如果我们放眼整个历史，而不是仅仅拘泥于眼前，那么就将看到，世界上的恶在某种意义上是必要的，它并不构成对上帝的存在或善的反驳。

自由意志解答

另一种解答是所谓的自由意志解答，这恐怕是最有说服力，同时也是最有争议的说法了。这种论证说，上帝的创造使我们天生就有自由意志，即我们生来就具有按照自己意愿而行动的能力。因此，导致世界上的恶和苦难的是我们自己，而与上帝的善无关。但仍然有许多人对这种解答提出了质疑：首先，还是那个问题，为什么会有那么多的恶和苦难存在？在仍然有自由意志的情况下，上帝难道就不能把我们创造得再智慧一些，做事情少一些鲁莽，更多一些理智、同情心和自制力？其次，如果上帝让我们拥有自由意志，那么这是否意味着他无法干预？如果答案是肯定的，那么这似乎意味着他不是全能的；如果他能够干预，那么他为什么不干预（因为我们的苦难经常远远超出了我们的过失）？如果他的确干预了，那么问题就变成，我们是否还拥有真正的自由？第三，如果上帝是全知的，他预先知道我们会给自己带来怎样的悲惨命运，那么他为什么还要给我们自由意志？倘若我们没有自由意志，而是上帝事先安排好让我们相互友善、相互关心，这岂不是更好？第四，即使一个人接受自由意志解答，世界上所有的恶与苦难似乎也不应完全归咎于我们自己的错误和对自由的滥用。当无辜的儿童在睡梦中或在教堂祈祷时被自然灾害夺去了生命，这该如何来解释？上帝怎么会允许（或致使）这样的事情发生？

来世的公平

另一种解答是诉诸未来的某个正义法庭，这个法庭不在今生而在来世，在那里上帝会惩恶扬善。但这也同样有问题：即使你相信上帝的赏罚，是否公正仍会成为一个问题。即使你想以后再给他奖赏，但让一个无辜的人受苦是公正的吗？对某些尚未获得机会证明自己的人（如在战争中丧生的婴儿）进行惩罚，而让其他人不得不用一辈子来证明自己的道德价值，这是公正的吗？如果你认为今生在某种意义上说是对来世的一次"考验"，那么这种考验是否完全公平（因为某些社会中的人甚至不知道自己正在被考验着）？对其信徒进行考验的是否真的是一个善良的上帝？

例如，让我们看看关于恶的问题的一个最著名的案例——约伯的故事。按照《圣经》的记载，约伯是一个善良的、全身心信仰上帝的人，但上帝却降了各种可怕的灾于他。上帝杀了他的妻子和儿子，毁了他的生活，还让他染上了各种痛苦的疾病。为什么会这样？难道就为了考验他吗？就为了与魔鬼打赌能赢？这叫公正吗？即使上帝最后补偿了约伯所失去的一切，这又能使情况重新好起来吗？约伯的故事或许是一切时代关于信仰的一个伟大表达，但并没有回答——而只是加剧了——恶的问题。

上帝的"神秘方式"

有些人是通过诉诸上帝的"神秘方式"来回答恶的问题的。我们无法理解上帝为什么要这样做，因此我们不应当对他进行质疑。但与这种说法相冲突的是我们需要对上帝有所知晓，从而有理由信仰他。不仅如此，我们到底能否对《圣经》中的某些最残忍的故事（比如约伯的故事、上帝对整个城市的毁灭，以及由于父母的罪过而屠杀无辜的婴儿）给出恰当的解释？有的时候，我们可以理解一个智慧的人为什么会做出一些我们所无法理解的事情。但把这种解释进行推广是有限度的。当我们对某些行动的合理性连一种可能情况都设想不出来时，求助于"神秘方式"与其说是回答了问题，不如说是承认我们对此无可奈何。

给出一种回答

以上这些解答无一是自足的，但对它们的反驳也并非定论。的确，宗教——基督教、犹太教、伊斯兰教、佛教和其他一些东方宗教——的整个历史都在尝试回答这个问题。因此，如果你的哲学包含对上帝的信仰，你就必须确定你相信上帝具有什么样的道德属性，以及这些属性是否可以与世界上存在着恶和苦难相协调；当然，如果你不信仰上帝，那么在你看来，恶的问题似乎就有了一个最终的回答，即这证明并不存在一个全知全能的、公正的、关心着我们的上帝。但此时你仍须面对这样一些问题：世界上的恶与苦难到底有没有理由？除了照单全收，我们是否还有什么办法去对付它？

 与哲学家相遇：圣安瑟伦（1033—1109）

坎特伯雷的安瑟伦（1033—1109）出生于意大利，他的几部著作已经成为哲学神学领域的经典文献。他在《宣讲》（1078年）中提出的关于上帝存在的著名本体论论证借用了奥古斯丁在《论意志的自由选择》（395年）中的说法。

—— 信仰与理性：信仰的方式 ——

在许多信仰者看来，信仰上帝以及知晓他是纯理性的事情，理性不仅不会与信仰有任何的冲突，而且还会为它提供支持。比如，11世纪的神学家圣安瑟伦提出了一种关于上帝存在的天才"证明"（这一点我们会在"本体论论证"中谈到），哲学家托马斯·阿奎那也提出了几种论证上帝存在的方法（我们也会在接下来的"宇宙论论证"中谈到）。许多传统的神学和学问都致力于说明这样一种观点，即关于上帝的知识本质上是理性的，我们可以通过考察我们自己的思想而知道他存在着。而另外，正如我们已经指出的，还有一些信仰者坚持认为，上帝是绝不可能为理性所了解的。有一些神秘主义者认为，我们只能通过某种不为大多数人所知的特殊体验来知晓上帝，在这种体验中，上帝似乎可以直接向我们呈现。然而，我们相信自己能与上帝建立关系当然要依赖于我们对他的观念。如果我们所秉持的上帝观念在很大程度上是拟人化的和人格化的，那么通过祈祷与适当的恳求而与上帝发生关系就是合情合理的；但如果我们心目中的上帝是一种施及万物的普遍的爱，或是一种关注着宇宙的伟大精神，那么人格化的要求可能就不尽合适了。

📝 **引文资料：它为什么为真，这要紧吗？**

复杂的计算机运算表明，《圣经》上所记载的红海的分开——据说使摩西和以色列人逃脱了埃及的奴役——可能确如《出埃及记》所描述的那样发生过。

由于红海北端的特殊地理状况……一股持续10小时左右的中级风可以使大海退后约1英里，使水面降低10英尺，从而在《圣经》学者认为是横渡发生的地方露出干燥的土地。

续

> 而风的一阵突然变化就会使海水在很短的时间中退去……①
>
> 这支持了还是破坏了这一蔚为奇观的事件的宗教含义呢？
>
> ——《洛杉矶时报》，1992

我们所说的绝大部分内容首先适用于那些信仰某种上帝的人，但也适用于完全不信仰上帝的无神论者。你不信仰哪种上帝？如果你把上帝理解为一位智慧老人，他能够向祈祷者施予恩惠，而且对请求做出的回应有时会反复无常，那么你不信仰上帝也许很容易讲通。然而如果某个人坚持说，正确的上帝观念应该是指，他是一种使得世界或宇宙本身持续存在的必不可少的力量，那么不信仰上帝会是什么样子？换句话说，无神论者也和信仰者一样预设了某种上帝观念。"人不信什么"与"人相信什么"都是问题。

 引文资料：宇宙论论证

在现象世界中，我们发现有一种动力因的秩序。这里，我们绝对找不到一种自身就是动力因的事物。如果有，那就应该先于动力因自身而存在，但这是不可能的。动力因也不可能追溯到无限，因为一切动力因都遵循着一定的秩序：第一个动力因是中间动力因的原因；而中间动力因，不管是多数还是单数，总是最终原因的原因。如果去掉原因，也就会去掉结果。因此在动力因中，如果没有第一个动力因（如果将动力因作无限制的追溯，就会成为这样的情况），那就会没有中间的原因，也不会有最后的结果，而这显然是错误的。因此，有一个最初的动力因乃是必然的。这个最初动力因，大家都称为上帝。②

——托马斯·阿奎那《神学大全》，1266—1273

 与哲学家相遇：托马斯·阿奎那（1225—1274）

托马斯·阿奎那出生于意大利，他是所有时代最重要的基督教思想家之一。他把新柏拉图主义的基督教理论与当时被重新发现的亚里士多德的著作综合了起来。

---

① Maugh, Thomas H., II. "Research Supports Bible's Account of Red Sea Parting: Weather: Gulf of Suez's Geography Would Make It Possible, Meteorologist and Oceanographer Say." Los Angeles Times Service, 14 Mar. 1992; and *the Bulletin of the American Meteorological Society.*

② Aquinas, Thomas. *Summa Theologica.* Vol. 1, McGraw-Hill, 1964–1981, p. 15.

宇宙论论证

我们可以举一个很好的例子。托马斯·阿奎那认为上帝是可以相信的最合理的事物。13世纪时，他就此给出了几条证明或所谓的"五路证明"。直到现在，它们仍是宗教理性进路的范本（其实几乎所有这些方式在阿奎那之前就被发明出来了，其中有些是亚里士多德的贡献）。例如，正是阿奎那为所谓的宇宙论论证做了辩护，对此你可能已经耳熟能详了。它有许多版本，其中最简单的一种是：一切事物都或是由其他事物产生，或是由其他事物创造。因此，必定存在着第一因，或者亚里士多德所说的"第一推动者"——这就是上帝。

当然，也许有人否认宇宙一直存在着，因此并不需要用想象中"第一因"的创造来解释。还有人也许会说，上帝一旦创造出宇宙，就可能让它自行其是，不再进一步插手了。为了回答这些反驳，阿奎那明确指出，他在两种意义上把上帝理解为第一因：上帝既是宇宙从无到有的原因，也是宇宙的存在从一刻持续到另一刻的原因。

 引文资料： 设计论证

一种辩护：

第五种方法是从世界的秩序来论证上帝的存在。我们看到：那些没有知识的人，甚至那些生物，也为着一个目标而活动；他们活动起来，总是或常常是遵循同一途径，以求获得最好的结果。显然，他们谋求自己的目标并不是偶然的，而是有计划的。但是，一个无知者如果不受某个有知识和有智慧的存在者的指挥，就像箭要受射手指挥一样，那么他也无法移动到目的地。所以，必定有一个有智慧的存在者，一切事物都靠他指向它们的目的。这个存在者，我们称为上帝。[①]

——托马斯·阿奎那《神学大全》，1266—1273

一种回应：

总之，克里安提斯，遵循你的假设的人，或许能够主张或揣想宇宙是起源于某种类似设计的东西的，但超出这点之外，他就没法肯定任何一种情况，此后他只好任其幻想和假设所至，去创立他的神学中的每一论点了。就他所知，与一个高的标准相比，这个世界是非常有缺陷、非常不完全的。这个世界只是

---

① Aquinas, Thomas. *Summa Theologica*. Vol. 1, McGraw-Hill, 1964–1981, p. 17.

续

某个幼稚的神初次尝试的作品，后来他抛弃了它，并对自己拙劣的工作感到羞愧。它只是某个不独立的、低级的神的作品；在较高级的神看来，它是嘲笑的对象；它是某个老迈的神的衰朽期的作品；自从他死了之后，它就依靠着最初从神那里得到的冲动和动力，往前乱撞乱碰。第美亚，你对于这些奇异的假设表示骇惧是对的；但这些，以及成千个更多的同类假设，都是克里安提斯的假设，不是我的。自从假定神的属性是有限的那时候起，这一切假设就都产生了。至于我，我并不认为如此荒唐而不定的一个神学系统，会在任何方面比根本没有什么系统好些。[1]

——大卫·休谟《自然宗教对话录》，1778

设计论证

另一种关于信仰上帝的理性论证非常不同，你或许已经很熟悉了。当我们观察世界的时候，我们发现它被设计得如此巧妙，万事万物都有自己的位置和目的。星辰在各自的轨道上运行，大脑被安放在头颅里，鸟有虫子吃，虫子有树皮吃，雨可以使树生长，云可以造雨等。实际上，宇宙的设计是如此之完美，以致我们很难设想这一切都是偶然产生的。所以在宇宙背后一定存在着一位设计者，而他就是上帝。英国哲学家威廉·佩利曾经通过类比提出了一种设计论证。这种论证是说，假如我们在旷野里拾到了一块表，我们会认为一定有某个人曾经到过那里；同样道理，我们看到世界的设计如此精妙，于是也会下结论说，一定是某个智慧的造物主创造了它。伏尔泰对这种设计论证不屑一顾，他曾在小说《老实人》中这样讽刺道："造物主给我们安上了鼻子，以免眼镜无处可放，这岂不是绝顶聪明吗？"[2]不过严肃地说，设计论证似乎与查尔斯·达尔文的进化论和自然选择学说严重不符，因为达尔文的理论恰恰是说，在不假设一个神圣的造物主的情况下，一个复杂的世界是如何可能逐步实现的。达尔文本人是信仰上帝的，他并没有觉得他的理论同自己的宗教信仰之间有什么不协调。

这是关于过程上帝观所带来的一个好处，因为它使这种冲突完全可以避免。然而一旦把类比从一种精妙的、完成了的机械装置（旷野里的表）移到一种部分完成的、尚不完美的、过程中的世界，那么一个不断演化的、过程中的上帝的确会对设

---

① Hume, David. *Dialogues on Natural Religion*. Bobbs-Merrill, 1947, p. 143.

② Voltaire. *Candide*. Translated by Henry Morley, revised by Lauren Walsh, Barnes, and Noble, 2003, p. 12.

计论证的前提构成威胁。设计论证是哲学中运用**类比论证**的一个特别好的例子（见前面的"逻辑准备"）。佩利的论证要求表与世界在许多重要的方面都很相似，但苏格兰哲学家大卫·休谟却指出，在许多关键之处，这种类比是不能成立的。

 与哲学家相遇： 威廉·佩利（1743—1805）

威廉·佩利是英国神学家兼哲学家。他提出了一种设计论证。他的道德理论把功利主义和超自然主义结合了起来。

 与理论家相遇： 查尔斯·达尔文（1809—1882）

查尔斯·达尔文是改变了世界的英国博物学家。他堪称历史上与亚里士多德同样有影响的生物学家。他于1859年出版了《物种起源》，详细阐述了物种因自然选择而演化的理论。

本体论论证

除了宇宙论论证和设计论证，哲学中还有一种本体论论证也是对上帝存在的理性论证，它是11世纪的一位修道士安瑟伦提出来的。"本体论"一词意为"与存在的本性相关的"。这个论证有好几个版本，其本质是这样的：

1．我们只能把上帝设想成一个无限的、最完美的东西。

2．一个具有除"存在"以外的所有完美性（公正、全能、全知等）的东西不能算是"最完美的"。

3．因此，最完美的东西必然存在。

虽然这样表述显得有些古怪和粗糙，不过直到今天，在现代逻辑的帮助下，本体论论证仍然不断涌现出新的版本。而所有这些版本的论证背后都隐含着，仅仅通过逻辑就可以从我们关于上帝的观念中推出上帝必然存在。果真如此的话，信仰上帝就成了一种严格建立在逻辑基础上的理性信仰。不用说，许多哲学家都对这种逻辑提出了质疑，即使他们本人也许对其结论深信不疑。这其中最著名的要算是伊曼努尔·康德了，他认为该论证的错误在于第二条前提，即认为存在是一种"完美性"。康德认为，存在与公正、全知、全能等属性是不同的。尽管一个东西可以存在而缺乏公正，但是说一个东西公正而并不存在，这没有任何意义。的确，这时甚至说他是一个"东西"都没有意义。当我们声称一个东西有属性时，我们已经预设了它的存在。

 引文资料：本体论论证

　　……我开始问自己是否可能找到这样一种论证，它本身不依赖于其他论证，而单单用它却足以证明上帝真实存在着，上帝是至善，不依赖于任何外在于他的东西，却为一切事物的存在和安宁所必需……圣主啊，你使信仰具有理解力，所以我恳求你，能在你认为最有益的范围内，让我能够了解你是像我们所信仰的那样而存在着，你就是我们所信仰的对象。我们相信你就是一个可以设想的无与伦比的伟大存在者。"愚顽人心里说，没有神"（这句话出自《诗篇》14:1），难道那样性质的东西就不存在了吗？真的，就是这个愚人，如果他听到我说这个存在者——即"一个可设想的无与伦比的伟大存在者"——的时候，即使他并不明白这个对象是实际存在着，他也能理解他所听到的对象，也能理解他所理解的对象是在他的心中。一个对象在心中存在，这是一回事；要理解一个对象实际存在着，这又是另外一回事。譬如，一个画家在预先考虑他所要着手的绘画时，他的心中就有了一幅画，但这时他绝不会想到这幅画已经实际存在，因为他还未动手画。但是，等到他实际画成以后，他这时就既在心中有这幅画，同时也了解这幅画存在着，因为现在他已经创造了它。所以，甚至愚人也不得不承认，有某一个可设想的无与伦比的伟大的东西，是在他的心中存在着。因为当他听说这东西的时候，他了解它。而且不管他了解的是什么，也都是在心中的，但是，真的，还有一种不可设想的无与伦比的伟大的东西，它就不能仅仅在心中存在，因为，即使它仅仅在心中存在，但是它还可能被设想为也在实际中存在，那就更伟大了。所以，如果说那种不可设想的无与伦比的伟大的东西只在心中存在，那么，不可设想的无与伦比的伟大的东西与可设想的无与伦比的伟大的东西就是相同的了。但是，这明明是不可能的。所以毫无疑问，某一个不可设想的无与伦比的伟大的东西，是既存在于心中，又存在于现实中的。[①]

——安瑟伦《宣讲》，1078

---

① Fairweather, Eugene R., editor and translator. *A Scholastic Miscellany*: *Anselm to Ockham*. Westminster P, 1956, p. 74.

理性的信仰

有一些对理性信仰的说明非常独特，比如康德就不承认所有这三类论证（宇宙论论证、设计论论证和本体论论证），而试图说明对于任何一个希望具有卓越道德的人来说，信仰上帝都是理性必然的。这个结论是一种对上帝存在的道德论证，它的目标与其说是要证明上帝存在是一种知识（如等同于我们的科学信念），不如说是要证明上帝存在是我们关于世界的道德观的一个必然特征。该论证是这样的：为使善能得到奖赏，恶能受到惩罚，必定要有某个全能、全智的法官——如果不在今生，就在来世——来伸张正义、惩恶扬善。康德把我们对于这样一种上帝的信念称为信仰，但他所说的信仰并不是一种对一切相反证据视而不见的非理性情感。对康德而言，对上帝的信仰就像知识一样是已经得到辩护的，它不是一种感情，而是一种可以用理由进行论证和辩护的纯理性态度。康德认为，没有对上帝的信仰，我们的道德感和正义感就没有了基础。

📝 **引文资料：** 信仰的道德论证

幸福是世界上理性存在者在其整个实存期间凡事皆按照愿望和意志而行的状态，因而依赖于自然与他的整个目的、与他意志的本质决定性根据契合一致……但是，与此同时在世界之中发生行为的理性存在者仍然不是世界和自然本身的原因。于是，在道德法则里面没有丝毫的根据说，德性和那个属于世界一部分并因而依赖于世界的存在者的与德性相称的幸福之间有某种必然联系……然而，在纯粹理性的实践任务里面，亦即在对于至善的必然追求之中，这样一种联系是被设定为必然的：我们应当设法促进至善（它因此也必定是可能的）。这样，全部自然的而又与自然有别的一个原因的存在，也就被设定了，而这个原因包含着上述联系的根据，也就是幸福与德性精确地契合一致的根据……于是，只有在一个无上的自然原因被认定，并且这个原因具备合乎道德意向的因果性的范围内，这个至善在世界上才是可能的……这样，自然的无上原因，只要它必须为了至善而被设定，就是这样一个存在者，它通过知性和意志称为自然的原因（从而是自然的创造者），亦即上帝……因此，认定上帝的存在在道德上是必然的。①

——康德《实践理性批判》，1788

---

① Kant, Immanuel. *Critique of Practical Reason*. Translated by Lewis White Beck, Bobbs-Merrill, 1956, pp. 129–130.

帕斯卡的赌注

另一种论证是法国哲学家兼科学家布莱斯·帕斯卡提出来的。由于帕斯卡的论证向我们描述了一种打赌的情形，因此这种论证被称为帕斯卡的赌注。它大致是这样的：我们或者信仰上帝，或者不信。如果我们信仰上帝并且他存在，那么就将获得无穷无尽的最大快乐；如果我们相信上帝但他不存在，那么最坏的情况就是我们错过了某些享受罪恶快乐的机会。不过即便上帝不存在，信仰他所获得的那种启示本身也是值得的；然而，如果我们不信仰上帝而他却存在，那么我们或许会享受到某些罪恶的快乐，但却会遭到永远的惩罚；如果我们不信仰上帝，上帝也不存在，那么当然也就没有什么问题。现在，你不必是赌场上的老手，也能看出哪种赌注更好一些——那就是去信仰。因此，任何理性的人都会去信仰上帝——何苦为了少量罪恶的尘世快乐，而甘冒永遭惩罚的危险呢？

 与哲学家相遇： 布莱斯·帕斯卡（1623—1662）

> 布莱斯·帕斯卡是法国著名的博学多才的人。他在16岁时就首次对几何做出了贡献。他最为出名的可能就是他的"赌注"了。

 掌握概念： 帕斯卡的赌注

或者	如果上帝存在	如果上帝不存在
我们信仰	永恒的报偿	我们失去了几次享乐机会，但却通祈祷得到了启示
我们不信仰	永恒的惩罚	不会有问题，并且经历一些好时光

非理性的信仰

然而，并不是所有关于信仰上帝的论证都是理性论证，也不是所有信仰都需要有论证作支持，从而能够说服别人。对宗教信仰持这种看法的最出名的哲学家就是我们已经讨论过的克尔恺郭尔，比如与康德不同，在克尔恺郭尔看来，信仰无疑是非理性的，对上帝存在的证明也是无关紧要的。对他而言，信仰上帝是一件极其个人的、充满激情的事情，它不适合用任何方法进行"论证"。信仰是一种承诺，恰恰因为人不可能知道上帝的存在——克尔恺郭尔称为"客观的不确定性"——才要求我们做出"信仰的飞跃"。另一种对于宗教信仰的非常不同的非理性进路是一种被称为神秘主义的古代传统，它声称人可以通过一种无法描述或言传的特殊体验来信仰上帝。这种体验据说是无法言表的。

引文资料： 凯斯特勒论神秘体验

有些人也许认为神秘主义只是一些无用的梦呓，或是一些想象中的对美妙体验的私自享用，而不会对生活造成什么实际的和有价值的影响。但那些神秘主义者却不这样认为。这是那些知道神秘体验可以改变人的生活和性格——经常是从品格卑劣和吝啬变到品格高贵和无私——的人的普遍看法。

我站在第40号牢房的凹陷的窗户那里，手拿一根刚从金属丝床垫上抽出来的铁制弹簧，正在墙上胡乱涂写着数学公式。数学，特别是解析几何，曾经是我年轻时的最爱，不过在后来的许多年里逐渐淡忘了……现在，当我回忆起那些方法，并在墙上涂写那些符号的时候，我又感到了它那久违的魅力。

紧接着，我突然第一次理解了这种魅力的原因：墙上所涂写的符号象征着一种罕见的情况，一次关于无限的有意义的、全面的陈述通过精确而有限的方式达到了。无限是一团被薄雾笼罩的神秘体，然而不必被那种模糊性搞得晕头转向也能对它略知一二。这种意义像一阵波浪似地掠过我的心头。波浪源于一种可以说明的洞察力，但它马上就蒸发掉了，只留下一种无言的本质、一阵永恒的芬芳以及浅融入碧海蓝天时的颤动。我站在这里一定有几分钟了，并因那种"这是完美的——完美的"无法言说的意识而感到狂喜，直至注意到我的心灵背后出现了某种轻微的不适为止——这是美好的瞬间被打破的司空见惯的情况。接着，我忆起了那种烦心之事的实质：当然，我是在狱中，而且可能会被枪毙。但马上就有一种感觉回答说："那又怎么样？这就是一切吗？你没有什么更严肃的事情要忧虑吗？"——这种回答是那样自然、清新和愉快，突如其来的烦恼就像丢了领子上的纽扣一样微不足道。我好像仰面躺在一条平静的河流中漂流，流过了几座静默的桥。它不源自任何地方，也不流到任何地方。突然，河和我都消失了。"我"已经停止了存在。[1]

——阿瑟·凯斯特勒《看不见的书写》，1954

---

[1] Koestler, Arthur. *The Invisible Writing*. Macmillan, 1954, pp. 350–352.

一个神秘主义者也许会说，这种体验已经向他证明了上帝存在着，而不需要再说其他什么。事实上，一个神秘主义者甚至用不着说他所"看到"的绝对是真的，他只要坚持这对于他个人来说意味着一切就够了。你与一个神秘主义者之间不会产生辩论，因为他用不着告诉你任何东西，你也无法对他进行任何反驳。然而，据那些曾经有过神秘体验的人说，那种体验是如此之强烈，以至于再怀疑上帝的存在都很困难或不大可能了。不仅如此，不同国家的许多人在不同时间里所报道的神秘体验都有非常类似的特征，以至于有人会猜想这里面一定藏有某种"真理"。但对于神秘主义者来说，任何这样的表白都是不必要的，因为他并没有声称"证明"了上帝的存在。能够直接体验到上帝（哪怕只是短暂的一瞬）就足够了，与此相比，还有什么论证会更有说服力呢？

 引文资料：埃克哈特论神秘体验

下面三个维度代表着三种类型的知识。第一种是感官的，如眼睛看到远处的东西；第二种是理智的，它的级别更高一些；第三种代表着灵魂的高贵力量（的功能），它的级别高到可以同上帝进行面对面的交流。这种力量与其余的没有任何共通之处。它意识不到昨天还是前天、明天还是后天，因为在永恒之中没有昨天或者明天，而只有当下。因为它既是一千年之前，又是一千年之后；既是此刻，又是死后。①

——埃克哈特大师，选自"布道23"（14世纪）

宗教宽容：仪式、传统和精神性

如果英格兰只有一种宗教，那么可能会有专制的危险；如果有两种宗教，它们可能会互相残杀；但实际上却有三种宗教，它们和平相处、相安无事。②

——伏尔泰《哲学书简》

在许多人的世界观和生活中，宗教都扮演着核心的角色。但并非所有人都是如

---

① Meister Eckhart. *Meister Eckhart: A Modern Translation*. Translated by Raymond Blakney, Harper, 1941, sermon 23, p. 205.

② Voltaire. "On the Church in England." *Philosophical Letters; Or, Letters Regarding the English Nation*, edited by John Leigh, translated by Prudence L. Steiner, Hackett, 2007, p. 20.

此。即使在同一宗教（如基督教）里，也可能存在多种宗教见解和非常不同的宗教实践。我们需要理解宗教，认识它的力量和重要性，但我们不应认为所有人都有或应当有一种宗教或宗教见解。在这样一个复杂而多元的世界里，我们不仅需要理解和表达自己的宗教信仰，而且也需要理解他人的宗教信仰。事实上，宗教通常被认为是信仰的事情，而不是一种可以论证的知识（无论宗教是否像克尔恺郭尔所说的那样是非理性的），这一事实本身就意味着宗教论证有其局限性。我们可以证明一个数学定理，可以用证据来支持一个经验假说，但我们最多只能说明我们的宗教见解以及宗教在生活中所扮演的重要角色。当我们真的相信某种东西对自己意义重大时，很自然的一个想法也许就是希望说服别人也相信它。但试图证明一个人的宗教见解是正确的却很危险，因为在这个有着多种宗教和不同见解的多元文化世界里，这样做可能会导致无法化解的冲突。

然而，仅凭逻辑就可以说明，我们几乎不可能相信某种东西而不认为它为真。于是，某人相信自己的宗教是"真正的宗教"，似乎只能源于他相信这种宗教的教义。说"我真的相信上帝是X，但或许他不是X"，这就有点奇怪了。因此，力图把一切宗教调和到一起，主张"我们最终信仰的是同一种东西"，可能导致信仰大打折扣，以至于像"上帝"或"至高存在"这样的词几乎不再有所意谓。这种情况甚至在试图把那些并不包含任何上帝概念的宗教（如佛教）包括进来之前就会出现。许多人反对这样一种观念，即耶和华、基督教的上帝和安拉是同一个神。道家或儒家的信仰与基督徒或索罗亚斯德教徒的信仰类似吗？这一点绝非显然。一些大哲学家曾经试图在各种不同的宗教之间建立共同的基础，但结果并不使人信服。人们往往会认同其宗教的非常特殊的方面，信仰中哪怕微小的差别，也很容易使人感到别扭、产生疏离感或者受到冒犯。

那么，宗教宽容如何可能呢？这里的问题，部分出在对宗教的哲学理解往往过于关注宗教的教义和信仰。当然，信仰是宗教的一个重要组成部分，但信仰并不是宗教的全部。我们至少可以举出两种同样重要的东西，它们因所属宗教的不同而有其各自的特殊性，但却不会对宗教宽容构成威胁。

第一种是各种各样的仪式。像康德这样的理性主义哲学家试图把仪式从宗教的本质中消除，认为仪式就像迷信一样，是某种非理性的东西，从而会削弱宗教的地位。像克尔恺郭尔这样的非理性主义哲学家也不认为仪式对于宗教是本质性的，他们强调的是非理性的激情和献身。但康德和克尔恺郭尔的哲学没有考虑到，宗教在何种意义上是一种社会现象而不是信仰的事情，宗教实践和仪式在何种意义上是首要的而不是次要的。这里我们应当注意"真心诚意"的活动，它与最具精神性的激情之间是紧密且内在地联系着的。仪式不仅是**做做事情**（也就是装样子），而且也是某种活生生的东西。它可能涉及日常行为（如孝敬父母），也可能涉及生活中那些特殊的礼仪（如结婚）。但无论是否普遍，仪式都有其意义。正是特殊的祈祷、仪式和礼仪，才赋予了宗教以生命。但积极参与宗教仪式并不必然导致分裂。

宗教之所以不只是信仰的事情，是因为它还有另一种东西，那就是**传统**，渗透于宗教中的那种历史感。基督教、伊斯兰教、佛教、索罗亚斯德教和儒家思想都会追根溯源到一个创始人那里，他是谁，在哪里居住，宗教是如何发展起来的。基督教——以及基督教的各种派别——之所以特色鲜明，部分是缘于其独特的历史，缘于它所发轫的不同文化。犹太教源于希腊—罗马世界，与基督教联系紧密。伊斯兰教则与穆罕默德—阿拉伯民族的历史努力密不可分，尽管它现在有许多非阿拉伯裔的信仰者。儒家思想产生于孔子所生活的文化环境，兴盛于东亚地区。忽视这一事实无异于剥夺了儒家思想对其拥护者的大部分意义。仪式当然是传统的产物。仪式之所以被称为仪式，是因为它在一种宗教的历史中得以确立。因此，仪式只允许作小的变动，发明一种新的仪式实质上是不可能的。神职人员有时会创造仪式（或把旧有的仪式革新），但他们通常都会对传统表示完全的尊重。

和仪式一样，传统也是特殊的。各个民族有着不同的历史，这些差异并不必然导致冲突（尽管历史本身可能充满了冲突）。然而，正是特殊的历史和传统才使得每一种文化和宗教是其所是。虽然有人也许会把某些信仰和仪式一直回溯到原始先民（如某种与死者打交道的方式），但宗教从历史初期就形成了迥然不同的故事和历史。从历史角度来讲，"所有宗教都相同"绝不是事实。

然而，的确有一样东西似乎是一切宗教所共有的，那就是被我们称为**精神性**的普遍感受，即我们是比我们更伟大的某种东西的一部分。与宗教不同，精神性不属于某一群体。它既是个人虔诚的产物，又是有组织的宗教训练的结果；既可以为隐士和虔修者得到，也可以为数百万人共享。精神性没有宗派。不论是否信仰一个造物主，它都是对宇宙奇观和存在这一奇迹的欣赏。精神性并不限于宗教，当科学家对宇宙奇观进行沉思时也可以体验到它。当我们被一曲动人的音乐或一件美妙的艺术作品所感染时，都会短暂地感受到它。精神性不要求教义（虽然教义也许可以对它进行补充或解释），因此某一个体或群体的精神性与另一个人或群体的精神性并不冲突。精神性也许包含某种传统、实践和仪式，但这些都不必成为冲突的理据。与科学不同，宗教和精神性首先不是为我们提供对世界的解释，而是提供对人性至关重要的启迪和意义。

—— 怀疑 ——

怀疑不是信仰的反面，而是信仰的一个要素。[①]

——保罗·蒂里希（1886—1965）

如果上帝在你的哲学中占据着重要的位置，那么很重要的一点就是要对这些不同的观念、态度和论证取得一致意见。谁（或什么）是你所信仰的上帝？你对他有何期待？他对你又有何期待？你为什么要信仰他？其他人也应该有此信仰吗？或者这与你毫不相干？你能证明或应当证明你关于上帝的信仰是理性的吗？如果不能，那么你为什么要接受一种非理性的信仰呢？弗洛伊德以后的精神病学家都把非理性定义为不仅相信那些不合理的东西，而且还相信那些有害的东西。弗洛伊德之所以认为信仰上帝是非理性的，是因为他认为这是一种儿童期的幻觉，这种幻觉会给我们带来一些对于生活的无根据的，有时还是破坏性的态度和期望。而另一些哲学家——比如卡尔·马克思——则认为，对上帝的信仰就像一种毒品，它可以减轻我们的痛苦，但却妨碍了我们发现真正能够改善这个世界的途径（"宗教是人民的鸦片"，他这样说道）。他指责说，强调神的正义和来世，是对我们所身处的地球上的非正义的合理化和补偿。所以一个人不能不假思索地回答说："我就是信仰上帝，不为什么。"即使你接受一种非理性的信仰，你也有必要说明为什么这种信仰并非只是一种幻觉（如弗洛伊德所说的）或对现实的逃避（如马克思所说的）。

> 📝 **引文资料：**对宗教的拒斥（马克思）
>
> 反宗教的批判的根据是：人创造了宗教，而不是宗教创造人。就是说，宗教是还没有获得自身或已经再度丧失自身的人的自我意识和自我感觉。但是，人不是抽象的蛰居于世界之外的存在物。人就是人的世界，就是国家、社会。这个国家、这个社会产生了宗教，一种颠倒的世界意识，因为它们就是颠倒的世界。宗教是这个世界的总理论，是它的包罗万象的纲要，它的具有通俗形式的逻辑，它的唯灵论的荣誉问题，它的狂热，它的道德约束，它的庄严补充，

---

36 Tillich, Paul. *Dynamics of Faith*. Harper & Row, 1957, p. 25.

续

它借以求得慰藉和辩护的总根据。宗教是人的本质在幻想中的实现，因为人的本质不具有真正的现实性。因此，反宗教的斗争间接地就是反对以宗教为精神抚慰的那个世界的斗争。

宗教里的苦难既是现实的苦难的表现，又是对这种现实的苦难的抗议。宗教是被压迫生灵的叹息，是无情世界的情感，正像它是无精神活力的制度的精神一样。宗教是人民的鸦片。

废除作为人民的虚幻幸福的宗教，就是要求人民的现实幸福。要求抛弃关于人民处境的幻觉，就是要求抛弃那需要幻觉的处境。[①]

——卡尔·马克思《黑格尔法哲学批判》导言，1844

📝 引文资料：对宗教的拒斥（弗洛伊德）

……如果我们把注意力转向宗教观念的精神起源。作为教诲而公之于众的这些宗教观念，并不是经验的沉淀物或思维的最后结果：这是一些幻觉，是一些人类最古老和最迫切欲望的满足，其威力的奥秘就存在于这些愿望的理论之中。正如我们已经知道的那样，童年期孱弱无助这一令人恐惧的印象，使人产生了寻求得到保护的需要——这是通过爱而得到的保护——这种保护是父亲提供的。人的孱弱无助终生存在，认识到这一点，就使人必须依赖于父亲的存在，但此时所依赖的已是一个更为强大的父亲了。神圣的上帝所颁布的乐善好施的法规会减轻我们对生活中各种危难的恐惧；道德世界秩序的建立会保证正义要求的实现，这在我们人类中常常是无法实现的，以及在未来生活中人类寿命的延长会为这些愿望的满足提供一个局部的、暂时的框架。对常常引起人类好奇心的这些宇宙之谜的回答是随着宗教体系的潜在假设的发展而发展的，例如，宇宙是怎样开始的？心身之间的关系是什么？假如把从父亲情结中所产生的童年期的冲突——这是一些从未完全克服的冲突——从人的精神生活中驱逐出去，并且用一种可以普遍接受的方式来解决这些冲突，那么这对于个人的心灵将是一种莫大的安慰。

当我谈到，所有这一切统统都是幻觉的时候，我必须给这个术语下个定

---

①   Marx, Karl. "A Contribution to the Critique of Hegel's *Philosophy of Right*." *Karl Marx: Early Writings*, translated and edited by T. B. Bottomore, McGraw-Hill, 1963, pp. 43–44.

续

义。幻觉和错误是不可同日而语的，况且幻觉也并不一定就是错误的……当愿望的满足是其动机中的一个重要因素时，我们就把信念看作一种幻觉。这样一来，就像幻觉本身毫不重视证据的意义，我们也不重视它与现实的关系。[①]

——西格蒙德·弗洛伊德《一个幻觉的未来》，1927

引文资料：对宗教的拒斥（尼采）

堕落的神性，在丧失了最具男子气的德性和本能之后，现在必然成了生理上退化的弱的上帝。当然，他们不称自己是弱的，他们称自己是"善的"。

基督教的上帝观念——上帝作为病态的神、作为蜘蛛、作为精神——是地球上所曾有过的最为腐朽的神的观念之一；或许在上帝类型的后续发展中，它甚至表现出某种低水平的征象。上帝已经堕落为生命的对立物，而不是作为生活的理想化和永远的是！上帝是对生活、对自然、对生活意志的宣战！上帝——任何对于"这个世界"的毁谤、任何关于"下一个"世界的谎言的惯用语！上帝——虚无的神化，把虚无奉为神明的意志！[②]

——弗里德里希·尼采《敌基督》，1889

—— 篇末问题 ——

1. 试对上帝做出一般描述，请注意那些如果没有，你就不愿意称其为"上帝"的特征。如果你不信仰上帝，请尽可能准确地说出你不信仰的到底是什么。

2. 如果你相信存在着一个上帝，他是全能、全知的，并且关心着人类的正义和福利，那么怎样解释世界上存在的大量恶与苦难？请就关于恶的问题的一个解答尽量做出回应和反驳（一个好办法是找一个朋友充当魔鬼的代言人，他总是试图反驳你的解决方案）。

3. 试着向一位相信无神论的朋友（现实中的或假想的）解释你为什么要信仰上帝。

---

① Freud, Sigmund. *The Future of an Illusion*. Translated by James Strachey, Norton, 1961, pp. 30–31.

② Nietzsche, Friedrich. *The Antichrist. The Portable Nietzsche*, translated and edited by Walter Kaufmann, Viking, 1968, section 17 and 18, pp. 583–586.

如果你认为自己的信仰有很好的理由，那么请把它们表述出来。

如果你认为自己对上帝的存在有好的论证或证明，那么请把它们表述出来，然后反驳你的朋友可能提出的反对意见。

如果你认为信仰上帝的唯一方式就是凭借信心，那么你的无神论朋友很可能会指责你是非理性的，你不过是沉浸在"一厢情愿的思考"中罢了，你由于幻想上帝会担负起全部责任而逃避了改变世界的义务。请就这种指责给出回答。

4. 请选择一种关于上帝存在的传统论证，尽可能将这种论证设计得无懈可击，并对各种反对意见做出回答（进一步的阅读材料请见阅读建议）。

5. 如果你不信仰上帝，那么什么能够说服你相信他的确存在？如果你信仰上帝，那么什么能说服你相信他并不存在？

—— 阅读建议 ——

Adams, Marilyn McCord, and Robert Merrihew Adams, editors. *The Problem of Evil*. Oxford UP, 1990.

Borg, Marcus. *The God We Never Knew: Beyond Dogmatic Religion to a More Authentic Contemporary Faith*. HarperCollins, 1997.

Cahn, Steven M., editor. *Ten Essential Texts in the Philosophy of Religion*. Oxford UP, 2005.

Hall, David L., and Roger T. Ames. *Thinking Through Confucius*. State U of New York P, 1987.

Hampshire, Stuart. *Spinoza and Spinozism*. Oxford: Oxford University Press, 2005.

Hershock, Peter. "Buddhist Philosophy." *From Africa to Zen: An Invitation to World Philosophy*, edited by Robert C. Solomon and Kathleen M. Higgins, 2nd ed., Rowman & Littlefield, 2003, pp. 239–254.

Hick, John, editor. *Philosophy of Religion*. 4th ed., Prentice-Hall, 1989.

Hick, John, and Arthur McGill, editors. *The Many-Faced Argument: Recent Studies on the Ontological Argument for the Existence of God*. Macmillan, 1967.

Mbiti, John S. *African Religions and Philosophy*. Praeger, 1969.

Marmion, Declan, and Mary E. Hines, editors. *The Cambridge Companion to Karl Rahner*. Cambridge UP, 2005.

Phillips, Stephen. "Indian Philosophies." *From Africa to Zen: An Invitation to World Philosophy*, edited by Robert C. Solomon and Kathleen M. Higgins, 2nd ed., Rowman & Littlefield, 2003, pp. 201–238.

Smith, Huston. *The World's Religions*. Harper SanFrancisco, 1991.

Spinoza, Baruch. *The Ethics*. Translated by Samuel Shirley, Hackett, 1992.

Trimier, Jacqueline. "The Myth of Authenticity: Personhood, Traditional Culture, and African Philosophy." *From Africa to Zen: An Invitation to World Philosophy*, edited by Robert C. Solomon and Kathleen M. Higgins, 2nd ed., Rowman & Littlefield, 2003, pp. 173–199.

阿尔伯特·爱因斯坦
©Bettmann/CORBIS

4

—— 第四章 ——

实在的本性

Chapter 4
The Nature of Reality

人类承受不了太多真实。

——T.S.艾略特《燃烧的诺顿》

—— **开篇问题** ——

1. 下面各项的"真实"度有多少？（用一个1到10之间的数给它们打
分，10代表最真实，1代表最不真实。）

坐在你身边的人　　　　　　　　＿＿＿＿＿＿

你所坐的椅子　　　　　　　　　＿＿＿＿＿＿

上帝　　　　　　　　　　　　　＿＿＿＿＿＿

天王星　　　　　　　　　　　　＿＿＿＿＿＿

贝多芬的音乐　　　　　　　　　＿＿＿＿＿＿

你昨晚的头痛　　　　　　　　　＿＿＿＿＿＿

人权　　　　　　　　　　　　　＿＿＿＿＿＿

电子　　　　　　　　　　　　　＿＿＿＿＿＿

你梦见的人　　　　　　　　　　＿＿＿＿＿＿

天使　　　　　　　　　　　　　＿＿＿＿＿＿

数7　　　　　　　　　　　　　＿＿＿＿＿＿

水　　　　　　　　　　　　　　＿＿＿＿＿＿

冰　　　　　　　　　　　　　　＿＿＿＿＿＿

爱　　　　　　　　　　　　　　＿＿＿＿＿＿

美　　　　　　　　　　　　　　＿＿＿＿＿＿

基因　　　　　　　　　　　　　＿＿＿＿＿＿

相对论　　　　　　　　　　　　＿＿＿＿＿＿

爱因斯坦的大脑（当他还活着的时候）＿＿＿＿＿＿

爱因斯坦的思想　　　　　　　　＿＿＿＿＿＿

你自己的心灵　　　　　　　　　＿＿＿＿＿＿

红色　　　　　　　　　　　　　＿＿＿＿＿＿

（你心中的）红的感觉　　　　　＿＿＿＿＿＿

"虚数"　　　　　　　　　　　　＿＿＿＿＿＿

NFL（美国国家足球联盟）　　　　　————————

你自己的身体　　　　　　　　　　　————————

你的灵魂　　　　　　　　　　　　　————————

2. 你是否相信地球是平的并且静止不动，而恒星、太阳、月亮和行星都以较为规则的轨道绕地球运转？如果不信，那么理由何在？

3. 如果森林中有棵树倒了，周围没有一个人听到，它会发出声音吗？为什么？如果没有一个人曾经见过、听过或触摸过这棵树，那么说这棵树是"实在的"是什么意思呢？

4. 宇宙本身有没有目的？如果有，这个目的是什么？如果没有，那么宇宙是否就像某些现代哲学家所说的，只是一个由"运动的物质"——遵从物理学定律运动的粒子和电磁场组成的宇宙？

—— 真实的世界 ——

我们关于这个世界所相信的绝大多数内容都是基于信念的。当我们小的时候，我们相信父母的话而往往不解其意，也很少亲自去检验这些结论的真实性。在历史中的大部分时间里，绝大多数人都相信实在——世界的最终本性——差不多就是他们的宗教领袖告诉他们的样子，无论世界是由一头大象所支撑的一只乌龟背上的一个平坦岛屿（有一则古老的印度笑话说，"乌龟从那里一直排了下去"），还是仅受上帝包围的无垠广袤。

在本章，我们要讨论关于实在的基本哲学问题，先从我们刚刚提出的问题开始：什么是真实的？然后讨论一种传统观点，认为真实有程度之分，因此某些事物比其他事物更真实。于是，问题产生了：什么是最真实的？接下来几节对古希腊哲学家给出的一些回答做出了历史考察，他们就终极实在是物质的还是非物质的意见不一。我们特别关注柏拉图的两个世界理论，该理论试图解释他认为最终真实的非物质世界与物质事物的日常表现之间的联系。由此，我们进而讨论心灵、身体何者真实抑或两者都真实，以及如果两者都真实，心灵与身体是如何相关联的。在考虑后一个问题时，我们先讨论了笛卡儿的观点，即心灵与身体是分离的实体，然后是贝克莱和莱布尼茨的不同观点。随后我们回到什么东西最真实这个问题，并讨论现代德国哲学家为捍卫唯心论（认为观念和心灵是最终真实的）而提出的论点，以及两个世界理论的现代复兴。接下来，我们要讨论目的论问题，即世界是否有最终的目的，最后谈谈几乎所有西方哲学家都认同的两种一般信念：实在不发生改变，以及实在是统一的。

今天，我们当中的大多数人都相信实在是科学家所描述的样子。没有谁曾经见过或感觉过一个原子。虽然我们从小就看太阳系的图表或图形，但很少有人能够给出所谓太阳系存在的任何证据。我问学生为什么会认为太阳不绕地球转（因为我们语言中所使用的"日出""日落"等一些说法似乎表明事实不是这样），只有少数几个人能够给出差强人意的回答。

当代科学家们的确就什么是最终真实的东西提出了理论，但这些理论经常使用高深的数学概念，从外行的角度来看几乎无法描述。例如，弦理论假设基本实在是由微小的振动"弦"组成的，它可能是一个闭合的环，也可以是开着的。此外，虽然弦是简单的粒子，但它们在9个或10个空间维度（根据该理论的某些版本，甚至26个维度）都有实在性，并且可以沿其中任何一个维度振动。如果试图想象这个想法，我们会感到困惑不解。弦理论的主要优点是把一些关于物理力的基本理论统一起来，使之与量子力学和爱因斯坦的广义相对论相一致。然而，我们大多数人都无法看懂证明这些理论优点的复杂数学，迄今为止尚未有人对这种理论做出过实验验证。

 引文资料：科学与实在

一个有学问的物理学家和一个行人站在门槛前面，准备跨进一个房间。

那个行人往前动了动，把脚置于前面的一块坚实的、静止的厚板上，轻而易举就进去了。

而那位物理学家却碰到了一个棘手的问题。要想有任何运动，他必须把以每平方英寸14磅的压强作用于他的身体的空气挤到一边，还必须踏上一块以每秒20英里的速度围绕太阳旋转的厚板——几分之一秒后，这块板就会处于数英里以外了。与此同时，他正悬在一个冲入太空的球状行星上面……他还想到，这块板本身并不是它所呈现的样子……它大部分地方是空的，里面稀疏地分布着无数四处高速乱撞的电荷……这就好像踩上了一群嗡嗡乱飞的苍蝇。[①]

——阿瑟顿爵士（1882—1944，英国天体物理学家）《物理科学的领域》

---

① Eddington, Arthur S. "The Domain of Physical Science." *Science, Religion, and Reality*, edited by Joseph Needham, Macmillan, 1925, p. 189.

无论如何，这样的理论表明，即使我们认为"真实"的东西是物质对象，也有许多层次可以用来描述物质的东西：例如你坐的椅子。我们既可以把注意力集中在组成椅子的木头等材料，这种材料的分子结构、原子、亚原子粒子，也可以把注意力集中在某种非物质的东西，即指导着设计者的椅子的观念。

在过去的大约300多年里，当科学尚未完全主宰我们的实在图景时，关于这个问题的回答是上帝。按照这种观点，上帝是最终的实在。物质的宇宙仅仅在由上帝维持存在的意义上才是实在的（事实上，在过去的几百年里，认为科学家"虚妄的臆测"是终极实在的想法被认为是异端）。真实的东西是灵魂、天使以及其他精神存在，无论它们能否被观察到或为科学所检验；而在我们大多数人已经接受的现代科学世界观看来，实在的东西是物理的宇宙。

像数、精神、心灵、灵魂、天使甚至上帝这样的非物理事物的实在性至少是可疑的——如果要相信它们，就必须以某种方式对其加以证实，最好是通过这个物理的宇宙来证实。于是，心灵之所以可信，是因为它解释了为什么不同的身体如此这般地行动；信仰上帝之所以能够被辩护，是因为——比如说——存在着所谓设计论证，它是从物理宇宙的复杂性出发的（见第三章）。

📝 **引文资料：上帝作为实在**

> 长青哲学首先关注的是那种独一的、神圣的、对世间万物至关重要的实在，但这种独一实在的本质却不能为常人所直接把握，只有那些满足某些条件、把自己变得心地忠诚和精神纯洁的人才能做到这一点。为什么是这样？我们并不清楚。它是那些我们不得不接受的事实之一，无论我们喜不喜欢或是它们看上去有多么不可能。[1]
>
> ——奥尔德斯·赫胥黎《长青哲学》，1946

所以你可以看到，开篇那个"什么是真实的？"问题也许有两种不同的第一原理：一方面是诉诸科学，另一方面是诉诸宗教。当然，一个宗教信徒仍然可能相信科学，像帕斯卡、莱布尼茨这样的哲学家都既是宗教信徒，又是科学家。但对于宗教信徒来说，宇宙的秩序首先是上帝的无限智慧和至善的一种标志。而对于科学家来说，最实在的东西是那些最可触、最可测量和最可检验的东西。

---

[1] Huxley, Aldous. *The Perennial Philosophy*. HarperCollins, 1945, p. viii.

—— 什么是最真实的？ ——

在开篇问题1中，之所以要让你对不同的实体（哲学里对"东西"一词的更正规的说法）按照"真实"排序，是为了让你对你所理解的实在进行一次初步的、粗糙的整理。这正是哲学家所说的本体论讨论的内容。从根本上说，本体论就是关于什么是最真实的东西的研究，以及努力建立一种实在性等级。本体论会按照这种等级对事物进行特定的分类。有些人会持一种常识的本体论，认为最真实的东西是椅子、身体、人等；有些人会持一种更偏向科学的观点，认为最真实的就是科学所发现的那些东西，如电子、基因等；另一些人的思路则更具精神性，他们把上帝和灵魂排得最高；还有些人总是把人当作最真实的。大多数人感到最困难的是像贝多芬的音乐和数7这样的东西。

有些人会说，**没有东西是真实的**，他们几乎把列表中的每一项都排得很低。那么问题就来了："相对于什么很低呢？"因为在这样一种练习中我们会看到，"实在"是一个评价性术语，它是一种衡量我们对世界的理解中什么是最基本和最真实的方式。说没有东西是真实的，实际上就等于说，我们完全不相信世界这回事，或者完全不相信我们心灵的存在，你一定会承认这里存在着某些奇特之处；而另外，还有些人（包括一些重要的哲学家）认为列表中的**每一样东西都是真实的**。事实上，他或许可以这样说：每样东西对于它所是的那种东西的类型而言都是"真实的"（于是，数7作为一个数是真实的；贝多芬的音乐作为音乐是真实的；天使作为天使是真实的；坐在你身边的人就如同通常的人是真实的那样是真实的）。但这种机智的回答似乎背离了本体论的本意，即发现什么是**最真实的**，什么是**最基本的**，什么是要靠什么来说明的。如果我们说福尔摩斯、尼斯湖的水怪或彩虹末端的那罐金子，和你、我和其他人一样真实，和你养的狗或朋友家厨房里的罐子或锅一样真实，那么我们似乎就完全背离了我们对于"实在"概念的理解。对实在进行思考的全部目的就是，以某种方式区分出世界上哪些东西是最基本的和最无可置疑的，哪些东西不是。

📝 **引文资料：** 现象与实在

　　哲学上引起最大困难的一个区分就是"现象"与"实在"的区分，事物好像是什么与它究竟是什么的区分。画家想要知道事物好像是什么，实践家和哲

续

学家则想要知道它们究竟是什么……然而如果实在并不就是所表现出来的那种样子，那么，我们有没有什么方法知道究竟有没有任何的实在呢？[1]

——伯特兰·罗素《哲学问题》，1912

现象背后的实在

那么，"什么是真实的？"这个问题为什么会如此重要呢？请这样想一想：我的狗（还有你的狗）不可能产生这样一个问题。它固然学会了一种复杂的因果序列（当开瓶器发出声响时，它就知道又要进餐了），还可能学会了忽略某些不重要的或不可靠的经验，但它永远也学不会**解释**。它从不问"为什么"，它有的只是期待，而不是理论。开瓶器和狗食之间的联系对它来说就足够了；它的生活是一连串事件，其中大部分是可以预料到的，少部分是预料不到的，但它却没有能力去理解。

而一个小孩却总会问"为什么"，比如"钟表是怎么走的"，我们如果愿意，可以把钟表拆开，向他解释其中的机制。外表的运动对我们来说是不够的，我们还想知道产生这种现象的原因是什么，是宙斯在发脾气，还是大气中对流电流的碰撞使然。于是我们假定存在着一种现象背后的实在，并试图用不可见的东西来解释可见事物的序列。"原始"神话猜想这个世界背后隐藏着精灵、魔鬼、神和女神，科学认为是原子、电子和电磁力，基督教则用上帝和只能为一部分人隐约感到的一个精神世界将其充满——正是那个永恒的世界，而不是这个浮云掠影的世界，才是远为重要的。

正是这种在我们所看到的、显得如此的东西和我们用来解释它的"更深层的"图景之间所做的区分，才迫使我们引入了"实在"这一概念。它使我们学会了区分事物显现给我们的方式和它们的"内部"实在，学会了解释它们和理解它们。

📝 **引文资料：本质与表象**

只能当创造者！——我发现事物的名称远远重于事物的本质，这件事曾经使我而且一直使我异常吃力。声誉、名号、外表、效力、事物的一般范围和分量，这些东西在产生时便是错误的，是随心所欲的，像给事物披上一件外衣，而与事物的实质甚至皮相风马牛不相及，但由于世世代代对这些东西深信不

---

[1] Russell, Bertrand. *The Problems of Philosophy*. Oxford UP, 1912, pp. 9, 16.

续

疑，而且这种相信还在不断加深，久而久之，它们在事物中不断壮大，甚至变成事物本身了。表象终于成了本质，并且作为本质在发挥作用！

倘若认为只要指出这初始的表象和空幻的雾障便可；消灭有效的"现实"世界，那才是愚不可及的蠢人呢！只有作为创造者，我们才能去消灭！但我们也不能忘记：创造新的名称、评估和可能性，便足以持续创造出新的"事物"来。①

——尼采《快乐的科学》，1882

形而上学的基础

我们在本章中说过的内容已经预先为哲学家们所说的形而上学做了某些准备。形而上学试图弄清楚实在是怎么一回事，宇宙论是形而上学的一部分，它研究最真实的东西是怎样产生的；本体论是另一个部分，它研究什么是存在。在我们发展一种本体论的过程中，作为形而上学的一部分，我们必须对世界上的不同实体做出评价，并且挑出那些最基本的对象。

不过我们已经准备了两种对"最真实的"东西的检验方式。第一种是，最真实的对象是那种其余事物都依赖于它的对象。在一个宗教信徒看来，上帝之所以是最真实的，是因为其他所有对象都依赖于他；而在一个科学家看来，最真实的对象是定律和粒子，所有实在都可以基于它们进行推理。第二种是，最真实的对象是那种本身不会被创造或毁灭的对象。上帝创造了地球，也可以毁灭它，但上帝本身却不能被创造或毁灭。你可以毁掉一张椅子，把它烧掉或劈成碎片，但你却不能毁掉椅子由以构成的基本粒子和力。当我们回溯哲学与形而上学的开端时，当人们第一次试图用什么是最真实的、什么不是最真实的等说法提出他们对世界的看法时，我们发现这两种检验方式都被用到了。的确，无论是现代科学、现代神学还是哲学本身，都是同一古代形而上学传统的延续。

在本章，我们将主要讨论什么是真实的这个基本的形而上学问题。然而，我们应该注意到，"形而上学"一词所涵盖的范围相当广泛，不同问题在不同时代受到的重视各有不同。一些形而上学问题，如心灵与身体的关系（在第六章中考虑），以及我们的行为是否真是自由的（在第七章中考虑），一直是长期存在的问题，但由于科学的发展，一些回答是最近提出的。还有一些话题则在最近被重塑，比如时

① Nietzsche, Friedrich. *The Gay Science*. Translated by W. Kaufman, Vintage, 1974, pp. 58, 121–122.

间和空间的关系，部分如何构成整体，以及我们应当如何理解关于可能性（可能实现，也可能不会实现）的想法等。

—— 最初的形而上学家 ——

泰勒斯

在西方传统中，形而上学和哲学的领域开始于约2 600年前的希腊。一般认为，西方第一位哲学家是一个名叫泰勒斯的人，他大约生活在公元前624年到公元前546年之间。据说他很是古怪：有一次，他在思考哲学问题的时候掉进了井里，但他也曾在橄榄油市场上赚了一大笔钱。他的哲学用一句话概括就是：水是最终的实在。

这种说法乍听上去似乎很愚蠢，但它却是一项了不起的进展，而且也并不像初听上去那样愚蠢。请你暂时忘掉那些现代科学知识，忘掉已经发现的一百多种"元素"，而试着用自己的眼睛去打量世界，并用自己的术语来理解它。假定你已经认为，要想理解世界，首先要做的就是找出哪种元素是最基本的（请记住，希腊科学只能辨认出土、气、火、水）。现在，试着想象世界最终是由什么构成的。

你也许会问，这到底有什么重要的？当然，世界是否真是由水构成的，这并不是最重要的，重要的是泰勒斯看出了世界**好像**是什么与它**实际**是什么之间的区别，而这一点已经被我们认为是理所当然之事了。这个世界似乎是由各种各样不同的质料所构成的，要意识到这一切也许只是由某种单一的基本元素构成的，这的确需要某种天才。这里只要举一个简单的例子就能说明了：如果没有一个人注意到水和冰仅仅是处于不同条件下的同一种物质，或者发现食物的基本原料可以转化成（通过混合和加热）几乎无穷多种食品，那么可以想见，生活将会变得多么困难。现代科学理论只是同一策略的延伸，它把泰勒斯关于水的初始理论替换成了一套关于元素和亚原子粒子的复杂理论，也是为了解释世界为什么会如此显现，从而区分世界显现的样子和它实际的样子。一旦我们做出了这种基本区分，一个完整的新世界，一个位于现象背后（或之上、之下）的"真实的世界"就展现在了我们面前。

前苏格拉底唯物论者

在泰勒斯之后，有几个前苏格拉底哲学家向水是世界的基本实在的观点发难，分别提出了各自的理论。阿那克西曼德是泰勒斯的学生，他比他的老师又进了一步，认为万物都是由某种我们永远无法经验到的基本"原料"（他的词是*apeiron*或"无定"）构成的，我们只能知道这种原料的显现。

 引文资料： 西方最古老的哲学残篇

无定是万物的本原，一切存在的东西都是由此生成的，也是它们毁灭后的归宿，这是命定的；根据时间的安排，它们要为各自对他物的非正义而相互补偿，施于正义。[1]

——阿那克西曼德（公元前610—前546）

阿那克西曼德有一个学生名叫阿那克西美尼，他认为万物都是由气组成的，水是凝结的气，土则是水进一步凝结的结果。

另一个哲学家赫拉克利特主张，万物更像是火而非其他元素，因为万物流变，无物常住。

在这些被称为前苏格拉底哲学家的人出现以前，其他社会中的一些智者（包括希腊）也曾在现象世界与真实世界之间做过区分，比如说，诉诸现象背后的神。但希腊哲学家向前迈进了里程碑式的一步：他们现在正试图以一种系统的方式解释这

[1] Quoted in Freeman, Kathleen. *Ancilla to the Pre-Socratic Philosophers*. Harvard UP, 1948, p. 19.

个显现给他们的日常世界，而不是诉诸看不见的神所发的脾气或一时的兴致。由于这些哲学家的努力，这个杂乱无章的日常现象世界就被另一个能够对它做出解释的世界取代了。

没有谁的本体论能比这些前苏格拉底哲学家的更为朴素了。在我们看来，世界上的东西显然要比土、气、火、水以及还可能存在的第五种元素——我们看不到的"原料"——更多。但前苏格拉底哲学家也已看出，世界的终极实在也许要比我们初看起来的更加复杂。另一位前苏格拉底哲学家德谟克利特，提出了一种与我们目前的科学看法相当接近的世界图景。他主张世界是由一些微小的、不可毁灭的基本成分构成的，他把这些基本成分称为原子（其基本含义是"不可分"）。这些原子通过不同的方式相结合，就构成了世界上各种不同的元素和一切复杂的物体。这些物体或许可以改变，可以被创生或毁灭，但原子本身却是永恒不变的。

稍加考虑就可以看出，我们争论实在的最终本质时所使用的术语同这些古代哲学家所使用的别无二致。我们在很大程度上依然秉承着德谟克利特的看法。尽管我们不再认为原子本身就是最基本的粒子，但依然假定存在着某些类似的基本成分。几十年前，质子、电子和中子被认为是构筑实在的基本原料。今天，物理学中最流行的说法认为还存在着某些被称为夸克和轻子（根据弦理论则是振动弦）的更为基本的原料。然而，虽然这些粒子更小，其思想是一样的。

✎ 引文资料：永恒的火

这个世界，对于一切存在物都是一样的，它既不是任何神，也不是任何人所创造的；它过去是、现在是、将来也是一团永恒的活火，在一定的分寸上燃烧，在一定的分寸上熄灭。[①]

——赫拉克利特（约公元前540—前475）

 与哲学家相遇：五位古代的物质论者

泰勒斯（公元前624—前546，米利都）*——最终的实在是水。

阿那克西曼德（公元前610—前546，米利都）——实在是不确定的"无定"（*apeiron*）。

---

① Quoted in Freeman, Kathleen. *Ancilla to the Pre-Socratic Philosophers*. Harvard UP, 1948, fragment 30, p. 26.

阿那克西美尼（公元前585—前528，米利都）——实在从根本上说是气。

赫拉克利特（公元前536—前475，以弗所）——实在像火。

德谟克利特（公元前460—前371，阿布德拉）——实在是由微小的原子构成的。

*所有年代都是大致的。

因此，我们也可以把赫拉克利特的思想理解为一种现代的说法，即最终实在的本质不是物质，而是能量。这种看法直到19世纪末才流行起来，它不再沿袭传统去强调物理意义上的物质（无论是像土和水这样的有形物质，还是像原子这样的微观组分），而是宣称最终的实在是力和能量状态，正是这些东西以某种方式把物质作为结果产生了出来。一个更为现代的概念是说，实在既不是由物质也不是由能量构成的，而是由某种更为基本的成分——物质—能量——构成的，它既可以表现为物质，又可以表现为能量。而这样一来，它就与阿那克西曼德的观点很类似了。

外行人往往认为现代科学已经弄清了实在的最终本质，或至少是知道得比前人多很多。然而，无论认为实在应当由基本的建筑原料构成，还是应当以某种更大的、更为整体的东西加以刻画（无论物质和能量谁是首要的），基本的争论仍在继续着。显然，有些人的确是像德谟克利特那样理解宇宙的，他们认为宇宙包含着一种由不变的元素构成的精妙秩序，这些元素可以通过拆分和分析而得到理解；有些人是像泰勒斯那样理解世界的，他们认为世界就像一池水或地中海那样，是可理解的、有形的和物质的；有些人是像阿那克西曼德那样理解世界的，他们认为世界是不可知的、神秘的、超越日常经验的；还有人则把不变的能量和剧烈的流变看作世界的最重要的要素。换言之，形而上学并非仅仅是一种关于科学的陈旧而粗糙的看法，它更是一种理解世界的基本方式。虽然时间已经过去了2 600年，但它的一些想法其实与今天并没有太大的差别。

早期关于实在的非物理看法

你一定已经注意到，我们已经提到的所有这5位思想家都主张，实在的基本成分是某种*物理*的东西（这也包括"原料"和"原子"，即使我们感觉不到它们）。但还有一些前苏格拉底哲学家认为，最终的实在并不是物理的东西。其中一位就是毕达哥拉斯，他认为实在的最终成分是*数*（如果让他来回答我们的开篇问题，他会给数7标上"10"）。在毕达哥拉斯看来，数是永恒和不朽的，世间万物的存在都在某种程度上依赖于数。特别是，天是宇宙数学秩序的神圣例证。（毕达哥拉斯曾说：

"整个'天'就是一个音阶，一个数。"）此外，他和他的追随者们还相信灵魂不朽和复活。

毕达哥拉斯为什么会认为数是比树、桌子等更加真实的东西呢？这是因为数是永恒的，它们从不会发生变化。而树和桌子则可以被砍劈，用作木柴或被毁坏。按照从古至今占统治地位的说法，实在就是隐藏在一切变化背后的、自身并不发生改变的东西。于是，另一位前苏格拉底哲学家巴门尼德走得如此之远，他甚至认为，既然我们的日常世界充满了变化，万物生灭不已，所以它绝不可能是真实的。其他的前苏格拉底哲学家只是说，我们世界中的事物*不那么*真实，它们依赖于实在；而巴门尼德则说，我们的世界是*完全不真实*的。

与哲学家相遇：萨莫斯的毕达哥拉斯（公元前571—前497）

萨莫斯的毕达哥拉斯既是古代世界最杰出的数学家之一，又是一个哲学家。他在南意大利领导了一个强大的教派，其主张不同于前苏格拉底的希腊哲学。他相信灵魂不朽和复活，还创立了一个由信徒组成的宗教组织，他们相信数和数学是万事万物的基础，在宇宙中占据着特殊的位置。直到今天，他的数学发现对于几何学和声学仍然很重要。毕达哥拉斯定理就是以他的名字命名的，这条定理说："直角三角形两直角边的平方和等于斜边的平方，"或者"$a^2+b^2=c^2$"。他是第一个证明这个结论的人。

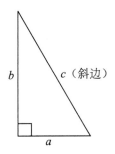

毕达哥拉斯派还非常注重数学与音乐之间的联系。比如他们注意到，如果把一根弦的长度减半，那么它的振动发出的声音就会比原先高出8度（你可以亲自在吉他上进行验证）。

真实的东西是永恒不变的，这个原则构成了大多数前苏格拉底哲学家以及每一位现代科学家和宗教信仰者提出自己宇宙观的框架。然而，有一位前苏格拉底哲学家却对这个基本原则提出了挑战。这个人就是赫拉克利特，也就是我们前面说过的那个相信火是实在的基本元素的哲学家。但火是一种特别不安分的元素，它经常发生变化，于是赫拉克利特提出了一种必定会令早期的哲学家深感沮丧的说法，这种沮丧程度甚至会胜过他们对巴门尼德的说法——即世界并不是真实的——的反应。赫拉克利特说，变化是实在的，于是就与那条"实在就是不变的东西"的原则相违背了（有人也许会说，唯一不发生变化的东西就是变化本身，但这只会使你卷入逻辑麻烦）。赫拉克利特是这样表述万物皆流这一思想的，他说，人不可以两次踏入同一条河流。他的某些更为激进的追随者甚至宣称，人不可以踏入同一条河流一次，因为水在任一时刻都是向前流动的（而他的某些爱开玩笑的批评者指出，人是可以两次踏入同一条河流的，你只要在踏入一次之后跳出来，沿着水流的方向跑上几步，再重新踏入就可以了）。

然而，赫拉克利特关于实在的看法的确是太极端了，以至于连赫拉克利特本人都没有真正把它坚持下来。他也许相信实在就是变化，但他也相信在一切变化背后，存在着一条永恒的原则——逻各斯（Logos）[原义是"说话"，转义为"道理""理性""规律"，又译为"道"或音译为"逻各斯"]，这个东西是不会改变的。因此，他还是相信实在是永恒不变的。我们这个时代的爱因斯坦为赫拉克利特的观点做了辩护，他说，尽管自然可能不断发生变化，但自然定律却会永远保持同一。但现在的许多哲学家和科学家都认为，甚至定律也并非总是不变的。这难道意味着没有东西是实在的吗？哲学家们已经为此争论了2 600年。

从我们关于最早的一些哲学家的简短讨论中，我们已经看到，描述最终实在的形而上学具有多种可能性，而你正是根据这种形而上学表达你对世界的看法的。

 引文资料：逻各斯律

> *不要听我的声音，要听逻各斯。万物为一。*[①]
>
> ——**赫拉克利特（公元前540—前475）**

首先，有一种形而上学认为，世界是由纯粹物理的或物质的成分构成的，无论这些基本成分是像水、火这样的东西，还是像原子、电子、夸克、电磁力和核内作用力这样的东西。这种形而上学被称为唯物论。

---

① Quoted in Freeman, Kathleen. *Ancilla to the Pre-Socratic Philosophers.* Harvard UP, 1948, fragment 50, p. 28.

与哲学家相遇： 四位古代的非物质论者

　　毕达哥拉斯（公元前571—前497，萨莫斯）*——实在最终是数。

　　巴门尼德（公元前539—前492，爱利亚）——实在是不变的，对于我们是未知的。

　　爱利亚的芝诺（公元前5世纪）——实在是不变的，运动是不真实的（"芝诺悖论"就旨在证明这一点。比如可以参见"逻辑准备"中关于箭的悖论）。

　　赫拉克利特（公元前536—前475，以弗所）——实在是变化，但其背后有一种不变的逻各斯，或逻辑。因此，赫拉克利特有时会被认为主张实在就是*逻各斯*。

　　*所有的年代都是大致的。

　　与唯物论相对的另一种形而上学认为，构成实在的基本成分绝非物理的或物质的，而是像精神、心灵或数这样的东西。这种形而上学被称为非物质论[通常所说的唯心论（idealism）是比非物质论（immaterialism）更强的说法。参考书后附的术语表]。

　　事实上，整个西方历史都可以看成是这两种观点之间的对立的历史。很自然地，大多数科学家都是唯物论者，而大多数宗教信仰者则会赞成非物质论。但许多科学家同时也是宗教信徒，他们也承认非物质论的重要性，而大多数宗教信仰者也承认物理世界的物质性。所以，哲学中最永恒的一个问题就是，如何把这两者调和起来。

——柏拉图的"理式"——

　　古代哲学家柏拉图试图同时采纳唯物论和非物质论，但他显然认为，更真实的东西是一些非物质实体，他把这些实体称为"理式"（Forms）。"理式"体现了柏拉图试图把握毕达哥拉斯的数学洞见，并竭力在巴门尼德和赫拉克利特之后把*存在*与*生成*联系起来。与毕达哥拉斯类似，柏拉图强调形式比质料更重要；与巴门尼德类似，他强调最终的实在必须是不变的，因此我们的日常经验世界不可能是最终的实在；但他也与赫拉克利特类似，承认显见的变化是重要的，它们需要某种背后的*逻各斯*或最终的原理才能得到理解。柏拉图的"理式"就是他的*逻各斯*版本。

　　让我们举一个关于"理式"的例子：假定我在这张纸上画了一个三角形，并试图证明一条关于三角形的欧几里得几何学定理。这里我们注意到，首先，我所画的这个特殊三角形并不是一个精确的三角形，即使我用世界上最精密的仪器，也无法使之具有绝对直的边，画出的线仍将会有一定的宽度（而一条真正的直线就不会有），画出的角也将有一定的误差。换句话说，我们不可能画出一个真正的三角形。其次，即使三角形已经画得很好了，我又怎么可能通过证明关于这个三角形的某个命题来证明一切三角形都符合这个结论呢？柏拉图的回答是：因为我在这里真正打交道的不是这个特殊的三角形，它不过是一个不完美的物质实例罢了，我所真正打交道的其实是三角形这个"理式"，即一种非物质的完美的三角形，它不存在于这个物质世界的任何地方。

三角形这个"理式"存在于何处？今天的大多数人都会说，"存在于我们心中"或"它并不存在"。但柏拉图认为它的确存在着，事实上，它要比画在纸上的这个物质的三角形更为真实。事实上，柏拉图的全部哲学都建立在存在着两个世界的基础之上：一个是我们混迹于其中的这个日常的物质世界；另一个是纯粹的"理式"世界，它是永恒的、非物质的，比这个世界更加真实。前一个世界是由物质的东西组成的，它们会变化、灭亡或消失，柏拉图称之为生成的世界。它并不是不真实的，而是要比另一个世界、一个真正实在的世界更少真实，柏拉图把这后一个世界称为存在的世界。在他的著作《理想国》中，柏拉图通过一则"洞穴神话"向我们戏剧性地解释了这两个世界之间的关系。洞穴象征着影子的世界，即我们所有人生活于其中的"生成的世界"。阳光代表着真理和"存在的世界"，我们只能通过理性而非经验来把握它。

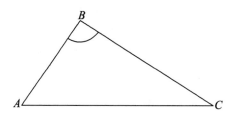

📝 **引文资料：**洞穴喻

苏格拉底：现在，让我用一个比喻来说明人类受过教育的本性和没有受过教育的本性。我们想象一个洞穴式的地下室，它有一条长长的过道通向外面，可让和洞穴一样宽的一路亮光照进来。有一些人从小就住在这洞穴里，

续

头颈和腿脚都绑着，不能走动也不能转头，只能向前看着洞穴后壁。让我们再想象在他们背后远处高些的地方有东西燃烧着发出火光。在火光和这些被囚禁者之间，在洞外上面有一条路。沿着路边已筑有一带矮墙。矮墙的作用像木偶戏演员在自己和观众之间设的一道屏障，他们把木偶举到屏障上头去表演。

格劳孔：我明白。

苏格拉底：……这些囚徒不会想到，上述事物除阴影而外还有什么别的实在。

格劳孔：无疑的。

苏格拉底：那么，请设想一下，如果他们被解除禁锢，矫正迷雾，你认为这时他们会怎样呢？如果真的发生如下的事情：其中有一人被解除了桎梏，被迫突然站了起来，转头环视，走动，抬头看望火光，你认为这时他会怎样呢？他在做这些动作时会感觉痛苦的，并且，由于眼花缭乱，他无法看见那些他原来只看见其阴影的事物。如果有人告诉他，说他过去惯常所见到的都是无意义的幻象，如今他由于被扭向了比较真实的器物，比较接近了实在，所见比较真实了，你认为他听了这话是否得到了一种更真实的观点呢？……再说，如果有人硬拉他走上一条陡峭崎岖的坡道，直到把他拉出洞穴见到了外面的阳光，不让他中途退回去……最后，他将能看到太阳本身，不是通过看它在水中的影子或在其他事物中的幻影，而是在它自身的所在地直接地注视它，思考它真正的性质。[1]

——柏拉图《理想国》，约公元前380

在柏拉图看来，把一切注意力都集中在这个物理世界——我们凭借自己的感官所能接触到的世界——的人，就像把全部生命浪费在看电视上的人一样。他们打交道的对象只是影像，而不是这些影像背后的实在。理解这种实在，是理智所要担负起的工作，也是哲学的根本任务。

这里，你可以看到柏拉图是怎样保留了前人的两方面哲学观点的：他有赫拉克利特的永恒的变化及其背后的逻各斯，柏拉图把它安放在了"理式"中；他有巴门尼德的惊人断言，即我们日常经验中的各种事物并不是实在的；他还有毕达哥拉斯

---

[1] Plato. *The Republic*. Translated by G. M. A. Grube, bk. 7, Hackett, 1974, lines 514a–516c, pp. 168–169.

关于最真实的东西是永恒的数学原理这一论断。现在，请注意柏拉图是怎么做的：他提取了所有这些观点中他所赞成的部分，并把它们结合成为一种戏剧性的、有说服力的图景，在这幅图景中，我们可以看到这些观点是怎样搭配成一种世界观的。少数哲学家也许会说："我当然相信物质的东西，我也相信数，相信它背后的某些永恒的原理。"但柏拉图却提出了一种观点，将所有这些东西联系在一起。这些观点本身可能并不是特别原创的，但几乎每一个人都会承认，柏拉图不仅是希腊的伟大哲学家，而且也是一切时代最伟大的哲学家之一。原因就在于他颇具想象力地把这些观点出色地整合在了一起。

—— 亚里士多德的形而上学 ——

正是在这个时候，亚里士多德登上了历史舞台。亚里士多德是柏拉图的学生，他发现柏拉图的两个世界的说法是令人难以置信的。亚里士多德远不只是一个常识意义上的思想家，即认为实在必须是由像树和人这样的事物所组成的世界，而不是别的某个我们从未真正经验过的世界。事实上，他把柏拉图又拖回到了地上；他抛弃了柏拉图的"存在的世界"和"理式"，同哲学家们通常所说的"常人"一样，他也主张真实的世界就是这个世界，并不存在另外一个世界。

然而，尽管亚里士多德坚持我们的日常实在就是实在，因此并没有抛弃几个世纪以来实在与现象之间的重要区分，但亚里士多德对这一区分的处理却远较柏拉图精妙。柏拉图是让它们分属两个不同的世界，亚里士多德则说事物的形式就在事物本身当中，而不是存在于另一个地方。在亚里士多德看来，构成最终实在的东西——他给它们起了一个很重要的名字：实体——就是这个世界中的个别事物，即马、花、人、石头等。

然而，现象与实在之间的区分仍然保留了下来，因为我们并不总能理解这些个别实体的本性，或者亚里士多德所说的"本质"。例如，正因为我们都已熟悉了人这一实体，所以我们不一定会理解成为人是什么意思。再举一个更有戏剧性的例子，正因为我们已经熟悉了日常生活中的这一小部分宇宙，才不能理解作为整体的宇宙是什么样子。的确，亚里士多德关于宇宙的图像甚至比柏拉图的还要戏剧化；他把宇宙看作一个永远生长着的、寻求自我认识的庞大的有机体。

柏拉图把实在看作某种区别于我们这个日常世界的东西，亚里士多德则认为最终的实在就是日常生活中的实体，这两种出发点之间的冲突一直持续到了今天。

（事实上，这两种观点都成了基督教思想家的范型：柏拉图关于另一个区别于日常物质世界的非物质的永恒世界的观点，后来成了圣奥古斯丁哲学的中心议题，以及几个世纪之后的基督教神学的主要学说；而亚里士多德关于一个生长着的、有自我意识的活宇宙的观点，则在圣托马斯·阿奎那的思想中扮演着重要角色，而且至今仍然是基督教神学的一个重要组成部分。）

　　我们现在可以相当清楚地说出我们正在努力做的事情了。哲学——特别是形而上学——是一种对世界的阐释。我们试图去理解这个世界，解释这个世界，我们的有些努力会导向某些特别的议题，比如我们可以恰当地认为什么东西是真实的？或者，一个人的行动什么时候应被认为是自由的或是出于他自己的责任？有些努力会指向一幅整体的图景，我们会问像"宇宙起源于什么？"或者"为什么会存在着一个宇宙？"这样的问题。回答这种问题的第一种方式是采用前苏格拉底哲学家的技巧：挑出一种或几种基本元素，说明世界能够怎样用这些挑选出来的元素加以说明；第二种方式是柏拉图的办法：假想并设计出一个隐藏在这个世界"背后"的世界，用它来解释为什么各种事物会具有如此这般的样子；第三种方式是亚里士多德的办法：接受这个常识意义上的世界，但同时表明其中还有许多我们尚不能理解的东西，整个图景不能仅从生活的细节加以把握。

　　做出哪种选择在很大程度上取决于你自己的看法。前苏格拉底哲学家的方式最终会由于其简洁而颇具吸引力，但你会发现有许多东西是无法用一种或几种元素简单加以解释的。柏拉图和亚里士多德的图景是更为困难的，但许多哲学家之所以会把过去2 600年的哲学都看成是柏拉图哲学、亚里士多德哲学或柏拉图与亚里士多德哲学的变种，这是很有理由的。多少年过去了，我们关于实在的概念在柏拉图对他之前的各种观点的充满想象力的综合，与亚里士多德对个体存在及其属性的冷静分析之间不断地变来变去。不论我们打算就这个问题发表什么样的见解，都可以确定地说，这种见解已经被这两种哲学中的一种或两种预见到了。

—— 心灵与形而上学 ——

　　考虑我们面前的这张桌子，它虽然一向并没有触动我们的思绪，现在却已成为充满惊人的可能性的问题了。关于它，我们所知道的仅仅是，它并非是它看上去的样子。超出这个平凡的结果的范围之外，我们有充分的自由去任意猜测。莱布尼茨告诉我们，它是一堆灵魂；贝克莱告诉我们，它是上帝心灵中的一个观念；严谨的科学几乎也同样令人惊异地告诉我们说，它是极其庞大的一堆激烈运动着的电荷。[1]

——伯特兰·罗素，1912

你也许已经注意到了，关于什么是真实的这个问题，有一种熟悉的答案尚未被提到。这种观点是说，最终的实在是心灵或者意识。今天，我们大多数人都会认为，心灵至少是答案的一部分，许多人——所谓的唯心论者——甚至会说这就是答案的全部。唯心论者认为，万物存在的基础是心灵（无论是我们自己的心灵，还是上帝的心灵）。我们意识到，我们之所以能够知道物质的存在，仅仅是因为它们能对我们的心灵产生影响。数之所以存在，是因为我们想到了它；贝多芬的音乐之所以存在，是因为当它被演奏时我们可以听到，我们还可以自己哼唱，如果受过一些音乐训练，我们还可以直接读谱。在一个唯心论者看来，这些东西仅仅是因为被心灵经验到才是真实的；换言之，正是心灵才是最真实的东西，其他的一切都依赖于心灵。那么，为什么没有一个希腊人提出过这种观点呢？事实是，他们不具备这种概念，所以他们永远也不可能产生这种想法。世界上的事物和心灵中的观念这两者之间的区分对于他们没有任何意义。这是他们与我们大多数人的形而上学之间的最大区别。

即使你不承认唯心论者所说的最终的实在是心灵，要否认心灵是实在的一部分也是很困难的（尽管唯物论在许多方面仍然很有生命力，而且很多哲学家和科学家都希望能用严格的物理学、生理学术语去解释心灵的存在）。而且，还有一些人相信心灵是独立存在着的。在过去几百年里，有3种关于心灵及其在实在中的地位的不同观点支配了我们的思考。所有这3种看法都把心灵是一种实体（或实体的一个方面）当作出发点，而这个概念恰恰是希腊人所没有的。在第一种观点看来，心灵不过是一种实体；在第二种观点看来，心灵是一种实体的一个部分；在第三种观点看来，心灵是唯一的实体。这3种观点都是由17、18世纪的欧洲哲学家提出的，他们是法国哲学家笛卡儿、荷兰哲学家斯宾诺莎以及德国哲学家莱布尼茨。

笛卡儿

笛卡儿是一个多元论者，他相信实体不止一种（"多元论"也可以有其他含义，比如它可以指容忍哲学中不同方法论进路的人）。他经常会被说成是一个二元

---

[1] Russell, *Problems of Philosophy*, p. 16.

论者，即接受两种类型的基本实体——心灵与物体。但实际上，笛卡儿认为存在着三种类型的实体：物理意义上的物体、心灵和上帝。上帝创造了另外两种实体。除了上帝，它们既不能被创造也不能被消灭。

笛卡儿形而上学的首要问题就是，如何把不同的实体——特别是心灵与物体——联系起来。显然，我们每个人在某种意义上来说都是心灵与身体的复合、精神属性与物理属性的复合，因此也是精神实体与物理实体的复合。然而如果实体根据定义就是最终的、完全独立的东西，它们又怎么可能发生相互作用呢？发生在我身体上的事情（如踩到了一颗钉子）怎么会在我的心灵中引起一个效应（即疼痛）呢？而我心灵中的事件（如开车去杂货店）又怎么可能对我的身体施加影响（走向汽车，拿钥匙启动发动机）呢？

一种回答是，也许这两种实体彼此渗透，一如铜锌混合（但不发生化学作用）可以形成黄铜。笛卡儿有时就是这样认为的。但心灵与身体之间的相互作用似乎尚未得到说明。实际上，当我们看到笛卡儿把精神实体定义为不处在空间中（或在空间中无广延的，而物理的东西则是在空间中有广延的）的东西时，它就变得更加复杂了。一旦我们把心灵和物体定义为两种不同的实体，似乎就不再可能把它们合为一体了，更不要说我们可以继续追问，上帝作为一个分离的实体，如何能与他创造的实体相互作用。

笛卡儿从未解决实体如何相互作用的问题。要解决这个问题，似乎只有两种办法：（1）心灵与物体并非不同的实体，而是同一实体的不同部分；（2）它们是不同的实体，但无法相互作用。斯宾诺莎的解决办法接近于第一种，而莱布尼茨的接近于第二种（我们将会在第六章中讨论这一"心—身问题"）。

这里有很重要的两点需要说明：首先，不要以为我们正在争论的只是一个复杂的专业术语（即"实体"）。这个词只是指称最终实在——无论你认为它会是什么——的一个方便做法，笛卡儿、斯宾诺莎和莱布尼茨之间的争论针对的是实在的本性，而不是一个词。其次，不要以为这些关于实在的争论与生活的意义和对上帝的信仰等更加紧迫的问题没有关系。事实上，这些关于实在本性和"实体"的争论都是为了回答这些问题所做的尝试，它们是思考上帝及其与我们之间关系的不同方式，是思考我们自身的不同方式。

斯宾诺莎

斯宾诺莎认识到，当笛卡儿把心灵和物体定义为两种不同的实体之后，他并不能解释它们是怎样相互作用的。于是斯宾诺莎说，它们不应被当作不同实体，而应是同一实体的不同方面（或他所说的属性）。而且，如果上帝是一个与心灵和物体为其属性的实体相分离的实体，那么上帝就无法与世界相互作用了，而这是不可能的。因此，斯宾诺莎下结论说，上帝必定是同一种实体，事实上，"上帝"就是那种实体的另一个名字。的确，斯宾诺莎整个论证的出发点就是，因为实体是最终的和完全独立的，实体无法相互作用，所以只能存在一种实体。像斯宾诺莎那样相信只有一种实体存在的哲学家被称为一元论者。

 引文资料：形而上学

斯宾诺莎是用欧几里得几何的风格提出自己的形而上学体系的，它也有定义、公理和一连串分别证明的"命题"（定理）。以下是其中的一些定义、公则、命题和证明。

定义

（1）自因，我理解为这样的东西，它的本质就包含着存在，或者它的本性只能被设想为存在着。

（2）凡是可以为同性质的另一事物所限制的东西，就称为自类有限。例如一个物体被称为有限，就是因为除了这个物体之外，我们常常可以设想另一个更大的物体。同样地，一个思想也可以为另一个思想所限制。但是物体不能限制思想，思想也不能限制物体。

（3）实体，我理解为在自身内并通过自身而被认识的东西。换言之，形成实体的概念，可以无须借助于他物的概念。

（4）属性，我理解为从理智看来是构成实体的本质的东西。

（5）样式，我理解为实体的特殊状态，亦即在别的事物内通过他物而被认识的东西。

（6）神，我理解为绝对无限的存在，亦即具有无限"多"属性的实体，其中每一属性都各自表现无限永恒的本质。

公则

（1）一切事物，如果不是在自身内，就必定是在他物内。

（2）一切事物，如果不能通过他物而被认识，就必定通过自身而被认识。

（3）如果有确定的原因，则必定有结果相随；反之，如果无确定的原因，

续

则绝无结果相随。

（4）认识结果有赖于认识原因，并且也包含了认识原因。

（5）两物间如果没有相互共同之点，则一件事物不能借另一件事物而被理解；换言之，就是一件事物的概念不包含另一件事物的概念。

（6）真观念必定符合它的对象。

（7）凡是可以被设想为不存在的东西，它的本质就不包含存在。

命题

命题一 实体按它的本性说必定先于它的特殊状态。

证 明 根据定义（3）及定义（5），这是很明白的。

命题二 具有不同属性的两个实体，彼此之间没有共同之点。

证 明 这也是根据定义（3）推得，是很明白的。因为每一个实体都各自在自身内并通过自身而被认识，因此这一个实体的概念不包含另一个实体的概念。

命题三 凡是彼此之间没有共同之点的事物，这一件事物不能是那一件事物的原因。

证 明 如果两件事物之间没有共同之点，则[据公则（5）]一件事物不能借另一件事物而被理解，所以[据公则（4）]一件事物不能是另一件事物的原因。证毕。

命题四 两个或多数不同的事物，区别的所在不是由于实体的属性不同，就是由于实体的特殊状态各异。

证 明 一切存在的事物不是在自身内，就是在别的事物内[据公则（1）]，这就是说[据定义（3）和定义（5）]在理智的外面，除了实体和它的特殊状态以外，没有别的东西。所以在理智的外面，除了实体以外，或者换句话说[据定义（4）]，除了实体的属性和特殊状态以外，没有任何东西可以用来区别众多事物之间的异同。证毕。

命题五 按事物的本性说，不能有两个或更多具有相同性质或属性的实体。

命题六 一个实体不能为另一个实体所产生。[①]

——斯宾诺莎《伦理学》，1677

[①] Spinoza, Benedict de. *The Ethics*. Translated by R. H. M. Elwes. The Rationalists, Doubleday, 1960, pp. 179–181.

我们曾在第三章中指出，斯宾诺莎是一个泛神论者，因为他相信上帝和上帝的宇宙是一回事。现在我们可以看到为什么是这样。但斯宾诺莎的形而上学还有其他戏剧性的后果：由于心灵与物体都是同一种实体的属性，因此我们把自己分成许多个体是武断的，这最终是不真实的。正如某些东方神秘主义者长期以来所认为的那样，我们实际上是"一"，个体性是一种幻觉。被我们称为"自由"的东西也是如此。由于我们都是同一种实体的一个部分，因此我们的思想和行动都被这种实体的其余部分完全决定了。于是，斯宾诺莎的这种围绕实体概念展开的哲学，最终向我们展示了一幅迥异于我们目前看法的图景；它是这样一种实在，在其中我们都是一体的，个体性并不重要，自由选择只是一种幻觉。我们与上帝是同一的（或是他的一部分），不应太过严肃地把我们看作由许多个体组成的。

莱布尼茨

而另外，戈特弗里德·威廉·冯·莱布尼茨同意笛卡儿的观点，认为存在着多种实体——也就是说，实体不止一种。但莱布尼茨也同意斯宾诺莎的观点，认为实体之间不能发生相互作用。因此，莱布尼茨假设了一个存在着许多实体的世界，所有这些实体都是上帝创造的。这些实体都是非物质的，莱布尼茨把它们称为单子（上帝也是一个单子，但在某种意义上他是一个超单子），但单子作为实体并不发生相互作用。那么，为什么世界看起来是由相互作用着的实体组成的呢？

 与哲学家相遇： 戈特弗里德·威廉·冯·莱布尼茨（1646—1716）

戈特弗里德·威廉·冯·莱布尼茨被称为"最后一个全才"。他在莱比锡长大，一生中游历频繁。莱布尼茨不仅是第一流的哲学家，而且也是微积分的发明人之一（现代形式语言学之父、原始计算机的发明者、军事战略家和物理学家）。在他那个时代，他是牛顿的主要对手。

莱布尼茨也把他的形而上学当作一种想象中的独特世界观的基础。斯宾诺莎认为所有东西都是一个整体，个体性并不存在；而莱布尼茨却在很大程度上是一个个体主义者，正是由于这个原因，他的单子多元论对他来说才如此重要。对莱布尼茨来说，上帝不仅与宇宙等同，而且与之相分离并关注着它，保证这个世界是"所有可能世界中最好的一个"。斯宾诺莎把世界看成完全被决定好的、没有自由的；莱布尼茨认为最重要的东西——事实上规定了每一个单子——是它的自由和自发性。为了证明这一点，他提出了如下关于实在的看法。

📝 **引文资料：单子导论**

1.我们这里要说的单子不是别的，只是一种组成复合物的单纯实体；单纯，就是没有部分的意思。

2.既然有复合物，就一定有单纯的实体；因为复合物无非是一群或一堆单纯的东西。

……

8.然而，单子一定要有某种性质，否则它们就根本不是存在的东西了。单纯的实体之间如果没有性质上的差别，那就没有办法察知事物中的任何变化，因为复合物中的东西只能来自单纯的组成部分，而单子没有性质就会彼此区别不开，因为它们之间本来没有量的差别。因此，既然假定了"充实"或完全充满的空间，每个地点在运动中就只会接受与它原有的运动等价的东西，事物的一个状态就无法与另一状态分清了。

9.而且，每一个单子必须与任何一个别的单子不同。因为自然界绝没有两个东西完全一样，不可能在其中找出一种内在的或基于固有属性的差别来。[①]

——莱布尼茨《单子论》，1714

每一个单子都是某种类似于个体心灵的东西。不存在所谓的物理实体，存在的只是单子的显现。而且，单子之间并不发生相互作用，而是仅仅看上去如此。想象你在一个屋子里，不仅被电视屏幕所包围，而且也被最为复杂的虚拟实在设备所包围。电视提供了仅限于二维的视觉经验，以及被扬声器系统的位置所限定的听觉经验。但像《星际旅行》中的全息舱这样的虚拟实在屋子却能够提供整体经验。你可以到遥远的岛屿去旅行，或者检验你作为一个好家长的能力，甚至可以沉浸在你永远也不可能在"现实"中实现的性幻想中。这些设备自己并不凸显出来，你看不到电线、管子或盒子，你在表观的世界和真实的世界之间感觉不出任何区别。在全息舱，你与其说是在经验世界，不如说是在经验世界的影像，我们所有人——每个人

---

① Leibniz, Gottfried Wilhelm Freiherr von. *The Monadology*. Translated by George Montgomery. *The Rationalists*, Doubleday, 1960, pp. 455–456.

都在他自己的小屋子里——都在全息舱经验我们自己的世界。上帝已经事先安排好让我们每个人都拥有正确的眼光和正确的影像，以使我们好像都在注视着同一个世界并且相互注视。但事实上并非如此，我们从未真正彼此注视过，也没有所谓的世界存在。存在的只是我们个人的眼光、个人的单子，它们由上帝在"先定和谐"中创造出来并不断加以维护。

—— 唯心论 ——

唯心论是这样一种哲学，它认为真实的东西只有心灵，其他所有的东西——物质对象、数、观念等——都存在于心灵当中，或者在某种根本的意义上依赖于心灵而存在。

笛卡儿本人并不是一个唯心论者，但他却构建了为后世绝大多数唯心论者所必需的工作框架。他在其《第一哲学沉思集》中说，我们唯一能够直接知道的就是我们自己的观念。由此出发，它距那种认为只有观念才是真实的东西的观点就只有一步之遥了。例如，莱布尼茨就是一个唯心论者，他说物理实在仅仅是存在于非物质单子——包括上帝的心灵——之中的"知觉"。然而，按照唯心论的看法，也许除了上帝之外，并不存在超越于我们的东西。宇宙是由心灵以及仅仅依赖于心灵的东西组成的。

 与哲学家相遇：乔治·贝克莱主教（1685—1753）

乔治·贝克莱主教是一位聪慧的爱尔兰哲学家和神学家，迄今为止，他仍然是主观唯心论的主要代表，这种观点认为，除观念和心灵之外，无物存在。当我们竭尽全力去设想外界物体的存在时，我们其实只是始终对我们自己的观念进行沉思罢了。贝克莱说，"存在就是被感知"。一切物体仅存在于心灵（包括上帝的心灵）之中。到了晚年，贝克莱成了一名教育传教士，他访问了即将建国的美国。加利福尼亚的伯克利就是以他的名字命名的。

另一位18世纪早期的唯心论者是爱尔兰主教乔治·贝克莱（1685—1753）。贝克莱持一种主观唯心论的极端立场，它可简单地概括为"存在就是被感知"（*esse est percipi*）。按照贝克莱的说法，相信那些我们不能经验到的东西存在是毫无意义的（我们将在第五章看到他所持有的更多经验论观点）。但贝克莱主张，我们可能经验到的一切都是我们自己的观念。我们之所以知道一块石头存在，是因为我们有关于它的观念（经验），包括石头的视觉表象、对石头的接触、石头的重量、我们刮它时产生的声音、踢它时感到的疼痛以及它对其他东西的可见影响（同样只是我们心灵中的观念）。贝克莱说，我们知道我们的心灵存在，是因为观念预设了心灵；我们可以知道上帝存在（作为一个无限的心灵），是因为我们有限的心灵要求把上帝无限的心灵当作"预设"。换句话说，我们的心灵并不是自己产生的，也不是永恒存在的；我们必须假定，它们的存在依赖于某种永恒存在而不依赖于其他事物的东西，即上帝的非物质的心灵。（上帝完全是精神的，因此是无限的心灵。）但除此之外，无物存在。并不存在一个独立于我们的（以及上帝的）知识与观念之外的世界。

这听起来可能违反直觉。还有什么比物质事物的存在更明显的呢？我们总是遇到物质事物。但说我们遇到一个物是什么意思呢？根据贝克莱的说法，这是指我们拥有对它的经验，也就是说，它是一种精神现象，是我们心灵中的一种观念。但我们不是经验到了一个物质对象吗？不，贝克莱说。我们只经验到了该物的"属性"，它的特性。例如，对一块石头来说，我们经验到了它的硬度、持久性、重量、尺寸、形状、颜色等属性。这些属性都是观念，与我们关于石头的观念结合在一起。这些属性在该物中一起出现，但我们可以把它们分隔成各个观念。

我们从未真正经验到石头的物质。"物质"只是我们强加在经验上的一个抽象概念。就石头而言，我们假定了某种被称为物质的东西，各种不同属性都附着在它之上。"物质"是我们关于在石头中将所有属性保持在一起的东西的观念。但这就是说，物质本身只是一个观念。所谓的物质对象完全是观念罢了。

这种极端的唯心论可能听起来过于牵强，很难让人相信。但需要强调的是，这种观点并不是随随便便提出来的。它们的确基于认真的思考和大量难以反驳的合理论证。比如说，唯心论可以从以下这种似乎无法反驳的前提中提出，即我们所能认识的事物只能基于经验，经验以外的东西——比如世界上存在的"外在于我们的"物体——是不可能被认识的；唯心论也可以从上帝的本性和他的作品进行论证，即如果上帝是无限的心灵，那么他的造物就将是思想；它还可以从柏拉图关于事物的形式属性的思考得出（如三角形中的角。一个东西之所以是三角形，是因为我们认识到其中有三角形的形式——但这就是说我们认识到了一种观念）。反正无论如何，唯心论都不只是痴人说梦——"除去我的心灵，无物存在。"它之所以能够成为一种经久不衰的哲学观点，正是因为它基于悠久的哲学传统和令人信服的论证。

唯心论或许违背常识，但它却正是作为一种对经验常识更恰当的解释而被（如贝克莱）提出来的。唯心论者仍然相信岩石是真的，天空是蓝的。但唯心论是对这些东西实际上必定是什么的一种推理尝试，如果我们可能认识它们的话。

 与哲学家相遇： 三位德国唯心论者

伊曼努尔·康德（1724—1804）、阿图尔·叔本华（1788—1860）、格奥格·威廉·弗里德里希·黑格尔（1770—1831）都是德国唯心论者，他们都认为心灵和观念是最终的实在。

在对形而上学进行辩护的过程中，对论证是怎么强调都不为过的。的确，自柏拉图以来的大多数形而上学都是基于这样一种观念，即实在最终不能由感官所发现，而只能由理性来发现。尽管现象是纷繁复杂的，但通过理性这一抽象的、"神性的"能力，我们仍然能够理解事物。但唯心论还有另外一个灵感来源。许多唯心论者都是虔诚的有神论者，这并不奇怪。贝克莱和莱布尼茨在其唯心论中，都援引上帝作为全知的心灵。这样做的一个原因是，如果我们没有能力，那就必定有一个无所不知的心灵在感知着事物。但对他们而言，上帝并不只是认识论（即关于知识以及如何获得知识的理论）的一个必然推论。他们是虔诚的信仰者，唯心论不仅符合他们的认识论理论，而且也符合他们的宗教感情。总之，唯心论是想象力与严格论证的结合。像大多数形而上学理论一样，它是一种被世界为什么必定是这个样子的天才论证所支持和构造的世界观（*Weltanschauung*）。

也许形式最为宏大的唯心论是由一些德国哲学家在19世纪发展起来的，这些哲学家通常被称为德国唯心论者。这个团体的奠基人，也是无可置疑的领导者是来自东普鲁士的伟大哲学家伊曼努尔·康德。康德的认识论前提也是我们所认识的一切都必须基于经验，但他却把这一很容易达成共识的前提发展到了令人吃惊的程度。他主张，世界本质上是我们通过自己的心灵强加于其上的范畴**构建**的。离开我们的经验，就不会有空间、时间、对象这回事。

但这些事物的本性并不因此就依赖于我们个人的想象。我们的心灵是以这样一种方式构造的，即存在着某些先天的（普遍必然的）规则，使得空间**必须**是属于我们的一种特定方式，因此时间和对象也必须是这样一种特定方式。我们的心灵对事物的格式编排类似于计算机读盘所需的格式编排，只不过我们的心灵是强加了这种格式编排而已。如果我们的心灵没有按照这种基本的格式编排自动构造输入的内容，就无法理解它。

换句话说，康德所论证的是，存在着一种我们所经验的世界必须如此的方式，但这种必然性乃是基于我们心灵的本性，而不是基于世界本身。我们为自然立法，而不是像科学家那样只是发现这些法则。

 掌握概念：三种世界观

康德——两个世界（"看问题的角度"）都是同等"真实的"和理性的。

自然的世界（我们感知到的）	行动、道德与信仰的世界
物理对象	理性原则（道德）
因果	选择的自由
自我作为知识对象	作为行动者的自我
科学、技术	上帝、不朽灵魂、信仰
可以知道的事实	义务

叔本华——世界（表象）是幻象，只有意志是真实的（但是非理性的、没有目的的）。

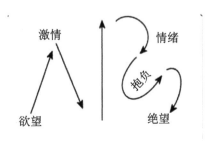

续

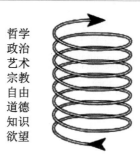

哲学
政治
艺术
宗教
自由
道德
知识
欲望

黑格尔——世界与心灵的统一是不断发现自我的精神。

　　在康德这里，这种激进的令人振奋的世界观与另一种甚至更为戏剧性的唯心论观点结合了。他说，我们并非仅仅生活在一个世界里，而是生活在两个世界里。当我们专注于知识的时候，比如在科学研究中，我们是通过知性概念——它们是根据某些规则构造出来的——来感知这个世界的；但是当我们涉及实际情况比如宗教信仰时，那些概念和规则就不再适用了。我们这时用的是一套完全不同的规则。比如说，一个内科医生或生理学家可以用神经和肌肉、骨骼和运动来解释我们做了些什么。这给了我们知识。但是当我们行动或实际做某些事情时，并没有用神经和肌肉来看待我们的身体，我们的身体只是我们实现自己的意图、遵守某些原则、达到某些目标的手段。当我们思考上帝时，并不是在思考一个可以通过科学概念而认识的存在者。我们已经（在第三章中）看到，康德所辩护的是一种上帝必然存在的道德观念。康德曾经说过，他认为自己一生的使命是"对知识做出限定，从而为信仰留出地盘"。通过把他的唯心论分成两个既分立又对等的领域，康德成功地为我们展示了一幅关于世界和宗教信仰的唯心论图景，在这幅图景中，科学与宗教不再相互抵触。

　　在康德之后，许多年轻的德国哲学家都追随他成为唯心论者。其中有些人保留了他的"两个世界"的说法，另一些人则抛弃了它。阿图尔·叔本华自认为是康德忠实的学生，但在康德倾向于通过希望和对人性的尊重来感知世界的地方，叔本华却宣称自己是一个悲观论者。他并不为别人考虑很多，也不太关注生活。相应地，他的唯心论表明了他的悲观态度。但它也是基于一系列漂亮的论证得出的，其中有些为康德的唯心论辩护，有些则是批评康德的。

与哲学家相遇： 阿图尔·叔本华（1788—1860）

阿图尔·叔本华可能是西方思想史上脾气最坏的哲学家了。他极端任性，瞧不起他那个时代的绝大多数人。为了争夺学生，他故意在柏林大学与黑格尔同时开课。他总是卷入官司，其中包括把他的女房东踢下楼。毫不奇怪，他的哲学是悲观论，认为生活从总体上说是无趣的和没有目的的。他为这种观点做了精彩的辩护，并且仿照康德建立了一个雄心勃勃的体系，在这种体系中，"意志"成为宇宙和实在本身的驱动力。应该说，叔本华本人是想把生活过好的。他一直活到72岁，可以说是寿终正寝。

康德把形而上学分成了两个世界：一个是自然和知识的世界，另一个是行动、道德和信仰的世界。但在康德看来，两个世界都是理性的。它们都根据必然律来运作。叔本华则相反，认为这个形而上学二元论的双方其实都是非理性的，这个结论符合他的悲观主义。他说，知识的世界实际上是一个幻觉的世界。真实的东西是那些内在于我们的、让我们拥有欲望和激情并驱使我们去行动的东西。康德也相信内在力量的实在性，他称这种力量为意志，但这种意志是理性的和遵守理性规则的，并且显示出道德上的善。叔本华不同意这一点，他认为意志是非理性的。创造出欲望和激情并驱使我们行动的不是"我们的"力量，而是一种狂暴的力量，它归根结底没有任何目的。更糟糕的是，这种意志引起了数不清的苦难，因为它一视同仁地驱遣着我们每一个人（以及其他生物）。叔本华为这种悲观的人生看法所提供的答案是：从意志的力量中解脱出来——或是通过审美的超然境界（欣赏艺术、文学和音乐），或是通过节制自己的欲望（许多圣徒和宗教戒律都主张抛弃欲望）。

康德之所以会持这样一种唯心论的形而上学，把世界看成理性的，并把科学与宗教分开，是因为他同时致力于这两者。叔本华用唯心论的形而上学描绘了一种灰暗的世界观，在这种世界观里，科学和人的激情都是无意义的。第三位德国唯心论者黑格尔（我们在序言中曾经介绍过他）再次用唯心论建立了一幅理性的世界图景，并把他对科学与宗教的兴趣调和了起来。但康德的唯心论在很大程度上是静态的，人类生活的两个领域各自被先天原理把持着，而黑格尔却看到一个处于不断冲突之中的宇宙，一种无所不包的精神通过我们所有人和历史展开它自身。世界作为精神，是一种试图理解自身的宇宙意识或普遍心灵（黑格尔在这里借鉴了亚里士多德的许多观点）。对于黑格尔而言，科学、道德活动和宗教的领域都是精神朝着自我理解运动的方式。黑格尔也是通过许多论证阐发这种观点的，其中有些论证是为一般的唯心论立场辩护，有些则是攻击其他唯心论者，论证他的立场为什么要比别人的更加合理。不过，唯心论总是想把基本观点与对世界的希望令人激动地整合起来，再辅以各种无懈可击的论证，以说明这种立场为什么是正确的。无论如何，唯心论认为，决定世界的是我们的观念，世界上最本质的东西是心灵。

—— 目的论 ——

黑格尔认为普遍精神通过历史来展开，这是对另一种世界观的戏剧性的描绘，这种古老而不失活力的世界观被称为目的论（源自希腊词*telos*，表示"目的"）。目的论世界观认为，世界最终有一个目标，而且世界正在朝着那个目标发展。古代的亚里士多德曾经为宇宙力图认识自身这样一种观点辩护过——他称之为"思想思考自身"。黑格尔的看法也是这样，普遍精神力图通过人类历史来知道它自己是精神。

引文资料：真理与错误的相互必要性

人的见解愈是把真理与错误的对立视为固定的，就愈习惯于以为对某一现有的哲学体系的态度不是赞成就必是反对，而且在一篇关于某一哲学体系的声明里也就愈习惯于只在其中寻找赞成或反对。这种人不那么把不同的哲学体系理解为真理的前进发展，而毋宁在不同的体系中只看见了矛盾。花朵开放的时候花蕾消逝，人们会说花蕾是被花朵否定了的；同样地，当结果的时候花朵又被解释为植物的一种虚假的存在形式，果实是作为植物的真实形式出现而代替花朵的。这些形式不但彼此不同，并且互相排斥，互不相容。但是，它们的流动性却使它们同时成为有机统一体的环节，它们在有机统一体中不但不互相抵触，而且彼此都同样是必要的；而正是这种相互的必要性才构成整体的生命。[①]

——黑格尔《精神现象学》，1807

现代科学倾向于削弱这种关于目的的思想，而倾向于用原因来取代这种解释，亚里士多德称之为"动力因"，也就是使某种东西产生的原因。（亚里士多德认为目的论的目标也是原因，因为它们有助于确定一个事件过程或行为过程。他称这些

[①] Hegel, G. W. F. *Hegel's Phenomenology of Spirit*. Translated by A. V. Miller, Oxford UP, 1977, p. 2.

目标为"目的因"。）的确，自17世纪以来，宇宙往往被当作一台巨大的机器，这台机器依照自然的因果律运转。但许多思想家都认为，这种把宇宙看作机器的观点是不完备的。比如笛卡儿和大物理学家伊萨克·牛顿爵士不仅支持关于宇宙的机械因果解释，而且还宣称上帝为其创造设定了目的。所以，康德——他是牛顿的热情支持者——用一种目的论的宇宙观补充了他关于自然世界的因果看法，而莱布尼茨则认为，所有单子都是根据上帝的目的展开的。

 与哲学家相遇：阿尔弗雷德·诺斯·怀特海（1861—1947）

阿尔弗雷德·诺斯·怀特海出生于英国。在移居美国之前，他与伯特兰·罗素合著了《数学原理》，并在那里提出了他的过程理论。

把宇宙看成一台大机器的思想是历史上较为晚近的事情，但目的论却几乎与西方文明本身一样古老。大多数古希腊人都是泛灵论者，他们把某种类似生命的活动赋予了万物。亚里士多德的目的论形而上学只是就此给出的一种非常复杂的表述，它既是一种关于自然目的的理论，又是一种关于自然中的目的的理论。美洲印第安人很久以来就相信一种非机械的活的宇宙观。许多东方的以及非洲的宗教和哲学也持泛灵论的和目的论的宇宙观，而不是我们更为机械的、"科学的"模型。

今天，像查尔斯·哈茨霍恩和阿尔弗雷德·诺斯·怀特海这样的过程哲学家都为这样一种目的论观点辩护，在这种观点看来，实在是过程，而不是那种更为静态的实体概念。他们想通过这种方式来整合科学与目的论形而上学。无论宇宙的目的是不是上帝或另外某种精神的目的，那种关于宇宙总是有意义，而且宇宙本身也在尽力寻求完善的观念，一直是一种令人振奋的哲学看法。在生态学的当代背景下，许多人都用希腊词"盖雅"（*gaia*）来指称地球本身就是一个活的有机体的概念。

引文资料：目的论的一个"错误"

神是绝对完美的，因此是不可改变的。在柏拉图的《理想国》中，我们可以找到如下命题：完美的神不可能改变（不会更好，因为"完美"意味着不可能更好；也不会更坏，因为有能力变得更坏、衰败、堕落或变得朽坏是一种弱点和不完美）。这则论证似乎很有说服力。但这只有在以下两条假设都有效的

续

情况下才是成立的：（1）有可能设想一种"完美"的意义，它排除了任何方面的变化；（2）我们必须恰恰在这种意义上把神理解成完美的。显然，完美的日常意义并没有完全排除变化。华兹华斯把他的妻子描写为一个"完美的女性"，但他显然不是说，她是完全不可改变的。在《圣经》中的许多地方，人类都被说成是完美的，这里也不是说变化可以完全被排除。即使是《圣经》中提到神是完美的地方，也不是说一切变化都可以排除。①

——查尔斯·哈茨霍恩《全能和其他神学错误》，1984

然而许多人都认为，宇宙自身并没有一个目的，它只是"运动中的物质"，其存在没有任何特别的理由。的确，正是在这种对宇宙目的的洞察中，我们关于生活意义以及实在的最终本性的问题才合为一个问题。宇宙有一个目的吗？这种目的是上帝所赋予的吗？如果是，它是什么？如果宇宙没有目的，人类的生活还有目标吗？这些都是我们必须在某个时候问自己的终极问题。因为我们对此给出的回答将时时伴随着我们。我们怎样生活，我们做什么，我们能希望什么，甚至是我们在日常生活中对待工作、自己和他人的态度，都落入了这些终极的形而上学问题的框架，并因此为它们所影响。

然而，正如我们先前所提到的，倘若"实在"一词是用于评价我们经验的最基本的术语，那么实在首先必然是科学的或宗教的吗？假定我们放弃了那条由来已久的假设，即真实的东西必定是最为持久和永恒的。比如假定——如黑格尔所暗示的——最真实的东西既不是科学所发现的世界，也不是宗教所信仰的世界，而是我们的社会世界；实在的主要结构既不是原子或电子，也不是神或其他精灵，而是那些由亲缘关系和集体维系在一起的他人，那么在这种对实在的阐释中，知识就成了那些可以被共享、可以向任何人证明的观点；宗教信仰由那些公认的学说和仪式组成，它们帮助把集体维系在一起。或者假定，**激情**是最真实的，实在就是你在爱情或极度愤怒中感受到的东西，其他的一切都只是它们苍白的影子。换句话说，实在取决于我们的目的、激情以及共同的社会目标。

形而上学的可能性其实远比传统哲学所规定的广泛。换句话说，在我们关于自身的看法中，科学与宗教是否已经因传统而被过分强调了？这是一个非常实际的问题。它们真的如此重要吗？道德怎么样？在结束本章关于实在的讨论之前，我们将

① Hartshorne, Charles. *Omnipotence and Other Theological Mistakes*. State U of New York P, 1984, p. 2.

把话题引向新的维度。也许真实世界的东西不是任何我们已经讨论过的实体，而是他人、艺术、音乐或无论什么东西，就像保罗·蒂里希关于上帝所说的那样，是我们的"终极关怀"。于是，实在的问题就成了生活意义的问题。对于某些人而言，这可以用上帝来回答；对于另一些人而言，这可以用科学来回答；但对于我们中的大多数人来说，一旦我们真正开始思考它，就会发现问题的答案存在一个完全不同的甚至是从未料到的地方。

—— 形而上学与日常世界 ——

哲学家是用一种更广阔的视野来刻画我们的日常经验的，所以他们关于生活及其意义的看法可被用于从另外一些角度去理解我们的日常经验。例如，对斯宾诺莎来说，哲学是一种巨大的安慰，哲学使他把发生的每一件事情都看作"唯一实体"的又一种机械运动，他无法控制这种实体，自己也没有什么重要性。而对于莱布尼茨而言，哲学是一种乐观主义和信心的源泉：他把自己看成一个正在提出一种关于整个宇宙的观点的个体意识，而这种观点从一开始就是由一直在注视着整个过程的上帝计划和保证的。阅读这些杰出的著作时，务必把它们理解为一种伟大的精神努力。如果把它们理解为好像只是在解决一些技术性难题，或者像某些人所抱怨的"只是在玩弄词藻"，那便是误解了我们所有人看待世界的方式，因为我们都需要一种眼光、一种概念框架来赋予事实和事物以意义，从而使我们的生活值得过。斯宾诺莎和莱布尼茨说出了他们自己对世界的看法，供我们分享或反驳。他们作为哲学家的成功取决于我们是否做出反驳，是否努力用自己的术语来重新思考他们的想法。

你也许会反驳说，柏拉图关于两个世界的看法，或者斯宾诺莎与莱布尼茨的宇宙观都是诗意的隐喻而非哲学。我们在前面简要叙述的德国唯心论观点——黑格尔关于精神通过我们所有人自我展开的宏大场面，以及叔本华关于我们内部的意志盲目地通过激情驱使我们的戏剧性观点——的确更像诗意的想象，而不是哲学家严密的体系。但伟大的哲学几乎总是既是诗又是严谨的思想，既是观念又是论证，既是想象又是理智。

在我们关于哲学家的本体论和形而上学的考察中，你应当清楚某些基本的原则。首先，你要明白这样一条背后的假设，即最终的实在就是那些不会发生任何改变的东西。第二条基本假设是，实在从某种意义上来说是一个整体。如果你认为存在着不同的最终单元、或实体（如笛卡儿）、或不同的世界（如柏拉图或康德），那么你就必须说明它们是怎样结合在一起的。于是，科学家总是青睐那种把最多的物质统一在最简单的原理之下的优雅的理论。从泰勒斯到牛顿再到爱因斯坦，科学的最终目标一直是被爱因斯坦称为"统一场论"的东西，也就是一种能把所有自然定律全部整合到一起的唯一的理论。在宗教中也是一样，不必惊讶，世界上某些最强大的宗教，以及西方所有占统治地位的宗教都是一神论的，因为唯一的神就像唯一的解释定律一样，总是比一大批相互争吵的神或定律更强大、更有说服力。这一假设可以受到挑战，但这样做其实就是反抗西方的整个思想史。

我重复这两条假设，并不是因为它们无可置疑（哲学中没有什么东西是无可置疑的），而是为了显示它们的力量。哲学、科学和神学的整个历史都是朝着永恒和统一的方向努力，所以如果你试图为其他观点辩护，那么你一定要有某些好的论证。不过这些假设已经被出色地攻击了。比如哲学家弗里德里希·尼采就拒斥关于永恒和统一的整个形而上学，于是也就拒斥了（他认为）整个形而上学。如果你认为实在可以在生活的细节、激情、捉摸不定的欲望或与他人的关系中找到，那么你很可能不得不拒斥这些由来已久的假设。但你不能只是对它们不理不睬（尼采终其一生都在攻击它们）。不论你怎样去做哲学，至少对它们进行解释是重要的。现实中的世界是否可能是完全支离破碎的？

生活是否可能本质上就是冲突和敌对——或者就是拥护黑格尔和马克思的哲学家们所说的辩证法？有没有可能并不存在一种使我们的生活有意义的一致的观点？具有悖论意味的是，即使是这些观点，也需要在一个一致而统一的框架内进行辩护。无论它是什么——幻想性的、思辨性的、富有启发性的——哲学都是艰苦的思索，想象是它的伴侣而不是它的替代品。观点的相互宽容的确是一种美德，但是当它只是懒惰的漠不关心或大多数人维护自己思想时的战战兢兢时，情况却并非如此。苏格拉底说，"未经审视的生活是不值得过的"，他真正的意思是，"理解你自己和你的思想，为了对它们有十足的把握而批评它们"。你对实在的思考并不只是"你的观点"，它也是你生活的方式、你所做的一切事情的基础。一种未经表达、未经考察和未经论证的浅薄的基础是没有保障的。

—— **篇末问题** ——

1. 选择一种前苏格拉底哲学家所辩护的元素（水、火、数等），尽可能地为它提供论证，最好是与一位或几位试图反驳你的朋友进行讨论。比如你选择火，那么马上想到的一个反驳就是，火不可能是冷的物体——比如一块冰——的本质元素。对此的一个回答可以是这样的，冷的物体只不过比热的物体含的火少得多罢了。你还可能论证说，并不是所有的火都显示为火焰。于是，你很快就会发现自己所谈论的东西已经转到了更为现代的"能量"而不是火了。这项练习旨在使你看到：（1）我们用自己的术语可以在多大程度上使这些古代理论活起来；（2）只要你足够聪明，能够设法回答针对你的不同反驳意见，并且能够调整你的理论以应对它们，那么不论是什么理论，只要它一开始就具有些许可信性，它就可以被捍卫，至少能在某种程度上进行捍卫。

2. 根据柏拉图的理论，描述你周围某些日常物体的"理式"。你怎样知道一个物体是由这种还是那种"理式"定义的？根据柏拉图对三角形这一"理式"的讨论，你会对一个日常物体的"理式"说些什么？如果一个物体改变了，"理式"也随之发生改变吗？一个物体能否具有相互矛盾的"理式"？如果没有某种"理式"概念，我们是怎样识别出它们的，我们还能理解对物体的识别吗？

3. 哲学中的范畴往往显得过于严格或简单，以至于不能刻画我们思想的复杂性，但也许下面这些疑问将有助于你理解对哲学史的看法：

　　a. 你是一个唯物论者吗？是一个唯心论者吗？

你相信最终的实在可以被科学发现吗？

你相信最终的实在关乎宗教信仰吗？

　　b. 你的本体论中的基本实体是什么？什么是最真实的？

　　c. 你是一个一元论者吗？是一个多元论者吗？

如果你是一个多元论者，那么你的本体论中的不同实体之间有什么联系？按照它们的相对实在性对它们进行排序，或者说明它们的关系。

　　d. 你的本体论中的基本实体是永恒的吗？如果不是，它们是怎样生成的？

　　e. 你是一个唯心论者吗？（你认为你的本体论中的基本实体依赖于心灵的存在吗？）

　　f. 你怎样解释（或否定）下述事物的存在：心灵、数、上帝、桌子和椅子、万有引力定律、恶、道德原则、梦、圣诞老人？

g. 宇宙有一个目的吗？（有时可以这样问："为什么存在着一些东西，而不是一无所有？"）

h. "真的"一词对你来说意味着什么？根据你的定义，再次考察开篇问题1中的各项，并根据你的观点对其"真实性"进行排列。

i. 你认为这个世界是真实的世界吗？或者你相信存在着一个比我们这个世界更真实的世界吗？

—— 阅读建议 ——

Adler, Mortimer. *Aristotle for Everybody*. Touchstone, 1997.

Burnet, John. *Early Greek Philosophy*. Adamant Media, 2005.

Lovejoy, Arthur. *The Great Chain of Being*. Harvard UP, 1976.

Searle, John. *Mind: A Brief Introduction*. Oxford UP, 2005.

Solomon, Robert C. *Introducing the German Idealists*. Hackett, 1981.

Solomon, Robert C. and Kathleen M. Higgins, editors. *The Age of German Idealism. The Routledge History of Philosophy*, vol. 6, Routledge, 1993.

Taylor, A. E. *Plato, the Man and His Work*. Dial, 1936.

Taylor, Richard. *Metaphysics*. 4th ed., Prentice-Hall, 1991.

玛丽·居里夫人
©Hulton Archive / Getty Images

5

——— 第五章 ———

真理的追寻

Chapter 5

The Search for Truth

> 我在好多年前就已经觉察到，我从早年以来，曾经把大量错误的意见当成真的加以接受。从那时起，我就已经断定，要想在科学上建立一些牢固的、永久的东西作为我的信念，我就必须在我的一生中有一次严肃地把我从前接受到心中的所有意见一齐去掉，重新开始从根本做起。[①]

——勒内·笛卡儿《第一哲学沉思集》

1. 在我们从学校课堂上获得的信息中，有一些不可避免是不真实的。你将怎样向自己证明，并不是*所有*这些信息都是假的？
2. 倘若一个朋友向你出难题说："你怎么*知道*2+2=4？"你该如何回答？
3. 假如另一个朋友半开玩笑地问你："你怎么知道自己现在不是在做梦？"你该怎样回答？你将如何向自己证明这是不可能的？
4. 理性地思考总是最好的思考方式吗？对一个问题的科学解答总是最正确的吗？

—— 什么是真的？ ——

> 热爱真理的一个永远不会错的标志就是，相信一个命题不要超过其证据所能保证的程度。[②]

——约翰·洛克《人类理智论》，1689

在上一章中，我们介绍了关于实在的各种看法。你相信其中的哪些观点？你认为它们中的哪些是真的？回答"全部"是不行的，因为其中有些是互相矛盾的；你也不能说"这只是些意见而已"，因为你仍要为你所相信的观点做出辩护。由于这些观点都是关于这个世界的，所以很自然地，我们应当看看它们是

[①] Descartes, René. *Meditations on First Philosophy*. Translated by John Cottingham, vol. 1, Cambridge UP, 1967, p. 12.

[②] Locke, John. *An Essay Concerning Human Understanding*. Abridged by Richard Taylor. *The Empiricists*, Anchor, 1974, p. 126.

否描述了世界真实的样子。然而这个时候，无论我们赞同关于世界的哪种形而上学看法，我们都会碰到一个更为一般的问题，那就是：使信念为真的东西是什么？如果信念为真，我们怎样才能知道？有的时候，答案似乎是显然（自明）的，但如果"显然"的并不总是真的怎么办？有一门学科正是基于这样一些问题发展起来的，它通常被称为认识论，即关于知识的理论。

首先，我们将说明为什么一个信念为真这个概念并不像它看起来那么简单。接下来我们区分两种类型的真理，即经验的和必然的，然后考虑一个相关的问题：我们认识真理的主要依据是经验还是理性。接下来我们要指出，在努力确定真理的过程中，我们不可避免要从某些预设开始，例如世界存在着，凡事必有因，等等。这便引出了这些预设是否是可辩护的这样一个问题，我们将考虑怀疑论的挑战，以及笛卡儿、休谟和康德是如何处理怀疑论的。然后要指出，在我们把什么东西当成真的方面，科学拥有特权地位，我们还要讨论这种地位在多大程度上是合理的。我们还要回到开篇的一个问题，即说一个断言为真是什么意思，并且讨论3种真理理论：符合论、融贯论和实用论。然后我们问合理是什么意思，合理性与真理是如何相关的。在本章结尾，我们要思考主体性（真理可能依赖于主体并随着主体而变化）和相对主义（如何理解对经验的主观诠释的差异以及是否有人知道真理）的问题。

让我们开始思考这个问题，"使信念为真的东西是什么？"它有一种诱人的回答：一个信念为真，当且仅当它与事实相符合。于是，我相信我口袋里至少有75美分是真的，当且仅当我的口袋里*确实*装着75美分或更多的钱；你相信费城人队打赢了世界职业棒球锦标赛是真的，当且仅当费城人队*确实*打赢了比赛；伟大的天文学家伽利略关于木星有4颗卫星这一信念是真的，当且仅当木星确实有4颗卫星等。总之，当一个信念与事实相符合时，它就是真的。然而你很快就会看到，这样的回答对我们并不会有太大帮助。

首先，考虑一下"75 × 3=225"和"64的立方根是4"这两条陈述。这些陈述为真，当且仅当它们与事实相符合吗？假如世界上恰好没有3组75个东西能够组合起来，难道"75 × 3=225"就不对吗？当然你也许会说，*如果世界上有3组75个东西，那么它们加到一起就会是225个*；如果费城人队会打赢世界职业棒球锦标赛，那么他们就的确会赢得比赛的胜利。但假如他们没有赢，"如果"并不能使该陈述为真。然而，即使世界上没有什么事实可与"75 × 3=225"相符合，这条陈述似乎也是真的。因此，可能有些真陈述是不（或不必）与任何事实相符合的。

引文资料：仅仅是事实？

事实阻碍了真理。

——塞万提斯《堂吉诃德》，1605

事实只是真理的影子。

——穆罕默德·阿里，20世纪美国拳击运动员

其次，让我们考虑一下大量的"常识"陈述。比如说，在寒冷而潮湿的天气里外出会"降低我们的抵抗力"，使我们生病。尽管医生们已经根据科学证据对此做出了反驳，但我们依然固守这种看法，直到它被**最终**驳倒为止——甚至在那个时候，有些人仍会固执己见。我们怎样才能知道，我们所相信的常识是有实际根据的，而不是一套以讹传讹的未经检验的谬误？

再次，比较一下像"桌上有一只水晶花瓶"这样的直接描述某种知觉的陈述，以及像"任何两个物体之间都存在着引力"这样的自然科学定律。这两种陈述都声称基于经验，但后者显然要涉及比前者更为复杂的确证过程。介于这两者之间，还有许多基于经验的概括——假说——是通过归纳论证进行表述和确证的，比如"水在32℉结冰"以及"如果你在猫面前摇晃一只牧羊犬，那么猫就会逃走"等。但科学中的所有陈述都必须通过经验来确证吗？假设有两种非常一般性的理论，是否有可能没有观察或经验能够在它们之间做出区分，证实其中一个而反驳另一个？弦理论和其他亚原子粒子理论也许是一些例子。宗教真理怎么样——不仅是"上帝存在"，而且还有像"摩西在上帝的帮助下把红海分开了"这样的断言？它们为真是因为"与事实相符合"吗？抑或它们能够在某种意义上得到证实？或者，有没有一种真理是依赖于信仰的，它们与科学真理非常不同？

最后，那些非常一般的或公认的真理怎么样？比如"一切都要成为过去""男孩子毕竟是男孩子"等。同义反复永远为真，即使它们似乎并不向我们传达任何有关世界的信息。还有，我们应当怎样来看待哲学家们所说的那些大的结论，比如"只有理式才是最真实的""实体只有一种"等？它们是真的还是假的？我们关于这方面的知识最终要依赖于什么？什么是真理？如果我们找到了真理，我们怎样才能知道它？

—— 两种真理 ——

我们在这本书的开头曾经说过，真陈述(或者说真理)可以分为两种类型：(1)因事实为真；（2）因推理为真。前者的例子有"我口袋里没钱了""瑞士在20世纪没有卷入战争""水在山顶不到100℃就会沸腾"等；后者的例子有"2+2=4""A+B=B+A""没有单身汉是结过婚的"等。这些"理性的真理"被称为必然真理，它们不可能为假。

经验真理

一条因事实为真的陈述被称为经验真理——也就是说，因经验为真（"经验的"意味着必须与经验相关）。只有实际去观察这个世界，我们才能知道经验真理为真（当然，我们并不总是亲自做这些事，我们绝大部分的经验知识都依赖于他人的观察和实验。我们只是借用了他们的说法罢了）。但由于经验真理只有通过观察事实才能认识，所以像"得克萨斯大学校园中没有一棵树"这样的陈述有可能为假。哲学家们把这样一种陈述（以及它所指涉的情况）归为偶然的或偶然真理（如果是假的，那它就是一个偶然谬误）。"得克萨斯大学校园中没有一棵树"碰巧是假的，但这只是偶然如此，我们完全可以想象相反的情况是什么样子；如果有人砍掉了余下的几棵树，那么这个陈述就为真了，但这只是偶然为真，因为也许有一天校园里又会重新长起了树。所有为真的经验陈述都仅仅是偶然为真，这是哲学中的一条普遍规则。

 掌握概念： 两种真理

经验真理或事实真理：如"南极洲没有兔子生活"。

经验真理或事实真理是作为事实为真，它们也可能是另外一种样子，我们能够想象出来什么情况会使它们为假。它们只有基于（我们自己或他人的）经验才能被知道。

必然真理：如"2+2=4"。

必然真理不可能为假，我们也不可能想象它们为假的情况。

必然真理

另外，因理性为真的陈述是必然真理，它是必然为真的。"必然"的情况与

"偶然"相反：我们总能想象偶然真理不为真(或是偶然谬误不为假）是什么样子，但却不能理解必然真理不为真是什么意思。"2+2=4"是一个必然真理，无论我们的想象力有多么丰富，也不能设想什么情况会使这条陈述为假。（比如我把两滴墨水加到一起，它们形成了一滴，这能不能证明该陈述为假？为什么不能？）例如，必然假句"1+1=1"在任何情况下都不能想象为真。因此可以说，必然真理是先于经验为真或先天为真的（需要指出的是，这里的"先天"并不具有在时间上"先于任何经验"的"在……之前"的意思，也就是说，它并不意味着我们是在出生之前就知道了某些事情。有些哲学家的确认为有些观念是我们"生而有之"的或天赋的。然而，我们必须在学习了一门语言，并且等到智力相当复杂之后才能认识到这些真理）。

只要我们能够把几个标准例子——比如"我口袋里有许多钱"，或者"2+2=4"等——弄懂，那么经验真理或偶然真理与一些哲学家所说的"理性真理"或必然真理之间的区别就完全清楚了。然而，一旦我们试图用它们来回答我们在前些章中所提出的那些重要的哲学问题，这种区分就会变得很成问题。上帝存在吗？什么是实在？人的生活有意义吗？这些问题的答案是经验真理还是必然真理？回答它们需要诉诸我们的经验还是理性（或者两者都需要，或都不需要）？

比如说，相信上帝存在似乎是相信一个事实。的确，许多哲学家都主张（根据我们在第三章中所讨论的内容）上帝的存在是最终的事实。然而，我们可以试着想象一场在一个有神论者（相信上帝存在）和一个无神论者（不相信上帝存在）之间进行的辩论，有神论者能够拿出什么证据来迫使对方信仰上帝呢？有神论者可以把《圣经》中的许多断定上帝存在的话指给无神论者看，但后者显然不会认为这些东西是证据，因为无神论者并不相信《圣经》中的大部分内容；少数有神论者也许会宣称，他们掌握了上帝存在的直接证据，因为上帝已经同他们交谈过或向他们现身过。但无神论者仍然会对这些自称的证据置之不理，因为在后者看来，这些经验只不过是纯粹的幻觉罢了；有神论者可能会举出历史上所记载的奇迹作为上帝曾经在地球上出现过的证据，而无神论者则会把它们斥之为偶然的或未经解释的（但不是不能解释的）事件；有神论者还可能会用世界的复杂精妙（通过"设计论证"的方式）来证明必定是上帝创造了这一杰作，而无神论者则会坚持说这一切都出自偶然，而且无论如何，世界毕竟是不是一件"杰作"，这完全取决于你怎样看待它。

什么事实能够证明上帝的存在？

有神论者的证明	无神论者的回应
《圣经》的说法	《圣经》中的陈述并不都是真的
在某种情况下体验到了上帝	仅仅是幻觉，并不说明任何东西
红海的奇迹	地球物理学的遁词，并非奇迹
大自然的精妙秩序	自然选择与偶然事件的产物
世界的存在	碰巧发生了，否则我们将无法在这里讨论
善良战胜了邪恶（比如"二战"）	同盟国占优势，而且还碰到了几次转机

这次辩论的无果而终表明，相信上帝并不单单是接受事实的事情，而是包含着更多的内容。但这些更多的东西是什么呢？一个通常的回答是"信仰"，但信仰与其说是认识了真理，还不如说是希望自己所相信的内容为真。然而，相信上帝的存在是纯理性的和可论证的，它不关乎事实，而是通过抽象推理进行的（比如，我们在第三章中对上帝存在的本体论证明中就见过这种推理）。如果这样一种论证是成功的，那么"上帝存在"就是一个必然真理。

现在，让我们以同样的方式考虑一下关于生活意义的陈述——无论生活有没有意义以及这种意义是什么。假如你的一位朋友坚持认为，人的生活是有意义的，那么什么事实会使这句话为真？你的朋友会举出爱情的甜蜜、知识的乐趣、滑雪的兴奋以及在炉旁饮一杯佳酿的惬意。"生活是美好的"，他得出了这样的结论，就好像已经给出了它的证明一样。但你不同意他的说法，你认为生活是荒谬的。"爱情从不会持久"，你这样说道。当然，从统计上来说你是对的。你还会举出知识的无用，因滑雪而摔断腿的人数以及美酒和木柴的花销。然后，你又历数人类历史上那最野蛮的事实、战争的暴行、残忍的行为以及难以避免的危机，即使是在那些被生活"始终蒸蒸日上"的幻觉所蒙蔽的社会中也是如此，再加上生活中的悲剧以及生命本身的短暂，最后你总结说，"生活并不美好"。我们可以看到，双方各有各的理由，谁是对的？我们又一次看得很清楚——事实并不能为我们提供答案。我可以坚持说，甚至战争和悲剧也有其目的，它们可以提醒我们记住生活的价值，赋予我们某种需要为之奋斗的东西。我还可以说，无论生命延续多长，无论有多少厄运要降临到我们头上，生活仍是有本质意义的。换句话说，正是对事实的阐释而非事实本身，才是真正重要的东西。

最后，让我们考虑这样一条陈述：最真实的东西是柏拉图的"理式"（见第四章），而不是日常经验中的事物。如果这条陈述为真，那么这是因为与事实相符合吗？肯定不是，因为这一理论本来就是要告诉我们，日常生活中的事物并不是真理的基础。那么你能说，这样一来，这一理论的确与事实相符合(或不相符合）吗？如果你认为可以，那么你就陷入了一个悖论——一个理论为真，乃是因为它与它所否认是真理基础的事实相符合。我们又一次看到，对于这条哲学陈述来说，如果它是真的，那么它肯定不是因事实为真。

也许，"理式是最真实的"这一陈述还可以借助纯粹思维，而不需要世界的那些明显事实来提供支持。的确，绝大多数哲学家会毫不犹豫地说，日常经验（或反常经验）的那些事实对哲学真理几乎起不到什么作用。然而所有哲学真理难道都是必然真理，即推理的产物吗？理性可以许诺那么多吗？有些哲学家认为的确如此，也有一些哲学家表示反对。但几乎所有人（直到最近）都认为，如果一个哲学问题（或任何关于知识的其他问题）有答案的话，那么它只能*要么*是一个基于经验的经验真理，*要么*是一个既是必然的又是理性产物的先天真理。

说一条陈述为真为假是一回事，说它是哪种*类型*的真理，以及我们是怎样知道这一点的则是另一回事。许多哲学家都主张，知识就是"得到辩护的真信念"，真只是知识的一个必要条件。能为我们的信念做出*辩护*也是同样必要的。要想恰当地宣称知道某种东西，我们需要基于一些得到辩护的理由来相信这种东西。

应当注意，正如当代哲学家埃德蒙德·盖梯尔（Edmund Gettier）所指出的，即使是合理的真信念也可以不是知识。他考虑了这样一些情形，有人基于通常是好证据的理由而相信某事属实，但在这个特定的情况下，事实表明该证据并不好。一个这样的例子是，你相信某个同学在图书馆，因为你看见了她，但事实上你看到的是与她一模一样的孪生姐妹。然而，这个同学在图书馆的另一个地方。你的信念通过实际上不可靠的证据而得到了辩护，但你所相信的东西却是真的。在这类情况下，你有一个得到辩护的真信念，但它并不是知识。不过，这些情况是不寻常的。在试图确定我们是否拥有真正的知识时，我们大多数时候都在关注我们所持有的信念是否得到了辩护。正是在尝试为哲学信念做出辩护的过程中，近代哲学发生了一次最大的分裂。

——唯理论与经验论——

针对哲学上的真理可能有哪些类型，在过去的300年里，有两种哲学派别主导了对这些问题的讨论。它们通常被称为*唯理论*和*经验论*。仅凭名称，你也许就能看出二者大致各持什么立场了。

 掌握概念：唯理论与经验论

唯理论：知识基于理性。

大陆唯理论者：

勒内·笛卡儿（1596—1650，法国）

巴鲁赫·斯宾诺莎（1632—1677，荷兰）

戈特弗里德·威廉·冯·莱布尼茨（1646—1716，德国）

19世纪：

伊曼努尔·康德（1724—1804，德国）

格奥格·威廉·弗里德里希·黑格尔（1770—1831，德国）

经验论：知识基于经验。

英国经验论者：

约翰·洛克（1632—1704，英格兰）

乔治·贝克莱（1685—1753，爱尔兰）

大卫·休谟（1711—1776，苏格兰）

19世纪：

约翰·斯图亚特·密尔（1806—1873，英格兰）

20世纪：

伯特兰·罗素（1872—1970，英格兰）

唯理论是对一大类理论的泛称，这些理论都相信人的理性可以对最基本的哲学问题提供最终的解答，而且这些解答都将是必然真理。近代伟大的唯理论者包括笛卡儿、斯宾诺莎、莱布尼茨、康德、黑格尔等哲学家；在古代和中世纪，绝大多数大哲学家都是唯理论者，比如柏拉图、亚里士多德（有条件的）、奥古斯丁以及托马斯·阿奎那（有条件的）。他们都以这样或那样的方式认为，哲学推理能给我们提供问题的答案，而且这些答案都是必然真理，都可以通过我们的思维过程本身找到——不论是受到了上帝的启示，还是"理式"的流溢使然，或是基于我们的心灵结构本身，或是我们的头脑"生而有之"（或"天赋"）。在唯理论者看来，经验也许能为我们提供某些思维材料或者解决问题的线索和契机，但单凭经验本身却无法教给我们任何东西。真理是不随经验的变化而变化的。

而经验论则是这样一种哲学方法，它拒绝"天赋观念"这一说法，而主张——用洛克的话来说——"所有的知识都来源于经验"。洛克认为，人刚出生时心灵是一块"白板"（*tabula rasa*），后来经验才在它上面写下了我们知识的一般原理和所有细节。经验论者还包括我们将会继续讨论的大卫·休谟、19世纪的思想家约翰·斯图亚特·密尔以及20世纪的哲学家伯特兰·罗素等。

经验论者当然也相信理性，但这仅限于计算和逻辑活动（如数学），而且他们不相信理性对于大的哲学问题能够说出什么重要的东西。21世纪的大多数极端的经验论者甚至认为，除了我们自己语言的结构，理性不能告诉我们关于世界的任何东西。

另外，唯理论者也并不完全拒斥感觉证据，但他们认为，观察和实验——简单地说就是经验——并不能给予我们哲学真理。理性论者和经验论者都会同意，像"你口袋里还有多少钱？"这样的问题只有诉诸经验才能回答，而像"如果A是B，且所有的B都是C，那么A是C"这样的陈述则是因理性而成为必然真理的。他们意见发生分歧的地方是：哲学的基本问题应当怎样来回答，以及能否得到回答。

唯理论者认为，它们能够回答，而且是以必然真理的形式得到肯定的回答；而经验论者则一般认为，如果它们能够回答，那么只有两种可能性，即或是作为关于语词意义的平凡陈述而得到回答（比如，"实在"就意味着"物质的和可以感知的东西"），或是基于广泛经验的综合而得到回答（比如，经验论者约翰·斯图亚特·密尔甚至认为，像"2+2=4"这样的陈述实际上也是一种关于经验的非常一般的断言，而绝非什么"理性真理"）。这是因为，在经验论者看来，所有的知识都是以经验（以及归纳论证）为基础的，知识（至多）是高度可能的，但并不是确定无疑的。所以并不奇怪，许多经验论者会认为有些大的哲学问题是得不到解决的，经验论的大部分工作都是对问题本身进行一次重新考察，试图说明它们不可能得到解决，而且很可能首先就是没有意义的。

唯理论者与经验论者之间的争论不仅发生在17世纪，而且一直持续到今天（比如在语言学家诺姆·乔姆斯基和像奈尔逊·古德曼这样的当代经验论者之间）。他们所争论的主要问题之一，是有关天赋观念是否存在的问题。我们已经知道，天赋观念就是那些我们"生而有之"的观念，不过这并不意味着，新生婴儿已经"知道"437乘以73等于31 901（就好像他仅仅是没有掌握合适的语言把它表达出来而已）。简而言之，唯理论者一般都会接受天赋观念的说法，而经验论者则往往对此不予承认。唯理论者笛卡儿曾经试图从直观上确定的真理——比如上帝是一个完满的存在——出发，由此（借助有效的演绎）推导出其他同样确定的真理来。经验论者洛克否认这种天赋观念的说法，他认为人生来心灵只是一块白板，因此我们的所有观念都必须来源于经验，没有什么观念是天赋的。

这里的问题是，我们的大多数知识并不是由个体知觉（"这里有一只咖啡杯"）构成的，而是由一些像"每一个作用力都有一个大小相等、方向相反的反作用力"这样的普遍陈述组成的。那么，我们是怎样从个体知觉和有限的经验出发得出具有如此普遍性的断言的呢？唯理论者坚持认为，这只有通过某种天赋观念或理性直观才是可能的——大多数关于世界的必然真理（数学陈述）不可能以经验为基础，而只能基于天赋观念。

—— 知识的预设 ——

理性总是告诫我，凡是不能完全加以确定的东西，凡是能够找到怀疑之处的东西，我都应小心翼翼地避免相信，就像避免相信那些显然虚妄的东西一样。[①]

——勒内·笛卡儿，1641

我们已经知道，真理有两种类型。还发现，我们并不清楚在哲学中能够找到哪种真理（如果有的话）。然而我们还应指出，另有一些原理也像上帝的存在、生活的意义、实在的本性等哲学问题一样存在这方面的问题。与那些大的哲学问题不同，这些原理通常并不被当作争论的对象。它们很少被说成是意见或信念，所以也往往不被看作哲学原理。但事实并非如此：它们实际上是位于我们所有知识和信念基础处的哲学原理，是我们思维活动的预设，没有它们，我们就无法相信、认识或思考任何东西。

例如，世界存在这一基本的哲学信念是任何科学家对世界发表看法的预设。我们的大多数日常陈述，比如"我们应把房门漆成绿色而不是红色"也有此预设，因为它事先假定有一个门、一座房子、油漆和世界存在着。类似地，有一条争论已久的哲学原理是，有果必有因（这有时被称为普遍因果性原理）。没有这条原理，我们就无法想象化学是怎么一回事，甚至无法设想日常事件。假如你的汽车启动不了，一个汽车修理工对你说，"没什么问题，这种事情是没有原因的"，你听后肯定会另找一个修理工，而不会对"有果必有因"产生怀疑。

[①] Descartes, *Meditations*, p. 12.

引文资料：天赋观念存在吗？

经验论者的观点

在有些人中间流行着这么一种根深蒂固的看法，认为在理智里面存在着某些天赋原则；即是说，一些基本的概念、共同的思想、记号，这些东西好像是印在人心上的一样；灵魂在最初存在时就获得了它们，并且把它们一同带到了这个世界上来。为了使没有偏见的读者相信这个假定的错误，我只要指出这一点就够了：人们单凭他们的自然能力，不必借助于任何天赋的印象，就能够获得他们所拥有的全部知识……让我们假定心灵是一块白板；它是怎样得到加工的？关于这一点，我可以用一句话来回答——来自经验。[①]

——洛克《人类理智论》，1689

唯理论者的回答

由此可见，像我们在纯粹数学中，特别是在算术和几何学中所见到的那些必然的真理，应该有一些原则不靠举例便可以得到证明，也不依靠感觉的证明，虽然没有感觉我们是不会想到它们的。[②]

——莱布尼茨《人类理智新论》，1704

有的时候，许多人都想弄清楚上帝是否存在，或者生活是否有意义，有些人甚至还想知道——尽管很少人能够达到哲学家思考的深度——世界真实的样子是什么。然而，没有人会真的对世界是否存在产生怀疑；的确，当哲学家们对这些古怪的话题争论不休时，他们通常只是把某种关于真理或实在的理论加以检验，而不会对世界实际上是否存在犹疑不定。然而，无论这些原理看上去是多么显然，与我们那些大的哲学问题一样，它们作为知识的地位也是可以怀疑的。这些陈述显然不是关于事实的，它们无法通过经验而得到证明。（这就是为什么我们去修车之前就先天地知道有果必有因，尽管我们还不知道原因具体是什么。）它们也显然不是因理性为真的，因为即使想象外部世界并不存在也不会导致什么矛盾。那么，我们应当怎样来评价哲学真理呢？我们如何才能确定无疑地证明，这些明显的真理确实为真呢？

---

① Locke, John. *An Essay Concerning Human Understanding.* Edited by A. C. Fraser, vol. 1, Clarendon P, 1894, pp. 37–38, 121–122.

② Leibniz, Gottfried Wilhelm von. *New Essays Concerning Human Understanding.* Translated by A. G. Langley, Open Court, 1916, pp. 20, 43–44.

—— 怀疑论 ——

无物存在；即使有物存在，人也无法认识它；即使可以认识它，也无法把它告诉别人。

——柏拉图《高尔吉亚篇》

假如有人问你（不论我们在现实生活中是否真的问过这个问题），你怎么知道自己现在不是在做梦？假如他——可能是你的一个朋友，他正在上第一堂哲学课——还问你，你怎么知道世界存在或曾经存在过，你怎么知道你所经验的每一样东西，从母亲的乳房到你所拥有的汽车，不会仅仅是你心中的观念而已？你该怎样来回答？

需要注意的是这些问题背后所隐含的假设，这倒不是因为这些假设必然为假，而是因为它们是我们绝大部分形而上学思考以及我们谈论自己的方式的假设。这个假设就是：实在分为两个截然不同的领域，一个是"外部的"（物理世界），另一个是"内部的"（我们的经验世界）。即使我们不在这里经验这个物理世界，它可能也会继续存在下去；但根据这个假设，我们经验到的世界也是同一个，即便我们只是梦到它，甚至是像莱布尼茨所说的，我们每个人都只是一个心灵，他由上帝安排好了在特定的时间具有特定的体验，*就好像*有一个物理世界"外在"于我们一样。

我们应当怎样理解这个既古怪又令人烦恼的假设呢？倘若我们仍然采取以前谈论问题的方式，那么每个人似乎都显然可以依凭自己的感觉，借助自己的经验来认识这个世界。无论是经验论者还是唯理论者，他们都同意，我们所直接知道的（无论是借助理性还是经验）首先就是自己的观念和感觉。不过，这些观念和感觉都"位于我们的心灵之中"，世界显然是一个"外在"于我们心灵的"外部"世界。我们会很自然地假设，我们的观念或"表象"对应着世界中的事物。但我们是怎样知道这一点的呢？许多经验论者都同意洛克的说法，即世界中的事物会以某种方式刺激我们的感官，从而使我们获得了某种类型的经验，我们正是从这些经验的性质推出外部事物的样子的；而唯理论者却可能认为，我们的观念和世界之间存在着某种内在的联系——也许正如笛卡儿所说，这是由上帝来保证的。

掌握概念：两个世界的假设

"外部世界"（原因、物体、事件、事态）→经验世界（表象、观念、感觉）

然而，两个世界的假设却会导致一个严重的两难困境。要想看清楚问题的实质，让我们用两条显然合理的陈述来重新表述这个假设：（1）存在着一个"外部"世界——一个处于我们的信念和经验之外的，不会受我们的想法影响的世界；（2）我们能够直接认识的不是世界本身，而是我们自己的心灵内容——我们的观念、信念、各种经验以及那些所谓的必然真理（如逻辑规律和算术规律）。

在过去的几个世纪里，许多思想家都接受了以上两条陈述（尽管大多数古代哲学家并不接受第二条），直到今天，许多哲学家仍然赞同这些说法。的确，我们似乎也觉得它们没有什么问题：世界确实存在着，这似乎显然是真的，除非是在上一堂哲学课，我们是不会对它产生怀疑的；而我们所能直接知道的是我们自己的经验，这似乎是毫无疑问的。我们难道不是经常有某些经验，而弄不清楚它们是否为真吗？而且，我们有时还会产生某些并不能与世界相符（或"对应"）的经验（如梦和幻象）。如果我们不是首先以某种方式去经验世界，那么我们如何能知道世界呢？然而，无论这两条陈述看上去有多么合理，把它们放在一起却会导致一个让人无法容忍的结论——我们永远也不可能认识这个世界，或至少是永远也不可能确信认识了这个世界。

我们所能知道的是我们自己的意见、观念和经验，不能知道的是它们是否与真实的世界相符合。我们自认为很亲密的世界好像一下子变得生疏起来，无论是思想还是经验都无法企及它。

　　因此，如果有某种东西是真的，那么它必定或是因世界中的事实或对象而为真，或是作为一条"理性真理"而为真。但根据两个世界的假设，我们所能直接认识的是我们的观念和经验，而不是物理世界本身，这就是我们为什么可以在不改变经验当中的任何东西的情况下，想象世界可能不存在或我们现在正在做梦的原因。不仅如此，我们还可以提出这样的问题，即我们所认为的先天原理（我们的必然真理）是否仅仅对于我们的思考方式或语言来说才是真的，而并非世界本身的样子——换句话说，是不真实的。这些问题的确令人困窘。由我们的观念、信念和经验所组成的世界（无论我们对此是多么的确信），会不会并不符合"外在"于我们的物理世界的样子呢？这些关于我们可能根本无法认识世界的怀疑一般被称为怀疑论。在下面的几节中，我们将会看到近代的两位大哲学家——唯理论者勒内·笛卡儿和经验论者大卫·休谟——是怎样利用这套怀疑作为他们全部哲学的推动力的。

笛卡儿与"怀疑的方法"

　　第一条规则是：凡是我没有明确地认识到的东西，我绝不把它当成真的加以接受。也就是说，要小心避免轻率的判断和先入之见，除了清楚分明地呈现在我心里、使我根本无法怀疑的东西以外，不要多放一点别的东西到我的判断里。[①]

——笛卡儿，1641

　　在对所有这些进行认真思考的哲学家当中，最出名的莫过于法国哲学家勒内·笛卡儿了。他的《第一哲学沉思集》一般被视为近代哲学的奠基之作。笛卡儿接受了由两个世界的假设所推出的两个陈述（见上一节）：（1）在我们的信念和经验之外有一个外部世界，它不受我们对它的信念的影响；（2）我们不能直接接触这个世界本身，而只能直接接触我们自己心灵的内容。他认为它们显然为真。但笛卡儿是一个唯理论者，他要求自己必须给出证明。笛卡儿是如此看重把信念证明为真，从而将真的信念同意见和假的信念区分开来，所以作为一种方法，他决定先把自己所有的信念全部搁置起来。这被称为笛卡儿的怀疑方法。笛卡儿决定怀疑一切；假定它们都是假的，直到某一条信念得到证明为止。笛卡儿怀疑的事情之一就是外部世界是否存在。我们可以这样来试着解读他的意思："假定我现在正在做梦。毕竟，我有时认为自己醒着，但其实还在做梦，难道我就不可能一直在做梦吗？也许不可能。但如果我不能肯定这一点，我就必须对它保持怀疑，因为在我能

[①]　Descartes, René. *Discourse on Method*. Translated by John Veitch. *The Rationalists*, Doubleday, 1960, p. 51.

够证明这个信念必定为真之前，我没有理由完全相信它。"

你也许会认为，一旦一个人做出这样激进的举动，世界上就没有东西不能怀疑了。其实不然。事实上，正是我们的第二条陈述为笛卡儿提供了一种绝对不可怀疑的信念。或许我们可以再次对他进行这样的解读：我们能够直接知道的是自己心灵中的内容。"假如我试图怀疑我自己心灵的存在，那么我就会发现，我所怀疑的正是我在怀疑。而如果我对我在怀疑进行怀疑，那么我实际上就必定在怀疑。"于是笛卡儿得出结论说："对于我在怀疑这一点，我是不能够怀疑的。"接着，他又做出了更一般的结论："对于我在思考这件事情，我是不会弄错的，因为我正在就思考进行思考这一事实本身，就已经证明了我在思考。"由这种简单的逻辑原理出发，就导出了笛卡儿那条最著名的断言："我思故我在"（拉丁文是*Cogito ergo sum*）。这一点是不能再被怀疑的，因此，它可以充当一个前提，用于证明包括外部世界存在性在内的种种观念的客观真实性。

"My feeling is that while we should have the deepest respect for reality, we should not let it control our lives."

图注：我感到，虽然我们对实在有最深的尊敬，但不应让它来控制我们的生活。

Mischa Richter The New Yorker Collection/The Cartoon Bank

笛卡儿接下来所做的论证至今仍是近代哲学史上最有争议的论证之一。简单地说，它是这样的：假定"我思故我在"这句话是真的，笛卡儿借助本体论论证的一个版本证明了（或试图证明）上帝的存在。我们有一个关于"最完美的存在"的清晰分明的观念。我们也清晰分明地意识到，这个存在的本质的一部分是它必然存在。一个最完美的存在拥有一切完美性，其中一个完美性就是必然存在。如果其存在性依赖于其他某个事物，那它就是不完美的，所以一个最完美的存在的存在性不能依赖于任何其他事物。笛卡儿声称，我们的理性使我们能够推出最完美的存在存在着。

这样一来，笛卡儿现在就有了两条确定的陈述："我存在"和"上帝存在"。但由上帝的定义我们可以知道，上帝是一个完满的存在，在他的完满中还包含着全善。既然如此，上帝就绝不会让我们被世界的存在所欺骗。因此，如果上帝存在，那么世界就必定存在，否则"如果我的经验实际上还有其他来源，或是由其他的非物质原因所造成的，那么我不知道他应当怎样来摆脱欺骗的指控"。因此，笛卡儿现在也可以宣称，所有在我看来是确定可靠的信念都是必然为真的。"上帝不会欺骗我，因此我知道自己终究还是认识了世界的。"

请注意，笛卡儿完全是通过推理而克服了他的怀疑。他认为，理性是我们坚实的知识基础，而感官则使我们误入歧途。笛卡儿确信，甚至我们关于世间万物的知识也来自于我们的理性而非感官。为了证明这一点，他建议我们从蜂巢中取一块蜡。关于这块蜡，我们的感官会告诉我们什么呢？它告诉我们，这块蜡是具有某种颜色、硬度和形状的柔韧固体。现在让我们把蜡放在火旁。蜡熔化了，它的所有感官特性现在都不同于以前。它不再是坚固或坚硬的，它成了流动的和半透明的，形状也不再稳定了。笛卡儿告诉我们，我们的感官甚至不能推出蜡是可变的，不能推出我们是在讨论同一块蜡。那么，我们如何知道，尽管蜡的性质发生了变化，但蜡还是一样的呢？我们认识到这一点是通过理智、理性，而不是感官。

自古以来，怀疑论就是一种强大的哲学立场。怀疑论与其说是关于重大哲学问题的回答，不如说是令人不安地回答说：没有答案。涉及基本的知识问题时，这似乎让人难以忍受。我们真能怀疑世界存在着，或者像凡事必有因这样的日常假定吗？正因为这些东西似乎很难去怀疑，人们通常更认为怀疑论是一个需要回避的问题或一种需要回应的挑战，而不是有其自身理由的需要接受的哲学立场。在你自己的思考中，怀疑论是一种危险信号，使你警惕自己会提出实际上无法辩护的教条性回答。笛卡儿怀疑一切的方法和休谟的怀疑论结论之所以对我们如此有益，主要是因为它让我们深刻意识到，我们是多么容易把看似自明的东西认定为客观真实。在回答大问题时，哲学的关键恰恰在于使我们超越那些我们起初认为自明的东西，对事物进行彻底思考，直至能够实际捍卫我们相信的东西——甚至反驳像休谟那样卓越的怀疑论者。

我们所相信的东西里有多少仅仅是个人观点？我们的信念里有多少仅仅会和我们的家庭或朋友分享，但不会与众人分享？有哪些信念在我们的社会中被普遍接受，而在许多别的社会中不被接受？是否存在这样一些信念，它们深深地植根于人类心灵本身之中，但实际上是错的，而其他智慧生物（也许是来自其他星球的高智慧生物）知道它们实际上基于错误的证据和误导性的观念，只不过由于某种原因似乎在地球上特别流行？是否有某些观念从属于我们的语言而不是其他语言？

语言学家爱德华·萨丕尔（Edward Sapir）和本杰明·沃尔夫（Benjamin Whorf）为最后这种想法做出了辩护，他们主张一个人的母语样式塑造了他思考世界的方式。是语言划分了世界，而不是反之，一个人的语言所提供的范畴是他思考所凭借的范畴。因此，说不同语言的人可能因为语言不同而对世界有完全不同的理解。例如，强调持久对象的语言可能与强调过程的语言所导致的经验世界的方式非常不同。认为语言构造了我们经验世界的方式，这种看法有时被称为"语言决定论"。20世纪上半叶，萨丕尔—沃尔夫假说在语言学中占据着主导地位，而自那以后，它受到了诺姆·乔姆斯基（Noam Chomsky）等人的挑战，后者提出了一种至今富有影响的理论，即我们有一种关于所有语言背后普遍语法的固有知识。

追问语言和文化究竟在何种程度上影响了我们对世界的理解，这并不是否定我们可能认识真理，就像笛卡儿的怀疑方法也并非承认我们永远不能知道任何东西。然而，它可以使我们对知识的界限更敏感，把信念建立在更加坚实的基础之上，而不是基于个人认为非常"明显的"事实。

大卫·休谟的怀疑论

18世纪苏格兰经验论者大卫·休谟像笛卡儿一样，思考了我们在多大程度上把我们关于世界的基本观念当成理所当然，但与笛卡儿不同，他得出了一些令人不安的结论。休谟同样认为那两条陈述——有一个独立于我们存在的"外在"世界，以及我们每个人都只能同自己的心灵内容直接打交道——是显然为真的，但他也要求给出证明。作为一个经验论者，休谟赞同洛克所主张的"所有知识都来源于经验"，所以在他看来，这个问题就等于问，我们能否通过经验证明"存在着一个外部世界"为真。如果不能，那么能否说明它是作为一条"理性真理"而为真的。这种说法也适用于所有其他哲学问题，比如普遍因果性原理、上帝的存在、实在的本性等。然而，尽管笛卡儿在《第一哲学沉思集》中得出了我们能够知道而且可以确切知道（也就是先天的，或作为必然真理而知道）答案的肯定性结论，但休谟却通过自己的研究得出了否定性的结论——我们无法知道这些问题中任何一个的答案，我们日常知识中最基本的原理和生活中最重要的指导原则都是得不到辩护的。

 与哲学家相遇： 大卫·休谟（1711—1776）

大卫·休谟在许多英国哲学家看来，是哲学史上最杰出的天才之一。他一生中的大部分时间是在他的故乡苏格兰的爱丁堡度过的，不过他也频繁地出访伦敦和巴黎，在那里他很有名气。他二十多岁时（在一次法国度假之后）便写出了《人性论》（1739），这本书后来成了英语世界中一本伟大的哲学著作。然而，这本书一开始并没有被很好地接受，于是休谟又写了两本关于同一主题的"通俗"著作——《人类理解研究》（1748）和《道德原理研究》（1751）。此外，他还是一位活跃的历史学家、性格开朗的聚会常客，并被视为欧洲最受欢迎的人之一。不过由于他同时也是一个无神论者，所以他没有被准许在任何一所大学里教哲学。

 掌握概念： 休谟的策略（"休谟之叉"）

每一个可加以辩护的真陈述或者是

"理性真理"（先天的） 或者是 "事实"（经验的）

"2+2=4" "印度有老虎。"

下列哲学陈述各属于其中的哪一种？

"上帝存在。"

"生活有意义。"

"有果必有因。"

休谟的论证既简洁又优美，自它诞生以来，哲学家们一直试图进行反驳（伯特兰·罗素曾经说过，在他看来，还没有哪个人取得了成功，"休谟的结论……既难以反驳，又难以接受"）。休谟的立场是怀疑论，它是这样一种否定态度，即我们

无法知道有些问题的答案，而我们却一度认为这些问题是很容易回答的。这个"休谟之叉"的论证令人信服地阐明了这样一种思想：真理有两种（而且只有两种）类型——"事实"和"理性真理"，如果一种信念不能作为其中任何一种而得到证明，那它就是没有根据的。所以当休谟碰到任何信念时，他会这样问："这是一个能够通过经验或实验得到辩护的事实吗？抑或是一个理性真理，其真实性可以通过类似于数学或逻辑中的那种抽象演算而得到证明？"如果答案是"二者皆非"，那么休谟就说，这条陈述没有资格再被作为我们的信念，因为它缺乏合理的辩护。

同笛卡儿的理性主义论证一样，休谟的怀疑论也是从接受我们那两条陈述开始的（即我们永远也不能直接接触世界本身，而只能直接接触我们自己心灵的内容）。他也许会怀疑世界的存在，但却绝不会怀疑我们的知识源于经验，我们所能直接知道的只有自己的观念和经验（即休谟所说的"印象"）。由此出发，休谟说明了为什么相信所有心智健全的人都不会怀疑（除非是在哲学研究中）的那些原理并不是正当的。让我们先来看一下他对普遍因果性原理的反驳，然后再看看他是怎样反驳我们那些关于外部世界的想当然的知识的。

普遍因果性原理是一个通过经验而获知的"事实"吗？或者，它是一个通过演算和逻辑而获知的"观念的关系"吗？我们先来考察后一种可能性。普遍因果性原理本质上是说，一切发生的事情都有原因。我们能够想象一个所有事情都不存在原因的世界吗？这似乎是可能的。物理学家们频繁地谈论着那些没有原因（不是没有*知道*的原因，而是*无因*的）的亚原子发射，我们可以想象空间中一个孤立的粒子只是朝着一个方向没有原因地射出。对于所有的具体原因而言，这当然是不合理的。比如我们知道，一个运动的球撞向另一个静止的球，后者会运动起来。但休谟会说，我们的学习完全基于经验而非理性，第一个人不可能预料到水会把人淹死，火会把人烫伤，直到他实际（不成功地）尝试到水下呼吸，或是把手伸到火里感到疼痛为止。

因果知识只关乎经验，而与理性无关，因此，我们猜想关于凡事必有因的知识也必定如此。但事实上，情况并不像我们所想象的那样。在前面那个修理工的例子中，问题的关键是，我们在找他之前就已经知道，汽车之所以出了毛病，一定是某种原因造成的（换句话说，我们已经先天地知道这一点）。但这就意味着，我们不是从经验中学到普遍因果律的，而是在某种意义上把它*加*给了经验。事实上，无论世界上有多少未经解释的事实，也不能使我们放弃这一原理，因为我们已经在期待一个原因了，而这个原因我们是知道如何去寻找的。

什么是原因？我们可以说，如果一个事件引发了另一个事件，我们就称前者是后者的原因。然而如果我们重新考虑一下前面这句话，就会发现这是一条完全平凡的陈述。"引发"不过是"原因"的另一种表达方式罢了，所以我们仍然没有解释什么才是原因。让我们举一个两球相撞的具体例子：第一个球的碰撞引起了第二个球的某种运动（如果我们知道前者的运动速率和方向，那么就可以事先计算出后者的速率和方向）。但休谟指出，我们实际上看到的并不是原因，而只是两个事件：（1）第一个球的运动；（2）第二个球的运动。的确，当我们第一次（或头几次）观察时，我们可能没有任何办法来预知第二个球的运动。我们可能会预想第一个球会完全静止或被弹回，或者两个球全都碎裂。这就意味着因果知识并不关乎理性。但无论我们观察多少次，我们实际所能看到的只是两个事件：第一个球的运动和第二个球的运动，却从未看到过它们之间的联系，即第二个球运动的真正原因。于是休谟就说，我们并不能真正看到事件的原因，而只能看到两个事件有规律地"恒常连接"。这里，休谟的结论仍然是怀疑性的：某些我们原以为很清楚的事情，到头来并不能为经验或理性所证明。

📝 **引文资料**：我们怎样来对付形而上学？

"我们如果相信这些原则，那么当我们在各个图书馆中浏览时，将有多大的破坏呢？当我们拿起一本书来，比如神学的书或者经院哲学的书，我们可以问，这其中包含着量和数方面的任何抽象推理吗？没有。其中包含着关于事实和存在的任何经验推理吗？没有。那么我们就可以把它扔到火里，因为它所包含的没有别的，只有诡辩和幻想。"①

——大卫·休谟《人类理解研究》，1748

关于外部世界的存在，休谟的论证也大体具有同样的形式和毁灭性。我们能够说明关于外部世界的信念是逻辑的事情吗？当然不能，因为我们可以想象如果世界不存在是什么样子，我们还可以像笛卡儿所说的那样想象自己只是在做梦。那么它是经验的事情吗？也不是，因为就像你捏一下自己并不能说明你

---

① Hume, David. *An Enquiry Concerning Human Understanding.* Edited by L. A. Selby-Bigge, revised by P. H. Nidditch, 3rd ed., Oxford UP, 1975, p. 165.

是否在做梦一样，任何经验本身只不过是经验世界的一部分。只要我们接受那个看似合理的两个世界的假设，那么结果只能是：我们的经验世界存在而物理世界不存在，在这个经验世界里，我们永远都无法依靠经验来说明情况不是这样。

对怀疑论的解答：康德

我们将不会以休谟和怀疑论的胜利来结束我们的讨论，而是要以休谟的伟大继承者，德国唯心论者伊曼努尔·康德结束。当康德读到休谟对怀疑论的辩护时，他被深深地震撼了——"休谟把我从独断论的迷梦中唤醒"，他这样说道。康德认真思考了休谟的"叉子"，并且意识到，只要一个人接受了"事实"和"观念的关系"之间的二分，甚至是只要接受了看似合理的"两个世界的假设"，那么怀疑论就是无法避免的，而这就意味着无法证明我们全部知识所基于的那些预设的正当性。所以简单地说，康德所做的工作就是要推翻两个世界的假设。

我们已经看到（第四章），康德主张我们是按照先天规则来"构建"或"构造"这个世界的。在他看来，认为我们首先"直接"知道的只是自己的经验，其次才是推论出世界中的事物，这种想法是错误的。恰恰相反，这个世界就是我们的经验世界，而不是什么"超越"或"外在"于它的东西。康德认为，心灵把它的形式和范畴加到我们的经验之上，而在这些形式和范畴中，有一些就是为我们的知识提供预设的（如"因果性"和"实体"）。因此，这些预设既不是经验事实，也不是"观念的关系"，而是一种被康德称为"先天综合"的新的特殊类型的真理。这些真理之所以是综合的，是因为它们不仅仅是同义反复或是平凡为真；而它们之所以是先天的，是因为和所有必然真理一样，它们是与经验无关的。

如果我们不是把这些形式加到世界上，那么我们对世界的经验会是什么样子呢？回答是，我们将不会有任何可以真正称为"经验"的东西。我们将无法识别物体，无法认识到感觉之间的相似或差异，甚至不会把自我当成在时间中紧密相连的不同经验的主体。因此可以说，我们知识的预设是必然为真的，因为它们是使任何经验得以可能的前提。由于它们是我们的规则，因此对它们的怀疑——或它们是否与它们所构建的世界"相符合"——是完全没有意义的。康德是这样认为的，他之后的黑格尔也是如此。

—— 知识、真理与科学 ——

今天，当许多人和大多数哲学家寻找真理的时候，他们都会把目光转向科学。几个世纪以来，科学及其方法一直是认识世界真实情况的康庄大道。无论是经验论者，还是唯理论者，他们都力争成为科学家，要么就是对科学家抱有极大的崇敬之情。怀疑论者经常力图把他们的怀疑论说成是"科学的"。针对科学的宗教批评通常不会拒斥科学，而只会对某些具体的科学理论提出质疑，或是对科学不适当地侵入了某些领域表示不满。比如说，要想反驳达尔文的进化论，或者坚持爱情体验不是科学所应当研究的对象，并不需要去攻击科学。此外，对于人类生活的许多问题来说，科学确实预设了某种局限性过强或过于冷漠的世界观。然而似乎不可否认的是，科学在今天是我们检验真理的标准。无论是一个关于木星表面的理论，还是一种经过改良的新型牙膏的效力，只要说某种东西是"科学"，那就等于说我们已经最大限度地接近了某种真理。

几个世纪以来，"科学"一词一直广受赞誉。无论思考的对象是物理学还是形而上学，像康德和黑格尔这样的人都用它的德语对应词*Wissenschaft*（它包括在自然科学以外的领域进行的系统研究）来强调他们思考的严肃性和彻底性。然而今天，"科学"变得越来越局限于这样一些问题上，这些问题可以而且必须通过诉诸经验及其推论而得到回答。或许我们可以这样说，科学是一门经验学科（比如与逻辑或数学相对），物理学、化学、地质学以及生物学——自然科学——是它的标准范例。比较有争议的是社会科学，如心理学、社会学、人类学以及经济学等，不过不管怎么样，它们也是基于观察和实验的经验学科，只不过程度不及物理学和化学而已。说科学是经验的，就是说它的理论和假说必须通过经验来检验，而且可以通过经验的方式来显示对错。我们对真理的衡量在很大程度上就是看这些条件是否能够得到满足。许多哲学家，即所谓的逻辑实证主义者曾经主张，任何无法得到如此验证的陈述都是"无意义的"（当然，除非它是一则平凡真理或是数学或逻辑上的陈述）。

然而，如果认为科学只不过是对经验事实进行收集和检验，那就大错特错了，因为如此一来，科学就变得极为狭窄和枯燥，除了收集大量事实以外，它什么都不做。化学将成为一个堆满了标本和不同物质名称的庞大实验室和数据库，生物学将成为照管花园和动物园。但这并不是、也从来不是化学和生物学。从古巴比伦人开始或更早，化学家们就不仅要处理观察到的事实，而且也研究假说和理论。事实通过确证理论（显示理论可能为真）或否证理论（显示理论可能为假）来为理论服务。假定一个穴居人正在寻找一头猛犸[一种已经绝种的古代长毛象]，并试图避开一头剑齿虎，那么他就是在根据假说来判断这些动物分别可能藏在什么地方（比如在灌木丛后面、在沼泽中或在岩穴中睡觉等），他的经验应该可以对这些假说做出确证。

现代化学家并不仅仅是收集一些化学药品，而且还要对不同的化学物质是如何彼此相关的，一种物质是怎样由另一种物质产生的，以及为什么有些化学物质不能再被分解等提出假说。为了做到这些，他们还需要一整套化学语言，而并不仅仅是对我们所看到、触到和倒入瓶子中的物质进行描述。除了那种描述性的观察语言（如"一种容易突然起火的精细的红色粉末"），化学家们还需要一种理论语言（如"原子""分子""元素""化学键""氧化"等）。严格说来，没有人见到过电子，然而电子却是化学家们讨论的最重要的粒子之一。正是通过谈论电子（以及类似的亚原子粒子），化学家们才能描述他们所知道的关于世界的绝大部分内容。

科学虽然是一门经验学科，但和形而上学一样，它也包括猜测、想象以及对不可见事物的说明。除了观察事实和做实验，科学家还需要思考如何超越可观察的事物而提出有可能对它们进行说明的理论，比如数学模型就在许多科学（如物理学和经济学）中起着核心的作用。科学中的真理并不只是事实的真理，它也是理论的真理。一个不以任何理论和假说作为指导的科学家将无事可做。当然，化学家也可以像小孩子一样，只是把一种物质同另一种物质混合在一起，看看会有什么情况发生。然而危险暂且不谈，这还将是一个没有任何目标的活动，它不大可能会洞察到真理，就像打字机旁的猴子不大可能随机打出一部完整的小说一样。

主导观察和实验的是假说和理论。一个科学家可能会偶然注意到某种事物，而后提出某种假说或理论的雏形，但这只有当这位科学家已经就同一主题进行过一段时间的思考和工作之后才是可能的。假说告诉我们什么事实是需要寻找的，理论则告诉我们应当怎样去理解这些事实。"水是由氢和氧组成的"这一假说告诉我们应当进行何种实验（那些把这两种元素组合起来，或把水分解为其组成元素的实验），而正是原子理论告诉我们应当如何去解释这些结果。事实上，如果没有原子理论，我们甚至连水是某种东西的"组合"这样的观念都无法理解，更不要说是两种不可见气体的组合了。

由于假说和理论在科学中占有如此重要的地位，这将会引发关于真理的诸多问题。当一条陈述纯粹是观察性陈述时，我们对"真"的含义并不会感到迷惑，例如"青蛙坐在石头上"，或者"粉末变蓝了"。然而如果我们考虑的是一个大的理论，那么它的真理性就不容易说清楚了。比如达尔文的理论是一种复杂而又天才的体系，它可以描述众多经验观察，但即使是在进化论理论内部，它也不是能够解释这些观察的唯一方案。那么，说它是"真的"是什么意思呢？我们可以说它是最简洁的、影响最大的、得到过最好确证的理论，但"真理"并不仅仅意味着要"得到好的确证"，它还意味着"世界真实的样子"。要对一个理论做这样的断语，我们有充足的理由吗？

事实上，我们甚至有理由说一个特定的事实为真吗？我们已经看到怀疑论者是如何将我们关于世界的**一切**知识都置于怀疑之中，也许只有那些最基本的感觉事实除外（比如"我现在所看到的是绿色"）。理论在科学中的重要性为怀疑科学真理提供了另一种可能性。我们收集事实是为了对一种假说进行确证或否证，换句话说，是假说决定了我们会去寻找什么。但观察一般是在理论影响下做出的：把某种东西称为"日落"是在某种（错误的）天文学理论指导下说出的，把云室中的径迹称为"电子"留下的，是用某种特殊的理论来解释我们所观察到的现象。有些人也许会说："电子并不存在，它们仅仅是理论假说而已。"但我们也可以同样反驳说："没有日落这回事，发生变化的只是地球和太阳的相对位置，再加上某些光的特殊折射罢了。"

事实要根据理论来阐释，没有理论，甚至就不会有特定的事实。有些科学哲学家正是基于这种考虑，才主张没有纯粹的事实，而只有理论观照下的事实。科学中的每一次观察都预设了一个理论框架，就像每一种理论都预设了某些事实，这些事实能够使其在经验上更具合理性一样。然而当我们回溯科学史时，假如我们发现科学家们分别持有各不相同的理论，并以截然不同的方式解释相同的事实，那么我们将怎样看待科学中的真理？我们怎样通过理论之间的比较判断出哪种为真？

这里的问题是，科学是否真的向我们传达了真理，抑或仅仅说出了某种由它自己制造的真理。比如说，许多科学观察都必须借助于某些特别发明出来的仪器——望远镜、显微镜、云室、回旋加速器等——才是可能的，那么我们所发现的真理会不会只是我们所使用的仪器的创造？假想一下，你这时正在几百年前伽利略的实验室里，通过某种被称为"望远镜"的古怪装置进行着观察。透过这根奇异的管子，你看到了类似木星的卫星以及月球环形山的东西，你会相信自己的眼睛吗？如果你真的生活在当时，那么你很有可能会拒绝接受你所看到的东西，理由是这根管子使你的视觉发生了畸变，就像一个红色透镜会使世界变红一样。有什么理由会使你确信，这根管子真的拓展了你的视觉，而没有使之发生畸变呢？或者有没有这样的可能，科学中的任何仪器——即使它能使我们学到某些东西——都会与正在进行研究的主体发生相互作用，并使某些感觉发生扭曲（想象一个身穿制服的交警正在研究司机的日常行为，这个交警所看到的情况在很大程度上并不反映司机的日常行为，而是司机在一个警察面前的表现）？

我们为什么会把科学当作真理的典范呢？科学结论难道就不能被怀疑吗？甚至科学所描述的事实不也可能被怀疑吗？对以上两个问题的回答是肯定的，但科学有两种说法可以有力地维护其作为真理之门径的地位。

1．科学在预测自然方面一直是非常成功的，它使我们有能力发明出工具，按照我们的意愿来改造自然。有些人也许会怀疑，科学是否能让我们比古代的宗教信仰者或是文艺复兴时期的艺术家更加理解自然。但对科学能够成功地预测某些不为人所知的化学物质会怎样发生反应，以及能够把人送上月球等这些方面，我们却很难提出质疑。

2．科学同时具有经验的和理智的诚实性。科学假说能够而且必须被一次次地加以检验。没有什么科学理论是被简单接受的，必须再三为新的研究所支持，它必须总是经得起新问题和新挑战的考验。没有人能够有权强迫一个科学理论违背证据，没有什么意见能够强到足以拒斥一个比它更具解释力的理论。任何科学家都会承认，这些标准有时是被打破了，因为科学家毕竟是人。但这些理念仍旧保存了下来，并为每一个人所接受。正是由于这些严格的理念，科学才赢得并保持了它目前的地位。

然而，即使我们同意所有这些，依旧会问，是否只有科学才能独一无二地配得上"真理"这个荣耀的字眼。人的感情怎么样——它们是否为"真"？艺术和美呢——它们怎样与科学的世界相协调？人与人之间的关系以及国际政治又如何——它们能够通过科学变得更好吗？当我们自诩要"科学地"研究所有问题时，我们会不会在危害自己而不是帮助自己呢？

让我们考察一下近年来争论最为激烈的话题之一——进化论（不必是达尔文的）和基于创世的特创论之间的争论。令特创论者感到沮丧的是，进化论者有时会对创世的宗教观点置若罔闻，更不要说试图调和这两者了；而令进化论者感到厌恶的是，特创论者有时会明目张胆地援引一些糟糕的科学结论用以反驳进化论者，而且他们同样不想把这两种对立的观点融合起来。一个特创论者不仅会把进化论解释

第五章 真理的追寻 | 171

为上帝的创世方式，而且还可能援引上帝作为使整个进化过程得以发生的原因。但用不着进一步深究使争论如此激烈的那些情绪和信仰，我们就可以做出以下两点评论以帮助平息这场争论。

1．无论特创论作为一种科学假说看起来有多么合理，我们都必须明白，处于特创论背后的动机并不是科学的好奇心，而是想让科学及其排他性的断言在它无法涉足的领域——宗教的领域——之外止步。物种的起源就是这两个领域的界限。

2．无论一个人怎样看待任何一种进化论理论，科学都只能是经验的。一个理论必须被观察事实所确证，而不是基于权威的说法。一个理论必须能被事实所证伪，也就是说，我们必须至少能够说出，什么样的发现将会危及理论。由于特创论作为一种宗教观点有其自身的重要性，它可能会具有与进化论同样令人信服的信仰基础，但它不是、也不应当被称为一种科学理论（如果化石的存在不会对这种理论构成挑战，那什么才会）。的确，既然第一点是如此重要，为什么特创论还要试图作为一种糟糕的科学，而不是作为一种业已建立的纯粹的宗教学说来与进化论竞争呢？

—— 真理的本性 ——

> 说某种是的东西不是，或者某种不是的东西是，这是错误的；而说某种是的东西是，或者某种不是的东西不是，这是正确的。①

——亚里士多德，公元前4世纪

我们已经看到，对于有些陈述来说，无论是否与事实相符合，它都是真的。我们也已经知道，哲学的原理就属于这种类型，它们不是"事实"，而是某种别的东西——也许（在唯理论者看来）是"理性真理"，也许（在怀疑论者看来）仅仅是一些无法进行辩护的意见。不过无论是哪种情况，我们关于真理的最初看法都是不恰当的。让我们给这种看法起一个名字：真理的符合论——也就是说，一条陈述为真，当且仅当它与事实相符合。但正如我们已经看到的，还有其他类型的真理存在着，比如数学和逻辑中的真陈述，因此，我们需要一个更为一般的理论来同时包含这些真陈述和哲学中的真陈述（如果存在这样的陈述的话）。

到目前为止，我们主要讨论的是真理，而没有讨论应当怎样去发现真理。但真理的符合论和它所预设的两个世界的假设却迫使我们更加严肃地看待后者。的确，如果一种真理理论无法对我们怎样——或是否——**认识**真理提供帮助，那它又有什

---

① Aristotle. *Metaphysics*. Translated and edited by W. D. Ross, Clarendon P, 1924, Γ, line 7.27, p. 284.

么用处呢？正因如此，哲学家们才经常把注意力从一个陈述或信念**本身**的真转到我们接受它为真的**理由**。

考虑下面的情况。在一个侦探故事中，有人在一个漆黑的夜里被谋杀了。没有目击者，仅有的线索就是一些蛛丝马迹（一个脚印、一件在特兰西瓦尼亚制造的雨衣所留下的一些碎片以及被告脖子上的几处可疑的痕迹）。现在，如果你是调查此案件的侦探，或是陪审团的成员，那么对你说你知道D是凶手，当且仅当你知道D是凶手这是真的，这是没有什么作用的。你所感兴趣的是相信D是凶手有什么**理由**——脚印完全吻合，D最近"丢失了"雨衣，被告席上偶尔露出的可疑哂笑等。但这些理由并不构成一幅完整的图像，它们永远只能是些证据，虽然都指向同一个结论，但却永远不能真正达到它（即使D自己招供也是如此。虽然有时这个证据很关键，但它本身并不是我们所要寻求的真相）。真理本身已经过去了，我们现在所能掌握的只是证据。

由于真理本身似乎是我们所无法企及的，我们可以得出几个非常不同的结论。假定你作为侦探已经把目标锁定在了D，这意味着什么？不是它不可能为假（因为在任何情况下，D是凶手都是一个**偶然真理**），而是D对自己不是凶手所做的任何辩解都会显得那么可笑和不切实际，以至于没有人会相信他的话；比如他说他有一个双胞胎兄弟经常把他卷入麻烦，或者他是你、警察局和所有证人的集体预谋的受害者。这些证据加起来仍然要小于真理，但我们能说，我们**知道**D是凶手，这是一个客观真理而不仅仅是主观意见吗？有些人也许会说："当然是，为了说明你所相信的东西为真，你只需举出那些手头掌握的最好的理由。"但另一些人会说："不，你永远也不可能真正知道什么是真的；你最多只能获得特定情况下最好的信念，只能将就着利用它们。"在第一种断言中，我们仍然拥有客观真理，但现在它所依靠的不是对象的一种属性，而是依赖于我们对自己的信念所提供的理由；在第二种观点看来，没有所谓客观真理这回事，我们所拥有的只是一些相互竞争的意见，只不过其中一些比另外一些更有说服力罢了。

对于哲学真理来说，这就更加困难了。如果我们考虑的是上帝的存在，那么这里很显然存在着同样的问题。如果上帝直接向我们显现，也许就能一劳永逸地解决问题了（但即使如此，我们怎样知道他就是**上帝**，而不是一种错觉或是一个试图欺骗我们的魔鬼呢？——只有诉诸相信这种解释而不是另一种解释的**理由**）。我们声称拥有上帝存在的某些证据（比如《圣经》的存在、世界作为一件设计杰作存在着等），但证据加在一起也永远达不到上帝。说一个人**知道**上帝存在着，就等于说他的信念既是正当的又是真的。但我们已经看到，什么才能算作对信仰上帝的辩护，这是很成问题的。一个人接受上帝的存在，似乎绝对不是因为任何有关的证据或论证，而必须是先于这些证据或论证。这就是为什么克尔恺郭尔主张，任何对上帝的信仰都需要一次"信仰的飞跃"。

 引文资料：我们是怎样学习的？

> 你怎样研究你根本不知道的东西呢？在这些你所不知道的东西中，你该把什么作为你所要研究的对象呢？即使你侥幸碰上了这种东西，你怎么知道你所不知道的这种东西就是你所要研究的东西呢？[①]
>
> ——柏拉图《美诺篇》，公元前4世纪

　　然而，相信上帝存在所面临的这种问题，即一个人在收集到足够多的证据和论证之前就需要已经知道真理了，却并不为这一情况所独有，因为任何关于知道真理的断言——无论是来自唯理论者还是经验论者——似乎都需要我们独立于这些断言而知道事实，以便能够为这些断言做出辩护。但根据真理的符合论，这就意味着，要想证明我们对真理的断言为真，我们需要首先知道真理。换句话说，我们不能在没有正当理由的情况下就说一条陈述为真——但这似乎需要假定（根据符合论），我们可以不依赖于自己的知识而认识世界，温和地说，这是一个古怪的论点。

　　最终，我们又与怀疑论者相遇了：我们之所以不能知道真理，是因为我们永远无法确定吗？是因为从证据和理由出发到达"事实"总是需要一跃吗？或者更糟糕地说，我们之所以永远也不能知道真理，莫非是因为我们不得不在有理由声称知道真理之前就已经在某种程度上知道真理了？但也许问题并不出在真理，而出在那种看似显然的真理理论——符合论上。那么，还有没有其他关于真理的理论，它既能涵盖我们所谈论过的各种真理类型，又能应对怀疑论的挑战呢？

　　在过去的几个世纪里，有两种这样的理论占了上风，它们都把重心从"事实"转向了接受某种特定信念的*理由*。其中一种理论被称为真理的融贯论，另一种被称为真理的实用论。

---

① Plato. *Protagoras and Meno*. Translated by W. C. K. Guthrie, Penguin, 1957, line 80d, p. 128.

真理的融贯论

　　融贯论发端于对符合论的反驳，它认为与事实相符合的说法不仅不能解释数学和逻辑中的真理，而且也不能解释（正如那个侦探故事的例子所说明的）日常事实。我们所拥有的只是一些相信的理由——证据、论证、原理以及我们的各种信念本身。但我们为什么还需要更多的东西呢？的确，当我们谈论真理的时候，我们的意思其实是这样的：真就意味着最能与我们的经验和信念的整体网络相一致。我们之所以接受一个原理，是因为它能与我们的其他原理相匹配；我们之所以接受一则论证，是因为它源自我们所相信的东西，而且由它导出的结论我们能够接受；我们之所以能就证据达成一致，是因为它与我们的假设相合，而且能够形成一幅融贯的图像。除此以外，我们不需要其他任何东西赋予我们真理。

　　当然，我们的证据总是不完备的，我们已经持有的信念并不总能足以使我们确切地知道某些新的信念是否应当被接受。事实上，我们的整张信念之网有时（比如说一次宗教皈依）会发生一次重要的转变或崩溃，但这并不说明我们没有能力达到真理；正好相反，这恰恰意味着真理就在我们的掌握之中，我们改变信念就是为了更精确地把握它。

真理的实用论

　　假定一种观念或信念为真，它的真能给一个人的实际生活带来什么样的具体变化呢？……简而言之，怎样才能用经验术语来表达真理的现金值呢？ [①]

——威廉·詹姆士，1907

> **📝 引文资料：关于事实与真理**
>
> 　　在真理过程的领域中，许多事实都独立地发生，并且暂时决定着我们的信念。这些信念促使我们行动起来，而在它们这样作用的同时，又会使新的事实得以出现或者存在，然后这些新的事实又这样反过来决定信念。因此，如此缠绕起来的全部真理线球，就是双重影响的产物。真理从事实中显现，但又浸入事实之中而增加事实；这些事实又会创造或者揭示新的真理（用什么样的词是无关紧要的），如此无限地类推下去。同时，"事实"本身并不是真的，它们只是存在着而已。真理是信念的功能，而这种信念则起于事实，终于事实。

[①] James, William. *The Pragmatic Method. The Writings of William James: A Comprehensive Edition*, edited by John McDermott, Random House, 1977, p. 430.

续

> 这就像雪球变大一样，一方面是因为有雪分布着，另一方面是由于小孩的不断推动；这两个因素彼此不断地互相决定着。[①]
>
> ——威廉·詹姆士《实用主义》，1907

 与哲学家相遇：威廉·詹姆士（1842—1910）

威廉·詹姆士出生于纽约，他在哈佛大学获得了医学学位，然后在那里讲授哲学和心理学。

实用论为融贯论补充了一条附加的实践条件，即接受一条陈述或一种信念为真的理由之一，就是它是否能让我们更好地行动，是否能为未来提供富有成效的出路。用这个理论最著名的拥护者美国实用主义者威廉·詹姆士的话来说，就是它是否"管用"。比如，也许有一种科学假说并非拥有比其他假说更多的证据，或者并不比其他假说更能与我们的整体信念相协调，但它可能更容易检验，在同一领域能够鼓励更多的实验，或者能够提出其他假说所无法提出的各种有趣的可能性。因此，说一种观点是真的，就是说它是我们所能获得的最有价值和最有前途的解释。但一种观点的价值可能并不仅仅在于它的科学前景，而且还在于它的社会价值或精神价值——比如我们对道德和宗教的看法就是如此。

—— 合理性 ——

随着我们的注意力转向相信某种东西为真的理由，有一种东西就变得越发重要了，那就是拥有好的理由，亦即我们所说的合理性。在哲学史的大部分时间里，从柏拉图到近代的唯理论者，合理性与追求真理都被认为是绝对同一的。但真理似乎仅指"世界存在的方式"，而不涉及我们认识它的方式。合理性则明确指出了我们的活动以及寻找真理的方法，因此是一个更为切实和明确的讨论话题。

合理性意味着"合乎理性地思考和行动"，就是用理由或好的理由进行思考。什么是"好的理由"？如果思考是基于"事实"的，那么这些事实必须已经得到很

---

① James, William. *Pragmatism*. Longmans, Green, 1907, pp. 225–226.

好的确证，而不是道听途说或胡思乱想（我们不必说事实一定要在符合的意义上为"真"；某个人可能有接受它们的很好的理由，但情况一经变化，它们又不是真的了）。如果思考是基于演绎推理的，那么这种推理必须是有效的。当然，"好的理由"必须是有意义的，诉诸某种神秘的力量或洞察力并不能对理性论证有什么助益。好的理由一定要与问题相关，如果不是针对正在研究的问题，那么即使论证再漂亮、事实再多也不会构成合理性。但这最后一点其实源自合理性的一条最重要的一般特征——合理性首先依赖于融贯性。合理地思考就是要尽可能多地给出理由，挖掘尽可能多的事实，提供必要的信念，从而张开一张内容丰富的逻辑之网，以对任何特定的信念提供支持。

自康德以来，这种合理性的理想已经取代传统的真理观（"符合论"）而主宰了哲学。但合理性与真理的关系是什么呢？首先我们必须清楚，合理性并不要求我们的信念为真。例如，你也许会把"地球是平的""地球是静止的""地球由水组成的"等说法看成错误的。用我们今天所接受的信念体系来衡量，这些说法当然是**不合理**的。但如果你生活在较早的时代，比如生活在古希腊，那么这些说法非但不是错误的，而且是完全合理的。在他们的信念体系背景之下，你现在所相信的东西才是彻头彻尾不合理的。这并不意味着相信你周围所有人相信的东西就总是合理的，不相信就是不合理的，因为也可能每一个人的信念都是不合理的，它们都是基于坏的理由、偏见或者迷信，缺乏证据，而且拒绝认真加以思考。但这并不总是或通常不是实情。在前面这个例子中，我们能够设想希腊人有最好的理由相信他们对地球的看法。因此，合理性并不要求为真，而只要求一个人能够随心所欲地、最大限度地利用他所掌握的所有信息和"理由"。

那么，我们应当怎样来评价真理是"对事实的符合"这一常识观念呢？我们并不想否认这一点。很难否认，使"猫在垫子上"为真的东西就是猫的确在垫子上。但前面的讨论和论证表明，我们不能只是接受这种与事实"符合"的表面含义，在它背后的乃是我们的语言以及我们思考和谈论世界的方式这一整体。

 掌握概念： 关于真理的理论

符合论：真的信念（或句子）与事实相符合。

续

"猫在垫子上。"

融贯论：真的信念（包括关于经验的信念）和句子彼此一致。

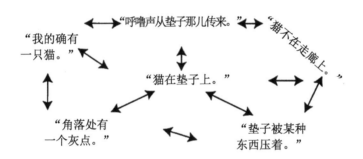

实用论：真的信念（或句子）是那些"管用"者。

"该是喂猫的时候了。"
"把猫赶下垫子。"
"我们为什么不把垫子烧了？"
"为什么垫子这么重？"

　　孤立地看，"猫在垫子上"这些词（更确切地说，是这些声音或符号）没有任何意义，它们并不指称任何东西，既非真也非假。能够证明猫在垫子上这条陈述或信念为真的并不是"事实"，而是同时来自视觉和其他感官证据，即这条陈述或信念与其他各种信念以及各种实用考虑的隐含意义的融贯性。换句话说，即使一个人坚持认为使这条陈述为真的是相关事实，也可以说，我们之所以知道猫在垫子上，仅仅是因为这是我们所能相信的最为合理的事情。

因此，尽管我们能够区分理性思考和某种特殊情形下的真理，但真理仍是基于已经获得的最好证据和最认真的思考、在特定时间和特定场合所能相信的最为合理的事情。在许多哲学家看来，"真"和"真理"这两个词不能再被赋予其他含义了，否则我们又要重新陷入休谟那种不可容忍的荒谬的怀疑论。

为什么要合理？

现在你也许会问，为什么要合乎理性呢？首先，我们必须区分几种理性的概念（就像我们也要区分几种类型的真理一样）。有的时候，"理性"有一种我们所熟知的否定含义，比如当你指责一个朋友或你的爱人"过于理性"时，意思就是说他（或她）太不敏感，不为他人的情感所动，或是在应当付出感情的时候刻意用思想来回避。在这种情况下，我们马上就会承认，不那么理性是有很好的理由的。类似地，如果你把理性看成"想得太多"，以至于从来不去行动或是迟于行动，那么我们也可以痛痛快快地放弃这种意义上的理性。

 引文资料：什么是知？

知之为知之，不知为不知，是知也。[1]

——孔子《论语》，公元前6世纪

然而，如果不考虑"合理性"这个术语的这些负向关联，我们就可以直截了当地回答"为什么要合乎理性？"这个哲学问题了：合乎理性是把握世界的最有效的方式，也是认识你周围所发生的一切的最佳保证。但如果这个回答说服不了你，那么我们还可以说：纯粹把"合理"当作一种理解上的事情来谈是错误的，因为它也关乎行动和生活——合理地行动、合理地生活。一旦我们加上这个实用的维度，那么对于"为什么要合理"这个问题的回答就立刻变得极有说服力了。合理地行动就是以最可能得到你所想要的东西（不仅包括知识，而且还包括娱乐、满足以及特殊场合的自我激励）的方式来行动。

获得某种东西的最好方式并不总是在"最有效率"的狭窄意义上最"合

---

[1] The *Analects of Confucius: A Philosophical Translation*. Translated and edited by Roger T. Ames and Henry Rosemont, Jr., vol. 2, Ballantine, 1998, pp. 17, 79.

理",在这个由机器与消费者所组成的社会中,购买某种东西往往要比亲手去制作它更有效率,但这并不使其更为合理;把每种事情都设想出来和计划出来并不总是合理的,因为我们可能需要的是新鲜和冒险,这时,不去构思或预先计划好反倒是合理的。但无论是哪种情况,这种意义上的合理性都很难反驳。

—— 主观真理与相对主义问题 ——

客观的重音落在说什么,主观的重音落在如何说。[1]

——克尔恺郭尔,1846

合理性是把我们的知识和生活联系在一起的最为一致和有效的方式。但这里我们又落入了自康德以来哲学所面临的两难境地,康德否认我们能够独立于我们的心灵构造经验的方式来理解世界真实的样子。如果我们聚焦于知识的融贯性,而不是"世界真实的样子",便会引出我们的知识在多大程度上是可靠的这个问题。显然,不同社会乃至不同的个人都可以用各自的方式把他们的经验和生活联系在一起。这是否意味着,一个体系无论有多么古怪,只要它是融贯的并且能使相信它的人感到满足,我们就要把它当作合理的甚至是真的来接受?

随着我们关于真理的概念越来越远离"世界真实的样子",越来越远离与事实相符合,它距离试图把握真理的个人即主体也越来越近。或者说,我们从客观真理(即独立于个人意见的真理)渐渐转到了主观真理,即那些依赖于主体及其信念的真理。我们可能会说,妄想症患者对于世界的看法是一种主观真理;这只有对他来说才是真的,而不是客观为真或对世界为真。我们还可以说,全社会关于世界的看法对这个社会来说是主观为真的,即使我们知道这种观点在客观上是错误的也是如此。问题在于,伴随着这种主观真理,我们已经越来越远离真理概念了,即真理是唯一的,不管人知不知道它,它对于所有人来说都是真的。主观真理似乎允许不同的人可以秉持不同的真理和不同的事实,但这难道不意味着没有东西是真的吗?——真理并不存在,存在的只是看待世界的不同眼光和方式?换句话说,我们是否可以把无论什么都称为"真的",只要它在一个人或一个社会看来是真的?真理难道不应是客观的吗?

---

[1] Kierkegaard, Søren. *Concluding Unscientific Postscript*. Translated by David F. Swenson and Walter Lowrie, Princeton UP, 1941, p. 181.

当代哲学已经从许多不同角度探讨了这个问题，它们都试图与20世纪所谓的相对主义达成妥协。相对主义主张，对于这一个人或民族为真的东西，对另一个人或民族有可能不为真。推到极端，任何思想都与其他思想一样好。事实上，即使是那些最顽固的相对主义者，也不可能不严肃对待这种说法（虽然对于那些没有思想准备的学生来说，这种说法也许有莫大的吸引力）。我想我们都同意，有些思想显然是荒谬的，还有一些则可能语无伦次，表述不当，颠倒事实，不顾语境，篡改历史等。而且，如果任何思想都和其他思想一样好，那么就等于说，任何思想都是绝对真理。但如果真理不像"世界实际的样子"那样直截了当，如果合理性在很大程度上与融贯性和语境有关，那么我们就很有理由认为，真理是需要寻求的，真理似乎是可变的。

一种方式是把重心从科学和事实真理转移到另一种真理上。诗人约翰·济慈有一句名言："美即真，真即美。"哲学家尼采主张，较之纯粹的经验科学，艺术和美能使我们更深刻地理解真理（尼采并非嘲笑经验科学，而是认为经验科学在很大程度上就是一门艺术）。我们很快就会看到，哲学家克尔恺郭尔也提出了关于宗教真理的类似主张。克尔恺郭尔不否认关于科学的客观真理，但他认为，还有一种更为重要的真理，即个人的或"主观的"真理，它关注的不是这个世界如何存在着，而是我们面对"客观不确定性"的个人承诺。

尼采有时持一种更为激进的观点，用一句口号来说就是"真理不存在"。他不遗余力地反对真理的符合论，认为没有独立于我们经验的"自在"真理。然而，尼采并不是要完全抛弃真理。他坚持说，"没有事实，只有解释"，暗示我们永远也不可能摆脱对"事实"的解读，正是我们的解释和独特的视角才赋予了我们真理。因此，只要我们试图表述真理，艺术和风格就会插进来。真理永远也不只是解释单纯的事实。

 引文资料： 没有真理：尼采

最终的怀疑。——但究竟什么是人的真理？——他的无可辩驳的谬误便是。[1]

——《快乐的科学》，1882

---

[1] Nietzsche, Friedrich. *The Gay Science*. Translated by Walter Kaufmann, Random House, 1974, para. 265, p. 219.

续

> 真理乃是这样一种谬见，没有它，某种生命就无法活下去。生活的价值乃是最终的关键。[①]
>
> ——《权力意志》，1883—1888

20世纪的法国哲学家米歇尔·福柯是尼采的追随者，他为一系列关于真理和知识的激进思想进行了辩护。他认为真理首先是历史的，它与特定的时代和位置有关。更精确地说，真理与他所说的"知识型"（*episteme*，源自希腊词，表示"知识"或宽泛意义上的"科学"）有关。所谓"知识型"，指的是一个社会用来呈现事实、表述问题的一个特殊知识体系和一种与之相关的"话语"（discourse）。像尼采一样，他否认存在不需要解释的纯粹事实。不过尼采毕竟为个体的解释和视角留下了很大空间，福柯则坚持说，这些解释和视角是被文化和话语在一种知识型中**强加**于我们的。他进一步主张，这些话语和知识型在历史上并不是连续的，所以他拒绝接受通常所谓的"进步"假说，特别是在社会科学领域内。他主张，历史的不连续意味着，没有理由相信我们今天的科学要比古代的科学更好。事实上，他暗示今天的科学更有压迫性。

最后，福柯主张，知识本质上是一种权力。这也是他从尼采那里借来的一个论题，尼采主张所谓的"权力意志"。这种观念认为，我们总是受到权力渴望的激励（对尼采而言，权力渴望意指自我肯定和自我断言，而并不一定与统治或操纵他人有关）。对福柯而言，"权力意志"成了他知识论的核心。起支配作用的话语和知识型是统治阶层的话语和知识型，因此知识是为当权者的利益服务的（我们可以看出福柯为什么如此关注社会科学）。这是一种愤世嫉俗的论证，可以追溯到柏拉图。在《理想国》中，一个名叫特拉叙马库斯的人主张，正义就是为强者利益服务的东西。对福柯而言，真理就是当权者所宣称的那个样子。

引文资料： 关于真理和知识的激进观念

尼采宣称，在知识的本性方面，哲学家最有可能犯错，因为他总是以一致、爱、统一与和解的形式来思考知识。……如果真想知道知识，知道它是什

[①] Nietzsche, Friedrich. *The Will to Power*. Translated and edited by Walter Kaufmann, Random House, 1968, para. 403, p. 282.

续

么，在其根基处和在制造过程中来理解它，我们就绝不能看哲学家，而要看政治家——我们需要理解斗争与权力的关系是什么。①

——米歇尔·福柯《真理与司法形式》，1973

还有一种更为温和的建议也是来自欧洲，不过这一次是出自德国而非法国。哲学家于尔根·哈贝马斯主张，真理和知识的确与福柯所说的话语有关，但福柯认为它是强加于我们的，哈贝马斯则认为它是我们做的某种东西。他使话语这一概念更具有人际交往的特性，它体现于具体的交谈和争论，而不是一种抽象的思想知识型。哈贝马斯还认为，正是在交谈中，我们才促进了合理性的增长，这种合理性不是一种抽象的体系，而是某种动态的不断发展的东西。就这样，哈贝马斯他又回到了古希腊的辩证法（字面意思是"交谈"）思想。他认为，通过辩证法或交谈，我们仍然可以有意义地谈论真理和知识。

 引文资料： 通向真理和知识的一种更加温和的进路

[在民主程序中]在话语中更好的论证的非强迫力量占上风。②

——于尔根·哈贝马斯《在事实与规范之间》，1992

从美国的科学哲学领域中，我们又得到了解决相对主义问题的另一进路。威拉德·蒯因（1908—2000）是美国顶尖的哲学家之一，他自认为是一个实用主义者（威廉·詹姆士以前在哈佛的讲席就是他主持的）。虽然蒯因出自一种严格的经验论传统，但他的学说却对经验论构成了巨大挑战，他否认真理直接指称事实。他提出了所谓"指称的不确定性"，即我们不能脱离语言来确定一个说话者指称的是什么。他指出，一个人沿着兔子的方向指过去，既可能指这只兔子，也可能指兔子的某种瞬间显现。换句话说，我们如何把事实组织到一起，即尼采所说的解释，是不能被事实本身所决定的。

对于任何一套事实，我们都可以用任意数目的不同理论对其进行精确描述。但我们无法仅仅基于事实本身对这些理论做出区分，因为事实已经在理论中得到了解

---

① Foucault, Michel. "Truth and Juridical Forms," Translated by Robert Hurley. *Power:The Essential Works of Michel Foucault*, 1954–1984, vol. 3, Penguin, 1994, p. 12.

② Habermas, Jürgen. *Between Facts and Norms: Contributions to a Discourse Theory of Law and Democracy*. Translated by William Rehg, MIT P, 1998, pp. 305–306.

释。而且，只要愿意对我们的语言进行充分调整，我们几乎可以为任何理论辩护。于是，蒯因从一种实用主义立场提出了两种大胆的观点。首先，他主张传统哲学家所说的必然知识与偶然/经验知识之间不存在有效的区分，术语的含义取决于对事实的解释。其次，他指出知识是一种有机过程，如果我们愿意对系统中其余的部分作充分的调整，我们实际上可以解释或放弃任何理论。不过，作为科学的坚定捍卫者，蒯因宣称这两种观点并不暗示我们应当放弃真理和知识。但我们应该认识到，我们的知识是整体的，而不是零碎意见的集合。

最后是克尔恺郭尔的主观真理。他认为在谈论宗教真理时，我们面临着"客观的不确定性"，此时主观真理就变得重要了。纯粹的"事实"并不存在，存在的是一种重要的个人真理，一种"我愿意为之生或为之死"的真理。克尔恺郭尔强调指出，这种真理才是那种使生活有意义的真理。在他看来，这意味着对上帝做出的一种真实承诺。而且它也适用于科学不能为我们提供答案的生活层面，如伦理学或宗教。不过克尔恺郭尔也认为主观真理是非理性的，它没有任何规律可循，在很多情况下都要一种盲目的信仰，而不是深思熟虑和周密的计划。然而，有一个问题仍然挥之不去，那就是是否有这种可能，客观真理需要某种像主观承诺那样的东西？克尔恺郭尔从未提出如此主张，而一些当代哲学家（其中有的被称为后现代主义者）的主张与此很类似。

📝 引文资料：指称的不可测知性

每一个陈述或每一个综合陈述相关联的都有这样独特的一类可能的感觉事件，其中任何一个的发生都会增加这个陈述为真的可能性，也另有独特的一类可能的感觉事件，它们的发生会减损那个可能性……我的看法是，我们关于外在世界的陈述不是个别而是仅仅作为一个整体来面对感觉经验的法庭的……

我们所谓的知识或信念的整体，从地理和历史的最偶然的事件到原子物理学甚至纯数学和逻辑的最深刻的规律，是一个人工的织造物。它只是沿着边缘同经验紧密接触……在场的周围同经验的冲突引起内部的再调整。但边界条件即经验对整个场的限定是如此不充分，以至于在根据任何单一的相反经验要给哪些陈述再评价的问题上是有很大选择自由的。除了由于影响到整个场的平衡而发生的间接联系，任何特殊的经验与场内的任何特殊陈述都没有联系。[1]

——威拉德·蒯因《经验论的两个教条》，1951

---

[1]　Quine, W. V. O. "Two Dogmas of Empiricism." *From a Logical Point of View*, 2nd ed., Harvard UP, 1961, pp. 40–43.

✏️ **引文资料：主观真理**

———

当真理问题以一种客观的方式提出来时，反思便客观地指向真理，真理是一种与认识者相关的客体……当真理问题被主观地提出来时，反思便主观地指向个人关系的本质；如果只有这种关系的方式是在真理之中，那么即使个人偶尔会与非真的东西发生关系，他也在真理之中。

……在精神的一次最为热烈的内省过程中，有一种客观不确定性是它所挥之不去的，那就是真理，就是对于一个生存的个体来说可以获得的最高真理。[①]

———克尔恺郭尔《非科学的最后附言》，1846

我们应该到哪里去寻找真理，也就是客观真理呢？目前对于这个问题的思考既令人困惑又令人激动：一方面，哲学家们普遍认为，主观真理是不充分的（如在科学领域）。如果真有真理存在，那么它一定能为所有人相信和证实，它不是因某个人才是真的，而是不论人们对它怎么想都会是真的；而另一方面，怀疑论者的论证以及关于真理的两种理论——融贯论和实用论——已经使哲学家（还有科学家）比以前更加谦逊了，他们对自己能够发现"世界真实的样子"不再抱有那么大的信心，而是想弄清楚在他们的"发现"中有多少东西其实是他们自己——通过他们的理论、概念和实验——把秩序加诸自然的产物。然而，这意味着我们永远也无法知道"世界真实的样子"吗？

这意味着两种看待世界的方式是同样真实的吗？无论我们怎样来回答这些棘手的问题，我们的结论都不能是——"一切都是主观的"，因为这多半是一种思想怠惰的表现，或是完全不愿花费心力去回答这些困难的问题。我们的回答是，不论我们对真理做出什么样的断言，合理性规则仍将是我们的出发点。我们也许会拥有一种强大的洞察力或神秘的眼光，也可能哪一天会突然得到启示或在感情上受到触动，但我们的思想还需要更多的东西：它需要理由，需要说得清楚，需要发展成一套关于这些洞察力、眼光、启示或感情的系统性理解。

这就是真理。

[①] Kierkegaard, *Concluding Unscientific Postscript*, pp. 178, 182.

—— 篇末问题 ——

1. 我们能否说某条陈述或信念只对某个特定的人为真？真理有可能只是主观的吗？给出一些例子，并说明上面的"对……为真"应当被赋予什么样的含义？

2. 如果一种信念能使相信它的人感到更幸福或更安全，那这在什么意义上能使之为真？

3. 如果真有事实存在的话，它们会是什么样子？

4. 伯特兰·罗素曾经说："我宁愿世界毁灭，也不愿自己或别人相信一个谎言。"试讨论真理真有那么重要吗？

5. 电子存在吗？

6. 一个科学家能够对《圣经》故事"拉撒路的复活"给出恰当的解释吗？

—— 阅读建议 ——

Audi, Robert. *Epistemology*. 2nd ed., Routledge, 2002. Blackburn, Simon. *Truth: A Guide*. Oxford UP, 2007.

Dancy, Jonathan, and Ernest Sosa, editors. *Companion to Epistemology*. Blackwell, 1994.

Haught, John F. *Making Sense of Evolution: Darwin, God, and the Drama of Life*. Westminster John Knox P, 2010.

Hempel, C. G. *Philosophy of Natural Science*. Prentice-Hall, 1966.

Hume, David. *Treatise on Human Nature*. Edited by L. A. Selby-Bigge, Oxford UP, 1980.

Kenny, Anthony. *Descartes*. Random House, 1968.

Kitcher, Philip. *Abusing Science: The Case Against Creationism*. MIT P, 1982.

Kuhn, Thomas S. *The Structure of Scientific Revolutions*. 3rd ed., U of Chicago P, 1996.

Popkin, Richard. *A History of Skepticism: From Erasmus to Descartes*. Oxford UP, 2003.

Unger, Peter. *Ignorance*. Oxford UP, 1979.

Berthe Morisot, *Psyche* (1876). DeAgostini /Superstock

6

自我

Chapter 6
Self

我思，故我在……然而这样一来，我又是什么呢？一个思想的东西。[1]

——笛卡儿

因此，人是一个特殊的个体，同样，他也是总体，观念的总体，被思考和被感知的社会的自为的主体存在，正如他在现实中既作为对社会存在的直观和现实享受而存在，又作为人的生命表现的总体而存在一样。[2]

——卡尔·马克思

—— 开篇问题 ——

1. 你是谁？试对你在下面各种场合可能做出的描述进行比较：

   a. 求职。

   b. 第一次约会。

   c. 与父母讨论自己生活打算。

   d. 作为被告，试图说服法官相信自己的清白。

   e. 作为（笛卡儿的）"我思故我在"中的"我"。

2. 你怎样向一位外星来客解释你是谁？

3. 把你当成小说中的人物，描述一下自己。谈谈你的姿态、举止、习惯以及特征用语。你会把自己描绘成什么样的人？

4. 真正地了解另一个人是可能的吗？试想一下，也许你永远不可能知道另一个人的真实感受，他（她）的一切行为和手势都是为了愚弄你，你不能再把一个人的外在活动（如微笑或皱眉）看作自我意愿的真实表达，你对此会怎么看？

5. 作为一个"人"，它包含了哪些内容？你的描述将涉及什么（或哪些人）？什么（或哪些人）会被排除在外？

6. 你对自己说："我打算移动我的手臂。"你决定这么做，（你瞧）你的手臂动起来了。你是怎么做到的呢？

---

[1] Descartes, René. *Meditations on First Philosophy*. Translated by John Cottingham, Cambridge UP, 1967, pp. 17–19.

[2] Marx, Karl. "Private Property and Communism." *Early Writings*, translated by T. B. Bottomore, McGraw-Hill, 1963, p. 158.

—— 本质自我 ——

借助于合理性概念，我们发现自己又从那些关于纯粹实在的问题，回到了关于我们自己以及我们活动的问题上。"主观真理"的概念使我们把关注的焦点又放回到了个人问题上，这些问题是关于自我的而不是关于世界的。如此一来，一系列新的有待商榷的问题便出现在我们面前，平日里那些如此清楚以至于毫无疑问的说法也变得可疑起来。什么是自我？成为一个人意味着什么？当你"认识你自己"时，你认识到了什么？当一个人对你说"要成为你自己"时，他（她）说的到底是什么意思？

 引文资料： 孔子论"成为人"

　　子曰："克己复礼为仁。一日克己复礼，天下归仁焉。为仁由己，而由人乎哉？" ①

—— 孔子《论语》，公元前6世纪

就像我们关于上帝、宗教、实在本性的观念那样，我们关于自我的观念不但因人和文化而异，而且也因每个人所处的时段和背景的不同而不同。例如在开篇问题1中，你也许在求职时把自己说成是一个吃苦耐劳、受过多年教育、有丰富的经验、出类拔萃、志向远大的人；而当你在法庭为自己辩护时，你也许很少虑及你在学习上取得的优异成绩，而是会尽量用与人为善、心地善良、广交朋友这样的词来定义自己，甚至会说你对小孩和动物都关怀备至。要想看出这种描述与情境联系得是多么紧密，我们只需切换一下场合，便会得到令人震惊的结果。试想一下，如果把你在约会时所说的话原封不动地告诉面试者，会出现怎样的情形，或者当一位你不能确定是否可靠的朋友不厌其详地向你讲述他在学校里的优异表现时，你的感受如何。我们对自己的理解，以及我们认为对自己——和别人——重要的东西，在很大程度上都依赖于情境，我们总是在一定的情境下来理解我们是谁的。

然而，我们都有这样一种无法抗拒的感觉，那就是在我们因场合的不同而对自己做出不同描述的背后，存在着一个不因背景而改变的"真正的自我"。在犹太—

---

① Confucius. *The Analects of Confucius*: *A Philosophical Translation*. Translated and edited by Roger T. Ames and Henry Rosemont, Jr., Ballantine, 1998, section 12.1, p. 152.

基督教传统中（以及在此之前的某些古代宗教，还有希腊人的思想中）这种不变的自我、我们"真正的自我"被称为灵魂。哲学家们曾把这个"真正的自我"称为本质自我，本质自我规定了一个特殊个体的基本特征。

在很多情况下，这种对真正的自我或本质自我的体验对我们来说并不陌生。例如，当我们被迫与我们不喜欢的人参加一个聚会而觉得无法忍受时，当我们被逼无奈矫揉造作时，当我们用比平时粗俗或世故的语言与人交谈时，当与人谈论我们根本不感兴趣的话题时，我们很可能会用"我不再是我自己了"或者"我很虚伪"这样的话来描述自己当时的感受。再举一例，你在学校每年都不得不填写数不清的问卷，当你例行公事般地把自己的出生日期、家庭地址、性别、专业，可能还有你的成绩、服兵役状况、获奖情况、婚姻状况等填入表格时，当时的情形与上面所举的例子有什么不同呢？对于这种形式的最自然的反应就是，它们与了解你到底是谁没有关系。"该问"的问题没有问，而你认为对了解你最重要的信息，却全都漏掉了。换句话说，他们甚至还根本没有触及你的本质自我，那个个人的自我才是"真正的你"。本章讨论的是"真正的你"的本质以及你与他人的关系问题。

正如我们在其他哲学研究中所发现的那样，一旦我们开始沿自己的思路走下去，那些最显然的答案就不见了踪影，而过去那些看似简单的答案也变成了千差万别的，有时甚至是相互抵触的各种说法。比如像"我是谁？""我真实的本质自我是什么？"这样的问题，有人会给出一种宗教性的回答，我其实就是上帝面前的一个灵魂，其他的一切——你尘世的善行与成就，甚至你的肉体以及它的快乐与痛苦——都无关紧要；还有些人会把自己仅仅看成一只被卷入了求生和享乐旋涡之中的动物；笛卡儿和许多别的近代哲学家则给出了一种非常不同的解答。他们认为，真正的自我是意识的自我，亦即那个对自己有意识的思想着的自我；而在现时代，有一种关于自我的强有力的观点认为，根本就不存在一个固定不变的自我，自我是一个伴随着我们生命全过程的创造过程；东方思想（尤其是在佛教中）教导我们，自我是虚幻的，根本就不存在自我，自我只不过是一个人的幻觉而已；最后一个观点是（也许是最重要的），自我不是个体的东西，而是整个社会的产物，换言之，你的自我其实并非真的属于你自己。

在本章，我们将考虑其中一些关于自我本质的论述，先讨论能否将自我等同于身体或意识，然后讨论对于一个人是谁，情感在多大程度上是必不可少的。在日常语境下，我们往往既把自己称为心灵（拥有个性），又把自己称为身体（比如我们说"我在电脑专卖店"），这便引出了一个重大的哲学问题：我们的心灵和身体是如何彼此关联的？因此，我们将继续讨论关于身体与心灵之间关联的各种建议，以及这些回答对于"自我"意味着什么。我们注意到，这些论述中有许多都无法解释"整个自我"，于是我们最后要讨论对自我的其他一些刻画，包括萨特把自我看成一种选择、佛教的无我观、多层自我、社会自我和关系自我。

自我是身体，自我是意识

> 我是什么？一个思想的东西。什么是一个思想的东西？它是一个能够怀疑、理解、肯定、否定、意愿、拒绝，同时还能想象、感觉的东西。[①]
>
> ——笛卡儿，1641

自我认同（self-identity，又可译为"自我同一性"）是一个人描述其本质自我的方式。这不仅包括像"一个人，男人或女人，上帝的造物，美国人，基督徒，犹太人，或某一组织或团体中的一员"这样的一般描述，而且也包括像"班里最高的人，2004年雅典奥运会撑竿跳冠军，有幸与J结婚的人"这样的特殊描述。有时我们会明显表现出这些特征，但即使我们没有，它们也依然贯穿于我们的行为以及我们对待自己的态度中。大多数人都不会把自己的身高当作自我认同的一部分，然而如果我们想一想自己站立或行走的样子，注意一下当我们与一个比自己高得多或矮得多的人并肩而立时自己的感受，我们就会发现，这种看似不重要的特征也许真的可以进入我们对本质自我的理解当中。这样看来，一个人的身体状况也是他的自我观念和自我认同的重要组成部分，比如当一个人久病初愈时，这个结论就很明显。

但是，我们应该在多大程度上把自我等同于身体呢？当代英国哲学家德里克·帕菲特（Derek Parfit）提供了一个与科幻电视连续剧《星际迷航》里的"远程传送器"有关的科幻场景，以帮助我们思考自我与身体的关系。远程传送器是一个不必通过两地之间的空间就能将人从一地传送到另一地的计算机化的机器。它先把人的身体变成一种能量模式，然后把这种能量传送到新的位置，再一个个粒子地重构出人的身体。帕菲特提出，现在想象你被远程传送器从一地传送到另一地。当你到达的时候，即使你的每一个原始粒子都被摧毁了，你也仍然是你吗？你还存在吗（帕菲特并不这么认为）？抑或现在只是一个复制品（帕菲特的观点）？

别忘了，在我们的一生中，我们失去了很多细胞，新的细胞取代了我们业已失去的（至少大部分）细胞。说你所有细胞得到再生的时候，你实际上是你出生时的人的复制品，这样说是有意义的吗？如果远程传送器出了故障（就像《星际迷航》

---

① Descartes, *Meditations*, p. 19.

中的某些情节那样），你的原初自我原封不动，但一个复制品在另一个位置被一个个粒子地重复组装出来，那么情况又如何？这是否意味着你现在有两个身体，你同时处于两个地方？

甚至是你"有两个身体"这样的想法也使自我本质上不同于我们的物理本性。但我们整个的宗教和哲学传统都教导我们轻视物理特征，而应更关注我们的"精神"和"心灵"层面。举一个极端的例子，假如你最好的朋友变成了一只青蛙（卡夫卡的《变形记》和电影《变蝇人》都是相似的例子，变形的人都遭遇了不幸），为了使你仍能将这只青蛙当作朋友，你的朋友必须保留哪些特征？毫无疑问，这只青蛙一定要显示出各种迹象以表明它的确拥有你朋友的心灵，如果可能，它可以通过继续说话来最清楚地表达这一点；然后你就能确认这真的是你的朋友，它试着与你交谈，并向你述说它在想些什么。

只要一个人的心灵似乎未变，那么他身体外观的变化是可以被我们接受的；事实上，这一点在那些人们编出来的故事和动画片中已经屡见不鲜：从一只青蛙到一朵云彩，再到各种千奇百怪的植物，只要一个人的心灵未发生任何改变，他几乎可以变作任何东西（事实上，认为物理变形不会影响人的持续，这是《变形记》和《变蝇人》的前提）。而另外，人的心灵只要发生些许变化，我们就会抱怨他看起来像是另一个人，或是我们再不认识这个人。

自我认同的本质自我是心灵或自我意识，这一理论古已有之，但它最著名的捍卫者是哲学家笛卡儿，他提出了一种简洁而巧妙的论证，即个体的自我是我们每个人首先能够确切知道的东西，这个存在性无可置疑的自我就是思想着的自我，那个意识到自己的自我。然而，也是在笛卡儿的论证中，我们看到了导致休谟怀疑论的两难推理的出发点——我们实际所能知道的也许只有自己的观念和经验。现在，关于自我也出现了一个相关的问题——除了我们自身，我们还能知道有其他自我存在吗？这里，我们发现了休谟关于我们对世界认识的怀疑论的一个等价物，即所谓的唯我论。唯我论声称，除了一个人的心灵，实际上别无他物。与怀疑论一样，唯我论也是大多数哲学家无法容忍的一种立场。问题在于，如果我们同意说，一个人的自我等同于他的意识，我们所能知道的只是自己的意识，那么我们怎样才能超出自我达到他人呢？我们的身体能够接触，甚至能在一种模糊的意义上彼此"认识"，但我们的心灵却不能。讨论了自我是意识这一基本观点之后，我们将回到这个问题。

引文资料：自我的同一

　　一个人的同一性就包含在他不间断的生活的每一部分之中，通过物质微粒的不断生灭，这种同一性被充满生机地依次统一到同一个有机体中去……人的同一性如果只成立于灵魂的同一性，如果个人的精神不能被统一到不同的身体中去的原因不在于物质的本性，那么那些生活在不同时代、性情各异的人们成为同一个就是有可能的……

　　然而，为了找到人格的同一性藏于何处，我们必须考虑人代表什么。在我看来，所谓人就是一种思想着的、有智慧的存在，这种存在有理性、会反思，能在不同的时间和不同的地点确认自己，把自己看作同一个能思考的东西；只有通过与思想密不可分的意识，他才能做到这一点，在我看来，这对于思想是本质性的：因为人既然发生知觉，他便不能不知觉到自己是在知觉的。当我们看、听、嗅、尝、感觉、沉思或意欲某种东西时，我们知道自己在做什么。因此，意识永远是和当下的感觉和知觉相伴随的，只有凭借意识，每个人才能成为他所谓的自我。既然意识总是与思想相伴而生，正是意识使每一个人成为他所谓的自我，并且使他与所有其他思想着的东西区分开来，所以个人同一性，即一个理性存在物的同一性，就仅在于意识。而且这个意识在回忆过去的行动或思想时，它追忆到多大程度，个人同一性就达到多大程度。现在的自我就是以前的自我，而且以前反省自我的那个自我，亦就是现在反省自我的这个自我。[①]

——约翰·洛克《人类理解论》，1689

　　主张自我是意识的理论有几个天才的版本。例如，英国哲学家约翰·洛克主张，自我并不是整个意识，而是心灵的一个特定的部分，即我们的记忆，因此自我也就成了记住过去的那部分心灵。这种观点解释了我们是怎样把现在的自己和从前的自己看成"同一个人"的，即使我们已经有了巨大的改变。如果动物能够记住变形之前它作为一个人所经历的一切，那么，我们那个变成了青蛙的朋友依然是我们的朋友，这是毫无疑问的了。而另外，如果一个声称是自己朋友的人无法记起我们共同度过的美好时光，那么我们必定会疑窦丛生（当然，健忘或丧失记忆的情况是有的，但对于这些情况而言，一个人已经不再知道他是谁了，所以这不是拥有一套

---

① Locke, John. *An Essay Concerning Human Understanding*. Edited by A. C. Fraser, vol. 1, Clarendon Press, 1894, pp. 444–449.

不同的记忆，而是根本就没有自我认同的记忆）。

 引文资料：成为一只蝙蝠会是什么样?

我认为我们都相信蝙蝠是有经验的。毕竟，它们是哺乳动物，无须多疑，它们的经验同老鼠、鸽子或鲸是一样的。我之所以选择蝙蝠而没有选择黄蜂或比目鱼，是因为如果我们沿着种系发生的道路走得太远，人们就会逐渐抛弃他们关于存在着经验的信仰。然而，尽管同其他的物种相比，蝙蝠与我们的关系更亲近些，但蝙蝠的活动范围和感觉器官和我们的非常不同，所以我想提出的问题还是非常生动的（虽然我们也可以就其他物种提出这个问题）。即便这无益于哲学反思，任何一个与一只兴奋的蝙蝠共处片刻的人都会清楚，邂逅一种完全不同的生活形式意味着什么。

我已经说过，相信蝙蝠有经验的核心内容在于，成为一只蝙蝠就像什么什么一样。我们现在知道，大多数蝙蝠……主要是通过声呐来感知外部世界的……它们先是发出高速的、精确调节的、高频的尖叫声，然后通过探测从一定范围内的物体反射回来的这种声音来感知外部事物。它们的大脑天生就能把发出的脉冲信号同随后的回声联系起来，这样获取的信息可以使蝙蝠准确地分辨出物体的距离、大小、形状、运动和结构，从而完全可以与我们通过视觉所获得的结果相媲美。尽管蝙蝠的声呐显然是一种感觉形式，但它在操作方面与我们所拥有的任何感觉没有任何相似之处，我们没有理由假定它类似于任何我们能够主观经验到或想象出来的东西。这似乎使"成为一只蝙蝠会是什么样"的想法陷入了困境。

我们自己的经验为我们的想象提供了基本素材，因此，想象的范围也是有限的。我们的经验无助于想象这样的场景：一个臂上有蹼的东西在清晨和黄昏时分飞来飞去，吞吃昆虫；它视力低下，只能凭借反射回来的高频声信号来知觉周围的世界；它白天在阁楼里倒挂着睡觉。就我所能想象的范围之内（这并不算多远），它只告诉我，像蝙蝠那样行动对我来说会是什么样子。然而，这并不是我关心的问题。我想知道，对于一只蝙蝠来说成为一只蝙蝠是什么样的。[①]

——托马斯·内格尔，1979

---

① Nagel, Thomas. *Mortal Questions*. Cambridge UP, 1979, pp. 168–169.

这种主张自我认同由记忆决定的理论遇到了一些奇特的困难。举个例子来说吧，假定琼斯先生因大脑受伤做了一个紧急手术，他的大脑被换成了史密斯女士（已经死亡）的大脑，于是手术后的人拥有琼斯的身体、脸以及一般外部特征，然而他的意识、记忆和知识却是史密斯女士的。那么，活下来的人是谁？无论说是史密斯女士，还是琼斯先生，似乎都是没有意义的。如果你站在史密斯女士的立场来描述自己，情况就会变得更加复杂，当史密斯女士从一次神秘的意识丧失中清醒过来之后，她发现自己拥有一个男人的身体，她还会确信（就像自我意识理论表明的那样）自己依然是同一个人吗？或者说，自我认同是否在这里彻底不管用了？

📝 **引文资料：** 蒙蒂派森剧团论笛卡儿

侦探巡官勒内·"多疑"·笛卡儿漫不经心地掸了掸他唯一一件骆马夹克衫衣袖上的白灰，忧郁地盯着被鸽子弄脏了的白厅屋顶。他自言自语道："我思故……"电话里传来了刺耳的铃声，一定是有急事。笛卡儿猛地从幻想中惊醒，抓起电话拿到了耳边。

"我是笛卡儿。"他喊道。

"先生，很抱歉打扰您，"瓦诺克中士熟悉的声音从电话那头飘了过来，"我是瓦诺克中士。"

"你怎么能确定呢？"

"我认为我是瓦诺克中士，故我是瓦诺克中士。"瓦诺克中士自信地回答。"多疑"的某些思想开始消退了。[1]

——蒙蒂派森（Monty Python），20世纪英国喜剧团

自我认同的问题之所以会导致这种悖论，是因为这些问题向我们表明，我们的自我认同感远比它初看起来复杂。如果一个单独的特征是本质自我的全部，那么无论其他特征怎么变化，自我认同就是那个特征。如果我们的自我认同仅由记忆来决定，那么任何拥有相同记忆的东西，无论是另一个人，还是一只青蛙，都将是同一个东西。然而，我们显然对这些情况持严肃的保留态度，因为我们知道自我认同的概念包含了一个人的许多不同方面。"我思故我在"及其变种（比如"我记忆故我在"）过于简单化，以致无法把握我们对自己的感觉的全部。

---

[1] Chapman, *Graham*, et al. The Brand New "Monty Python" Papperbok, Mandarin, 1974, p. 22.

掌握概念： 对自我作为意识的不同理解

对你来说，哪一个是最本质的？

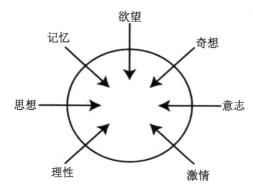

改编自F. Bergmann, *On Being Free* (Notre Dame，IN: University of Notre Dame Press，1979)。

—— 自我及其情感 ——

尽管大多数关于"自我是意识"的理论都认为，自我主要是通过思想和记忆来定义的，但意识的其他方面也许同样可以定义自我。例如，丹麦哲学家克尔恺郭尔就用激情来定义自我。他认为，一个人一生中最重要的使命就是，通过培养自己的激情，特别是对上帝的一种充满情感的承诺，来培养自我。

其他哲学家也提出了一些在构建自我过程中的非宗教目标。比如尼采主张培养我们审美鉴赏力，亚里士多德和孔子之后的许多哲学家则主张培养我们的伦理情感或美德（见第八、十一章）。然而，培养我们的激情或情感这一观念遇到了严重的困难。我们的情感往往被认为是非理性的（克尔恺郭尔认为这是情感的一个优点）。情感有时会使我们看不清事物真实的样子，促使我们做一些如果清醒就不会做的事情，这已经是常识了。但主张情感是非理性的——因此通过情感培养的自我也将是非理性的——本身就有问题。并不是所有情感都是非理性的，所以我们通过情感创造的自我也不必是非理性的。

 引文资料： 激情的自我

没有激情，生存是不可能的，除非我们是在"漫不经心地存在着"这样的

续

意义上来理解"生存"这个词的……永恒是一匹展翅飞驰的天马，时间则是一匹精疲力竭的驽马，生存着的个体就是驭马者。那就是说，当他的生存方式不是所谓的漫不经心地存在时，他是这样的驭马者；而当他是一位嗜酒的农民，在车上酣睡而让马儿自己照顾自己时，他就不再是驭马人了。如果相信他依然在赶车，依然是一位驭马者，那岂不是有许多人这样生存着。[1]

——克尔恺郭尔《非科学的最后附言》，1846

　　根据传统，情感或者与自我无关，或者是一个低于自我的部分。例如，弗洛伊德就把情感归于"本我"而不是"自我"，暗示情感对自我构成了威胁，而不是自我的一部分。柏拉图的看法更为温和。他认为，情感是灵魂中一个桀骜不驯的部分，需要由理性支配。他提出了一幅著名的图像（一个骑手正在驾驭欲望和情感的烈马）。亚里士多德持一种更为折中的看法，认为情感对良好生活是本质性的，因为良好生活意味着，在特定情况下有适当的情感。这就是说，情感并非与自我或灵魂相分离，而是其本质要素。

 引文资料：激情与理性

　　理性是而且应当是激情的奴隶。[2]

——休谟

　　就好像任何激情都没有其理性成分似的。[3]

——尼采

　　然而，情感与理性的对立仍然使人怀疑，情感在培养自我的过程中到底是否是可取的。比如18世纪苏格兰哲学家休谟就捍卫这样一种极端看法："理性是而且应当是激情的奴隶"，从而把柏拉图的观点（即理性应当支配激情）颠倒了过来。然而，情感与理性的对立依然如故。它们到底是针锋相对，还是像尼采所说的，任何情感都"有其理性成分"？

---

[1]　Kierkegaard, Søren. *Concluding Unscientific Postscript*. Translated by David F. Swenson and Walter Lowrie, Princeton UP, 1941, p. 276.

[2]　Hume, David. *Treatise of Human Nature*. Edited by L. A. Selby-Bigge, Clarendon, 1888, p. 415.

[3]　Nietzsche, Friedrich. *The Will to Power*. Translated by Walter Kaufmann and R. J. Hollingdale, edited by Walter Kaufmann, Random House, 1967, section 387, p. 208.

问题是，什么是情感？通常认为，情感（emotions）是感受（feelings），它本质上就是不理智和非理性的。或者，我们应当说它是不理性的，没有任何理智可言。然而，这种观点时常会遭到挑战。近年来关于情感的研究和思索已经在相当程度上改变了这一图景。现如今，我们已经在谈论情感的"理智性"，而且有足够的证据表明，没有情感，我们就绝不可能做出理性的决定。此外，有一种观点也越来越受到重视，即认为我们的情感"让我们"做这样那样的事情。情感给予我们洞见甚至知识。正如帕斯卡所说，有时"心灵有一些理由可能连理性本身都不知道。"此外，认为是我们的情感"使我们"做某事的想法正在经受审查。我们要在比通常意识到的更大程度上对自己的情感负责。心理学家说，我们每天都在努力"调节"自己的情感；我们自己则可能体验过通过沉浸于一些可以强化它的思想（如回忆仇恨目标的各种怠慢和恼人特征）来培育一种情感（如愤怒）。

关于情感的现代争论始于哲学家——心理学家威廉·詹姆士，他写过一篇名为"什么是情感"的著名文章。詹姆士主张，情感是感受，但却是一种特殊的感受。这种感受源于身体的变化，比如心跳加快、荷尔蒙改变、皮肤敏感性的变化等，而这些变化又是由某种令人不适的知觉造成的。

引文资料：定义情感

我们思考情感的自然方式是，对某些事实的心理知觉激发了被称为情感的心理效应，后一心理状态又引起了身体的表现。我的观点则与此相反，我认为身体的变化紧随着对令人激动的事实的知觉，我们对这些变化发生时的感受就是情感。常识认为，我们不走运，很可怜，所以哭泣。但这里的假说是，我们因哭泣而感到可怜。[①]

——威廉·詹姆士《什么是情感？》，1884

詹姆士很快就受到了约翰·杜威等人的挑战。杜威等人主张，情感要比这些单纯的生理变化更感人。情感的区分不可能仅仅依靠感受，而且也需要考虑特定情况和个人参与。例如，愤怒不仅是蓄势待发的进攻，而且也是对某个进行攻击或侮辱的人的知觉。爱不仅是一种柔弱的多愁善感的感受，而且也必然指向某个被爱的对象。情感的这一导向世界的方面被称为情感的**意向性**。现在认为，任何情感都是由

---

① James, William. "What Is an Emotion?" *The Principles of Psychology*, vol. 2, Dover, 1918, pp. 449–450.

感受和意向性构成的，通常都会伴随一种同时发生的冲动。亚里士多德把愤怒定义为"对他人显然不合理的不敬抱以一种苦恼的复仇欲望"。亚氏预见到了现代的意向性概念，他说："愤怒总是朝向某个特定的人，如克里昂[①]，而不是朝向所有人。"[②]

掌握概念：意向性

意向性是"关于性"（aboutness）。情感和其他心理状态总是关于或"导向"事物、人或事态。（这一术语来自经院哲学，源于拉丁文*intendo*一词，意为"指向"。）它有时被用来区分心理的事物和物理的事物，因为只有心理状态（以及像表象和语言这样的与心灵相关的东西）才具有意向性。

引文资料：落入魔法

情感是某种把握世界的方式……一种情感就是一种对世界的不可思议的变形……我们试图改变世界，也就是说，就好像事物与其潜能之间的联系不是受制于确定性过程，而是受制于魔法似的。……我们称，情感是意识突然落入了魔法。[③]

——让-保罗·萨特《情感概论》，1939

然而，如果情感本质上包含对世界的参与，那么这就要求理智的介入。我们不得不辨别清楚，一个人在何种场合是无礼的，在何种场合是可爱的，在何种场合是应受谴责的。但只要进行辨别，就会有对错两种可能。于是，如果一个人正确地辨别和评价了某个人或某种情况，这种情感就是理想的；如果一个人辨别错误，这种情感就是非理性的，也许是因为他正在就事实真相欺骗自己。当然，情感也可能因为其他原因而是非理性的。一个人也许正确地辨别了情况，但在表达情感时却过于鲁莽。例如，对上司或教授发火通常是不明智的。

① 《英汉大词典》.P365专条：克里昂（？—公元前422）雅典统帅，民主派首领.

② Aristotle. *Rhetoric*, translated by W. Rhys Roberts. *The Basic Works of Aristotle*, edited by Richard McKeon, Random House, 1941, line 1378a, p. 1380.

③ Sartre, Jean-Paul. *The Emotions*: *A Sketch of a Theory*. Translated by B. Frechtman, Philosophical Library, 1984, pp. 52, 58–59, 90.

既然情感如此复杂，情感必定非常适合形成一个自我。一个人的特征不仅由他的所知所忆或思考方式决定，而且也由他所关心的事物决定。哪种情感占优势，情感如何得到表达，这些都决定着一个人的特征。我们是谁取决于我们如何感受事物。

—— 自我中心主义的困境 ——

既然我们似乎对自己很了解，也许想知道，心灵中的体验是否真的与我们之外的那个世界相符合？这也就是我们在前几章中讨论的那个怀疑论问题。由这个问题还可能导致那种可怕的唯我论，我们曾在本章的开头对这种观点做过介绍，这种观点认为只有一个人自己的心灵才是存在的。那么，其他人怎么样？这个古怪的问题被哲学家们称为自我中心主义的困境。之所以称它为"自我中心主义"，是因为这种观点把个体的自我当作我们全部经验的中心，并以此为出发点；而之所以有"困境"之说，是因为说我们不可能超出自身而知道他人的存在，这种想法是难以接受的。在最近的英美哲学中，这个问题被称为"他心问题"，从本质上讲，这个问题就是，我怎样才能知道除我的心灵之外还有其他心灵存在？

这个奇特的问题始于一个被我们认为是理所当然的假定，它贯穿于本书的大部分章节之中，这个假定就是：我们能够直接地、毫无疑问地了解自己的心灵。（我们的心灵或许——比如按照弗洛伊德的观点——存在着某些"无意识的"或不为我们所知的方面，但即使是弗洛伊德本人也认为，我们一般来说是可以直接认识到什么"在我们心灵之中"的，这也就是"无意识的精神过程"为什么会成为一项如此惊人的发现的原因。）从本质上说，笛卡儿的"我思故我在"讲的也是我们拥有关于自己意识的直接的、无可置疑的知识。即便是拒斥自我之存在的休谟，以及认为自我是被造就的萨特也是从这一假设出发的。（"意识是透明的，"萨特写道，"它不存在于隐蔽处，它里面的任何东西都逃不过我们的眼睛。"）然而，即便我们能够直接地、无可置疑地了解自己的心灵，这也并不意味着我们可以直接了解他人的心灵。我们必须推出别人的想法或感受。我们怎样才能做到这一点呢？

标准的回答是约翰·斯图亚特·密尔于一百年前作为一种理论首次提出的：我们可以通过类比认识到他人的心灵中发生了什么（的确，我们完全能够理解别人具有心灵）。类比是这样一种比较，我们由某些相似性来断定必定存在着其他一些相似性。比如说，如果一个人在大学和商业之间作了一个类比（我们可以说，因为两者都需要有好的管理），那么，我们也可以期待有其他的相似性显现出来：两者都生产某种消费品；两者都由我们的税收体制给予贴补，因此都得回报社会；两者都雇用劳动力，以最大效率地生产出产品为己任等。当然，我们也可以比较不相似之处，此时，那些明显的相似性就不复存在了。例如，知识不同于绝大多数产品，任何数量的人都可以"拥有"同一种知识，但只有有限数量的人可以共享汽车、电视或牙刷。

根据我们与他人的身体、面容和姿态之间的比较，我们认为通过类比去了解他人及其心灵是可行的。我们的身体、面容和姿态显然是非常相似的，这种相似性是类比的基础。我有时皱眉，你有时也皱眉；我有时候疼得缩成一团，你有时候也缩成一团，而且往往与我缩成一团的场合相同。既然我知道我皱眉通常是因为我不赞成某件事情或是正在为某事而发愁，那么，我也就知道我的精神状态是与我身体的某些特征和动作相关的，而且我会越来越意识到这些关联意味着什么。我还发现，你也有相似的特征，你的身体也会做类似的动作，于是我从这些相似性中推出了进一步的相似性：当你的特征和动作与我的一样时，你的感受或想法也就和我的一样。也就是说，在我这边，我的精神状态（M）和我身体的动作（B）是这样相关的：

M:B（"M与B相关"）

我也知道你的身体状态和我的是相似的：

M:B::x:B

那么，我必须推断的是x，而我所推断的当然也是另一个M。通过类比，我从我们身体之间的相似性以及我的精神状态与我的身体之间的相关性中推出，你也有类似的精神状态，你也有一个心灵。

在我们考虑无法进行类比的可能性之前，这种论证似乎很有说服力。例如，我们能不能设想有一种具有人形的东西，它能在相同场合做我们所做的每一件事，却没有任何心灵？许多哲学家都认为，机器人就与此类似，它们可以按照既定的程序像我们一样行动，但它们是没有心灵的。（当然，现在这种论证业已改弦更张：既然机器人可以在相似的场合像我们一样行动，那么它们必定拥有和我们一样的思想和感情。）不过，至少下面一点是非常清楚的：我们能够毫不费力地想象，我们周围的人其实并非真的人，他们都没有心灵。笛卡儿说，我们不可能对自己心灵的存在进行质疑。但我们却可以通过这一论证去质疑他人心灵的存在。既然我们永远也不可能进入另一个人的心灵中去，看看他（她）是否真的有一个心灵，那么我们怎样才能检验我们的类比呢？我怎样才能知道我不是这个宇宙中唯一有意识的存在、唯一的心灵、唯一的自我呢？一方面，这个唯我论的结论显然是荒谬的；但另一方面，认为我们可以通过类比去了解他人及其心灵，这似乎说明这个结论是可能的，至少在理论上是如此。那么，我们错在哪里呢？

一种可能是，这种类比论证错就错在我们自认为最不可能出错的第一个前提，即我们可以直接地、无可置疑地了解自己的心灵。因此，让我们从另外一种角度来审视一下我们从未质疑过的这条假定。我们真的"直接"意识到自己的心灵了吗？当他人自我的存在是一个尚待解决的问题之时，我们自己的自我之存在是不容置疑的吗？"我思故我在"这条看似毫无疑问的假设的根据是什么？

有些哲学家提议，对笛卡儿这条著名命题的正确表述应当是"思想是存在的"。他们认为，笛卡儿假定如有思想就必定有思想者，这是没有根据的。当然，这正是我们在讨论个体自我时一直假定的东西。这条假设认为，我们每个人必定有一个自我。后面我们讨论自我是意识的理论时还会回到这条假设。

——— 心—身问题 ———

把自我等同或定位于意识与把自我等同于身体是对立的，这就提出了一个撩人的、非常困难的形而上学问题和科学问题：我们的心灵与我们的身体之间是什么关系？它们怎样相互作用？我们知道，笛卡儿认为心灵与身体是两种不同的实体，然而实体就其本性而言是不可能发生相互作用的。更有甚者，笛卡儿坚持说他能够设想他的心灵在没有一个身体的情况下存在，而人的身体显然可以在没有心灵的情况下存在（如尸体）。由此看来，这两者之间是什么关系？这个问题被称为心—身问题。

笛卡儿从来没有就这个问题给出过令他满意的回答。从某种程度上来说，斯宾诺莎和莱布尼茨的精致的形而上学就是为了尝试解决这个问题。如果实体不能发生相互作用，那么情况必定只有两种可能：或者（1）心灵和身体不能相互作用；或者（2）心灵和身体不是分离的实体。莱布尼茨主张第一种观点，他认为心灵事件和物理事件只是看似相互作用，实际上却处于"前定和谐"之中，就像一部电影和它的胶片一样（这不是他使用的类比）。二者完美地相互协调，看起来就像是因果相关的，但其实却是同一盒磁带上的两个分立的"声道"；斯宾诺莎则主张第二种观点，他认为，心灵与身体实际上并非截然不同的实体，而是同一实体的两种不同属性。因此，他的理论有时被称为"两面论"，即心灵与身体是同一实体（按照他的理论，这就是那种唯一的实体）的两个不同方面。

这些形而上学思辨在我们看来似乎有些古怪，但它们很容易转化成那些今天仍在困扰当代科学和哲学的难题。无论心灵和身体是否是两种不同的"实体"，我们都认为心灵事件（如疼痛）与大脑中发生的物理事件是非常不同的。不仅如此，一方到底是怎样引起另一方的，我们在面对这个问题时所产生的神秘感似乎丝毫不亚于笛卡儿。

然而，自17世纪以来，科学已经取得了一些重大进展，这个问题的术语也就随之发生了变化。首先，我们只是在20世纪才对大脑和中枢神经系统的工作过程有了实质性的认识；其次，近年来计算机技术的发展（笛卡儿及其同时代人，特别是帕斯卡，只是很模糊地预见到了这些）为解决传统的心—身问题提供了一种新的平台。这些新的发现倾向于为斯宾诺莎对心—身问题的解决方案提供一些现代版本。斯宾诺莎的观点是，心灵事件和物理（大脑）事件其实并非完全不同，而是密切相关甚至同一。

然而过去的问题依然存在，它并没有说清楚心灵事件和物理事件同一是什么意思。事实上，关于这一问题的5种传统解答，每一种现在都有人捍卫，只不过以前是用"实体"的形而上学语言来讨论，现在则改用神经学、认知科学和计算机技术的现代术语来争论了。

（1）心灵与身体的确相互作用；物理事件（用针刺手指）会引发心灵事件（疼痛），心灵事件（决定去逛商店）也会引发物理事件（向商店走去）（笛卡儿）。问题在于，它们是怎样发生的。

（2）心灵与身体并不相互作用；心灵事件和物理事件同时发生，这也许是由上帝在"前定和谐"中进行协调的（莱布尼茨）。

（3）心灵事件不存在（唯物论者的解答），存在的只是大脑活动的过程，这些过程是从一个有大脑的人的特殊角度来描述的。

（4）物理事件不存在（唯心论者的解答），大脑的活动过程只不过是存在于心灵中的观念。

（5）心灵事件和物理事件实际上是相同的（斯宾诺莎的解答）。

这5种解答既粗陋又模糊不清。二元论者仍大有人在，他们还在为心灵事件和物理事件是否完全分立而争论不休。现如今，关于心—身问题的看法呈现出三分天下的局面，它们中的每一方都是"心灵与身体其实不是分离的实体"的一个版本。因此毫不奇怪，斯宾诺莎经常被看作所有这些解答的肇事者。这3种类型的解答分别是行为主义、同一性理论和功能主义。接下来我将依次进行讨论。

行为主义

声称心灵事件不存在，这乍听起来也许很荒谬，但那些被笛卡儿的问题逼上绝路的大哲学家（以及心理学家）却常常认为这个答案最令人满意。一种不同的观点认为，心灵事件是不存在的，只有各种各样的行为样态存在着（我们分别给它们贴上了诸如"信念""欲望""愤怒"等心灵作用的标签），这种复杂的看法被称为行为主义。这种观点在20世纪上半叶有很多支持者，尽管其受欢迎的程度有所下降，但仍有一些行为主义者断然认为心灵事件不存在，或者至少，这样的事件不能在科学理论中合法地起作用。

最原始的行为主义者可能会径直否认心灵事件的存在，然而对于一个思想着的人来说，思想的存在是显而易见的，至少是当他正在思想的时候。（在其名言"我思故我在"中，笛卡儿否认一个人可以既对自己的思想进行思想，同时又能明确地否认自己在思想。）现代的行为主义者的论证更为精致。心灵事件当然是存在的，也就是说，欲望、信念、感情、情绪、冲动等是真实的不可否认的，然而，它们并不以大多数人所认为的那种方式存在。哲学行为主义者吉尔伯特·赖尔说，它们不是"机器里的幽灵"，也不是任何一种"超自然的"或"神秘的"事件。事实上，被我们称为"心灵的"东西是以某种方式去行动的模式或倾向。为一个"心灵事件"命名其实是对一个人的行为做出预测。于是，说一个人渴了并不是为他心中的某个看不见的事件命名，而是预测他将一有可能就去喝水。说一个人恋爱了并不是在为一种情感命名，而是在预言一系列惯常的活动，比如激动不安地与爱人见面，或是在夜深人静时提笔倾诉衷肠。心灵事件的存在并没有被否认；它们不再被安置在一个被称为"心灵"的神秘之所，而是被置于一个行动着的有机体的完全可见的身体之中。

 与哲学家相遇： 吉尔伯特·赖尔（1900—1978）

吉尔伯特·赖尔是牛津大学的教师，《心的概念》（1949）的作者，哲学行为主义的领军人物。在赖尔看来，心灵类型的词项其实指的是行为的倾向，而不是"幽灵般的私人事件"。倾向就是可以在特定环境下被引发的某种趋势。"玻璃是脆的"是指玻璃被撞击时会裂成碎片这样一种倾向。"人处于热恋中"是指这样一种倾向，即当男人和女人在特定的场合聚在一起时（所谓的"罗曼蒂克"），他们将开始进行一些可笑的活动，从而为共同生活做准备。

掌握概念：行为主义

行为主义认为，所有关于"心灵事件"的说法都应被翻译成以某些方式去行动的倾向。

对某些心灵事件而言，行为主义是完全合理的。例如，一个人的智商不是他所经验到的任何东西，而是在特定的测试中有良好表现的一种倾向。一个人的动机——自弗洛伊德以来我们知道——也许根本不可能被了解，但我们可以通过它所激发出的行动来判断它是什么。然而在对疼痛、看见亮光或听到C调的旋律等的感觉上，行为主义遇到了更大的问题。我们同意说，这些感觉可以通过以某种方式——直冒冷汗、戴上太阳镜或开始吹口哨——来行动的倾向表现出来，但我们仍然可以坚持说，在这些倾向背后存在着某种不可还原的心灵的东西，行为主义不可能给出全部事情的说明。被我们称为"心灵"的大部分内容如果被看作以某些方式去行动的倾向，也许的确能够得到更好的理解，然而有些心灵事件似乎是*被感觉到的*，于是，心—身问题也随之再次出现，而且和以前一样顽固。

同一性理论

历经多年努力，越来越深入的神经学研究已经澄清了一件笛卡儿和他的同道们不可能知道的事情，即具体的心灵事件的确是与具体的大脑事件相关联的。如果考虑到一个单独的心灵事件有可能与若干个大脑事件相关，而且在脑损伤的情况下，某些心灵事件甚至有可能与全新的大脑事件联系在一起，那么这幅图景就变得更加复杂了。不过我们现在知道，不论是单纯的疼痛还是极大的野心，心灵活动与大脑中某些特定的过程是严格相关联的。心—身问题是：这些东西是怎样被连接在一起的？

关联与连接是不同的。两种没有任何连接的东西可以被关联在一起（纽约市长每天都在圣迭戈市长吃早饭的时间吃午饭）。心灵事件和大脑事件之间的相互联系也许与此类似，但如果是这样，从物理学的（与心理学相对的）立场对心灵做出科学的理解就是不可能的。也许心灵事件和物理活动的确是相互引发的，但即便如此，我们仍然不清楚这些迥然不同的东西是如何能够做到这一点的。同一性理论避开了所有这些问题，这种理论认为，心灵事件（比如疼痛）和大脑过程是*同一种东西*。它们具有不同的性质，所以理应给予不同的描述（"它弄痛了我"对应"钠含量正在下降"），但两者仍然是一回事。下面是同一性的另一个例子：

$$水是 H_2O。$$

显然，对水的描述——比如"湿的""冷的""把盆子盛满的东西"——完全不同于对氢原子和氧原子以及它们结合成某一个分子的描述。然而，说水是 H_2O 却是完全有意义的，即使水的性质（像我们通常描述的那样）与分子的性质（像一个科学家描述的那样）是不同的。

同一性理论仍有许多值得争论的地方。它解决了心—身问题，却又引出了其他同样令人困惑的问题。比如经常有人说，两种东西只有在*所有*性质都相同的情况下才能被看成同一种东西（这是莱布尼茨提出的一条原理，它有时被称为"莱布尼茨律"），然而疼痛与大脑过程显然在大多数性质上都是不同的。例如，我们可以把一次大脑活动精确地定位于大脑中的某处，但我们却不能为疼痛精确地定位（当然，如果你在西雅图，那么你的头痛显然不在波特兰）。基于这样的论证，有些理论家抛弃了同一性理论。他们会说，水和 H_2O 是*能够*用相同的术语进行描述的，即使我们通常并没有这样做，然而疼痛却是无法用脑科学的语言来描述的，一个脑过程也无法用感觉语言来描述。

还有其他一些理论家提出，被我们分别用来谈论疼痛和大脑的语言，只不过是从人们对大脑知之甚少的时代遗留下来的奇特残余罢了。他们提出，未来我们将抛弃感觉语言，而会对"我的大脑皮层受到了一个F-刺激，过程4.21-B"这样的说法安之若素。认为我们日常谈到的心灵事件实际上是指身体的或神经的状态，应当用后者来取代前者，这种观点被称为取消式唯物论。取消式唯物论者认为，我们通过语言吸收了关于心灵事件的种种误导观念（赖尔所摒弃的"神秘"观念），其中保存着许多关于世界的原始想法。现在，既然我们对所谓的"心灵状态"中所涉及的物理过程已经有了更多了解，我们就应该努力用更精确的神经学术语来取代日常的心灵主义语言。

今天，甚至大多数行为主义者都倾向于捍卫这样一种观点，即我们所谓的心灵事件其实是一类特殊的物理事件。行为主义者与取消式唯物论者之间的主要区别是，行为主义者声称，我们的心灵主义术语其实指称的是行为模式（其中许多都能隔着一段距离观察到，并且能用"拿着货物价目表到柜台"这样的日常用语来描述），而取消式唯物论者则声称，这些术语其实指称的是神经状态（比日常的外在行为更难观察，但更能用精确的术语来描述）。

取消式唯物论的批评者们对这种观点的假设提出了质疑，即我们使用的心灵主义术语所指称的事物与神经学语言所描述的事物其实是同一个。当我们在日常生活中使用日常的心灵主义术语，比如说一个人"渴望"或"想要"某种东西或处于某种情绪中时，我们通常并不是在就这个人的生理学状况做出科学陈述或准科学陈述，而是指这个人倾向于如何行动，或者关心从另一个人的第一人称视角来看世界是什么样子。例如，我们可能想知道一个人的感受（也许是想确定我们是否取悦了或侮辱了他）。我们的神经学描述总是第三人称的陈述，如果我们想知道从拥有者的立场来看一种体验是什么样子，我们就不清楚这些陈述可以代替心灵主义的说法。无论我们在日常生活中是否要采用神经学描述，同一性理论的核心主张都是：我们所说的心灵事件并不是一种特殊类型的事件，而只是描述某个大脑过程的一种特殊方式。

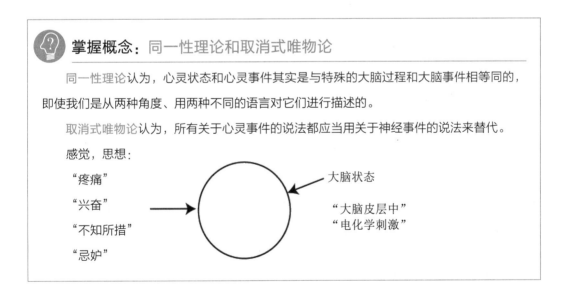

掌握概念： 同一性理论和取消式唯物论

同一性理论认为，心灵状态和心灵事件其实是与特殊的大脑过程和大脑事件相等同的，即使我们是从两种角度、用两种不同的语言对它们进行描述的。

取消式唯物论认为，所有关于心灵事件的说法都应当用关于神经事件的说法来替代。

感觉，思想：

"疼痛"

"兴奋"

"不知所措"

"忌妒"

大脑状态

"大脑皮层中"

"电化学刺激"

功能主义

由于人们既不满于行为主义和同一性理论，又不满于拒斥传统的身心二元论，再加上计算机和人工智能领域近期做出的各种发现，一种解决心—身问题的新的方案应运而生了，它被称为**功能主义**。行为主义虽然强调了行为的重要性，但它不能说明像疼痛这样的感觉的本质，也根本没有论及大脑及其功能。同一性理论虽然强调心灵事件和大脑事件之间的等同，但它并没有提出为什么这样一个器官会具有如此惊人的性质的问题。同一性理论的支持者提到了某些过程，但我们还是会问，为什么它们独独就是大脑过程呢？大脑到底有何特别之处呢？是大脑的特殊材料造就了我们所说的"心灵事件"吗？抑或是各种不同材料（大脑，以及电脑）支持了心灵事件过程？

功能主义者是这样回答这些问题的：为心灵事件的特殊性质提供解释的正是活动本身。大脑之所以特殊，是因为它是如此奇妙的一台机器——或"硬件"。但其他那些不是用脑物质制成的硬件，也许在某一天会和大脑工作得一样好，而且有心灵与之相配。30年前，怀疑论者曾经满怀信心地宣称，没有计算机能够下棋；现在，计算机已经击败了象棋大师。如今，怀疑论者又说，没有计算机会有感情或为自己着想；也许10年之后，他们就会向一台愤怒的苹果机道歉。

功能主义者指出，心灵活动其实就是某种特定的过程，但重要的是功能，而不是使功能得以产生的物质。我们没有理由想当然地认为，人们不可能造出一台精确复制人脑和人的心灵的计算机。除非是考虑实用性，我们也没有理由认定人们不可能用回形针和橡皮筋制造出一个大脑，只要它能包含实现全部功能所需的电路。功能主义者解决心—身问题的方式是说，有心灵就等于执行某些功能（如吸收一定的输入并以一定的输出为响应），尽管这些事情需要某种身体才能发生，但身体的确切类型并不重要，只要它能促进相关的功能作用就够了。特定的身体是否可以支持心灵功能取决于身体各部分之间的关系；但同样类型的关系原则上可以发生在由不同材料构成的身体上。

虽然功能主义和同一性理论都试图通过断言一个事物是另一个事物来解决心—身问题，但它们的基本主张却截然不同。同一性理论家声称，心灵事件仅仅是物理事件，特别是大脑中发生的事件。而功能主义者则宣称，心灵事件是功能性的过程，这些过程可以基于各种类型的身体而发生，大脑只是其中的一种类型。

值得注意的是，功能主义依然留下了一些悬而未决的问题。疼痛与其他感觉是怎样相配的？功能理论解释了一个人看见红色或听到音乐是怎么回事了吗？一个坚定的二元论者难道不会继续追问："我同意特定的功能和心灵事件之间存在着很强的关联，但这又如何解释两者之间的因果关系呢？"一如同一性理论的支持者，功能主义者试图通过断言一个东西（这里指一个功能）就是另一个东西来解决心—身问题。然而，疼痛和一些更大的观念难道不可能除了自身之外什么都不等同，以至于它们在物质宇宙中的地位仍然是我们非物质的心灵无法把握的谜吗？

掌握概念：功能主义

　　功能主义认为，心灵活动是由大脑的某些功能构成的，这些功能也完全可以用脑物质以外的东西复制出来。大脑并不必然有任何独特之处。

反对心—身问题

　　功能主义的倡导者们主张，功能主义在解决心—身问题的艰辛道路上迈出了一大步，因为它使我们开始考虑日益复杂的大脑过程（及其计算机类似物），而不再考虑大脑中那些引起（或等同于）某些心理事件的相对简单的事件的旧有的、原子论式的形象。但是，这种主张还可以再进一步，美国和欧洲的几位哲学家已经指出，把心—身问题还原为关于大脑的问题，这种想法纯粹是误入歧途。他们认为，离开了整个人类，我们不可能理解人的意识。在这种观点看来，"心灵与身体"的二分是错误的，因为我们是具体化了的意识，而不是身体之中的心灵，讨论身心之间的相互作用和同一性已经是误解了这些为理解人类所必需的术语的意思。

　　这种反对心—身问题的主张同时也对关于自我的许多最常见的观念给予了有力的批驳。在类似的观点看来，把自我当成一个孤立的个体意识，它主要只意识到自己，这是对自我的严重误解。自我必须通过完整的人来构想。（因此，这种立场有时被称为"整体论"。）很久以前，亚里士多德曾经主张，自我就是"完整的"人；如今也有许多哲学家主张，只有这样理解自我才能令人满意。自我并非只是意识到它自身的意识，它更是有血有肉的人，这个人是家庭和集体的一分子，是士兵、鞋匠或政治家。一个人成为自我并不只是为了他自己，而且也是为了他人，他是与别人一起成为自己的。我们将会考虑关于自我的各种理论，它们就成为完整的人是什么意思提出了更广的看法。

—— 关于自我的其他理论 ——

自我是一种选择

　　存在主义者所达成的共识是，他们认为存在先于本质……人首先是存在，与自己相遇，在世界中涌现——然后才是确定自我……开始时，他是虚无。[1]

——让-保罗·萨特

---

[1]　Sartre, Jean-Paul. "Existentialism and Humanism," translated by Philip Mariet. *Jean-Paul Sartre: Basic Writings*, edited by Stephen Priest, Routledge, 2001, pp. 27–28.

如果我们用"我是谁"这个问题的答案来定义自我认同，就可能会出现这样一种回答："它什么都不是，还在发展之中。"如果我们不把自我看作内在于我们的与生俱来的灵魂，而把它看作我们行动和思想的*产物*，那么自我认同就是某种*获得*的东西，而不是一个需要去发现的既成事实。因此，存在主义者让-保罗·萨特（1905—1980）说，所有那些认为自我可以在意识中找到的理论都是错误的。自我并不只是思想，也不是关于过去的记忆。自我总是存在于未来当中，它是我们试图把自己变成某种东西时的目标所向。但这就意味着，只要我们活着，自我就不存在——至少是没有固定的、完成了的自我。自我是一个悬而未决的问题。

 引文资料： 你自己心灵的正直

> 这是我们孤独时听到的声音，而当我们进入俗世之时，这些声音便减弱下来消失了。社会的每一个角落都充斥着违背每一个社会成员人性的密谋。社会是一个股份公司，为了更好地保证自己有面包吃，公司里的每一个成员都对股东言听计从，都对食客的自由和文化俯首称臣。这里，最需要的美德是服从，依靠自己令它生厌。它喜欢的不是实实在在的东西和创造者，而是虚名和习惯。
>
> 无论是谁，只要想成为人，他就必是一个不服从的人……除了你自己心灵中的正直以外，没有什么是最终圣洁的。[1]
>
> ——R. W. 爱默生《依靠自己》，1841

 与哲学家相遇： 拉尔夫·瓦尔多·爱默生（1803—1882）

拉尔夫·瓦尔多·爱默生是美国先天论者，他曾经影响过许多作家和艺术家，其中包括哲学家弗里德里希·尼采和约翰·杜威。

对这种说法的第一反应通常是，它忽视了这样一个事实：我们从出生的那一刻起就是拥有特定身份的人，它对我们的规定将贯穿一生。例如，一个人出生在1959年、女、皮肤白皙、斯堪的那维亚血统、家境贫寒，这些事实都是确定这个人的，

---

[1] Emerson, Ralph Waldo. "Self-Reliance." *Selected Writings of Ralph Waldo Emerson*, edited by William H. Gilman, New American Library, 1965, p. 260.

而且无所谓"变化"。这个孩子三岁的时候在玩耍时受伤，失去了一只手指；八岁的时候，她在班上幸运地遇上了一位富有同情心的循循善诱的老师，正是这位老师使她对科学产生了浓厚的兴趣，并引导她走上了在化学上大显身手的道路；二十岁时，她在机场偶遇一个小伙子，后来他们双双坠入爱河，并结为连理；再后来，小伙子被恐怖分子绑架并惨遭杀害，她成了新闻记者追踪采访的焦点人物。一位著名作家将她的故事写成了一本畅销书。她重新回到自己的化学实验室，在做实验的同时思考着自己的生活。慢慢地，她意识到她的生活全都是由偶然性的事件组成的——她的出生、童年的事故、进入某个班、乘坐某个航班等。那些事实就是她自己，除此以外好像再无其他。

萨特对这一生动描写的回答是，它在每一个转折关头都忘掉了一个本质的维度，那就是选择。无论从哪种意义上讲，这个故事都遗漏了对事实说"不"的可能性，用萨特的话说："无论一个人是由什么东西构成的，他总要对构成他的东西的解释负责。"[①]一个受了伤的人尽管不能希望没有受伤，但他能用象征勇气或耻辱的标记、不服兵役的借口、需要克服的身体缺陷等来解释它。一个人金发碧眼的斯堪的那维亚人既可以以此为荣，又可以为此陷入尴尬，还能对这一事实泰然处之。一个人虽然坠入爱河（它本身就是通过许多选择来成就的），但他既能选择对此漠不关心，又能将它变成悲剧，或变成婚姻，甚至变成某种儿戏。

萨特把我们存在的这一维度称为超越（因为我们总是能够超越或越过那些已经对我们为真的事实，或萨特所说的我们的事实性）。超越意味着自我不是由那些关于我们的事实确定的，而是由我们对这些事实的（不断的）解释确定的。然而，由于我们可以在整个人生中不断改变对这些事实的解释，所以自我（作为这些解释的结果和基于它们的行动）就是一个至死方休的未完成过程，直至我们的解释和行动一同终止。

 与哲学家相遇： 让-保罗·萨特（1905—1980）

让-保罗·萨特是法国哲学家，在他那个时代以小说家、剧作家、革命派记者和女权主义作家西蒙·德·波伏娃的终身伴侣而闻名于世。

要想看清萨特所说的超越是什么意思，比如考虑一个曾在小时候重病缠身的

---

① Sartre, Jean-Paul, *Search for a Method*, translated by Hazel E. Barnes, New York, 1968, p. 101.

学生，现在（在大学）立志成为一名医生。他以前得过病，这是明显的事实，他现在不可能去改变它。但他显然把这些事实当成了筹划未来的动力和依据，他要当一名医生，从而治愈那些像他一样遭受过病痛折磨的人。然而，假定他在大学四年级时卷入了地方政治，他发现自己能够从中得到乐趣，而且对此很是擅长。于是，他推迟了读医学院的计划，并且在一个政治同盟中活动了一年。后来，他竞选公职获得了成功，并把读医学院的计划又延迟了四年。他的政治生涯硕果累累。当记者问他："你是怎样投身政治的？"他说，他记得自己在童年时就表现出了谈判和辩论的才能。那么，他童年多病的事实又说明了什么呢？当然，它依旧是真实的，但这已经不重要了，它不再适合他为自己的生活制定的政治目标。然而，假定他在43岁那年在一次关键性的选举中失利，他的政治生涯结束了，他又记起了成为一名医生的旧日梦想，那么童年多病的事实就会重新成为生活中的关键事件，他所透射出的自我又将是一个当医生的自我。这并非因为事实，而是因为他的意愿重新恢复了。

✍ **引文资料：** 自我选择

　　人就是人。他不仅是自己认为的那样，而且也是他愿意成为的那样……人除了自己认为的那样以外，什么都不是。这就是存在主义的第一原则……人要对他自己负责，不仅要对他自己的个体负责，还要对所有的人负责。人自己做出选择，我们在为自己做出选择的同时，也为所有的人做出选择。[1]

　　　　　　　　　　　　——让-保罗·萨特《存在主义是一种人道主义》，1946

　　这意味着"真正的自我"只是我们为自己创造的自我。当然，某些事实对我们来说是真实的，我们不可能把它们变得不真实。但是，我们可以按照自己的意愿对它们进行解释，即使我们对其所能做出的解释也会受到具体情况的限制。萨特说，即使是犯人，也能自由地把他的被监禁解释成他选择的结果；被监禁可以是不公平的对待、是折磨、是不做任何事的借口、是对越狱的挑战、是世界的一个象征、是自娱自乐的一种方式或只是一种穷极无聊的煎熬。但这也意味着，没有哪一种选择是"正确"的，或者用克尔恺郭尔的话说，所有的选择都是主观真理，它只有对做出这种选择的人来说才为真，而对其他人来说却未必为真。自我是我们每一个人为自己选择的东西，是我们对于未来的投射，是变成一种特殊类型的人的意愿。但由

---

① Sartre, "Existentialism and Humanism," pp. 28–29.

于我们永远无法完全实现这一点（因为即使我们的雄心壮志得到了满足，我们也总能改变自己的想法，产生新的抱负），所以自我永远也不可能真正实现完满。自我至多只是我们想要成为的那个东西的意象，我们一直为它而奋斗，且多多少少获得了成功。这种奋斗，这种永远不会完成、永远对自己负责的自我就是"本真的自我"。

📝 引文资料： 自欺：你真的成为你了吗？

让我们举个例子：一个同性恋者时常会有一种无法忍受的负罪感，他的全部生活就是相对于这种感情而被规定的。人们往往猜测他是自欺的。事实上，尽管这个人已经认识到自己的同性恋倾向，但他仍会极力否认自己是"一个同性恋者"。他的情况总是"与众不同的"，是独特的……他拒绝从事实中得出显而易见的结论。但是后来，他的朋友要求他承认自己，……并且直言不讳地宣布"我是一个同性恋者"。我们在这里要问，谁是自欺的？是同性恋者，还是这捍卫真诚的人？[①]

——让-保罗·萨特《存在与虚无》，1943

对于萨特而言，如果这个本真的自我是某种被创造出来的东西，而不是某种被找到的东西，那么，那些声称"自我存在着"的传统理论就不仅是错误的，而且从一种更重的意义上来说是自欺欺人，它没有认识到我们对于创造自我的责任。萨特把这种对个人责任的否弃称为自欺。"自欺"（*mauvaise foi*）包括试图通过佯称你的生活已由事实（事实性）所规定，以此作为借口来逃避你对你所是和你将要是的东西所承担的责任，而没有认识到你可以试着把这些事实解释成符合你心意的东西。换言之，自欺是对你不得不创造自我的否定，或者说是对这种责任的拒绝——事实上，你甚至在尝试之前就已经放弃了。

没有自我，许多自我

所谓的"自我"并不存在，世上并不存在"我的东西"。[②]

——佛陀的教诲

---

① Sartre, Jean-Paul. *Being and Nothingness*. Translated by Hazel Barnes, Simon & Schuster, 1956, pp. 96–97.

② Kyōkai, Bukkhō Dendō. *The Teachings of Buddha*, Sterling, 2004, p. 33.

实际上，没有一个人是纯粹的单体，每个"我"都是非常复杂的世界，一个小小的星空，它是由无数杂乱的形式、阶段和状况、遗传性和可能性组成的混沌王国……一个人是由千百层皮组成的葱头，由万缕丝线组成的织物。①

——赫尔曼·黑塞

在迄今为止的所有讨论中，我们都假定每个人有且只有一个自我，这似乎是最不容置疑和最无可否认的命题了。然而，这条假设同样可以受到挑战，至少世界上最主要的宗教之一——佛教就把自我的观念斥为"幻觉"。

在西方哲学中同样可以找到对自我的拒斥。在《人性论》中，怀疑论者大卫·休谟把批判的矛头指向了笛卡儿和洛克所说的自我可以在意识中找到。休谟用他惯常的讽刺口吻说道，他在他身上没有找到这种自我，他所找到的只不过是一个由不同经验和观念组成的复杂集合，没有什么东西可以被称为自我：

有些哲学家认为我们每时每刻都切身地意识到了我们所谓的自我；认为我们感觉到了他的存在和存在的继续，并且确信它的完全同一性和单纯性超出了理证的证信程度……然而就我而论，当我亲切地体会到所谓我自己时，我总是碰到这个或那个特殊的知觉，如冷或热、明或暗、爱或恨、痛苦或快乐等的知觉。任何时候，我总不能抓住一个没有知觉的我自己，而且除知觉以外，我也不能观察到任何事物。②

作为一个坚定的经验论者，休谟由此断定，我们谈论"自我"其实并没有根据，因为这个概念无法与我们经验到的东西相关联。

萨特也否认自我在传统意义上的存在。如果对他的哲学另作一番阐述，我们可以说，萨特也否认我们能在自身当中找到自我；对于萨特而言，如果说自我不是一种幻觉，那么自我总是存在于我们的未来当中，至少总是避开我们的。

让我们继续把这些论证往纵深推进。从本质上说，休谟的怀疑论是一个否定性的命题：他找不到被大多数哲学家信心百倍地称为自我的那个东西。然而，这个否定性的命题也可以变成一个肯定性的命题，这就是佛教的主张。对于佛教徒来说，找不到自我不是因为缺乏哲学才能，而是因为看清个体自我的虚幻性是"觉悟"的最高境界，也是我们最重要的概念成就。在这种观点看来，自我本身就是一种错误的思想，一种把我们与生活、与整个图景——佛教徒称之为"佛性"（如果你愿意，你也可以把它称为"宇宙自我"，只要不把这个超越个体的自我与我们一直在讨论的个体自我相混淆）——的联系割断的危险概念。于是，这种思想认为，我们

---

① Hesse, Hermann. *Steppenwolf*. Translated by B. Creighton, Penguin, 1965, p. 71.

② Hume, *Treatise of Human Nature*, pp. 251–252.

真正的自我认同根本就不是个体的自我认同，而是我们与整个宇宙的合一。这就是说，从我们的角度来看，自我是不存在的，自我是一个由某种类型的社会强加于我们的观念，而不是一个对于我们或我们内在的灵魂为真的事实。

佛教的自我观是与印度教提供的另一种观点相对立的。正如我们将在第十一章中进一步讨论的那样，根据印度教的观点，我们确实有一个作为个体、作为有身体的自我的身份，但这并非真正的自我。真正的自我是一个超个人的自我、一个在所有人那里都相同的自我。这是考虑自我的另一种方式：个体是幻觉，而自我不是。

在西方哲学中也有人反对个体自我，而主张一种关于自我的无所不包的宇宙感觉。19世纪德国哲学家黑格尔就反对我们所强调的个体自我。他在《精神现象学》一书中向我们表明，我们真正的自我认同其实是一种普遍的自我认同——我们所有人都是——他称之为精神（见第二章和第三章）。对于黑格尔来说，个体自我也是一种由特定类型的社会培养出来的幻觉，我们真正的同一性打破了这些边界的限制，从而把我们所有人都包括其中。

📝 **引文资料：个体的次要性**

> 当精神生活被如此强调和加强时，个体就相应地变成了一种无关紧要的东西……个体必须忘掉他自己；他必须只是变化，做他所能做的事情，但对他的要求必须较少，同时他为自己期待和要求的也必须较少。[①]
>
> ——黑格尔《精神现象学》，1807

对每个人有一个自我的观念的拒斥导致了一个更加惊人的结论，这个结论在东西方哲学家的作品中都能找到，德国作家赫尔曼·黑塞在其作品中为它做了辩护。根据他的观点，自我的确是存在的，但情况并不像我们想象的那样，每个人有一个自我。我们每个人都是众多的自我。在不同的情境之下，我们可能是不同的自我，认为必须把这些自我作为同一个前后一致的自我捆在一起，这种想法只是一个哲学的错误。黑塞告诉我们，"人是一颗葱头"，它由数百层不同的皮（自我）所组成；而传统的观点则认为，人是一个桃，它的中心是一个坚固的核

---

① Hegel, G. W. F. *Hegel's Phenomenology of Spirit*, translated by A.V. Miller, Clarendon,1977, p. 45.

（灵魂）。然而，如果你剥掉葱头的外皮，你知道还会发现更多的皮；而当你剥到最后一层时，它就一无所有了，没有核、没有心、没有灵魂。存在的只是一层一层的皮，也就是我们在生活中扮演的各种角色或众多的自我，这就是说，所谓自我根本就不存在。

无论从哪种意义来说，对自我的拒斥都不仅仅是一个哲学花招，它很快就成了一种生活方式。我们的大多数计划和行为都基于这样一个假定，即我们必须成为某个人，或者我们应该对自己做出某种解释。然而根据刚刚讨论过的这种观点，以个体为自我性单元的整体图景崩溃了，取而代之的则是一种自我意识——我们只是某种比我们的（个体）自我大得多的东西的一部分，或者用黑塞的话来说，意识到我们所有人当中的许多个自我。

自我是社会的

从本质上来讲，人是一种社会的动物……任何一个不能过公共生活的人或者自给自足到无须过公共生活的人都不是社会的成员，这意味着他要么是一头野兽，要么是一个神。[1]

——亚里士多德

毫无疑问，我们每个人都有一个独立自我的观念，而且我们的确对自己有一个"本真的"或"真正的"自我有些意识，这个自我藏于我们在工作和社会中不得不承担的角色和摆出的姿态背后，那些东西有时会使我们感到不舒服，感到"不是我们自己"。然而，说真正的自我是个体的自我，我们所扮演的社会角色和我们在社会中学到的习俗是对我们真实自我的扭曲和遮蔽，这个结论下得过于仓促了。的确，这是一种非常古老的看法，这种看法对基督教来说是至关重要的。基督教教导说，在上帝面前的内在的灵魂才是真正的自我，相比起来，我们的社会地位和权力其实并不重要。当笛卡儿宣布真正的自我是一个"思想着的东西"，而不是一种社会存在，儿子、父亲、女儿、母亲时，他秉承的正是这种基督教的思想。法国哲学家让-雅克·卢梭在18世纪中叶重新阐述了这一论题，那时他充满激情地宣布，自然的个人是善良而单纯的，是社会"败坏"了他们。身处美国的我们仍然对这种哲学深有同感，我们认为"自然的"和"个体的"东西本质上就是善的。

---

[1] Aristotle. *Politics* (*Politica*), translated by Benjamin Jowett. *The Basic Works of Aristotle*, edited by Richard McKeon, Random House, 1941, line 1253a, p. 1129.

与哲学家相遇：让-雅克·卢梭（1712—1778）

让-雅克·卢梭是一位来自瑞士日内瓦的性情暴躁的启蒙哲学家，实际上，他终生都在与他的朋友和支持者们论战。他是一个命运多舛的不快乐的人，他在隐居过程中形成了这样一种观念，即人本来天生是善良的，却被社会的习俗和虚伪"败坏"了。其著作常常受到审查，一生中大多数时间都是在流亡中度过的。他在贫困潦倒中去世，然而仅仅数年之后，他的思想就成了法国大革命的主旋律。

具有悖论意味的是，我们之所以会把自己设想成作为个体而存在，恰恰是因为我们不仅仅是个体，我们已经接受了社会的集体教化。例如，最大的总体福利是靠每一个人追求各自的利益来实现的，这是我们文化的前提之一。当然，这个前提仍然颇受争议，但却是资本主义的一个前提，也是我们许多思想的基础。应当指出，这是一种相当晚近的思想；在18世纪中叶亚当·斯密在《国富论》中提出它之前，这种思想甚至根本不会被认为是合理的。西方传统中更占支配地位的看法是，个人利益应当服从于社会的善。这里需要再次强调，虽然大多数美国人都强调个体（以及个体的积极性、个体利益）的重要性，但它却是由一个特殊类型的社会创造出来的。换句话说，我们确信自己是个体，这是一个近代的发明，尽管它扎根于早期的基督教中。如果我们今天把我们自己的存在看作无可置疑的，那么这本身就是一个需要进行哲学探究的问题。

 引文资料：和而不同

君子和而不同，小人同而不和。①

——孔子《论语》，公元前6世纪

 与哲学家相遇：亚当·斯密（1723—1790）

认为在一个由个体组成的社会中，每个人都为自己的利益而奔忙，这样可以共同改善社会整体的状况，有利于增进总体的福利，这种观点直到1776年才被苏格兰人亚当·斯密在

---

① Confucius, *Analects*, section 13.23, p. 169.

其划时代的巨著《国富论》中当作一种社会理论严肃地提出来。斯密被公认为"资本主义之父"，是自由放任经济学第一位伟大的代言人。斯密假设有一只"看不见的手"可以通过自由竞争的市场的运作来保证社会的整体利益。但是这样一种市场直到现代才有实现的可能，因为只有在现代，中世纪对"放高利贷"和获利的疑虑才被取代，赚钱才被认为是一种合法的活动，产品的种类和数量可以由个人的愿望——通过供求方式——来决定。

即使是在强调个体灵魂的早期基督教中，精神共同体也得到了有力的强调，灵魂可以在精神共同体中发现自己，并通过它获得拯救。在基督教诞生以前，犹太教对犹太共同体的整体性的关心远远胜过对其成员的孤立身份的关心。的确，犹太人的身份仅仅是他在共同体中的身份，除此别无其他。直到现代，我们关于个体认同的观念——思想者、存在主义的主人公、"佛性"或是黑塞的葱头——才变得难解起来。今天，当我们思考"我是谁？"这个问题时，我们太容易忘记，我们不仅仅是我们的个人特征和才能，不仅仅是一个与共同体割断的孤立原子，正是在共同体中，我们的存在、我们的特征以及我们的才能才获得了意义。譬如，离开了特定社会的语境，说一个人"有魅力"或"美貌"是什么意思呢？如果不置身于那些对"聪明""迷人"或"风趣"等品性与你有相似观念的人当中，这些品性又当如何理解呢？如果我们没有生活在一个使"值得信赖"或"慷慨大方"等德行有意义并且对之加以褒扬的社会，这些德行又意味着什么呢？换句话说，被我们归于个体自我的绝大多数特征，其实已经预设了他人的存在以及我们与他人的共处。

这一发现也可以在更深刻的哲学层面重新表述。回忆一下笛卡儿的论点，即我们在认识到他人存在之前，就直接地、毫无疑问地意识到了我们的自我、我们的心灵。我们曾经指出，笛卡儿说我们有无可怀疑的自我意识，这是可疑的。我们也许可以意识到思想，但这并不意味着我们意识到自己是一个思想者，意识到了"我"。然而，我们怎样才能认识思想呢？也许有人会说，我们之所以认识到了思想，仅仅是因为我们拥有允许我们这样做的语词和概念（考古学家告诉我们，古代的人没有这种语词和概念，所以他们只能把我们所说的"思想"称为"声音"，这种声音可能来自神）。可是，我们是从哪里得到这些语词和概念的呢？从我们的语言中，我们只有在一个他人的共同体中学习语言，他人教给我们这种语言，给予我们概念，实际上，是他人教会我们说"我思故我在"——并且不去怀疑它的。

这就意味着，我们并不能确切地知道自己的存在，我们知道自己的存在仅仅是因为我们的社会教会了我们认识到这一点。然而这也意味着，他人的存在是没有疑问的，这并不是一个需要用不太恰当的、成问题的类比论证加以支持的可疑信念。事实上，他人的存在和我们的存在都是我们思考的前提，而不是一个通过思考得出的可疑结论。正因如此，德国存在主义者马丁·海德格尔说，从本源处讲，我们是共同体特别是"无此人"的一份子，正是在这个共同体中，我们学会了怎样成为一个个体，怎样成为"本真的"。

也正因如此，黑格尔写道，我们在"精神"中找到了我们真正的身份。说得更政治一些，卡尔·马克思告诉我们，从本质上讲，我们都是社会性的存在，我们只有在一个（特定类型的）社会中才能获得自己的身份，说到底，我们是在人类的整个大背景中获得自我认同的（他把我们称为"类存在"，这种存在的生活和工作不仅是为了自己，而且也是为了整体）。因此，一旦我们把思考推向深入，我们便会发现，无论作为个体的存在对我们来说是多么重要，这种个体性的存在只有在我们所处的社会大背景中、在我们与他人的关系中才是有意义的。

 与哲学家相遇： 马丁·海德格尔（1889—1976）

马丁·海德格尔是德国的存在主义者，他深刻地影响了20世纪的许多欧美哲学家。他最有名的著作是《存在与时间》（1927），在很大程度上正是由于他的著作，"本真"（或"本真的自我"）的概念才广为流传。

引文资料： 他人自我（常人）

每人都是他人，而没有一个人是他人本身。这个"常人"，就是日常此在是"谁"这一问题的答案……这个常人却是"无此人"。

日常生活中的此在自己就是常人自己，我们把这个常人自己同本真的亦即本己掌握的自己加以区别。[1]

——海德格尔《存在与时间》，1927

[1] Heidegger, Martin. *Being and Time*. Translated by John Macquarrie and Edward Robinson, State University of New York P, 1962, pp. 165–167.

与哲学家相遇：卡尔·马克思（1818—1883）

卡尔·马克思通常会被看成一个社会改革家和革命家。事实上，他是一个颇有成就的哲学家，是一切时代最伟大的经济理论家之一。他是黑格尔的学生（虽然黑格尔在马克思就读柏林大学之前就去世了），他借用了黑格尔的"辩证法"概念，并通过斗争与解决来理解社会的发展。但黑格尔的主要概念是"精神"，而马克思却强调人类生活更加物质的层面——比如对食物、居所和安全的需求。不过马克思也强调个人的精神需要，尤其是艺术、创造性以及对自然的欣赏（他没有把宗教包括在这些"精神"需求之内）。

引文资料：个人的社会性

就像社会使人成为人一样，社会也是人创造的。人的活动和思想在内容和起源上都是社会性的；它们是社会的活动、社会的思想……个人是社会性的存在。[1]

——卡尔·马克思《1844年经济学哲学手稿》

自我与关系

我们与他人关系的本质就是冲突。[2]

——让-保罗·萨特

人是一张关系网，只有这些关系对他才是重要的。[3]

——安托万·德·圣埃克苏佩里

我们对自己的看法决定了我们与他人的关系。诗人和哲学家常说，爱始于自爱，社会批评家也指出，恨往往始于自我憎恨。然而，值得认真反思的是，在我们这样一个注重自我利益的个人主义的社会里，自我实现和个人的自我认同说得太多了，而关于我们与他人关系的本质却讲得比较少，至少从哲学层面上给予这一问题的关注是不够的。当然，我们知道其中的原因：我们关于自我的观念使我们倾向于

① Marx, Karl. "Private Property and Labor." *Early Writings*, translated by T. B. Bottomore, McGraw-Hill, 1963, pp. 349–350.

② Sartre, Jean-Paul.*Being and Nothingness*. Translated by Hazel Barnes, Washington Square P, 1956, p. 555.

③ Saint-Exupéry, Antoine de, cited in Merleau-Ponty, Maurice. *Phenomenology of Perception*. Translated by Colin Smith, Routledge & Kegan Paul, 1962, p. 456.

认为，我们真正的、本质的或本真的自我仅为我们自己所独有，而我们与他人的关系则是相对次要的，或者从某种意义上说是外在的。我们时常谈论"伸手接触他人"；诗人和精神病学家向我们讲述了孤独的苦境，我们每个人都是被孤零零地降生到这个世界上的，我们不顾一切地试图通过爱一个人来找到避难所。

然而如果自我是社会性的，那么所有这些努力很可能就是不真实的。我们需要做的不是伸手接触他人，而是把业已存在的关系变为现实。认为我们每一个人都孤零零地降生于世，这种看法是错误的；从生物学的意义上讲，甚至连我最初的闪亮登场也至少有另一个人（母亲）同时参演，而且产房通常是相当拥挤的。于是，这个问题就变成了：自我观念所肇始的我们之间关系的本质是什么？

当然，我们之间的关系是多种多样的——爱、恨、依赖、恐惧、爱慕、妒忌、同喜同悲、亲属、父母、爱国主义、竞争、性吸引、团队精神、狱友、竞争对手、同桌等。这些关系中的每一种都需要具体分析和理解。但一般来说，我们可以把我们的关系概念分成更明朗的两类：一种是"我们（或我）对他们"（us versus them 或 me versus them），另一种是"我们"（we）。前者假定我们与他们之间存在着一些根本性的差异甚至是对抗，后者则以一种共享的身份为前提（当然，其中可以存在某些差异）。

作为一种极端的情形，第一种"我们对他们"的观点可以通过大多数战争得到说明。也许在某些战争中，战争的双方存在着某种血亲关系，但即使是在大多数内战中，双方都把对方设想成"敌人"，而且经常把对方说成是非人道的、野蛮的和未开化的。从一种更加个人的、火药味较少的角度来看，"我们对他们"的观点至少在我们与陌生人竞争时会短时间地出现（比如为了同一份工作、为了公交车上的一个座位，或是比赛时抢道）。无论是哪种情形，强调的都是双方的差异；其前提通常都是，一个人的获得很可能会导致另一个人的损失，一个人的自我认同是独立于或相反于另一个人而得到规定的。

第二种观点则把相互认同看作首要的，而把差异看作第二位的。它以合作为前提，认为助我者也助人，自我认同是由相互认同来规定的。一个熟悉的例子是，当我们在同一个球队效力时，我们会有一种共享的认同感。我们之间当然存在着差异，我们站在不同的方位，技巧和个性也各有不同。但只有球队才是最重要的，我们都知道，如果队员们关注个人表现胜过整个球队的表现，那么比赛必定会失败。另一个例子是爱，无论它是亲子之爱、夫妻之爱还是对祖国的爱。爱也是共享认同的先决条件，一个人是通过关系来规定自我认同的（至少部分是这样），一个人的利益也被认为是另一个人的利益（即使情况不是这样，比如一个人把另一个人的利益占为己有的时候也是如此）。

这两种观点都有其深层的哲学根源。比如第一种观点可以在"他人心灵的问题"以及唯我论者的"自我中心主义的困境"中清楚地看出，对于唯我论者而言，所有他人都是名副其实的他者，都是不可知和不可及的。而那些敦促我们"逃离孤独""伸手接触他人"的人的言论则更甚于唯我论。这句流行的（美国）口头语预设了我们生就孤独，而且想不顾一切地摆脱这种孤独。然而可以试想一下，把它告诉一个庞大的部落家族中第七个孩子会不会管用。事实上，我们的孤独感既谈不上普遍，亦非"人类境况"的一部分，而是我们这个变动不安的、个人主义盛行的社会所导致的一个不可避免的后果。然而我们却倾向于认为，这个孤立的个体自我不仅是真正的自我，而且也是我们可以绝对确定的唯一的东西。于是，我们把了解他人和与他人建立关系看成一个困难，也就不足为奇了。

例如，这种看法在萨特的《存在与虚无》（以及他的许多小说和戏剧）中被残酷地提了出来。萨特主张，我们与他人的关系从本质上说就是冲突。然而，我们可以看出他的结论为什么必定如此。在著作的开篇，他先为严格的个体自我概念进行辩护，认为我们每个人都力图按照某一形象创造自我，都力图成为本真的自我。这样一来，他人就外在于这种对自我的创造；他们或者是创造自我的工具或尚待加工的材料，或者是创造自我的讨厌的障碍。例如，他人往往通过提出要求、设定期望值来限制我们的能力，于是也就干涉了我们创造自我的自由。萨特认为，在男女关系中，这种相互的干涉和对抗达到了顶峰；性乃至爱都只不过是男女双方为了实现各自的自我而进行竞争的武器，每一方都力图强迫另一方同意他（她）的自我概念。于是，我们所有的关系从本质上说都是冲突，即使关系的双方看上去好像非常适意，并且相互赞成（值得注意的是，萨特晚年重新思考了这些观点，而且他本人终生都与西蒙·德·波伏娃保持着浪漫的关系）。

然而，这种对关系的悲剧性的看法是建立在本身就有问题的个体自我观之上的。如果我们转向第二种关系概念，即认为我们之间业已存在着关系，那么问题就可以得到部分解决，并且发现一种悲剧色彩较少的关系概念。例如，当我们宣称"我们彼此成就对方"的时候，我们就是转向了第二种概念，这意味着，我们之间的联系在相遇之前就已经确立了。人们说"婚姻是天作之合"也是同样的道理。尽管这种观念作为一种社会学理论受到了目前离婚统计数据的严重挑战，但它作为一种哲学观点却颇有可圈可点之处。我们自降生的那一刻起，就开始与他人建立和重建关系，而且不是与个别的人建立关系，而是与**各类人**建立关系。于是在我们的生活中，大人或老师换了一个又一个，朋友换了一个又一个，甚至男朋友或女朋友也不例外。

当然，这并不是说我们没有能力做出特别的许诺，或是不能忠于一个朋友或配偶，而是说我们与他人的关系是我们从一个人带到另一个人的各类关系，其中有些关系我们从生下来就有了。因此，当弗洛伊德坚持说，每一个男人都恋母，每一个女人都恋父时，他并没有违背常情。一个人在婴儿期习得的关系、期望和好恶往往会以一种经过剧烈调整的、甚至颠倒的方式伴随他的一生。但是，按照这种观点，我们并不是那种拼命寻找他人的孤立个体；我们已经有了一些关系网，这些网是由不同的人在不同的时间、以不同的方式结成的。我们的自我概念——我们的自我认同——是由这些关系网轮流确定的，说到底，没有它们，我们就什么都不是。

📝 **引文资料**：两个人怎样变成一个人：阿里斯托芬

> 因此，当一个人与他的另一半相遇时……一些奇妙的事情发生了：这两个人被爱所点燃，被一种归属于对方的感觉所撞击，被欲望所俘虏，他们甚至一刻都不想分离。[1]
>
> ——柏拉图《会饮篇》，公元前4世纪

柏拉图的对话《会饮篇》中有一个小故事，可以很好地说明第二种"彼此成就对方"的观点。晚宴上的朋友请求剧作家阿里斯托芬告诉他们爱的本质和起源，阿里斯托芬讲了一则奇妙的寓言，这则寓言说，很久以前，我们每个人都是"两体人"，有两个脑袋、四只胳膊、四条腿，而且极为聪颖和傲慢（也就是希腊人所说的"自高自大"）。为了给人以教训，众神之王宙斯把这些造物劈成了两半（阿里斯托芬说，"就像切苹果一样"）。这样一来，每个"半人"就不得不四处寻找他（她）的另一半。阿里斯托芬得出结论说，这就是爱的起源，爱不是一个孤立的个体寻找另一个个体，而是与另一个已经是"另一半"的人重新结合。当然，这个寓言纯属虚构，但它的含义却是相当深刻的。关系并非始于人们初次相遇之时，从某种意义上来说，关系始于人类诞生之际。换而言之，完整的自我并非单个的人，而

---

[1]　Plato. *Symposium*. Translated by Alexander Nehamas and Paul Woodruff, Hackett, 1989, lines 192b–c, p. 28.

是（有时相爱的）人的集合。

──── **篇末问题** ────

1. 当一个人说"我这么这么想……"时，它必然指涉那里的一个自我吗？或者说，"我"这个词是否只是一种语法功能？正如伯特兰·罗素曾经指出的，"它在我之中思考"或者"这里有一个思想"有意义吗？

2. 在戏剧《无出路》中，萨特让他的剧中的一个角色高呼："他人就是地狱。"他也许是这样想的，人们彼此之间的干涉强烈到了如此地步，以至于地狱也许就是人们用其言行举止相互折磨，就像我们在现实中的所作所为一样。你赞同这种对人的关系的描画吗？为什么？

3. 如果一个十几岁的少年犯了罪，被送进劳改学校待了几年，那么20年后，当这个人说"我现在是一个完全不同的人"时，他会用什么样的理由来为此辩护呢？

4. 你把你的自我（或自我认同）的哪些方面直接归于一个特殊家庭、特殊社会、特殊地区、特殊城市或其他环境对你的养育？把哪些方面归于"本性"（亦即归于本能和遗传特征）？把哪些方面完全归于你自己，它们独立于他人和你的生物学本性？

5. 如果你被告知（也许是在一则科幻小说里），某个"人"是一个机器人，你将怎样来辨别？

6. 你的种族构成了你的自我的一个本质部分吗？为什么？

7. 你的性别构成了你的自我的一个本质部分吗？为什么？

8. 婚姻有时会被形容为两个人的"结合"。撇开性结合不谈，这意味着什么？

9. 一个新生的婴儿有自我吗？你会用何种理论和考虑来回答这个问题？

10. 计算机会有幽默感吗？有了幽默感它会做什么？如何说服你相信它有幽默感？（打印出"哈哈"，然后摇晃一下就够了吗？）如果计算机缺乏幽默感，它是否必然缺乏"自我"？

—— 阅读建议 ——

Chalmers, David. *The Philosophy of Mind: Classical and Contemporary Readings*. Oxford UP, 2002.

Flanagan, Owen. *Self Expressions*. Oxford UP, 1996.

Parfit, Derek. *Reasons and Persons*. Clarendon P, 1984.

Pascal, Blaise. *Pensées*. Translated by A. J. Krailsheimer, Penguin, 1995.

Perry, John. *Dialogue on Personal Identity and Immortality*. Hackett, 1978.

Perry, John. *Personal Identity*. U of California P, 1975.

Rosenthal, David. *Materialism and the Mind-Body Problem*. 2nd ed., Hackett, 2000.

Solomon, Robert C. *Existentialism*. 2nd ed., Oxford UP, 2004.

____. *What Is an Emotion?* 2nd ed., Oxford UP, 2003.

7

第七章

自由

Chapter 7

Freedom

　　总而言之，人的行动绝不是自由的；这些行动总是他的气质、既定观念、他对幸福形成的正确或错误的看法……的必然结果。[1]

　　　　　　　　　　　　　　　　——保罗·昂利·德·霍尔巴赫男爵，1770

　　一个人自身的随心所欲的自由选择，一个人自身的即便是最野蛮的任性，一个人自身的有时甚至是被激怒到发狂程度的幻想：这一切便是那总是被忽视的"最为有利的利益"。[2]

　　　　　　　　　　　　　　　　——费奥多尔·陀思妥耶夫斯基，1864

—— 开篇问题 ——

1. 自由是少数几件值得我们为之奋斗甚至献出生命的事物之一，也是我们的文学和民间故事的主题之一。这意味着什么？在哪些情况下你相信这种说法？在哪些情况下你不相信？试举例说明。这两类情况有什么重要区别？

2. 你的言行大致能够反映出你在生活中受到的影响，比如你所接受的训练和教育，你所认同的榜样和规矩等。其中一些影响来自你的父母，当你很小的时候，他们给你灌输偏见和偏好，使你再也不可能考虑其他选择；另一些是强加于你的（通过惩罚或拒绝来威胁你）；还有一些则是别人通过电视、杂志或其他大众传媒潜移默化地灌输给你的。这些影响是否减弱了你行动或决策的"自由"？假如你可以摆脱所有这些影响来做决定，那么你在何种程度上可以说是更自由的？

3. 你是否做过一个完全属于你自己的决定？

4. 我们常说某个恋爱中的人被感情"俘虏"了，这是可能的吗？一个受爱情支配的人是否要比一个根据审慎推理来行动的人更少自由？

5. 如果一个人犯了重罪，但他这么做完全是由他所受的教育、接受的不良影响或吸毒所决定或导致的，那么谁应对此负责？是他吗？是社会吗？他的同伴？毒贩？每一个人？抑或只是"命该如此"？

---

[1] Holbach, Baron Paul Henri Thiry. *System of Nature, or Laws of the Moral and Physical World*. Edited by Denis Diderot, translated by H. D. Robinson, vol. 1, Batoche Books, 2001, p. 105.

[2] Dostoevsky, Fyodor. *Notes from Underground*. Translated by Andrew R. MacAndrew, New American Library, 1961, p. 110.

6. 要在一个好的社会里过良好生活，自由是必需的吗？你能否想象一种情形，自由是不受欢迎的，或至少是无关紧要的？给人以自由是否总是对他有益？

7. 一个没有任何拖累的人是否要比一个对他人负有义务的人更自由？是否正像我们的爱情歌曲唱的那样，结束一种关系意味着"重获自由"？一个被工作中的义务和责任之网紧紧束缚的人是否一定要比一个自愿不工作的人更少自由？

—— 自由与良好生活 ——

早期的美国爱国者帕特里克·亨利[Patrick Henry（1736—1799），美国演说家和政治家，美国独立战争的核心人物之一，以其爱国讲演而闻名]高呼："不自由，毋宁死！"无论我们是否像亨利那样极端，大多数人都相信，自由是世界上最重要的东西之一。自由不仅仅是良好生活的一个要素，而且也是它的先决条件；事实上，自由本身就可以是良好生活。为争取自由而斗争一辈子，这是可能的。较之其他，我们认为没有什么更重要的东西值得去争取了。在一个更深的哲学层面上，自由似乎不仅是良好生活的先决条件，而且也是道德和道德责任的逻辑前提。如果我们不能按照自己选择的方式去行动（对错姑且不论），那么让我们对自己的行为负责似乎就失去了意义；给我们加上那些道德规范和原则以指导我们应当怎样行事，也就起不到什么作用。毕竟，我们不因一个人服从引力定律就对其加以褒贬，也不觉得告诉他应当这样做有什么意义。伊曼努尔·康德在讨论道德哲学和自由时写道："'应当'蕴含'能够'。"（康德伦理学的一个公式，意思是对一个既定的人在道德上应该履行某一行为的正确判断，在逻辑上就预先假定了这个人能够履行它。他能履行它不仅仅是假如他想要、喜欢或愿意履行就能履行，而是在绝对意义上他能履行）没有自由就无所谓道德。我们常说，没有自由的生活很难说是值得过的。

显然，形而上学自由和政治自由有着共同的重要之处。在这两种意义上，自由都意味着自主行动的无约束的力量，而不是被我们外部的任何东西强迫。在本章，我们所要考虑的问题之一是，为什么我们认为自由是如此重要，以及它实际上有多么重要。我们还会考虑这样一种观点的价值，即我们想象中的形而上学自由是虚幻的，或者比我们想象的更受限制。但是，自由到底有多么重要，它的含义是什么？

这是我们很少考察的问题。此外，有一种有力的论证（我们已经在很大程度上接受了它）似乎认定，人没有选择或行动的自由。这种观点被称为决定论，它可以很自然地从我们在前面所说的普遍因果性原理——任何事件都有其解释性的理由（见第五章）——中导出。如果人的决定和行为是事件，它们就必定存在着解释性的理由。然而，如果一个行为或决定是被引起的（也就是被较早的事件或情况导致或决定的），那它怎么可能是自由的？我们说自己可以做出一种"选择"，这又是什么意思呢？

在我们详细讨论这件麻烦事之前，先提出两个问题。由于我们已经习惯了对自由进行恭维，因此很少有人会提出这种问题。它们是，自由为什么对我们这么重要？什么是"自由"？

自由为什么对我们这么重要？

我们把自由和奴役设定为对立的两极。我们想象出一种对立关系，认为自由是一极，奴役是另一极。这使得自由的情形绝对而且单纯。谁愿意做奴隶呢？但奴隶主和奴隶之间的区别仅仅在于一方有自由而另一方缺少自由吗？奴隶主住的是庄园，奴隶住的是简陋的宿舍。奴隶终日辛劳，奴隶主却饮着薄荷酒。奴隶主不是还挥舞着鞭子抽打着奴隶的脊背吗？偏爱奴隶主的生活证明不了什么自由。[1]

——弗里特约夫·伯格曼，1977

 引文资料：法西斯主义

与个人主义相反，法西斯主义者是为国家着想的；而且在他与国家保持一致的范围内，也是有利于个人的……法西斯主义有利于自由……能成为现实的唯一自由，国家的自由，国家中个人的自由。[2]

——尼托·墨索里尼《法西斯主义的信条》，1934

"自由"这个词几乎使每个人都感到兴奋，但它却可能意味着任何东西。我们通常把"自由"定义为我们的言行、信仰和活动不受任何（不合理的）约束。但

---

① Bergmann, Frithjof. *On Being Free*. Notre Dame UP, 1977, pp. 7–8.

② Quoted in Oakeshott, Michael. *The Social and Political Doctrines of Contemporary Europe*. Cambridge UP, 1939, pp. 166–167.

是，被扔下不管和自由是一回事吗？一个人待在沙漠里是自由的吗？还有，什么东西算是"不合理"的约束？当我们考虑几乎任何一个有争议的社会问题，特别是那些有关吸毒、性或其他个人活动的社会问题时，这个问题的模糊性就变得很明显了。

 引文资料： 自由：赞成与反对

我们的文化对自由有一种相互矛盾的看法……

首先，自由是美好的，这是不言自明的；自由把人同野兽区别开来，使人高于自然。自由赋予人一种特殊的、不相称的地位，人一旦失去了自由就不再享有这种地位……这是一种比较"官方"的传统，视自由为每个人渴望的目标，自然而然，显而易见，且给人以满足感……各方都为自由而斗争，甚至纳粹分子也宣称他们赞成自由……

如果要用一则警句来概括第二种传统，我们可以选"逃离自由"……人人可以选择……幸福或尊严……这些词，或此或彼，但不可兼得……从这一观点来看，自由主义看上去就像一个不可能实现的二者兼得的要求；它把幸福和自由联系起来……使得选择成为多余。令人惊讶的是，自由主义通常把这视为完全显然的事情，好像从来就没有什么问题似的。[1]

——弗里特约夫·伯格曼《自由论》，1977

在《自由论》中，弗里特约夫·伯格曼概述了他所谓的我们"对自由的矛盾看法"。这种看法的一个方面是一种常见的观点，即自由是"美好"的。正是自由赋予了人类高贵的地位，并把我们从自然界中分离出来，并且，每一个社会中的每一个成员都把自由视作理所当然的目标，即便他们不理解这个词，或从未思考过自由的含义。追求自由的冲动是无可置疑的，自由的价值是绝对的，甚至比生命本身还重要。但需要注意的是，这种看法已经导致了一种两难：一方面，我们已经（生来）是自由的；另一方面，我们还渴望自由。（卢梭写道："人生而自由，却又无往不在枷锁之中。"[2]）因此，我们应当区分内在自由（形而上学

---

[1]　Bergmann, *On Being Free*, pp. 1–4.

[2]　Rousseau, Jean-Jacques. *On the Social Contract. On the Social Contract; Discourse on the Origin of Inequality; Discourse on Political Economy*, translated and edited by Donald A. Cress, Hackett, 1983, p. 17.

的）或我们与生俱来的"自由意志"，和外在自由（政治的），即我们必须为之奋斗的自由。

而第二种看法则认为自由是可怕的，我们唯恐避之不及。有时一个人不得不做出会影响一生的抉择，比如挑选一所大学、择取终身伴侣、决定是否参军等，这往往会让人感到痛苦甚至恐惧。所以，当别的什么人替我们做了选择，或者干脆让"命运"来替我们选择的时候，我们（或至少是一部分人）会感到如释重负。例如，存在主义哲学家让-保罗·萨特以及心理学家埃里希·弗洛姆认为，我们都试图"逃离自由"，因为我们发觉自由实在是太痛苦了。我们退回到对权威的无条件服从，陷入了萨特所说的"自欺"状态。伯格曼举的例子是陀思妥耶夫斯基的小说《卡拉马佐夫兄弟》中宗教大法官的故事。耶稣最终重新降临人间，但却遭到同为基督教领袖的宗教法官的囚禁。囚禁的原因是，耶稣将自由施与众人，而宗教法官却认识到，人们真正需要的是权威和神秘感，所以便给了他们教会。当然，人们还有"自由"这个词，但他们学到的却是服从和奴役。

 引文资料： 我们要的是自由的幻象而非真相吗？

宗教大法官对刚刚重返人间的基督说：

"当时，你不是经常说我要使你们得到自由吗？但是你现在不就看见这些自由的人了吗？"这老家伙忽然发出一阵深沉的冷笑，加上了一句。"是的，这事花费了我们高昂的代价，"大法官严厉地看着他……"15个世纪以来，我们为赢得这一自由历尽千辛万苦，但是现在这事完成了，彻底完成了……但是，要知道，现在，正是眼下，这些人比过去任何时候都更确信他们是完全自由的，然而与此同时，他们又亲自把自己的自由给我们送了来，服服帖帖地把它们放到我们脚下。"①

——费奥多尔·陀思妥耶夫斯基《卡拉马佐夫兄弟》，1880

我们认为自己想要自由，但真的如此吗？如果我们的确想要自由，为什么？想象一个小岛上的村庄，那里的人们快乐地生活着。每个人一出生，他这辈子所要扮演的角色就已经确定了，他日后将根据自己的年龄分几个阶段逐步完成自己的使

---

① Dostoevsky, Fyodor. *The Brothers Karamazov*. Translated by Andrew R. MacAndrew, Bantam, 1970, pp. 302–303.

命。每个人都了解自己的身份，知道别人期望他做什么事情。生活足够充实，人不会感到无聊；生活也足够富裕，物品不致匮乏，也不会发生自私的内耗。在这样的社会里，"自由"意味着什么？在这种情况下，"自由"的价值是什么？假设有一只从欧洲来的船要在这个岛靠岸，船员们打破了这个小村庄的结构与和谐，并迫使村民做出艰难的抉择，按照我们所谓的"自由"重新组织他们的生活，这一定是对他们生活的一种改善吗？自由必然是一种恩典吗？再考虑一个刚被解雇的人，他的老板说："现在你自由了，白天的时间可以想干什么就干什么。"如果这就是自由，它好在哪里呢？除非这个工作完全不可忍受，否则这种新得的自由还有什么好处可言？

📝 **引文资料：**选择奥瑞（Ori）

[在约鲁巴人的哲学中，]一个人的个性中最重要的因素是奥瑞，意思是"内在的头脑"……奥瑞决定着一个人的命运。与其他文化对灵魂的解释不同的是，约鲁巴人选择他们的奥瑞。在创世神话中，阿贾拉（Ajala）（即"头脑陶艺师"）给每个躯体都配上一个头。但在一个人出世之前，他必须到阿贾拉的房子里去挑选一个头。阿贾拉给人的印象是不负责任且心不在焉，事情也因此而变得复杂起来了。结果阿贾拉造了很多坏的头，有时是忘记了烧制，有时又把一些头弄得残缺不全，或是把另外一些烧过了头。据说阿贾拉欠很多人的钱，所以他经常藏到屋顶上以躲避那些债主，而把他放在火上的头弃之不顾，任凭它们在火上烧烤。当一个人到阿贾拉储藏头的仓库里时，他并不知道哪些头是好的，哪些头是坏的，所有的人都在不知情的状态下挑选。如果一个人挑了一个坏的头，那么他的生活就注定会失败。而如果挑到一个好的头，他就必能过上美满、富裕的生活。只要努力，就一定能成功，因为他们不需要在昂贵的头脑修补中花费什么精力。[①]

——雅克琳·特里米耶《非洲哲学》，1993

当然，这些例子是由于我们把问题推向了极端，让自由呈现在最糟糕的可能性

---

① Trimier, Jacqueline. "The Myth of Authenticity: Personhood, Traditional Culture, and African Philosophy." *From Africa to Zen: An Invitation to World Philosophy*, edited by Robert C. Solomon and Kathleen M. Higgins, 2nd ed., Rowman & Littlefield, 2003, p. 179.

中。但这种例子是必要的，因为它们可以用来平衡另外一些例子，即人们被某些强大的征服者或某个暴虐的国王或女王虐待，普遍处在悲惨的、受压迫的境地，从而以"自由"之名奋起反抗。对美国南方各州的奴隶来说，1865年的奴隶解放并没有立即改善他们的生活。至少在那些遵从教派的基本信仰和实践的成员看来，许多宗教社区中自由的缺乏并未被当作一种极为不利的因素或非人道的状况。从这种反面的角度看来，人们的确可以认为，美国的历史显示了以服从和顺从为前提的家庭和社区价值观的崩溃；个人选择"自由"的出现威胁到了那些遵奉习俗的社区的宁静与和谐，有时甚至造成了破坏。

在我们看来，这种论证似乎违背了我们美国人一直在宣扬和支持的一切，但今天却有人以"美国价值"和"自由"的名义为之进行有力的辩护。这样，我们又一次遇到了隐藏在"自由"一词之下的两难困境：我们真的想要高于一切的自由吗？或者，自由往往是破坏性的、不受欢迎的和不值得追求的？美国生活的基本价值究竟是"自由"，还是社区价值和遵守道德的美德？它们并不是同一种价值——事实上，它们似乎是针锋相对的。那么，我们能够二者兼得吗？

什么是政治自由？

当人们可以自由地做他们想做的事情时，他们往往相互模仿。[1]

——埃里克·霍弗，1955

在给"自由"下定义以及试图说出自由的好处时，我们碰到的一个问题是，自由常常是一个否定性的概念；它是针对某事的回应，我们只有在特定的背景下，才能知道这个"某事"的意思。当一个民族终日在一个蛮不讲理的高压政权下受苦时，或者当一个少年每天被迫连续上6小时枯燥乏味的课时，"自由"一词的含义是清楚的：它意味着"摆脱……的自由"。如果我们不情愿地缴纳强加于我们的税赋，那么减免税收就是自由的一种形式。如果政府不允许我们说出自己的意见或是奉行我们的宗教信仰，那么我们说话和崇拜的权利就是自由。

更为困难的情况是：既没有明确的压迫者，也没有明显的苦难，或是既没有清楚的背景，也没有明确的事物要反对。回到前面举的小村庄的例子，如果我们摧毁了那些幸福的当地人感到很满意的生活，使他们变得"自由"，那么"自由"一词的含义就一点也不清楚。或者，如果我们愿意，我们也可以说刚被解雇的人是"自

---

① Hoffer, Eric. *The Passionate State of Mind*. Buccaneer Books, 1996, p. 21.

由"的，但实际背景并不能证明这个结论的正确性。员工们并不想失去他们的工作，也不想做什么别的事情。他们也许可以自由地摆脱那个特定工作的要求，但他们可以自由地去做什么却一点也不清楚。仅仅说"他们可以自由去做任何事情"是不行的。首先，这显然是错的（谁都没有那么多自由）；其次，"可以自由地去做任何事情"可能只是一种欺骗性的表达方式，说他们没有办法去做他们想做的最基本的事情。

📝**引文资料：** "摆脱……的自由"是不够的

只有当人类被定义为从最基本的角度来说是自由、理性、自利和自主的个体时，才有可能在失业、住房短缺、卫生保健的缺乏、贫困、疾病和导致许多人悲惨生活的其他许多东西的缓解方面无所作为而感到道德上正当。……这是从概念上、从最基本的角度把人类看成个体——尤其在道德层面，但也在法律层面——并把个人自由看得高于一切的黑暗面：我们太容易看不到我们的社会性、我们对他人和同胞的责任；自由是以牺牲社会正义为代价的。[①]

——罗思文《所罗门式的审判、权利、真相与和解委员会》，2012

背景问题说明，自由不能仅仅被认为是"摆脱某种令人讨厌的强制、权力或规定的自由"，而且也应被认为是"做……的自由"或"拥有……的自由"。人们追求一种摆脱高压政权的自由，是为了给他们自己建立一个民享政权。那个在课堂上愁眉不展的少年想离开学校，是为了去打棒球、钓鱼或是干脆躺下来晒太阳。这两种自由的概念，即"摆脱……的自由"和"做……的自由"（自18世纪以来）分别被称为消极自由和积极自由。它们总是同时出现；即使只说出其中一个，这一个也总是预设了另一个。的确，如果民众对政权更迭连一点模糊的概念都没有，那么无论这个政府是多么令人难以忍受，很难想象他们会推翻这个政府。同样，如果那个少年对他要做的事连一点基本的想法都没有，那么也很难设想他会不顾一切地逃离学校。

---

① Rosemont, Henry, Jr., "Solomonic Justice, Rights, and Truth and Reconciliation Commissions: A Confucian Meditation." In *Passion, Death, and Spirituality: The Philosophy of Robert C. Solomon*, edited by Kathleen Higgins and David Sherman, Springer, 2012, pp. 196–197.

引文资料：三样自由

多亏上帝的仁慈，在我国，我们有三样东西珍贵到了难以用语言形容的地步：言论自由、良心自由以及从不实践这二者的谨慎。[①]

——马克·吐温（1835—1910，美国幽默作家）

由此我们可以理解，如此不同的自由定义是怎样在政治和历史中出现的。宣称自由就是对国家的服从的法西斯分子，实际上只给了我们积极自由的概念，而置消极自由的概念于不顾（比如试想一下，一个新教国家中的天主教徒被禁止服从天主教会的权威，否则就要受到宗教迫害，由此可见，这种能够自由地服从的观念对我们来说也是完全可以接受的）。另外，公民自由至上主义者强调消极自由的概念（比如在为消除种族歧视和政治歧视做斗争的时候），有时却没有提及积极自由的概念。

然而，置积极自由的概念于不顾很容易导致一种荒谬的情形，即人们渴望摆脱一切限制的自由，但却对他们要这种自由做什么没有一种正面的想法。例如，一个要求言论*绝对自由*的人，可能并没有对言论应当受到哪些限制加以考虑。在拥挤的剧院里大喊"着火了！"固然是坚持了一个人摆脱一切限制的绝对自由，但这并不意味着他可以拿这种自由做任何事情。而且，如果我们只关注*摆脱*政府机构的干预和他人干涉的消极自由，那么我们就会被引向一个荒谬的结论，即最自由的人是置身荒漠中的人，因为他不会受到政府的干涉和他人的限制。当然，我们可以坚持说，此人也从需求中摆脱出来了，但这只是说，他有拥有人类生存必需品的自由，对多数人来说，生存必需品包括同伴之谊、有序的社会以及食物、水、容身之处。

引文资料：两类自由

关于消极自由：

自由的历史就是反抗的历史……限制政府权力的历史。[②]

——伍德罗·威尔逊（1856—1924，美国第28任总统）

[①] Mark Twain. *Following the Equator: A Journey Around the World*, American Publishing Company, 1897, ch. 20. *Project Gutenberg E-book*, http://www.gutenberg.org/files/2895/2895-h/2895-h.htm.

[②] *Congressional Record: Proceedings and Debates of the United States Congress,* vol. 106, part 9, U.S. Government Printing Office, 1960, p. 11269.

续

> 关于积极自由:
>
> 无论什么人，只要他拒不服从[人民的]公意，整个社会就要迫使他服从。这就是说，人们要迫使他自由。[1]
>
> ——让-雅克·卢梭《社会契约论》，1762

自我概念和自由概念

我们努力*摆脱*某种东西的冲动往往比我们想自由地做的事情更加明显。热衷于反对什么东西是很容易的，以致你为之奋斗的目标常常被忽视，或者成为某种类似"自由"这样的空洞口号，而根本没有考虑其内容。使这里的情况变得特别困难的是，许多人都认为，无论我们反抗的是什么，在某种程度上，我们都在为我们自己而斗争，为赢得一次完善自我和实现自我的机会而斗争。但正如我们在前一章中所看到的，什么算得上自我，这并不总是显然的。

如果我们把"自我"理解成一个孤立的个体本身，那么自由往往指摆脱他人和社会的自由，无论我们想自由地做什么事情。于是我们可以看到，"找到你自己"的自由往往是通过"抛开一切"而得到的，换句话说，是通过纯粹的消极自由得到的；而如果我们把"自我"理解成一个社会实体，其存在完全依赖于我们和他人的关系，那么这里的自由就必然包含我们和他人的关系，在这个意义上，孤独的人就一点也不自由了；再者，如果我们遵照佛教徒的观点，把"自我"看作一种幻觉，那么自由往往指摆脱这种幻觉的自由，以及作为"佛性"的一部分去实现自我的自由；最后，如果我们把自我看作从根本上有意识的，那么自由往往指意识的发展——这也是我们西方传统中最常见的意思。然而虽然这说起来很简单，由于存在着多方面的意识，所以并不是所有意识都等同于我们的"自我"的。

例如，假设我们把自我等同于我们对他人的感情、我们的社会依附以及我们对自己作为一种社会存在的感觉，那么相应地，我们的自由概念就将成为这样：当我们扮演这些角色，参与这些关系时，我们是很自由的；而当我们不能扮演这些角色，或是不能与朋友们在一起时，我们就不那么自由。不管恋爱中的人有什么别的事要做，当他远离自己的心上人时，他是不会感到"自由"的，因为对他的"自我认同"而言，只有这一种关系称得上是本质性的。一个在国外的旅行者可以完全摆脱一切期望和责任，或是摆脱来自他人的干涉，但如果他把自我等同于友谊而身边

---

[1] Rousseau, *On the Social Contract*, p. 26.

又没有朋友时，称这个人是"自由"的就没有什么意义。在这种社会性的自我概念中，自由是指参与到社会中去的自由，以及摆脱妨碍他这样做的因素的自由。我们可以把这种自由称为社会自由。

更一般地，我们可以说自由依赖于"自我认同"，即一个人用于认同和定义自我的各个方面（见第六章）。考虑这种关于自我的看法，以及相应的关于自由的看法。一个人把真实的自我视之为理性自我（柏拉图可算是一个好例子）。只要一个人遵照理性行事，在深思熟虑之后做他决定做的事，那他就是在自由地行动。反之，如果一件事情仅仅出于突发奇想，或是突然的愿望，或是某种情感的爆发，或是顺从朋友或当局的催促（假设这个人还没有决定服从朋友或当局是不是一件理性的事），他就会觉得这个行动不太自由。当一项行动被精心策划和彻底考虑过以后，有这样一种理性观念的人会认为该行动是很自由的；计划和思考得越少，该项行动的自由就越少，它也就越不是这个人真实自我的表达。这就是理性自由。

另一个例子是一个人把自己等同于他的情感。当恋爱中的人受爱情支配而行动时，即使那些行为在心理分析的层面上可被称为"强迫性"的，即使那种对情感的服从在更理性的朋友看来恰恰是自由的反面，他们也认为自己是很自由的。倘若那些把情感看得如此之高的人不得不克制自己激愤的情绪，他们才会感到不自由，而如果让他们发泄出来，他们就感到自由了。对这样的人来说，情感的表达——无论是什么情感——就是自由；不能表达或被禁止表达情感，即使在"理性"的堂皇伪装之下，在他们看来也像是被剥夺自由。这就是情感自由。

最后的例子是最让人感到困惑的，也是伯格曼花了很长篇幅讨论的。他的讨论基于陀思妥耶夫斯基小说《地下室手记》中一个很奇怪的人物。这部小说中怪异的主人公把自由看作人类生活中最重要的事情。事实上，他对自由的看法不仅是基于他对自我认同的感觉，而且就是他的自我认同。只有当他能够完全自由地行动时，他才真正是他自己。但问题在于：无论什么时候，只要他是按照别人的要求行事的，他就感到不自由，所以他避开众人，花大量时间独处。但他也不认为按照理性的要求行事就是自由，因为理性实际上是我们的社会强加给我们的一种思维体系。换句话说，当我们理性地行事时，我们是在顺从别人的要求，所以我们是不自由的。但是，当我们根据情感的指引而行事时，我们同样是不自由的，因为我们的情感似乎并不是我们理性思考的结果，倒像是我们内部力量的产物，这种力量不但是社会和情境创造的，而且也是我们的动物天性赋予的。

那么，到底什么才算是真正自由地行动呢？陀思妥耶夫斯基提供的答案有些不近情理：完全靠突发奇想来行事，一点理由都没有。这便是随意的自由。然而即便是完全靠突发奇想来行事，一个人又如何知道他是否的确是自己行为的唯一创造者呢？他怎么知道社会的期望或大脑中的遗传作用没有引发这个特定的念头呢？这样一来，这个念头不就不是他自己的了吗？一个人是不可能知道这些的，所以陀思妥耶夫斯基的悲剧性人物实际上在行动中变得完全不知所措，因为他不可能确切地知道那些行动是否真的是他自己的自由行动。

我们并非不熟悉这里的哲学原理。在我们的外表背后，隐藏着某种更为纯粹的内在自我——不是我们的思想、情感或愿望，而就是自我本身。正是遵照这个纯粹自我来行动，才构成了自由的真正本质。因此基督教教导我们，真正的自由是舍弃我们的世俗利益，关注我们内心的灵魂。像萨特这样的哲学家告诉我们，意识本身即是纯粹的自由，这不仅意味着可以根据任意多种不同的方式**去行动**，而且也意味着可以**不被一切其他影响**——既来自他人，也来自我们自己的理性、情感和愿望——所决定。但这里我们碰上了那个关于因果律的麻烦的哲学论证，即任何事件都有其解释性的理由。如果每一个事件都有理由，因而每一项行动也有，那么就像陀思妥耶夫斯基和萨特所主张的那样，一项真正自由的行动只能由纯粹的自我来决定，而自我则不被其他东西所决定，这又是什么意思呢？带着这个问题，我们进入到哲学中最困难的部分之一，即所谓的自由意志问题。

—— 自由意志与决定论 ——

“这个杀人犯是在贫民窟里长大的。当他7月大的时候，他的父亲遗弃了他。他经常受到母亲的虐待，他的哥哥姐姐也欺负他。他从来没有机会上学，而当他能找到工作的时候，他从来都保不住自己的工作。他抢那家商店的时候已经快饿死了，而且还染上了强烈的毒瘾，也没有朋友能够给他帮助。他姐姐说：‘当他还是个小孩子时，我就知道他早晚会这么干的。’他母亲抱怨说：‘我不理解！’检察官称之为‘一个冷酷无情的、蓄谋已久的行为’。辩方则控诉整个社会，声称正是社会的忽视和负面的影响才使此人不可避免地成为一个凶手。”我们知道这些辩论的其余部分，但我们不知道他们会如何解决。一个人应该为一种他的一生都在为此创造条件的行为负责吗？或者，我们应不应该再坚持这样的看法：无论事件的背景如何，他本可以抵制，本可以决定不犯罪，所以他必须对此负责？

我们只是宇宙中的螺丝钉吗？我们是命运的工具吗？人们常常会这么想。大多数古希腊人都相信，我们的命运早已被决定了，不论我们的行动如何，结果都已经定好了。有着广泛影响的基督教告诉人们，上帝已经预先决定了或至少是预先知道了我们将要采取的每一个行动，以及我们最终得到拯救的机会。今天，大多数人都相信一个人的行为和性格是基因和教育造成的，也许还是我们永远意识不到的无意识的恐惧和欲望的结果。占星术及其他外部决定理论也一直颇受欢迎，我们可以理解情况为什么如此。我们的行为越是受到不属于我们的其他力量的支配，我们就越不觉得需要为之负责，也就越不需要为做决定担心。一切都已经注定了，我们并未参与决定。

决定论者的论证形式是三段论，其前提似乎没有什么疑问：

每一个事件都有其解释性的原因。

人的每一次选择或行动是一个事件。

———————————————————————

因此，每个人的选择或行动都有其解释性的原因。

然后又是一个三段论：

每个人的选择或行动都有其解释性的原因。

有解释性的原因就不自由。

———————————————————————

因此，一个人的选择或行动不可能是自由的。

这同样意味着不存在选择。如果一个人只能选择一种行动，而且不存在可供选择的其他方案（给定解释性原因），那么说这个人做出了选择就是没有意义的。做出选择意味着既可以做A，也可以做B。选择A意味着也本可以选择B。按照决定论者的说法，即使我（似乎）在A和B之间做出了选择，我选择的结果也已经被原因（包括我的性格以及思考过程中的某些因素）所决定了。反过来，我们可以说，如果一个人的性格、动机和思考（与前面）不同的话，他就会选择另一种做法了。这既保留了决定论者所坚持的论点，即选择是由先前的情况确定的，又保留了另一种观念，即人与选择显然有某种联系。但假设当所有其他条件（性格及其他）保持不变时，人会做出其他的选择，这是没有意义的。

我们有时候会把在胁迫之下做出选择与"自由选择"相对立，但既然这两者都是选择，所以其中的每一种在下述意义上都必然是"自由"的，即（无论代价多大）一个人是可以做出另外的选择的。如果有人用枪对着我的头命我交出钱包，我仍然已经自由选择了：我既可以选择搏斗，又可以选择被打死。但这只是说，有些自由选择是在不这样选就愚蠢至极的情况下做出的。它并不影响自由问题。

　　然而，如果每一次选择或行动都是完全*被决定*（即由较早的事件或情况所引发）和完全可解释的（只要对较早的事件和情况了解得足够多），那么即使是最明显的"自由选择"也变得不自由和不再是一种选择了。就好像某人对你说："好了，这是A，既没有B，也没有C，现在你选吧。"但如果我们的整个历史、我们的基因构成、我们接受的所有教育、父母对我们的影响、我们的性格和大脑的运转已经预先安排了我们选A而不可能是其他，那么我们关于"选择""决定"——因此还有"责任"——的讨论就只是一堆胡话。我们可以有选择的体验，但我们从不选择。事实上，这种体验只是因果链上的又一个事件，它由更早的情况所引发，同时又把事态精确地引向我们行为中的其他结果。

　　因此，决定论是这样一种理论：宇宙中的每一个事件，包括人的每一次行动在内，都有其自然的解释性原因；如果较早的情况已定，那么一个事件就会遵照自然定律必然地发生。但我们必须至少再走一步才能完成决定论者的前提。仅仅说"每一个事件都有其解释性的原因"是不够的，因为下述情况也是可能的：尽管每一个事件都需要某些更早的事件或情况才能发生，但这个事件仍有可能在某种程度上是出于某种偶然或人为的选择。换句话说，较早的事件和情况也许只是对结果做出了限制，却不能完全决定这个事件。因此，我们必须说，"每一个事件都有其*充分的*、自然的解释性原因"。"充分的"意味着仅靠原因本身就可以导致该事件的发生。这样，偶然就无处容身了，选择和人类自由也就不复存在了。没有选择就没有自由，没有自由就没有理由让一个人为他的行为负责，无论该行为有多么善或多么恶。按照决定论者的观点，我们只能说是在"表演"，因为我们的"行动"只不过是种种情况和自然定律的结果，它们根本就没给我们"做点什么"留出余地。

　　一些哲学家被称为**自由意志论者**（即哲学上而不是政治上的自由意志论者），他们彻底否定决定论的主张。我们有自由意志，有选择做什么的实际自由，我们的选择并不是由先前的条件所决定的。自由意志论者往往认为，由因果律规定的序列中存在着一个"缺口"，因此无论有多少原因影响我们的决定，我们总是至少有一点余地可以自由地做出选择。这似乎与科学观点不符，但也有一些人在当代科学中找到了对自由意志论观点的支持。量子力学基于实在的概率模型，并不预先假定每一个事件都有原因。一些自由意志论者由此断言，不再有任何理由认为科学对事物的观点与信仰自由意志是不相容的。

决定论和非决定论

自由意志论者是正确的吗？我们为什么要接受决定论者的前提？没有这个前提，决定论者就寸步难行。我们在前几章已经看到了历史上对于这个前提的种种论证，有些论证甚至是由那些本身并不是决定论者的哲学家提出的。最一般的论证是，只有从一开始就假定每一个事件都有其充分的、自然的解释性原因，我们才能理解事物。一个更强有力的论证是康德做出的，他说，决定论的基本规则，即普遍因果性原理是我们必须用来阐释任何经验的规则之一。休谟则认为这一原理既不能被理性证实，也不能被经验证实，但即便如此，他也坚持认为一种"自然习惯"或习俗是我们所不可或缺的，它们是我们想放弃都放弃不了的东西。于是，大家一致认为该原理是不可避免的。

如果不假定每一个事件都有其充分的、自然的解释性原因，那么人类的知识似乎就失去了一个最关键的前提。不仅是科学研究，甚至连我们最普通的日常信念也会陷入一种令人无法忍受的怀疑论。我们的每一种经验都将变得无法理解，我们的宇宙看起来就像是由许多支离破碎的事件所组成的一个不连续的序列，从中我们无法预测或理解任何事情。所以，对于"我们为什么要接受决定论者的前提"这样的问题，回答似乎是："我们不能放弃它，否则我们怎么做事情呢？"不管措辞怎么变化，或者在哲学上如何改变，这个假设（即对于宇宙中的每一个事件，也包括我们自己的行动在内，只要我们对它以及较早的事件和情况了解得足够多，它就能够得到解释和理解）都是一切人类思考的前提条件，没有它，我们做任何事情都是无法想象的。

然而，即使决定论者的前提似乎是无法抗拒的，这个前提应当作何理解也并不很清楚。很多哲学家只是把决定论当成基于概率的可预测性来捍卫。按照这种观点，说"每一个事件都被决定了"，只是意味着如果我们对较早的情况知道得足够多，就可以预测该事件。

但针对决定论者的反对意见是，仅凭这种可预测性是不足以捍卫决定论的。说"包括人类行为在内的所有事件，实际上都是由物理的力引起或造成的"是一回事，而说"包括人类行为在内的所有事件都是可预测的"却是另一回事。例如，它们只是在某种统计概率的意义上是可预测的。"大多数人在这种情况下都会这么做"，换句话说，"反常也是可能的"。或者，就人类行为而言，可预测性仍然可能是人们选择的结果；我们之所以能够预测他人的行为，是因为我们知道在同样情况下我们会做出什么样的选择。但这里并不需要谈论"原因"或强迫。正如已经有人指出的那样，如果这就是我们所说的"决定论"的意思，那么我们甚至就不应再谈论什么"决定论"了。

这种反对决定论的观点被称为非决定论。**非决定论**是对决定论的明确拒斥，它认为决定论是错误的，并不是每一件事都有原因。这种理论的优势很明显，因为我们一旦允许有些事件是可以没有原因的，人类的行为似乎就可能包含其中。这就意味着，我们可以为自己的行为负责，而不是仅仅通过诉诸某些先前的情况来解释。但非决定论者的观点是否只是貌似合理呢？

非决定论的论证最近得到了物理学的支持，而最先使决定论者得势的也正是这门科学。牛顿物理学曾经给出了决定论最强的表述。信奉牛顿学说的法国哲学家皮埃尔-西蒙·德·拉普拉斯夸口说，如果他知道宇宙中每一个微粒的运动和状态，他就能预测宇宙在未来任一时刻的状态。但最新的物理学显示，这种知识是不可能的。现代物理学最重要的一个发现就是，我们不可能同时知道一个亚原子粒子的位置和动量。根据海森伯不确定性原理（它的名字来自发现这条原理的德国物理学家维尔纳·海森伯），当我们测量像电子这么小的东西时，存在着极大的不确定性。我们或者能够确定粒子的位置，但不能知道它的动量；或者可以测量其动量，但不能知道它的位置。所以这就意味着，在亚原子层次上对未来进行预测是不可能的。从这一原理出发，英国物理学家兼哲学家阿瑟·爱丁顿爵士推进了非决定论的论证，他宣称决定论在物理学领域是错误的，宇宙中并不是每一个事件都可以预测。于是，拉普拉斯那个大胆的猜想——只要他知道每个微粒现在的位置，他就能预测宇宙的全部未来——就成了一句空话。

但海森伯不确定性原理驳倒了决定论吗？还是说，它仅仅意味着，我们无法预测那些实际上已经被决定了的东西？非决定论者用海森伯的原理来论证，决定论者的前提——"宇宙中的每一个事件都有其充分的、自然的解释性原因"——是错误的。某些事件，即那些涉及亚原子粒子的事件并不是被引发的，它们不可预测，因此不能被任何解释所决定。由于亚原子粒子是所有事件和物体的基本组成部分，因此我们可以说，没有什么事件是被引发的、严格可预测的或被决定的。然而，被引发和可预测是不同的，而且这种关于非决定性或不确定性的观点只适用于亚原子尺度的事件。对于宏观事件——比如一个人决定是否结婚——来说，我们可以引证其原因，进行成功率极高的预测，但根据这种现代物理学理论，这不过是在统计意义上概率较大罢了。如果这意味着因果解释最终还是有问题，意味着并非一切事情都是确定的，那么人的行为也许就不是被决定的，而是自由的。

掌握概念： 海森伯不确定性原理

我们可以知道一个粒子的位置，但不能确定它的动量。

我们可以知道一个粒子的动量，但不能确定它的位置。

因此，我们不能预测其未来状态。

非决定论的目标是否定决定论者的想法，为人的自由留出地盘。但不幸的是，针对非决定论者的论证，存在着两种严重的反对意见。

首先，即使我们假定现代物理学（"量子"）理论是正确的（物理学家对此仍然有争议），决定论作为一种主要关于宏观物体（即可见尺寸的东西——如人、树、汽车等）而非亚原子粒子的理论，对我们来说也是重要的。而且没有人曾得出结论说，量子理论和现代物理学的确驳倒了牛顿的理论。要去预测我们身体中的某个亚原子粒子会怎样运动也许是不可能的，但这并不等于说预测我们的身体要做什么是不可能的。如果从飞机上掉下来，我们下落的速度和一袋土豆毫无差别。而这些就是决定论者要对我们的自由概念继续进行攻击的内容。

其次，即便存在着这样的非决定论，非决定论也不等同于自由。假设你的腿突然开始运动，你发现自己在踢一个消防栓，那么这肯定不是我们所说的"自由行动"。至少，自由意味着我们可以随意选择我们要做的事，而且做出的决定能够付诸实施。因此，非决定论和决定论从我们这儿夺取的自由同样多。无论如何，反对决定论的论证并不足以说服我们接受非决定论者的结论。

另外，尽管亚原子粒子动量的不确定性也许无助于我们理解意志的自由是如何可能的，但科学家对不确定性的接受却的确有着哲学上的重要性。当科学对事物的看法完全是决定论式的时候，那些捍卫自由理念的人就显然同科学态度有了矛盾，因此他们就可以顺理成章地被指控为反科学。但不确定性既然已为科学家所接受，这就要求他们至少在某些领域把预测局限在概率陈述上。

这种概率性的预测就同我们关于人的预测相当接近了，对于后者，我们能做而且的确做了，而且是在不否认个人自由的情况下做的。例如，我们可以有把握说，家庭富裕的人上大学的比例要比家庭困难的人高，或者，家庭困难的人进监狱的可能性更大。我们甚至可以基于一个人的阶层、人种、性别、寿命超过65岁的概率、拥有住宅的概率、有三个以上孩子的概率、犯罪的概率、有烟瘾的概率来量化这些预测。这种描述人群的方式类似于物理科学中的概率推演。这完全是科学的。但就某一特定群体中的某一个人来说，我们可以认为，他的所作所为不是事先决定了的，而是至少在某种程度上取决于他自己。

意识的角色

对于物理意义上的身体来说，决定论是对的。但你也许会说，我们不仅仅是物理意义上的身体，我们也是有意识的。我们可以做决定，拥有自己的意志。不论我们除了是物理意义上的身体以外还是什么，我们物理上的身体都要服从牛顿物理学的所有定律。你可以看出问题来了。如果我们的身体仅仅是宇宙中的螺丝钉，那么我们有没有意识又有什么关系呢？我们的身体是由物质组成的，各种分子正进行着化学相互作用，并且根据不同的物理学定律来活动。没有人能够否认，它们服从所有的自然定律。然而，一旦它们运动和活动的一切方面都被决定，意识还有什么余地呢？

对于这个问题，有两个可能的回答，但二者似乎都支持决定论者的立场，它们并没有向我们许诺已经为自由找到了地盘。假如我们坚持认为，与物理意义上的身体不同，意识不是决定论框架的一部分，这样行吗？意识不像我们的身体，它是自由的，可以自由地做决定，自由地选择做什么事情。但如果我们身体的运动被决定了，那么即使意识是"自由的"，它又能做什么呢？无论意识做出什么样的决定，它都不可能对我们身体的运动有任何影响；换句话说，它不能影响我们的行为。除去意识，人的每一个行为都有其充分的、自然的解释性原因，所以意识无论如何都起不了什么作用。如果意识能够干扰物理上的因果次序，那么这似乎就违背了最基本的物理定律（如能量守恒）。这里，我们又回到了心—身问题。它们的关系如何？一方如何影响另一方？

 掌握概念： 自由与决定论

决定论（或强决定论）：每一个事件都有原因（包括人的思想和决定），且完全由自然定律所支配。我们既不是自由的，也不必为自己的行为负责。

非决定论：并不是每一个事件都有原因。有些事件是自由的，人的决定可能就是如此。

相容论（或弱决定论）：决定论是对的，但这并不意味着我们不自由，也不意味着我们不必为自己的行为负责。

自由意志论：人的选择是自由的，而不是由先前的原因完全决定的。

然而，大多数决定论者可能不会同意这样的观点，即任何事件，甚至是像意识行为这样的非物理事件，都可以身处自然的决定论的范围"之外"。多数决定论者会主张，我们的思维、感觉乃至我们的决定；都是由我们的大脑和神经系统造成的。我们的"决定"只不过是一连串复杂起因的意识后果，尽管我们尚不能理解大部分起因，但它们肯定是事物决定论框架的一部分。意识本身可能是我们行为——包括我们（看起来）做出的"决定"——的一个起因，但由于意识本身是由较早的事件和情况引起的，因此这并没有让我们自由。它至多解释了我们为什么会认为我们是自由的（的确，"我们是自由的"这种想法本身可能就是完全由较早的事件和情况——包括我们总被教导要认为自己是自由的——决定的）。

生理学家本杰明·李贝特（Benjamin Libet）做过一项实验研究，在一些人看来，它所提供的证据表明，我们关于做出自由选择的感觉是虚幻的。他测量了那些正在进行像按压按钮那样的简单活动的受试者的大脑活动。这些活动似乎是自愿的，但李贝特发现，大脑中的一个电荷（他称为"准备电位"）总是在这样一个行为之前，它始终发生在受试者意识到要执行这项行为之前。李贝特得出结论说，这一行为开始于使它完全是"自由"选择的结果所需的意识之前。自由意志充其量只能阻止一个已经在进行的行为，而不能使行为开始。

李贝特的结论当然很有趣，但人们可以质疑这些结论是否证明了他的说法。也许大脑中的电荷并不是行为的起因，而本身就是某种选择的结果。李贝特假定，使行为开始的东西一定是大脑内部的某种活动，但如果自由选择并不起源于身体，而是起源于非物质的灵魂，那么情况又如何？在这种情况下，电荷可能正是选择的结果。即使一个人不接受非物质灵魂的想法，他也仍然可能争辩说，我们对做出选择的意识并不能决定我们是否正在做出选择。在进行选择和能够记录我们的选择之间可能会有一个时间上的差距。然而，这方面的证据是让自由意志论者感到胆怯的，他们认为意识对于我们做出自由选择至关重要。

弱决定论

不用说，许多人都试图绕过决定论来为自由选择和自由行动的存在辩护。虽然决定论的基本原则似乎难以抗拒，但人需要对其行为负责，这似乎也是不能放弃的。于是就有人提出了一系列看法，准备接受决定论的观点，同时又试图表明自由意志和决定论是可以调和的：这种立场有时被称为相容论。但在自由意志和决定论争论的过程中，人们用一个更有针对性的名字来指称那些虽然接受决定论，却拒绝接受其无情结论的人，这样的哲学家被称为弱决定论者（从而与既接受决定论，又接受其隐含推论——我们既不是自由的，也不必在道德上负责——的强决定论者相区别）。弱决定论者以多种方式为相容论辩护。其中有两种值得特别提出。

1．即便我们接受决定论者的观点，我们也仍然相信存在着自由。事实上，我们必须相信有自由存在，因为我们不可能知道导致某个特定决定或行为的全部较早事件和情况。假如我们真能知道这一切，就可以确定地（或至少是以很高的概率）预测一个人的行为。但这个"假如"——决定论论点的核心——在实际情况下似乎是不可能实现的；所以尽管我们在理论上可以是决定论者，但在实践中仍然可以相信有自由意志存在，从而使人们为自己的行为负责。

2．即便我们接受决定论者的论点，我们也能把那些使人自由行动的原因和使人不能自由行动的原因区分开来。像这样的建议已经有很多了。很久以前，亚里士多德就曾宣称，一个行为可以被称为"自由"的条件是：（1）它不是受到"外界逼迫"（"行动者"被驱策或强迫）而做出的；以及（2）它不是在不知情（"行动者"不知道自己在做什么）的情况下做出的。有些哲学家认为，如果一个行动是根据理性而做出的，那它就是自由的；而另一些哲学家则认为，如果一个行动是根据意识或意志而做出的，那它就是自由的。大卫·休谟是弱决定论者，他认为如果一个行动顺应了一个人的"性格"，我们就可以称这个行动是自由的。这样说有实际的好处，那就是能对赞扬或责备的目的做出解释，即塑造或改变一个人的性格，使他将来更倾向于做更值得做的事情。这仍是决定论，但它却为所谓的"自由"开辟了空间，从而使我们能够有意义地谈论自己的行为，这些行为既是被完全决定的，又需要我们自己负责。

📝 **引文资料：** 弱决定论（休谟）

人们如果是盲目地、偶然地实施某些行为，则无论那些行为产生的后果如何，人们都不能因此而受到指责。为什么呢？这无非是因为这些行为的本原只是暂时的、到此为止的。对于那些仓促和没有预谋而实施的行为，比之那些经过深思熟虑而进行的行为，人们为此而受的谴责要少些。理由何在呢？这无非是因为急躁的脾气在人心中虽然是一种恒常的原因或本原，但却只是间断地起作用，而且并不玷污整个性格。其次，如果注意改善其生活和作风，则悔改便清除了全部罪恶。如何来解释这一点呢？只能说，各种行为之所以使一个人成

续

> 为犯罪者，只是因为它们证明在人心中有犯罪的本原。[①]
>
> ——休谟《人类理解研究》，1748

捍卫**相容论**的一个主要动机是维护这样一种观念，即我们对于自己的选择负有道义上的责任。我们还记得对相容论的反驳，即除非有一组（至少两个）不同的选择方案，否则表面上的选择根本就不是选择。只有当你有可能选择去还是不去时，决定去看电影才是一个决定。如果你已经被先前的事件和条件所决定，那么无论你花多长时间考虑是否要去，都不存在决定。因此，（强）决定论者认为，可能是因为他自己别无选择而只能这样做。

哲学家哈利·富兰克福（Harry Frankfurt）向这种观点提出了挑战，即一个人必须有实际的选项，才能负有道义上的责任（这有时被称为"**其他可能性原则**"）。富兰克福认为，即使在我们无法以其他方式做事情的情况下，我们也对自己的行为有控制和责任。他考虑了这样一种情况：一名男子计划扣动扳机杀死另一个人，而且也的确这样做了，尽管如果枪手犹豫是否要开枪，就会有第三个人进行干预。虽然不触发扳机的情况并没有发生，但枪手的行动是自由的，因为他的射击是他自己选择的结果。起决定性作用的是我是否从自己的动机出发，而不是是否实际有一个不同的可行方案。

即使真正的选项对于说某人做了选择并负有责任并非必不可少，但如果说，即使我们从未有过真正的选项，我们也是自由的，那似乎是很奇怪的。许多哲学家继续努力表明，决定论与在实际选项之间做出自由选择是相容的。

捍卫自由

相容论者声称要捍卫自由，称如果一个行动是被行动者所意愿的，那么该行动就是自由的。但强决定论和自由意志论的捍卫者质疑，它能否给出它所声称的东西：一个决定了的世界，以及在不同选项中做出选择的道德自由。这些批评者认为，这个行动者的意志要么是被决定的，要么不是被决定的。如果是，那么这里的情形就与强决定论者所描述的别无二致。弱决定论者不过是把"自由"这个标签运用于一组特定的行动，其实这些行动同其他行动或事件一样，都是完全被决定了的；

[①] Hume, David. *An Enquiry Concerning Human Understanding. Enquiries Concerning Human Understanding*, edited by L. A. Selby-Bigge, 3rd ed., Clarendon, 1975, pp. 98–99.

如果不是，那么弱决定论者就意识到，我们需要在决定论上打开一个缺口，把我们的行动或至少是决定看成真正自由的，它们不以前面讨论过的任何方式被决定。

这种主张自由和责任的经典表述可以在康德哲学中找到。我们已经看到，康德（在《纯粹理性批判》中）无条件地支持决定论。他认为，决定论所基于的（普遍因果性）原理是一切人类经验的必然准则。人的行动也包含其中：

一旦外部现象影响它[行动主体]，而它的经验特性即它的因果性法则通过经验而被认识，则它的一切行动就都必须按照自然法则来解释。换句话说，对这些行动进行完全和必然的决定所需的一切都必须在一种可能的经验中找到。①

这肯定是强决定论的最强表述了，但康德也和其他哲学家同样看重无条件的自由对于人的责任的重要性[就像他关于上帝所说的那样，他也把自由称作实践理性的一个"预设"（或前提）]。他是如何来为普遍的决定论和人的自由辩护的呢？康德说，对于任何一种可能的事件和人类知识的对象来说，决定论都是正确的，但这并不意味着它是看待事物的唯一方式：我们的意志行为有时可以而且应当以一种不同的方式来看待。行动与知识是完全不同的。康德说，面对这个世界，我们采取了两种不同的立场：一种是理论的；另一种是实践的。就我们想了解某种东西而言，我们会采取科学和决定论的立场。在这种立场看来，包括人的行动在内的每一个事件都是决定了的，它是由充分的、自然的解释性原因（包括我们的大脑状态以及各种心理因素）所引发的，但是，当我们准备做一件事情时，我们就会转到实践的立场上来。

这种立场是说：当我们行动或决定行动时，必须把我们自己的意志或决定看作我们行动的充分的解释性原因，我们不能再继续沿因果链往回追溯，考虑那些意志行为是不是自行产生的。换句话说，当我们行动时，只能把自己看作自由行动的个体。

📝 **引文资料**：弱决定论（密尔）

恰当地讲，那种被称为哲学必然性（决定论）的学说就是：只要知道一个人心灵中的各种动机，同时知道他的性情和意向，那么他的行为模式就可以被正确地推断出来；如果我们能够彻底地了解一个人，知道作用于他的种种诱

---

① Kant, Immanuel. *Critique of Pure Reason*. Translated by Norman Kemp Smith, Macmillan, 1961, A540/B568, p. 469.

续

因，那么我们就能像预测任何物理事件那样准确地预言他的行为……[但]这与我们所说的对自由的感觉丝毫没有冲突……我们的行为是遵循我们的性情的，[但]如果我们愿意，我们也可以与别人有同样的能力来塑造我们的性格。自由意志学说把"必然性"（"决定论"）一词看不见的那部分真理——即心灵参与形成自己性格的力量——重新纳入视野，这就给了它的支持者一种实际的感觉，（我以为）这种感觉要比普遍存在于（决定论者）心中的感觉更接近真理。①

——密尔《逻辑学体系》，1843

假如你正要做一个戒烟的决定。第二天有个朋友给你一支烟，你抽还是不抽？事情很可能是这样：鉴于你的性情、在对待习惯方面的弱点以及其他的心理因素，你必定会接受这支烟，从而违背自己的决定。对你十分了解的朋友可能事先就能知道这个结果。但你不能以这样一种决定论的方式来看待自己，因为你必须做一个决定，而不能只是"推出"自己会如何做。换句话说，无论你对你的朋友用以推测你的行为的各种原因和因素了解多少，你都不能只是预测自己的行为。如果你预测说，"无论如何我都会重新开始抽烟"，那么你实际上就不仅是在预测，而是在破坏你的决定，预测这个行为本身就意味着决定破坏它。所以当你考虑自己的行动和决定时，你必须像一个完全自由的人那样去行动。这在某种程度上否定了决定论，因为必须做出决定的人正是你，决定论在这里是不相关的（康德说："必须认为自己是自由的才是自由的。"）。

欧陆哲学，特别是存在主义者已经以一种不同的方式接受了康德的建议。像康德一样，他们接受了（或至少不会拒斥）科学中的决定论。但他们坚持认为，即便决定论是对的，我们也必须总是把自己看作必然自由的能动者。当我们必须做决定时，所有关于我们决策的决定性因素的认识都不足以导致我们做出决定。因为我们在预测自己决定的同时，必须做出决定。

让-保罗·萨特是近年来存在主义者的领军人物，他最大限度地捍卫了康德关于人的自由的主张。在《存在与虚无》中，萨特主张，我们一直都是绝对自由的。这意味着（正如康德所坚持的那样），只要我们行动（萨特说我们一直都在行动），我们的决定和行动就不能被看作有任何原因。我们必须做出决定，没有任何信息和

---

① Mill, John Stuart. *A System of Logic, Ratiocinative and Inductive.* 8th ed., Harper & Brothers, 1900, pp. 581–585.

因果情形能够取代我们做这些决定的需要。当然，我们可以拒绝做决定，听天由命。但即使在这时，我们也是在做决定，用萨特经典的话说，就是"选择了不去选择"。他说，我们"注定是自由的"。意愿不是不可以考虑，但也仅仅是"考虑"而已。不论意愿有多强，只要我们的决心足够大，我们总能违背自己的意愿行事。假如一个挨饿的人正在为某种他所拥护的政治原因而参加绝食罢工，那么他可能会拒绝食物。一个母亲可能会为自己的孩子拒绝挽救自己的生命。一个学生可能会为第二天的考试而放弃他最爱看的电视节目。无论是大是小，我们的每一个行动都是一项决定，而且我们的每一项决定都是自由的。即使我们没能遵守这项决定，或是发现自己"无法"做决定，我们也是有责任的。自由或责任无法逃避。事实上，对于萨特而言，自由始终是一次机会。

📝 引文资料：绝对自由：萨特

与德国占领期间相比，我们从未有过更多的自由。我们丧失了所有的权利，从谈话权开始。我们每天不得不忍受屈辱，缄口不言……由于所有这一切，我们是自由的。正因为纳粹的毒素渗入了我们的思想，所以每一种正确的思想都是一种征服。正因为一帮全能的警察试图命我们管住自己的舌头，所以每个词就具有了宣布原则的价值。正因为我们被抓获，所以我们的每一个姿态就有了庄严承诺的分量。[1]

——《处境种种》，1947

于是，在一个生命中就没有事故；一种突然爆发的和驱动我的社会事件并不是来自外部；如果我被征调去参加一场战争，这场战争就是我的战争；它是我的形象并且我与之相称。我与之相称，首先是因为我随时都能够从中逃出，或者自杀或者开小差；当涉及面对一种处境的时候，这些最终的可能性就是那些必定总是呈现在我们面前的可能性。由于我没有从中逃离，我便选择了它：这既可能是我在公众舆论面前的软弱或者怯懦所致，也可能是因为我偏向某些价值更甚于拒绝参战的价值（我的亲友的议论，我的家庭的荣誉等）。无论如何，这是关系到选择的问题。这种选择以一种一直延续到战争结束的方式在不断地反复进行。[2]

——《存在与虚无》，1943

---

① Sartre, Jean-Paul. *The Republic of Silence*. Edited by A. J. Liebling, Simon Publications, 2003, p. 498 (translated from Jean-Paul Sartre, *Situations*, vol. 3, Gallimard, 1947, pp. 11–12).

② Sartre, Jean-Paul. *Being and Nothingness*. Translated by Hazel Barnes, Simon & Schuster, 1956, p. 708.

—— 篇末问题 ——

1. 请用你自己的话定义"自由"，特别是要说清楚你所认为的"自由行动"概念所基于的那些方面。你的概念在何种程度上包含了承担责任以及与他人合作？他人在何种程度上限制了你的自由？当你独处时，你在何种程度上是真正自由的？

2. 试想你正要做一个困难的决定（比如接受哪一份工作，是否结婚，是否报名参军等）。把你自己设想成一个决定论者，并且问自己："在这种情况下我该怎么办？"你会如何考虑此事？

3. 考虑本章所讨论的两种"相容论"（弱决定论）立场中的一种，并从强决定论者的角度对其进行捍卫或攻击。

4. 亚里士多德说，如果我们的行动是由"外界逼迫"导致的，那么我们就不是自由的。在你看来，什么算是外界逼迫？逼迫也能是内部的吗？试举一些例子，解释它们是如何干涉我们的自由的？

—— 阅读建议 ——

Berlin, Isaiah. "Two Concepts of Liberty." *Liberty*, edited by Henry Hardy, Oxford UP, 2002.

Dennett, Daniel C. *Elbow Room*. MIT Press, 1984.

Double, Richard. *The Non-Reality of Free Will*. Oxford UP, 1990.

Frankfurt, Harry. *The Importance of What We Care About*. Cambridge UP, 1988.

Kane, Robert. *A Contemporary Introduction to Free Will*. Oxford UP, 2005.

King, Dr. Martin Luther Jr., *Where Do We Go from Here: Chaos or Community?* Beacon Press, 1967.

Libet, Benjamin. "Do We Have Free Will?" *The Oxford Handbook of Free Will*, edited by Robert Kane, Oxford UP, 2002.

Morris, Herbert, editor. *Freedom and Responsibility*. Stanford UP, 1961.

Williams, Clifford. *Free Will and Determinism: A Dialogue*. Hackett, 1980.

8

道德和良好生活

Chapter 8

Morality and the Good Life

我真正缺乏的是心里明白我要做什么。[①]

——克尔恺郭尔《日记》

—— **开篇问题** ——

1. 我们有时说，要成为一个好人，就必须"安分守己"。你认为是这样吗？举出例子。

2. 你认为一个道德高尚的人必定是快乐的吗（至少在正常情况下）？为什么？

3. 如果一个虐待狂通过折磨他的受害者而获得了莫大的快乐，事实上，他得到的快乐胜过了受害者所遭受的痛苦，那么这种残忍的行为能成为正当的吗？

4. 你是否认为有某种东西值得为之付出生命？如果有，它是什么？

5. 我们的行为是否总是自私的，即使是在那些我们似乎在"无私地"帮助别人的时候？

6. 商业的本质在于利润或只是利润，这种说法正确吗？即使是在商业内部，是否也存在着某些与赚钱同样重要的不大容易感觉到的目标？

7. 你认为堕胎是正当的吗，即使母亲的生命没有受到威胁？你怎样为你的回答辩护，又怎样来反驳一个不同意你意见的人？

8. 假设我们同意一套所有人都应当遵守的禁令，我们称之为"道德"。我们为什么应当是道德的？

9. 有没有这样的可能，一个人既是完全善良的，同时又对无辜的人造成了伤害？如果一个人从未对别人造成过伤害，他仍有可能是不道德的吗？

10. 成功和快乐，哪一个对你更重要？如果必须二选一，你会选择哪个？

[①] Kierkegaard, Søren. *The Journals of Kierkegaard 1834–1854.* Edited and translated by Alexander Dru, Collins, 1958, p. 44.

—— 道德哲学 ——

我们应当做什么？不应当做什么？我们应当怎样对待他人？我们自己应当如何生活？这些是关于价值的问题，而不是我们一直在谈论的关于真理和实在的问题。当然，我们关于真理和实在的讨论显然已经渗透了价值（比如我们曾多次谈到生活的意义或上帝的存在），而现在我们发现，任何关于道德的讨论都已经预设了一种周详的世界观。但是所谓的道德哲学（或伦理学），即对最好的生活方式和正确的行为准则的探寻，却值得单辟一章来讨论。

道德哲学显然关心道德，特别是关于对错的问题。道德是一套指导我们行动的原则或准则。它往往被表述成一套原则，但也可以通过观察在社会中如何做事情而将它当作实践来学习。道德准则告诉我们应该做什么（比如"说真话""待人如己"），不要做什么（比如"不要撒谎""不要杀人""不要偷窃"）。道德准则往往是以"十诫"或命令的形式提出来的，它们通常会辅以"应当"或"不应当"这些词。道德与道德准则——无论是否以法律的形式提出——形成了每一个社会的基本结构，规定了被允许事物的限度，什么是可以期望的，也规定了应当做什么。

然而，道德是一种更大的追求的一部分，正是这种追求赋予了道德以重要性。我们为什么不应当自相残杀？为什么应当互相帮助？我们可以给出何种理由去捍卫这一种性伦理而不是另一种？我们为什么应当是道德的？最后一个问题的答案必定要大于道德本身，因为它一定给我们提供了接受道德原则和准则的原因。这些广泛的问题涉及道德的本性和接受其要求的理由，是元伦理学关注的对象，这个道德哲学领域思考的是道德的地位和作用，并且对道德术语做出定义。而规范伦理学则思考我们应当做什么，并且提出明确的道德理论。道德哲学包含这两者，还包括一些更广泛的思考，比如对良好生活的理解，以及我们应当过什么样的生活。

接下来，我们将考察几种对良好生活的构想，以及为什么快乐生活是良好生活这一明显吸引人的观点并不恰当。然后我们要思考两个元伦理问题，一个涉及自利在道德中的作用，另一个涉及同一道德是否适用于任何时间地点。本章的其余部分将对最重要的道德理论进行思考，讨论每一种理论如何处理我们应当做什么以及如何在实践中运用它。

—— 快乐与良好生活 ——

哲学家们提出了许多学说来解释什么是良好生活，以及为了拥有这样一种生活我们应当追求什么目标。思想家们提出，最好的生活方式的核心可以是快乐、成功、自由、权力、创造力、宗教信仰和幸福等。正如我们将要看到的，亚里士多德认为幸福是定义良好生活的目标，但他也对可能带来幸福的生活提出了各种解释。在我们今天看来，他所提出的三个候选者，即快乐的生活、荣誉的生活和沉思的生活，仍然是诱人的选项。我们将考察这些选项，以体会追求一个目标而不是另一个目标时的权衡取舍。亚里士多德的说法也将帮助我们看到，以快乐为目标并不能保证我们的生活是良好的。

快乐的生活是一种被所谓的快乐主义哲学所捍卫的良好生活的观念。它认为良好生活应该是从生活中得到尽可能多的快乐。快乐主义是一个有吸引力的目标，但有一定的局限性。除非我们完善我们的定义，否则快乐主义显得过于不加选择。即使是西方哲学史上最著名的快乐主义者伊壁鸠鲁也认为，一些快乐比另一些快乐更好，一些快乐因为破坏性太强而不可取。

与哲学家相遇：伊壁鸠鲁（公元前341–前270）

伊壁鸠鲁是希腊人，他也许是历史上最著名的哲学快乐主义者。他主张良好生活就是对快乐的爱，我们至今仍把那些终生追求快乐（美味佳肴、令人愉快的假期等）的人称为伊壁鸠鲁主义者。但事实上，伊壁鸠鲁教导说并不是所有的快乐都是好的；他提倡简单的快乐、安宁和平静，提倡心灵的快乐和朋友间的友谊。

引文资料：伊壁鸠鲁的快乐

不断饮酒取乐，奸淫妇女，玩弄娈童，或享用有海味的盛筵，以及其他的珍馐美馔，都不能带来愉快的生活。相反，愉快的生活是沉思的结果。[①]

——伊壁鸠鲁（约公元前306—前270）《致美诺寇的信》

[①] Epicurus. *Letter to Menoeceus. The Philosophy of Epicurus*, translated by G. Strodach, Northwestern UP, 1963, pp. 183–184.

两千五百年前，亚里士多德提出了反对将快乐主义作为良好生活的经典论证。正如我们前面已经提到的，他认为快乐并不是活动本身，而是某种与令人满意的活动相伴随的东西。于是，良好生活的关键在于"令人满意的活动"，而不在于快乐本身。我们的目标不是快乐而是活动，快乐更像是一种额外奖励，或亚里士多德所说的活动的"圆满"。被禁止的活动或庸俗的消遣可能是令人快乐的，但这些快乐会被这些活动所最终导致的痛苦和不安（例如内疚）大大抵消。另外，一个活动也许是极端痛苦的（跑很长的距离或经受一项严格的测试），但由于活动本身是令人敬佩的或富有挑战性的，它仍然可以产生一种有意义的快乐。但这就意味着，即使快乐本身是良好生活必不可少的组成部分，它也不能成为良好生活本身。

 引文资料：生活的快乐

有人或许认为，所有人都渴求快乐是因为他们在生活中都以此为目标，但生活是活动。快乐使活动圆满并因此使生活圆满。人们有充足的理由以快乐为目标，因为它使生活圆满，而生活圆满是令人想要的……没有活动就不可能出现快乐，但每个活动有了快乐相伴才圆满。[①]

——亚里士多德《尼各马可伦理学》，公元前4世纪

亚里士多德通过良好的声誉和钦佩一个人的共同体来刻画他关于良好生活的另一个选项——荣誉的生活。换句话说，荣誉的生活是一种以崇高地位为目标的生活。今天，我们也许会认为"成功"的人是亚里士多德心目中的那种人，因为我们往往会根据他们的成就来欣赏这些人。这样的人从事有价值的活动，通过将它们做好来获得乐趣，同时也得到别人的尊重。这样一种生活听起来令人羡慕，很容易明白为什么许多人会把这当成良好生活的典范。

然而，亚里士多德认为，着眼于他人的认可来生活并不是追求良好生活的最佳方式。实现这一目标依赖于他人的态度，而这种态度是一个人所无法控制的。一个专注于获得公众认可的人也可能试图通过欺骗手段来获得认可。一个能控制自己形象的坏人很可能有好名声，但这并不意味着他过的是良好生活。事实上，如果诡计被人识破，通过欺骗手段赢得赞誉的哪怕最熟练的操纵者也可能受到广泛谴责。

---

① Aristotle. *Nicomachean Ethics (Ethica Nicomachea)*. Translated by W. D. Ross. *The Basic Works of Aristotle*, edited by Richard McKeon, Random House, 1941, 1175a, p. 1100.

亚里士多德主张良好生活是一种沉思的生活。他并不是指做白日梦的生活，而是设想了一种用心灵与世界打交道的生活，一个人喜欢积极地使用自己的理性去理解世界所呈现的一切，认识在整个世界中显示出来的复杂的自然法则。无论我们遇到什么情况，我们都可以用心灵去认识我们所观察到的模式，获得在实际生活中有用的理解。即使在最坏的情况下，思考、运用我们的理性都可以提升我们的生活。因此，沉思是令人满意的活动中最令人满意的。它带来了与之相伴随的快乐，但它有实际的好处，而且本质上是值得的。

本章的大部分内容将会讨论基本的道德理论，即关于我们应当如何决定要做什么的理论。不过我们先要探讨元伦理学的两个基本问题，即要想成为道德的，我们应当放弃多少自己的利益，以及任何特定道德观念的权威性可以拓展多远。

—— 自利在道德中的位置：利己主义和利他主义 ——

你也许已经注意到，即使在简要讨论良好生活的各种观念时，也有某种东西被遗漏了。我们所考虑的观点都是以自我为中心的，都与一个人自己的实现有关。但其他人的利益呢？我们难道在道德上没有义务去关心这些吗？有些人甚至可能认为，道德准则旨在表明我们什么时候应当忽视自利，服从对我们的期望和要求。

然而另一些人会说，自利总是一种动机，即使是最明显的道德行为背后也有自利动机。认为即使在明显自我牺牲的情况下，每个人也总是为自己的利益行事，这种论点被称为心理利己主义。心理利己主义者认为，人们在行动时之所以彼此谦恭和友善，仅仅是因为礼貌和慷慨由于这样那样的原因也对他们有利。他们也许是因为害怕惩罚才"正确地"行动的；有些人藏有"隐蔽的动机"，也就是说他们还期待以后的东西，这或是报答，或是他们死后在天堂的回报，或是避免内疚，或是追求一种自我满足的感觉。用通俗的语言来说，心理利己主义者声称，我们做任何事情都有自私的动机。

心理利己主义者就我们的动机发表了看法，描述了他们所认为的心理学事实。但还有一种截然不同的立场也被称为利己主义。这种观点认为，我们应当按照自己的自利行事。这是一种道德理论，因此它被称为道德利己主义。它并不直接描述我们心理的各个方面，而是规定了一条指导我们行为方式的一般原则。这是当代被阅读最多的利己主义者之一安·兰德的观点，她写过一本《自私的美德》。

心理利己主义	心理利他主义
"所有的行为从根本上说都是自私的。"	"我们有些行为'天然'就是利他的。"
伦理利己主义	伦理利他主义
"你应当自私地行动。"	"你应当为了他人的利益行动。"

利己主义的观点都与一种通常被称为利他主义的观点相对，即为了他人的利益而行动。利他主义可分为不同程度。我们既可以因为认识到了自己对于他人负有的义务而道德地行动，从而是利他的；也可以因为将另一个人的利益看得与自己的同样重要甚至更重要，从而是利他的，这种情况可见于恋人之间或兄弟姐妹之间。对于利他主义，我们也可以区分出两种非常不同的说法，虽然这种区分通常并不明显。心理利他主义主张，人们"天然地"为了彼此的利益而行动。一些当代的动物学家将某些灵长类动物的行为描述为利他主义的。有人也许会说，如果利他主义行为的倾向在其他灵长类动物身上是天生的，那么它在我们身上也可能是天生的。然而，认为我们的行动总是倾向于使他人受益，这种更强的立场很少得到辩护。

而伦理利他主义则得到了更多的支持。人们应当铭记为彼此的利益而行动。当然，这是一条基本的道德陈述，它在所谓的"黄金准则"中得到了最好的概括："己所不欲，勿施于人。"古代中国的孔子提出了完全相似的主张。然而，利他主义并不必然意味着自我牺牲。利他主义意味着（有意）为他人的利益而行动，但不必然违反自己的利益。因此，根据一个人的自我利益行动也并不必然都是自私，即违背或无视他人的利益而行动。安·兰德对"自私"的辩护并不是对这种普通意义上的自私的辩护。在她关于"自私的美德"的争论中，她认为对这个词的严格定义是"关注一个人自己的利益"。[1]她认识到，关心他人的利益往往是增进自己利益的一个重要组成部分。

📝 **引文资料：差异的准则**

子贡问曰："有一言而可以终身行之者乎？"子曰："其'恕'乎！己所不欲，勿施于人。"

——孔子《论语》，公元前6世纪

---

[1]　Rand, Ayn. *The Virtue of Selfishness: A New Concept of Egoism*. New American Library, 1965, p. xv.

最常见也最困难的一个问题是有关心理利己主义的：人们真的只按照自己的自我利益行动吗？有一个关于林肯的著名故事有助于说明这一论题。正当林肯与一个朋友为心理利己主义的观点而争得不可开交时，他的马车经过一个泥流，那里有一头母猪因它的小猪崽们即将被淹死而大声嚎叫。林肯停下马车救出了小猪崽，然后继续赶路。他的朋友问他，这难道不显然是一个利他主义的例子吗，林肯回答说："为什么，这恰恰是自私的需要啊。如果我不顾母猪对于猪崽的担心扬长而去，我的心里整日都不会得到安宁。我这样做是为了获得心灵的安宁，你难道没看出来吗？"林肯的行动虽然表面看来根本不是出于自私的原因，但按照他的说法，在他行动的背后仍然隐藏着一个自私的原因——他自己的满足感和"心灵的安宁"。我们所有的行动都是如此吗，就像心理利己主义者所说的那样？

人们已经提出了许多论证来反驳"所有的行动在本质上都是自私的"这种观点，在这些论证中，有三种论证是几百年前由一位英国的神职人员约瑟夫·巴特勒主教[Joseph Butler（1692—1752），英格兰教会主教，道德哲学家]提出来的，在那之后它们就经常被重复引用。

1．我们的许多行动都是由一些以他人的利益为目标的欲望驱动的，它们与对我们是否有利无关。林肯也许会预先反思并想到："如果不救那些小猪崽，我将会痛苦一整天。"但事实上他不大可能这样做。他只需稍稍麻烦一下，就可以将一个几乎我们每个人都会有的动机付诸行动，即帮助那些遇到困难的人或生物的强烈欲望，或者就是我们所说的同情。尤其是对朋友或者我们所爱的人，我们经常被驱策以这种方式行动，如果这时还说我们是为了满足自己或是为了避免内疚，那就显得非常荒谬。当然，在我们出于欲望而行动的每一种情况下，我们都通过行动满足了自己的一种欲望。但这并不等于说我们是自私的或利己的，自私和利己主义意味着不仅要满足自己的欲望，而且**只是为了自己的利益**而满足欲望。

2．生活中，我们的许多欲望必须得到他人的赞同和认可。因此，为了得到我们想要的东西（也就是他们的赞同），我们的行动还要代表他们的利益并且符合他们的欲望和需要。我们在何种程度上是为了满足自己的强烈欲望而行动的，在何种程度上又是由为他人服务的欲望而驱动的，这是一个有时无法回答的难题。但说我们行动总是为了获得赞同，绝不是为了帮助他人，这肯定是不合情理的。确实，我们绝大多数人在生活中最想得到的东西之一就是"自尊"，一种做"好人"的感觉，除非我们不但帮助他人，而且只是为帮助他人而帮助他人（即使此后我们能够享受到帮助他人的自我满足感），否则这是根本不可能的。

3．我们所有人都有一种是非感，它有时被我们称为"良心"。无论良心只是我们内心中父母的声音（按照弗洛伊德的主张，可称此为"超我"），还是上帝的声音（就像许多宗教人士所笃信的那样），还是对于惩罚的恐惧（就像许多心理学家已经论证的那样），这对于我们目前的论证无关紧要。重要的是我们的确有这么个良心，而且按照它的要求行动不是仅仅出于自己的利益而行动，即使我们知道不服从自己的良心将来很可能会使我们感到痛苦和内疚。我们必须进一步追问，除了良心的原因，除了我们的确希望或者感到有必要为了他人的利益而无视（有时甚至要违背）自己的利益来行动这一事实，为什么这种内疚会如此痛苦？即使在极少数情况下，我们中的一些人只是为了逃避将来的自我惩罚而服从自己的良心，但我们所有人肯定不是在任何时间都这样做的，而这正是心理利己主义者所要证明的东西。由此可见，他们的结论明显是错误的。

反驳心理利己主义者的论证用一句话说就是：仅仅依照我们自己的欲望而行动——假定我们总是这样做——并未使一个行动成为自私的，因为从某种意义上说，所有的行动都基于我们的欲望，但这些欲望中至少有一些是为他人的利益服务的。于是，决定一个行为是否自私的东西是欲望的"对象"，而不仅仅是一个人遵照自己的欲望而行动这一事实。伴随着好的行为的满足本身并不是行为的动机。我们可以这样来回答林肯：无论他的哲学主张是什么，他的行动都是利他的，他的满足不是行为的动机，而只是它的结果。而且，如果心理利己主义并不总是正确的，那么利他主义至少是可能的。

然而，即便利他主义是可能的，它是否令人满意仍是一个有待解决的问题。例如，伦理利己主义者承认利他主义是可能的，但他们仍会对它进行抨击。安·兰德向利他主义发起了一场猛烈的进攻：

如果"自私"在我这里的含义并不是通常的含义，那么这就构成了对利他主义的一种更不利的控告：这意味着利他主义不承认自尊、自立的人的概念，即一个既不牺牲自己也不牺牲他人，而是通过自己的努力来维持生活的人。这意味着利他主义只会把人看成作为牺牲品的动物和从牺牲中渔利者，看成受害者和寄生虫（它不承认人们善意共存的概念），它不承认任何正义的概念。①

这个论证非常偏激，而且利用了与心理利己主义者同样的谬误推理。论证将"依照自己的利益行动"（即自私）这种说法同自我牺牲和缺乏自尊相对照。也就是说，如果一个行动是为了他人的利益而做出的，那么它就不可能还对自己有利。

① Rand, *The Virtue of Selfishness*, p. xii.

你可以看出这种偏激的对比是何等的不公平，我们的每一个行动和意图都以许多目标为目的：有些是近期的，有些是长远的，有些是手段，有些是目的。佯称每一个行动和意图都可以简单地由一个目标来规定（要么是自己的利益，要么是他人的利益），是把人类的行为当作老鼠和蜜蜂的行为一样对待，这实在是太幼稚了。

 与哲学家相遇：安·兰德（1905—1982）

> 安·兰德是美国通俗小说家，俄国移民。她对自己所谓"自私的美德"所做的辩护为她赢得了大批追随者。著有《根源》（1943）、《被冷落的地图》（1957）及其他小说。

诚然，毫无例外地遵循道德准则的人也许会既伤害自己又伤害别人。一个在任何情况下都不撒谎的人很可能会因这种方式而牺牲自己。然而，由不必要的牺牲是不可取的这一事实并不能推出为他人的利益而行动同样不可取。即使是自我牺牲的楷模和烈士，也认为自己至少是能够赢得自尊的。根据兰德本人的伦理学，按照自己的利益而行动的楷模，也就是那些将一切都献给了个人成就的商人，也许会最终"牺牲"自己以及几乎所有自尊。

严格按照"你自己的自我利益"而行动，就剥夺了你既为自己又为他人这一目标的丰富性，正是这种丰富性赋予了人类行动以复杂的社会和个人含义。这并不是说，我们总是——甚至永远——应当违背自己的利益而行动，而是说，任何人生哲学都将不得不以比这种狭隘的伦理利己主义更为丰富的道德观念和人类动机为出发点。这也正是巴特勒主教的论证的主要含义。

为使论题更加悦人心意，兰德论证说，以一种开明的方式根据自己的自我利益而行动将会有益于我们所有人。从某种意义上说，这是一种极其令人尊敬的哲学，后面我们将在**功利主义**的题目下对它进行详细探讨。但要注意这两种论题之间的重要区别，因为功利主义者完全意识到大众的利益在许多情况下都要求牺牲个人的自我利益，而兰德并不承认这一点。假定无须牺牲或注意他人的福利就可以完全按照我们的自我利益而行动，从而对双方都有利，这一假定如此违反我们的经验，以致它不可能形成一个有说服力的论题，即使在小说中也是如此。心理利己主义是有问题的，如果它是对的，那么我们就不得不教导人们将他人的利益当作自己的利益来考虑。伦理利己主义就更成问题了，作为一种意识形态，让我们所有人比平常更加自私，这可能会造成一场社会灾难。

—— 道德——相对的还是绝对的？ ——

"一块美德的匾额悬挂在每个人的上方。"[1]

——弗里德里希·尼采

除了自利与道德的关系问题以外，另一个大问题与道德的地位有关：同样的道德是否实际适用于每一个人？如果我们周游世界（阅读小说和人类学书籍），就会清楚地看到人们信奉或曾经信奉着非常不同的道德和伦理体系。某种行为在一种文化中被认为是正确的，在另一种文化中却被认为是错误的。一个社会认为以暴易暴是合法的，另一个社会则认为这种做法是可恶的。一个正在遭遇严重饥荒和人口过剩的社会也许会认为抛弃婴儿是可以容许的，虽然这些婴儿被抛弃后几乎必死无疑；而像我们所处的社会则会认为这种行为很可怕，并且会用最严厉的道德措辞来谴责它。难道我们是正确的而他们是错误的？还是说他们也是"正确的"？谁是评判者（如果我们引入第三方，即一个"不偏不倚的"评判者，这是否只是把一种两方的分歧变成了三方分歧）？

 掌握概念： 价值是相对的吗？

道德（或伦理）相对主义：不存在普遍有效的和必不可少的道德价值，道德只是"相对于"特定的社会或民族才是有效的。

道德（或伦理）绝对主义：存在着普遍有效的和必不可少的道德价值。如果某个社会或民族不接受这些价值，那他们就是不道德的。

当然，我们之间的许多差异只是表面上的，例如习惯或礼节（穿着、餐桌礼仪）的不同，有些则是很深刻的（例如，宗教和哲学上的不同），但绝大多数文化都能设法与持有截然不同信念的其他文化共存。然而，一旦这些差异超越了种族特性和宽容，它们就会在诸如生死、社会的本质等基本伦理问题上发生严重的分歧。但即使是这样，我们仍然可以追问：这些差异是否已经是最底层的分歧？还是说它们仍然基于一些更基本的、共同持有的价值之上？例如，在那些人口过剩的文化中

---

[1]　Nietzsche, Friedrich. *Thus Spoke Zarathustra. The Portable Nietzsche*, translated and edited by Walter Kaufmann, Penguin, 1966, part I, section 15, p. 170.

抛弃婴儿，这样做也许是为了照顾那些成年的或年轻的社会成员的福祉。于是，即使我们惊骇于这种抛弃婴儿的习惯，但我们仍与他们持有一种共同的价值——社会的福祉。

假定我们的社会及其道德与其他社会有根本的差异，这是否就意味着道德必然是相对的呢？让我们来区分两种非常不同的命题。文化相对主义主张，世界上（甚至在同一个社会之内）的不同民族实际上持有不同的价值，并且信奉不同的道德规范。但仍有一个问题有待回答：这中间哪一种价值和道德规范（如果有的话）是正确的？道德（或伦理）相对主义主张，无论是什么事物，只要一个文化或社会认为是正确的，那么它就是正确的，至少"对他们来说是正确的"。从一种极端的个人主义观点来看，这就意味着，只要你真诚地相信你是正确的，那么你就是正确的（这并不是说真诚本身是最终使一个道德信念成为正确的东西）。我们接受文化相对主义（即不同的民族持有不同的道德信念），并不意味着不同民族的不同道德信念都是正确的。因为仍然有可能只有一个社会是正确的而其他社会都是错误的，或者每个社会都是错误的。

 掌握概念： 相对主义：事实与价值

文化相对主义：主张不同民族事实上持有不同的价值。这里仍有一个问题有待回答：哪种价值（如果有的话）是正确的？

道德相对主义：主张只要一种文化或社会认为某种东西是正确的，那它就是正确的，因此同一行为在一种背景下可能是正确的，在另一种背景下则可能是错误的。

然而，不同的社会有时会有极为不同的道德观，这清楚地表明，道德要求什么，这并不是一个解决了的问题。尼采指出，如果道德观念在不同的社会中是不同的，那么我们自己社会的道德观念就会受到挑战，他认为事实上也应该受到挑战。他猛烈抨击犹太—基督教的"道德"，这种西方道德的根源在于《旧约》和耶稣在《新约》中传布的福音。尼采宣称"上帝死了"，他的意思是西方世界在其取向上已经变得世俗。尼采认为，人们虽然也去教堂，也做一些祷告，但信仰上帝并不能决定他们实际如何生活。尽管如此，他们仍然赞同这种建立在已经大体上被抛弃的宗教信念基础上的道德观，从而使这种道德观失去了神圣的正当性、来源和约束力。尼采认为，在世俗的背景下，我们需要在新的基础上重新思考我们的道德观。

他为文化相对主义辩护，指出即使是西方世界也在不同时代坚持不同的价值观。例如，古代雅典自由公民的道德观并不等同于当代西方的道德观。尼采认为，古希腊道德观的某些特征要比我们目前所接受的道德观更好地服务于我们。他认为后者预设了奴隶的看法，在奴隶那里，优先性最高的就是保护自己。

📝 引文资料： "主人"道德和"奴隶"道德

许多粗精不等的道德学说迄今为止仍盛行于世，当我在巡视这些道德学说的时候，发现有些特征有规律地一起重复出现并且紧密相连——直到最后我发现有两个基本类型……主人道德和奴隶道德……对于那些与此高傲心情相反的特质的人，高贵者都鄙视他们，将自己同他们加以区分。人们应当立刻注意到，在这第一种道德中，"好"和"坏"的对立实际上就是"高贵的"和"卑贱的"对立（至于"善"和"恶"的对立则有不同的来源）……

第二种类型的道德，奴隶道德，则与此不同。假使那些被凌辱、被压迫、被奴役、不自由、缺乏自信和厌倦的人都已经被道德化了，那么对它们进行道德评判的共同标准是什么呢？也许表达了对于人类的整个状况的悲观主义怀疑，也许是对人类及其处境的谴责……相反，那些能够慰藉苦难者生活的品质，则被大书特书，极意渲染；正是在这里，同情、仁慈、助人为乐、热心肠、容忍、勤奋、谦卑和友谊获得了敬重——因为这些品质在这里乃是最有用的品质，而且几乎就是人们维持生存的唯一手段。奴隶道德本质上是一种功利道德。

"善"和"恶"的那个有名的对立正是在这里发生的：人们感觉到"恶"里面存在着权力和危险，存在着某种恐怖的境况，奥妙难测，不容小看。按照奴隶道德来说，"恶"人令人恐惧；按照主人道德来说，恰恰是"好"人才会令人恐惧，并企图引起恐惧，而"坏人"则被认为是可鄙的人。[①]

——尼采《善恶的彼岸》，1886

尼采明确指出，他并不否认传统上被认为不道德的许多行为都应当受到反对，传统上受到推崇的许多行为都应当受到鼓励，但他认为我们需要为我们的道德标

[①] Nietzsche, Friedrich. *Beyond Good and Evil: Prelude to a Philosophy of the Future.* Translated by Walter Kaufmann, Random House, 1966, section 260, pp. 204–205 and 207.

准找到新的理由。如果我们再思考一下各种各样的道德准则，例如"不可杀人""不可偷盗""不可欺骗"，我们也许会注意到这些准则中有很大一部分都是禁令，也就是禁止我们做某事的准则。为什么会这样？倘若我们改变一下提问方式，这样发问："谁将从这些禁令中获益？"答案不是"每个人"，而是"那些不能保护自己的人"，换言之就是弱者。现在我们就理解了，为什么那么多准则都是否定性的禁令，而不是肯定性的美德：这些准则通过防止社会成员中的强者施展他们的力量，从而使社会成员中的弱者得益。强者能够照顾自己，道德是对弱者的保护。

尼采在一种非常广泛的意义上来理解弱者的概念，它不仅仅指身体的能力。他特别关心的是，那些有创造潜力从而使社会受益的人，那些有天赋从而是强者的人，却不愿走自己的道路和发展自己的能力。相反，他们被鼓励"循规蹈矩"和"不越雷池一步"。尼采认为我们都受到了权力意志的激励，试图走自己的路，而不是被别人或环境所控制。根据尼采的说法，激励犹太—基督教道德的是那些几乎没有权力的人对权力的渴望。这是弱者为了控制强者而使用的一种骗术。当强者接受这种道德时，他们抑制自己，压制住自我依赖的本能，尽量不以让弱者感到威胁或羡慕的方式行动。

尼采还认为，主张道德准则必须是普遍的，这种想法在努力控制强者的过程中服务于弱者。如果道德准则所针对的人不予服从，或者认为这些准则不适用于他们，那么道德准则就不会保护任何人。但尼采希望，一旦这一点被指出，那些有创造性意志的强者就会意识到，遵守这些准则未必对每个人都有利，特别是不会对他们这些人有利。最终，这些准则对每个人都有害，因为它们恰恰阻碍了那些对文化贡献最大的人。尼采希望这些论点最终能起支配作用，逐渐削弱传统道德的基础。

尼采确信道德相对主义的真理性。但值得注意的是，他对传统道德的攻击在很大程度上预设了一些与道德价值观有关的假定。他深信，他所继承的道德观对有天赋的人是不公正的，对每个人都是有害的，因为它阻碍了有天赋的人对社会的贡献。我们也许会问，他是否认为自己的道德假定是另一套竞争性的价值观，或者是否认为自己的道德观是正确的。如果是后者，他似乎并不像他自认为的那样相对主义。这引起了人们对道德相对主义的一个更一般问题的关注。

严格的道德相对主义似乎会使关于另一个社会的行为所作的任何道德判断都变得毫无意义。倘若道德果真是相对的，我们还能继续对纳粹德国时期无辜平民所遭受的恐怖罪行进行谴责吗？还能对15年前南非的种族隔离制度进行谴责吗？我们需要有某种标准或立足点，才能肯定一种道德，拒斥另一种道德，而不管它是否为其他社会所普遍接受。当然，从来就没有这样一种道德。被成群结队地赶往纳粹死亡集中营的犹太人、天主教徒和吉卜赛人不会同意他们压迫者的道德价值，南非的大部分黑人和其他有色人种也不会同意政府所持的种族隔离和种族特权的观点。他们在什么基础上批评了自己社会的观点呢？他们的判断大概依据的是与社会中大多数人不同的价值观，而且不论其社会背景如何，很可能都认为自己的价值观是正确的。道德相对主义似乎意味着，这种对自己文化中主流价值观的异议是没有道理的，但这似乎很不合理。如果任何一种道德相对主义都是可辩护的，那它就不可能是那种头脑简单的相对主义，声称社会所相信的一切都是正确的。

还应当补充一点，捍卫道德绝对主义并不是要确认一套与文化相关的道德准则，它适用于世界上所有其他文化（这种做法有时被称为"道德帝国主义"），而是要确认一套超越任何一种文化的标准（也许极为广泛），它可以平等地适用于所有文化。因此，即使道德绝对主义是正确的，与其他某个民族的价值观相比，我们的道德感也至少可能是不恰当的。道德绝对主义者并不必然就是道德帝国主义者。

宽容是我们这个多种族、多民族、多元化的社会的核心价值之一。我们的社会是一个多元的社会，这意味着我们的社会与其说是"大熔炉"，不如说是"混合沙拉"，这个社会中的不同群体拥有非常不同的价值、宗教和习惯，为了能够和平共处，我们对这些差异的宽容是必不可少的。虽然有些行为与我们的行为截然不同，并且与我们认为正当的东西相差甚远，但我们仍要强迫自己对这些行为保持宽容（同时也就意味着我们必须接受它们），尽管有时我们会觉得，宽容就意味着背弃自己的责任。只要考虑一下贩卖人口或血汗工厂的劳动条件这样的事情就会明白这一点。一旦到了某种程度，大多数人就会开始争论说某一习惯应该受到谴责，因为压制它的好处超过了宽容它的必要。当他们这样做的时候，他们至少隐含地援用了绝对主义的思考作为依据。他们断言，有些行为就是错的。

道德相对主义的问题在于，这种宽容是否有一个限度，这些不同是否有一个终点。即使是最基本的道德价值是否也将不可避免地成为争议和冲突的论题？需要注意的是，即便提倡宽容也是在为至少一种价值的绝对性辩护（比如与他人"和谐相处"的价值），这样就排除了严格的相对主义。如果说道德相对主义提醒我们应该认识到，不同于我们自己的观点可能有价值，那它只是在一个相对程度上这样做的。

—— 道德和道德理论 ——

　　道德是由最基本的价值观和行为准则组成的，这些价值观和行为准则被认为适用于我们所有人，不论我们有什么目标和追求。它不仅仅是帮助我们得到所想要东西的另一种手段，而是独立于个人的欲望和野心。许多人因此简单地通过某个绝对而独立的行动者来刻画道德，这个行动者通常被认为是上帝。但是显然，我们还需要进一步的东西来帮助定义道德。即使假定存在着一个上帝，上帝是确立道德的权威，我们也需要一种方法来确定上帝的道德诫命是什么。

　　还有进一步的问题，我们是因为诫命是上帝颁布的才去服从？还是因为诫命实际上是好的，才认识到上帝是善的？这个问题是以多神论的术语表达的，它是在柏拉图的《游叙弗伦篇》（苏格拉底和游叙弗伦的对话）中提出来的。苏格拉底迫使游叙弗伦承认，诫命是善的并非因为其颁布者是诸神，而是因为诸神统领着善的事物。果真如此，要想回答什么是善，就不能只是简单地说上帝（或诸神）统领着善。

　　即使我们不同意苏格拉底的看法，坚持认为上帝颁布的某些诫命是重要的，这也不能解决问题。我们也许不得不决定，信仰上帝（或者所谓的上帝）是否基于我们能否接受那些诫命（例如，我们大概不会相信一个命令你杀死无辜者的上帝）。无论如何，我们在回答苏格拉底的问题时，必须自己决定我们的道德义务是什么，我们是在推理的基础上这样做的。道德理论提供了方法来推理道德要求我们做什么，以及如何在特定情况下确定道德上适当的行为。

> **📝 引文资料：幸福的代价**
>
> 　　假如说，你自己要建造一座人类命运的大厦，目的在于建成之后为人类造福……但要做到这一点，必须而且无可幸免地要折磨死一个，而且仅仅是一个小生灵……并在它未曾申冤的眼泪上缔造这座大厦，在这些条件下，你是否同意做这座大厦的建筑师呢？告诉我，请如实地告诉我！[①]
>
> 　　　　　　　　——费奥多尔·陀思妥耶夫斯基《卡拉马佐夫兄弟》，1880

[①] Dostoyevsky, Fyodor. *The Brothers Karamazov*. Translated by Constance Barnett, The Lowell Press, 2009, p. 308.

在过去大约2 500年的时间里，学者、布道者以及各类哲学家一直都在提出各种道德理论，这些道德理论明显属于几种清晰却又相互重叠的范畴。根据我们的目的，我们可以将道德理论分成4组：义务论道德、后果论理论、美德伦理学和女性主义伦理学。

义务论道德

一个出于义务而履行的行为，其道德价值并不取决于它所要实现的意图，而取决于它所被决定的准则。从而，它不依赖于行为对象的实现，而仅仅依赖于行为所遵循的意愿原则，与任何欲望对象无关。[①]

——伊曼努尔·康德《道德形而上学基础》，1785

义务论道德最简单的例子就是"十诫"，它仅仅为我们提供了一张义务的清单。这些指示被伊曼努尔·康德称为绝对命令——"命令"只是一个指示戒律，"绝对"则意味着"无条件"。他们是绝对的或无条件的，因为它们不提供任何理由或条件，它们只是告诉我们什么是必须做的，什么一定不能做。原则本身的权威——或者它被给予我们所基于的权威——就是遵守它所需要的唯一理由。当然，遵守原则也许在实际情况中对我们有利，这甚至是我们社会稳定的前提。但义务论道德坚持认为，对我们来说，道德原则本身的地位就是它的正当理由，无论其后果是什么，无论我们可能找到什么样的个人原因，我们都只能遵守它。

义务论道德可以诉诸某些权威，这些权威既可能在我们之内，也可能在我们之外。传统的犹太—基督教道德理论把这种权威和道德的来源（上帝）完全置于我们之外（尽管也许还有某些像良心这样的内在的东西）。但义务论道德既可以是宗教性的，也可以是世俗性的，国王、总统、国家、当地的圣贤或先知都可以作为道德原则的来源和权威。当人们说"你必须遵守，因为这是法律"时，他们就是在诉诸国家（或"法律"）作为必须遵守的权威，即使这种法律的后果并不好，以至于没有这样的法律我们也许会生活得更好。在家庭中经常会出现这样的情况，即使幼小的孩子不理解指示的目的或后果，他们也被要求服从他们父母的权威，这只是因为在那个小环境中，父母就是那些可能按照社会既定的准则和价值来给孩子确立准则的权威。

[①] Kant, Immanuel. *Grounding for the Metaphysics of Morals*. Translated by James W. Ellington, Hackett, 1981, pp. 12–13.

康德和理性的权威

然而，关于道德原则的最复杂、最精深的理论，是那些使权威内在于我们的理论。依据这些理论，道德准则和原则不是由上帝或社会强加给我们的，而是在我们内心中找到的，例如良心或者理性的声音。康德坚持认为，无论道德是什么东西，它首先是理性的和合理的，道德原则的来源和正当理由——无论我们在小时候是怎样学会它们的——最终在我们自己。他称此为自律，意思是说我们每个人不用诉诸外在的权威，而只需运用自己的理性能力，就能够断定什么是对的，什么是错的。但这并不意味着道德是我们每个人想怎么决定就可以怎么决定的东西，仅仅是一种个人的或"主观的"意见。理性是一种在我们"之内"，却又超越于我们的权威。它是"客观的"，并且颁布了普遍必然的律令和义务。

正是理性的权威证明了道德原则是正当的。康德还暗示说，上帝的律令之所以是正当的，是因为它们明显是理性的。康德虔诚地信仰上帝，但他也认为道德必须成为我们的一种自律，这意味着上帝不能给予我们律令，他只能告诉我们，什么是我们的理性有能力捍卫的东西。

 引文资料：成为善的

在世界之中，甚至在世界之外，除了善良意志，不可能设想再有什么东西可以称得上无条件的善。获取自己的幸福是一种义务，至少间接地是一种义务；因为在许多渴望的压力下和没有得到满足的需求中，对自己状况的不满，可能很容易就成为违反义务的巨大诱惑。[1]

康德对绝对命令的表述：

1. 要按照你同时认为也能成为普遍规律的准则去行动。

2. 你的行动，应该把行为准则通过你的意志变为普遍的自然律。

3. 你的行动，要把你自己人身中的人性和其他人身中的人性，在任何时候都同样看作目的，而不能只是手段。

4. 你要永远作为目的王国[指一个理想的共同体，在那里每个人总是有道德的]的一名成员而行动。[2]

——康德《道德形而上学基础》，1785

---

[1] Kant, Immanuel. *Grounding for the Metaphysics of Morals*. Translated by James W. Ellington, Hackett, 1981, p. 12.

[2] Ibid., pp. 30, 36, and 40.

　　康德的道德原则理论一开始就主张道德永远只与原则的合理性相关，而与我们的行动后果无关。因此，与道德相关的不是我们的行动本身（因为许多情况和事件都可以干扰它们），而是完全处于我们掌握之中的**意图**（康德将拥有好的意图的人称为具有"善良意志"的人）。一个人试图有道德，试图遵守道德原则，试图履行其道德义务，只有在这种意义上他才是道德的。在绝大多数情况下，虽然我们遵守这些道德原则，并试图履行自己的义务来给我们自己和他人带来好处，但是这与其正当性根本就没有关系。成为有道德的正当理由仅仅在于它是理性的事情，而非其他。当我们受一种善良意志驱动，打算履行自己的义务时，我们的行为就是道德的。

 掌握概念： 康德的善良意志

　　伊曼努尔·康德（1724-1804）的道德哲学完全基于"善良意志"的概念。拥有一种善良意志，就是依照他所说的实践理性证明为完全正当的道德原则去行动，其结果就是义务。康德认为有两个原因使意志成为至关重要的。首先，他拒不接受这样一种观点，即我们的行动只是物理宇宙中的另外一组事件，它们是由我们不能控制的因素所决定的。他认为我们要对自己所做的事情负责任，否则道德这种说法以及最为康德所看重的人的尊严的概念就没有任何意义了。其次，康德意识到，因人无法控制的理由而去责备别人是没有道理的。我们所做的事情的后果往往是我们所不能控制的，它会受到我们无法预测的事件的影响。因此，他说"唯一绝对善的东西就是善良意志"——亦即我们履行自己义务的善良的意图和尝试。①

　　就像康德所主张的，如果后果本身是不相关的，那么我们将怎样断定什么才是道德的行为呢？首先，康德并没有说后果绝不能考虑，他说的是我们只能基于我们的意图（包括对**预期的**和**期待的**后果的关切）、而不能基于我们的行为的实际后果来判断我们的行为。对于一个不可预知的偶然事件而言，它也许与我们意图的正当性毫不相干。此外，康德关于道德原则的概念所考虑的始终是行为的**类型**（例如，"欺骗的情形"），而不是具体的行为。

　　例如，我们想知道在某些情况下撒谎是否是道德的。假定我急需15美元，但

① Kant, Immanuel. *Grounding for the Metaphysics of Morals*. Translated by James W. Ellington, Hackett, 1981, p. 7.

我知道自己没有能力偿还。我现在考虑："当我清楚地知道自己不会偿还的时候，我是否应该向你撒谎说我将偿还？"然而由于我们在这里所关切的是这种行为的合理性，而不是这笔具体交易的后果，所以按照康德的说法，我们就必须扪心自问，这种行为能否由处在相似情况下的每个人都普遍地实施。于是我问自己："如果每个人都靠欺骗来借钱，撒谎说以后能偿还，那么情况会怎么样？"康德的回答很明确：如果每个人都在还钱的事情上撒谎，那么很快就没有人相信任何许诺还钱的人了。如果有人对你说："你能不能借给我5美元？我明天就还你。"你只会笑着把它看成一个玩笑。康德认为，这就足以表明这种有意的行为是不道德的和非理性的。如果一个行为不可能由每个人同样地实施，那么，这个行为就是不道德的和不可取的。（康德的一些例子可见于附录一的"使用例子"一节。）

现在我们就对康德道德原则理论的最重要的特征有了一个清楚的了解。道德原则合理性的检验标准是其可普遍性——也就是它能够普遍适用于任何人和任何地方。这也意味着，不论具体的环境、每个人的利益和不同的社会有何差异，同一套道德原则将适用于任何历史时期的任何社会中的任何人。当然，有时这对神授道德来说也是正确的（尽管对权威属于一个具体社会的那些道德来说通常并不是正确的）。习惯当然可以不同，但各处的道德却必须是相同的。康德显然是道德绝对主义者。

康德还提出了绝对命令，让我们尊重自己和他人，他认为这是道德生活的典型特征。康德说："你的行动，要把你自己人身中的人性和其他人身中的人性，在任何时候都同样看作是目的，而不能只是手段。"也就是说，仅仅把人"用"作实现自己目标的手段是错误的。我们应当尊重他们和他们的道德自主性，他们有能力用自己的理性来决定做什么。如果我告诉别人我会偿还借款，而我实际上并不打算这么做，我便把那个人纯粹当成了获取金钱的一种手段，我对这个人的尊重并不比对一台自动售货机更大；为了得到我想要的输出，我可以输入任何所需的东西。

—— 后果论理论 ——

人们常说："通往地狱的路是由善良的意图铺就的。"我们也许会问，如果"善良意志"不能产生好的结果，也就是说，如果它并不能使人们（普遍地）幸福，或至少是使他们免受苦难，那么它又何善之有呢？当然，即使考虑到世界上通常发生的糊涂事和错误，由于人们基本上会按照他们的意图去做事情，因此好的意图通常也会产生好的后果。但是，究竟意图是由于其后果才是好的，还是后果之所以算是好的（至少部分地）在于其意图是好的？康德主张好的意图优先于后果，后果论道德理论家则强调实际发生的事情决定了一个行为（及其后果）的好坏。好的行为是能够产生最大幸福（或至少是最小不幸）的行为，这与它的意图无关。

功利主义：边沁和密尔

近代最为明确的后果主义道德理论被称为功利主义，它现在仍然占据着主导地位。这种理论是由杰里米·边沁（1748—1832）和约翰·斯图亚特·密尔（1806—1873）等一些英国哲学家和社会思想家于18、19世纪提出来的。功利主义很显然是一种目的论道德理论，因为它不遗余力地强调道德准则和原则的实际后果，认为它们的正当性只能通过它们能给我们带来多大幸福来判断。而义务论道德理论家不去问道德的行动是否会使我们更幸福，而是说我们应当为了有道德而有道德。当然，义务论理论家也想得到幸福，并想让我们所有的人都幸福，但他们却将"什么是正当的"这类道德问题与"什么将对我们有利或有害"这类实用问题区分开来，而功利主义者则不然。

 掌握概念： 功利原则

永远要为了最大多数人的最大幸福而行动。

对于功利主义者来说，什么会对我们有利或有害才是最重要的。密尔曾经简洁地说："任何东西之为可欲[desirable（可取）]，其唯一可能的根据，就是人们实际上欲求（desire）它。"[①]按照密尔、边沁以及其他大多数功利主义者的看法，道德的目的就在于使人们幸福，给予人们快乐，减轻人们的痛苦。为了计算任何行为和法律可能产生的快乐和痛苦，边沁甚至还提出了一套精确的"幸福计算法"。他考虑了很多因素，比如某种行为产生的快乐（或痛苦）有多强烈和持久，获得它的把握有多大，多久以后能出现，持续的快乐（或痛苦）会导致多少结果，会影响多少人，以及快乐和痛苦可能以多大的程度相混合。

如果用幸福计算法来评价我们之前谈到的骗贷的例子，我们就不会问"如果每个人都撒谎会怎么样"，而会问"如果我在这种情况下撒谎会产生什么样的实际后果"。边沁实质上是用一种定量方法将行为产生的利益全部加起来，再减去这一后

① Mill, John Stuart. *Utilitarianism*. Edited by James M. Smith and Ernest Sosa, Wadsworth, 1969, p. 61.

果产生的痛苦，来看这一行为是否可取。由于这种方法是定量的，它也可以用来比较其他行为方案的相对优点。我们可以对撒谎以获得贷款的后果和说真话以请求贷款的后果进行比较。引发更大的净快乐的行为将是更好的道德选择。

 与哲学家相遇：约翰·斯图亚特·密尔（1806—1873）

约翰·斯图亚特·密尔生于伦敦。他的父亲也是一位著名的哲学家。密尔年轻时在每个知识领域都接受了严格的教育。他成了19世纪英格兰最主要的逻辑学家、社会科学家和道德理论家。直到今天，他对个人自由的见解（只要你不会对他人造成伤害，你就有不被干涉的权利，这种权利就是自由）仍是我们思考公民自由问题的基础。在许多当代哲学家看来，他的道德理论——功利主义——仍是最有影响力的道德理论。

下一代的功利主义者约翰·斯图亚特·密尔至少在一个重要的方面对边沁的计算法进行了限制。密尔认为快乐和痛苦除了有量的不同之外还有质的区别。一个人哪怕只是稍稍地满足于一种"高等的"快乐，也要比充分享受一种"低等的"快乐好——或如密尔在其《功利主义》一书中说的："做一个不满足的人要比做一头满足的猪好，做一个不满足的苏格拉底要比做一个满足的傻瓜好。"[1]密尔的基本原则与边沁仍然是相同的：追求最大多数人的最大幸福。每一种行为和每一条法律或原则都应当为尽可能多的人带来最大的幸福和最小的痛苦。但密尔的限定破坏了纯粹定量计算的思想，与边沁声称的"针戏[当时的一种'天真幼稚'的游戏，有点像推圆盘这类游戏]就像音乐与诗歌一样好"[2]相左。密尔断然拒绝这种说法。诗歌所提供的快乐比针戏更高，不论针戏能够产生多少快乐，都是如此。

当定性差异包括进来时，对功利原则的运用就变得更加复杂了，这也许会使边沁那种简洁而优雅的"幸福计算法"显得更为可取。但密尔的限定并不只是在为他对高雅文学和哲学的爱好辩护，也不是为他对那些嗜酒如命、沉迷于低级趣味的庸人的厌恶进行辩护。因为与它没有给予"生活中更高雅的东西"以足够的敬重相比，边沁纯粹数量的计算还面临着一个更加严重的反对意见。

---

① Mill, John Stuart. *Utilitarianism*. Edited by James M. Smith and Ernest Sosa, Wadsworth, 1969, p. 39.

② Bentham, Jeremy. *The Rationale of Reward*, abridged. *The Classical Utilitarians: Bentham and Mill*, edited by John Troyer, Hackett, 2003, p. 94.

引文资料：为什么要高尚？

　　功利主义者的标准是所有人最大量的幸福。人们或许可以怀疑，是否高尚的品格因其高尚就永远更幸福，但毫无疑问，它可以使其他人更幸福一些，并且可以使全世界因此而大大受益。因此，功利主义只能通过普遍培育高尚的品格来达到自己的目的，即使每个人只能由旁人的高尚而受益，而就他自己的幸福而言，却只有减少受益。关于这最后一点怀疑的荒谬性，只需提一下就够了，用不着再进行反驳。[①]

——约翰·斯图亚特·密尔《功利主义》，1861

　　这个问题是，如果道德是通过快乐的数量来定义的，那么功利原则有时会导致看起来极不公正的结果。例如，假定有一个残酷成性的独裁者通过折磨他的臣民获得了极大的快乐，以至于这些快乐超过了这些臣民所遭受的痛苦的总和。或者假定某个社区中的一群富人设计出了一种方法，通过这种方法，他们可以合法地剥夺许多穷人和中层人士从而变得更加富有，但这种剥夺只占被剥夺者总收入的很小一部分。在这些情况下，功利原则，倘若以快乐的数量来解释，似乎会违反我们的道德直觉。我们大多数人都会认为，这种安排在道德上是不可接受的，但是根据对功利原则的定量解释，我们实际上应当设法实现这些安排。

　　这些情况似乎是人为的，但它们说明边沁的定量模型并不能确保净的快乐和痛苦会被公平分配。在这些情况下，出于对道德和公平的考虑，我们肯定都同意应该放弃功利原则，或者至少不应把它当成我们唯一的道德指南。我们应该防止明目张胆的不公正现象。密尔对功利原则的限制允许我们在"质"的观念中建立诸如公正、道德和美德之类的观念，即使这会使事情变得复杂。虐待狂或财富剥削者的快乐并非更高的快乐，即使幸福计算法表明他们的幸福在数量上更多，这类快乐也不是功利主义者们用来判定道德的标准。

　　然而，利用功利主义的定量方法，密尔并没有令所有人满意地解决另一个问题。根据功利主义原则，个人或少数个人的幸福服从于最大多数人的最大幸福。是什么保证了这个原则不会鼓励这样一些结果，即少数人甚至是一个人会为大多数人的最大幸福而付出代价？功利主义显然有一种原则性的方法来排除奴隶制吗？比如在南北战争之前，美国南方的经济活力都依靠奴隶制。即使经济生存并不是一种特

---

① Mill, *Utilitarianism*, p. 40.

别高的快乐，但产生这些更高快乐的活动肯定也依赖于奴隶制。无论大多数人能多么受益于此，难道不应有一些保护措施使少数人免于遭受虐待吗？密尔认真考虑了这些批评。他回应说，功利主义原则可以帮助我们确定什么样的安排是正义的，但它并没有回答如下问题：加给少数人的重担是否是不合理的，即使它能成就大多数人最大的利益。

关于大多数人的幸福是否应该以牺牲少数人为代价，一些实验研究检验了人们的道德直觉，结果表明，我们大多数人的确认为这在道德上是恰当的。一些研究集中考虑了所谓的"电车难题"，这是一个思想实验，最早由哲学家菲利帕·富特（Philippa Foot）所提出，它说的是为了把更多的人从危险中拯救出来，伤害某个人是否适当？这个问题的原始版本要我们设想一辆失控的电车，如果不采取任何措施，就会有五个人丧命。你可以扳动一个拉杆（而且刚好有足够的时间），使电车转到另一条轨道上，但如果你这样做，就会使另一个人丧命。大多数被试者都认为，改变电车轨道在道德上是可以接受的。这也许表明我们"天然"就是后果论者（甚至是功利主义者），因为我们认为被救者的数目与伤害另一个人在道德上是否可以接受有关。（如果我们改变电车轨道只能救下一个人，我们又会怎么想呢？）

然而，对另一个相关情形的回应对我们是天然的后果论者这一论断提出了质疑。在另一个版本的电车难题中，我们需要回答，将一个很重的人从桥上推向轨道以便让电车停下来，使五个人的性命得以保全，这在道德上是允许的吗？大多数人都表示这在道德上是错误的。一些哲学家认为这表明，我们天然倾向于康德那种观点，即某些类型的行为（比如杀人或者侵犯无辜者的权利）在道德上是错误的，不管是否是为了最大多数人的最大利益。另一些人则说，不同的回应反映了这样一个事实：相比于把一个人推到轨道上致死，我们扳动拉杆时在感情上与被伤害者距离更远。还有一些人得出结论说，相比于间接伤害某人、*允许*伤害降临到他们身上，我们会认为直接伤害某人、实际*去伤害*是更糟糕的。

由电车难题可以得出如此不同的结论，这引出了一个问题：我们能否正当地用实验研究的结果来支持哲学观点。研究我们关于对与错的未曾考察的直觉，与判断我们如何来确定怎样做是正确的，这两者是否有关系呢？即使这些研究揭示了一些有关道德心理学的内容，我们也应该关心我们的道德观点是否有正当的理由。我们不应仅仅依靠我们的先入之见，而应当用理由为我们的观点做出辩护。如果发现我们的先入之见没有充分的根据，就应该放弃它们。

虽然我们可能认为功利主义者会同意非功利主义者（如康德）的看法，认为某些行为是错误的（比如谋杀），但是关于如何在特定情况下行事，使用功利原则可能会导出与使用康德的义务论不同的结论。假定你的祖母问你是否喜欢她送给你的毛衣，而事实上你认为它很难看，那么你应当告诉她真相，还是应当撒谎？你正在考虑的行为准则（撒谎）可能类似于"撒谎以避免伤害别人的感情"，而绝对命令说，"善意的谎言"是错误的。毕竟，如果每个人一想到说出真相会伤害别人的感情就撒谎，我们就永远不会相信别人在坦诚地跟我们说话；我们所听到的总有可能是善意的谎言。这一准则是不可普遍化的。而功利主义者则可能认为，在这种情况下，告诉你祖母你喜欢这件毛衣不会有什么不良后果，而说真话会引起她的痛苦，所以你应当说善意的谎言。试图只按照全面适用的原则来行事，与试图在现有的情况下使幸福最大化来行事，其结果可能是不同的。

——　亚里士多德和美德伦理学　——

人的功能是某种生命，这是灵魂体现理性原则的一种活动，而且好人的功能就是良好地并且高尚地执行这种活动。①

——亚里士多德，公元前4世纪

在关于"良好生活"的讨论中，我们已经提到了亚里士多德的一种观点，即"幸福"（或"尤德摩尼亚"）是人的生活中最根本的善。但亚里士多德并没有像边沁和密尔那样把幸福等同于快乐，他主张幸福的生活就是合乎美德的活动，或许它也充满了快乐，但生活并不因快乐才是好的。亚里士多德认为，幸福是拥有一种客观上得到实现的生活。幸福的人在物质上很富足，享有良好的社会声誉，有家庭，有许多朋友，乐于发挥自己的能力特别是理性能力。亚里士多德所理解的幸福并不是一种心理状态或情感状态，而是大家有目共睹的欣欣向荣的现状。

我们如何成为幸福的人？亚里士多德认为，我们通过拥有正确的习性而变得幸福，他把这些习性称为美德。美德是一些根深蒂固的性情，有助于使生活变得更好。我们通过实践获得美德，调节它们，使之成为第二天性。亚里士多德列举了各种美德，其中一些与良好地思考（理智美德）有关，有些则与行为方式和做人方式有关（道德美德）。当我们在口语中说"美德"时，通常指的是亚里士多德所说的道德美德。应当注意，他对道德美德的刻画在某些方面不同于我们社会的那些道德美德。他所认为的道德美德的特征在很大程度上适合于一个共同体中的生活，适合

---

① Aristotle, *Nicomachean Ethics*, line 1098a, p. 943.

于那些促进人们彼此交流、使个人和社会良好运转的东西。

 掌握概念： 亚里士多德的美德清单

　　勇敢——尤其是战斗中的勇敢。

　　节制——一个完全戒除了性、食物和饮酒的人，在希腊人看来是不具美德的，而今天某些人却认为这是美德。

　　慷慨——也就是我们所说的乐善好施。

　　大度——花钱大方而且招待周到。

　　自豪——认为自己值得拥有伟大的东西，特别是荣誉。

　　温和——但适当的时候发怒也很重要。

　　友爱——在希腊人看来非常重要的一种美德。

　　诚实——即使没有重大的利害关系。

　　机智——有美德的人要能讲笑话或者开玩笑。亚里士多德并不像有些人那样将"一本正经"等同于有道德。

　　羞耻——对个人的荣誉很敏感，当名誉受到玷污时会适度地感到不舒服，而"感到内疚"似乎就根本不用说了。

　　公正——公正平等地对待他人的感觉。

　　亚里士多德给出了美德行为的标准，他称为"中道"。他把中道定义为过度与不足之间的中点。这听起来很抽象，但在当代的用法中，我们可以说，按中道行事就是凡事必须有度。美德行为是不多不少，恰如其分。勇敢地行动不是过度（鲁莽）或不足（怯懦），而是把恐惧克服到适当的程度。表现出有美德的自豪既不是夸大自己的优点（正如一个傲慢的人会做的那样），也不是否认它们（正如一个信心不足的人可能做的那样），而是对自己的人格和能力感到恰当的满足。

　　亚里士多德的论述所引出的实际问题是：我们如何知道自己什么时候做对了？亚里士多德认为，我们是通过反复试验来学习美德的。我们意识到在某些情况下，我们做得过了头或者还不够，并尽量调整我们的目标。我们就像培养其他技能一样来培养美德，从错误中吸取教训并改正错误。就某些美德而言，我们起初做得相当好，所以只需要略微调整我们的倾向就可以了。然而对于另一些美德，我们还有更多的工作要做。最理想的是让所有美德协同运作，这正是完全幸福的人所做的事情。

按照亚里士多德的说法，我们必须认识到我们的某种行为何时错失了目标，这表明他认为思想对于道德美德的培养有重要作用。拥有理智美德（能够良好地思考和推理）也有助于我们培养道德美德。就我们应当做什么得出好的结论从而加以改进，需要清晰地思考。在特定情况下思考做什么也涉及推理。亚里士多德描述了我们经常使用的一种推理，他称之为实用三段论。

你可以回想一下我们在导言中讨论的一种三段论的论证形式（见"逻辑准备"）。其基本论证的形式如下：

所有P都是Q，

S是P，

———————

因此，S是Q。

第一个前提是一般的说法，第二个前提提供了相关的情形，结论表明一般的说法适用于这个特殊的情形。亚里士多德认为我们在实际推理中经常做类似的事情。例如，一个人可能从最近的一个事件中得出结论，他在聚会等涉及陌生人的社交场合中过于胆小。这可能使他提出以下原则用于今后的情形中："我在聚会中应该（比在上一次聚会中）更为自信"：

我在聚会中应该（比在上一次聚会中）更为自信。

这是一次聚会。

————————————

因此，我应该（比在上一次聚会中）更为自信。

当然，亚里士多德并不认为每当我们试图使自己的行为更恰当时，就会有意识地做这种计算。显然，我们对于如何改进自己行为方式的见解常常与当时的形势有关。但亚里士多德认为，我们的头脑在大多数时候都是以这种方式将一般原则用于特殊情形的，特别是当我们对该做什么感到困惑时，实用三段论的形式可以帮助我们。然而，理想的情况是，我们应当越来越擅长在各种行为中采取中道。亚里士多德告诉我们，真正有美德的人是不假思索就能把事情做对的人。对这样的人来说，美德已经成为第二天性。

如何把亚里士多德的道德理论应用到实际情形中去呢？他的方法主要是培养正确的行为习惯，从而促进良好生活。我们通过考察我们的失败来做到这一点。我们思考自己在哪里错失了目标，并试图对自己的反应做出相应调整。因此，如果我们意识到自己在某些情况下的说话方式过于生硬或者过于令人费解，就试图在下一次更接近中道。如果考察一下我们在大多数情况下是如何错失目标的，就应该离目标越来越近。在行为上接近中道会使我们很少怀疑要做什么。

亚里士多德的道德理论注重培养正确的习性，而不像康德或密尔那样注重化解道德困境（即不确定在特殊情形中应当做什么）的技巧。亚里士多德强调目的（幸福被理解成一种欣欣向荣的生活，任何重要的东西都不缺）和有助于达到这一目的的美德。他会认为我们应当信守诺言。诚实是一种美德，违背诺言会破坏名誉（古希腊人认为，共同体承认一个人是可敬的甚至比生活本身更重要）。

亚里士多德的道德理论是美德伦理学的一个版本，这种道德进路注重培养良好的品格。然而，亚里士多德所提出的方法并不注重具体情形或者基本的决策程序，而是为了构建一种良好生活，培养习性以帮助我们生活得更好。虽然亚里士多德认为原则和后果都有自己的地位，但他给我们提供了一幅我们应当追求什么和如何实现它的图景。一些当代哲学家认为，美德伦理学可以在特定的情形中为我们指明方向（我们也应注意到，一些当代美德伦理学家并未与亚里士多德结盟，而是就美德提出了不同的论述）。当代美德伦理学家呼吁我们问问自己，有美德的人会做什么。但要回答这个问题，我们需要知道什么才是有美德的人。虽然亚里士多德也就具体细节提供了很多建议，但更重要的是他提供了这种设想。

—— 女性主义伦理学：关怀伦理学 ——

亚里士多德有意让他的美德清单适用于特定的人群——雅典自由的男性公民。他既不关心如何让奴隶具有美德，也不探讨对于女性来说什么是良好生活。他暗示幸福（*eudaemonia*）是（自由）男人的领地，认为女性要比男性缺乏拥有美德的能力，因为女性比男性更受制于情感而不是理性，这些观点在历史上很有代表性。西方传统在很大程度上遵循亚里士多德的看法，认为男性更有能力做出道德决定并付诸实践。在过去两个世纪里，诸如此类的诋毁女性道德地位的观点受到了女权主义者的公开挑战。

最近，有人用经验证据来支持这些女权主义观点，这始于哈佛大学心理学家卡罗·吉利根（Carol Gilligan）在20世纪80年代初所做的先驱性工作。利用这些经验证据，吉利根反对了她从前的老师——著名心理学家劳伦斯·柯尔伯格（Lawrence Kohlberg）的观点。柯尔伯格研究了儿童道德思维的发展，他的结论是，随着一个人走向成熟，其做出道德决定的方法会经历某些阶段。他声称，道德思维会从婴幼儿自我关注的、纯粹个人的或"以自我为中心的"框架，一步步发展为成年人完全抽象的、有原则的框架。正如柯尔伯格所描述的那样，这最后一个阶段与康德的道德思维版本非常相似。

 掌握概念：劳伦斯·柯尔伯格的道德发展理论

　　阶段6　普遍的伦理原则（内在化的原则，尊重人的尊严和正义，愿意挑战不公正的准则）

　　阶段5　社会契约（尊重法律和功利主义）

　　阶段4　法律和命令（基于权威和以义务为导向）

　　阶段3　好孩子定向（适应社会习俗）

　　阶段2　工具性的相对主义定向（利己主义的，关注互惠性）

　　阶段1　惩罚与服从（适应避免惩罚）

对于哲学家来说，柯尔伯格的这种说法就好像在宣称，我们是从纯粹的利己主义者逐渐发展为亚里士多德主义者、功利主义者、最后到康德主义者的。在柯尔伯格看来，只有极少数人的道德思维能够完全成熟到康德所说的水平，而女性几乎从未达到过这种水平。根据他的发现，大多数女性在"第三"或"第四"阶段就被"卡住了"，这时她们是根据社会和家庭规范来做道德决定的。

吉利根在她的开创性著作《不同的声音》（*In a Different Voice*）中站出来反对柯尔伯格的观点（于是也间接地反对了康德）。她认为，女性是根据不同的但却同样成熟的、在道德上正当的思维来做道德决定的。吉利根研究了比柯尔伯格多得多的女性个案，最后得出结论说，成熟女性总的来说对道德问题的理解不同于男性，也不同于柯尔伯格和康德所描述的方式。

吉利根认为，女性不是以非个人的、抽象的道德准则来思考道德的，而是倾向于用个人的道德责任来思考道德。当男性把试验者提出的一种道德两难理解成一个或对或错的问题时，女性则把它视为一种需要解决的人际冲突，而不是一个需要回答对错的问题。吉利根假设，除了基于康德和柯尔伯格所描述的抽象对错原则的道德思维，还存在着一种更偏"阴性"但同样有效的道德思维，这种思维有利于保持人际关系的稳定。

引文资料：女性的道德推理

　　由于我们几个世纪以来一直都在倾听男人的声音以及他们的体验所传达的发展理论，所以直到最近我们才注意到女人的沉默，以及当她们讲话时听出她们在讲些什么的困难。然而，女性的不同声音却体现出关怀伦理学的真理，体现出关系和责任之间的纽带……

　　若想理解责任与权利之间的紧张关系是怎样保持了人类发展的辩证性的，就要看到这两种最终联系起来的不同体验方式的完整性……[1]

——卡罗·吉利根《不同的声音》，1982

　　吉利根宣称，这两种道德思维对于一个全面发展的个人和社会来说都是重要的。一些批评者声称，吉利根的数据和诠释令人怀疑，因为她无法证明她对两性之间的差异所做的论断是正当的。但她也有许多捍卫者，其中就包括以她的工作为基础的道德思想家。

掌握概念：卡罗·吉利根的道德发展理论

　　阶段3　关心自己和他人（强调关系，避免伤害自己或他人）

　　阶段2　关心他人（关注自我牺牲和责任）

　　阶段1　关心自己（关注个人需要和生存）

　　有些哲学家，例如内尔·诺丁斯（Nel Noddings）和萨拉·拉迪克（Sara Ruddick）声称，阴性的"关怀伦理学"要比诉诸抽象原则的道德思维更为优越，也更为成熟。她们既说明了"阳性"道德思维的必然失败，又说明了支持这种思维的道德理论在解决道德两难问题时的必然失败。一些女权主义者比较了关怀伦理学和亚里士多德的美德伦理学。然而，关怀伦理学所倡导的一些特定美德是相对的美德，旨在促进特殊个人之间的良好关系，而不是亚里士多德所捍卫的个体主义美德。根据诺丁斯和拉迪克的说法，良好的母爱所特有的美德总体上有助于良好的关系。拉迪克声称，尊重他人独特性、关注人的特定需求的关爱是最高的母爱美德，

---

[1]　Gilligan, Carol. *In a Different Voice: Psychological Theory and Women's Development*. Harvard UP, 1993, p. 173.

这种美德可以指导我们的一切关系，帮助我们建立一个更加和平的世界。

除了关注美德，女性主义关怀伦理学（女性主义伦理学）还以另一种方式与亚里士多德的进路相似。它强调习惯和行为模式，而不是强调单个行为。它更注重长期发展而不是具体的行为，并没有提供一种决策程序来消解在特定情况下如何行动的不确定性，一些批评者认为这是这种进路的一个弱点。但可以说，它为在道德思想中（至少在西方世界）一直被低估的东西提供了思考。

在考察了本章所考虑的各种道德进路之后，我们仍然面临一些问题。当它们意见不一的时候，我们应当依赖哪一个？它们每一个都关注了我们大多数人在道德生活中认真对待的某种东西。康德强调原则；功利主义者强调行为的结果；亚里士多德思考了如何使我们的生活成为良好生活；女性主义关怀伦理学关注人际关系以及促进人际关系兴旺发展的美德的重要性。我们面临的具体状况往往会更加集中于这其中的某种因素，这些进路常常会就我们应当做什么趋向于同一结论。然而，我们所面临的问题是，当所有这些因素并不都指向同一个方向时，我们应当赋予哪些因素以最大的权重。我们对这个问题的回答将会决定哪种理论最令我们信服。

考虑这些不同理论的一个好处是，它们都为我们提供了一种看待道德问题的方法，而反思它们的每一种关切都能使我们更全面地了解整个情形。在思考一个我们有道德疑虑的行为时，我们可以按照亚里士多德的方式问自己："这是一个有美德的人会做的事情吗？"或者我们可以按照康德的方式问自己："我希望在这个世界上每个人都这样做吗？"或者可以按照功利主义者的方式问自己："这种行为会带来最大的好处吗？"或者可以加入女性主义关怀伦理学家的行列问自己："这种行为会如何影响关系？"

如前所见，如果对这些问题的回答不能使我们得出相同的结论，我们就必须决定哪种关切更具决定性。但是通过思考所有这些回答，我们可以洞察到其他人可能觉得对自己的道德思想起决定性作用的一些因素，这可以帮助我们认识到赋予它们以不同权重的人的道德真诚。考虑到各种道德理论帮助我们理解了其他具有道德严肃性的人的思想来自何处，这本身就是一种道德成就。

—— 篇末问题 ——

1. 对良好生活是怎么看的？你认为什么是其首要的目标或原则？成功、财富、自由和友谊各扮演什么角色？它们是目的还是手段？如果它们是手段，那么它们能最终解决问题吗？

2. 你认为什么才是一个人可能拥有的最重要的美德？我们这个社会最看重什么美德？

3. 个人总是在追求幸福吗？是否还有其他目标或原则是更重要的？

4. 你会怎样判定一个人的行为是否是"自私的"？自私总是错误的吗？还是有时是错的？什么时候？试具体说明。

5. 在何种场合可以允许撒谎？你的回答对于"不能撒谎"这条原则说明了什么？

6. 你会怎样把康德关于绝对命令的第一种表述应用于一个具体情况？例如，想象你打算在没人注意的时候偷一本书。按照康德的看法，你怎样判定这种行为是不道德的？

7. 假定一个饥饿的食人族酋长把你打量了一遍，认定这确是一顿美餐。你会怎样说服他相信，把你吃了是错误的（仅仅让他相信你吃起来味道不好是不够的）？

8. 英国哲学家阿尔弗雷德·诺斯·怀特海曾经写道："对于任何给定的时间和地点来说，什么是道德？那就是大多数人在那时那地恰好喜欢的东西，不道德就是他们不喜欢的东西。"你同意这种说法吗？

—— 阅读建议 ——

Blackburn, Simon. *Being Good*. Oxford UP, 2003.

Blackburn, Simon. Ethics: *A Very Short Introduction*. Oxford UP, 2009.

Butler, Joseph. *Fifteen Sermons upon Human Nature*. Macmillan, 1900.

Foot, Philippa. "The Problem of Abortion and the Doctrine of Double Effect." *Virtues and Vices,* Blackwell, 1978.

Kohlberg, Lawrence. "The Claim to Moral Adequacy of a Highest Stage of Moral Judgment." *Journal of Philosophy*, vol. 70, no. 18 (1973), pp. 630–646.

Lindemann, Hilde. *An Invitation to Feminist Ethics*. McGraw-Hill, 2005.

MacIntyre, Alasdair. A *Short History of Ethics*. Macmillan, 1966.

_____. *After Virtue*. U of Notre Dame P, 1981.

Nagel, Thomas. *The Possibility of Altruism*. Oxford UP, 1970.

Nietzsche, Friedrich. *Twilight of the Idols*. Translated by Walter Kaufmann. Penguin, 1976.

Noddings, Nel. *Caring*. U of California P, 1984.

Ruddick, Sara. *Maternal Thinking: Toward a Politics of Peace*. Beacon P, 1989.

Singer, Peter. *Ethics*. Oxford UP, 1994.

Singer, Peter, editor. *Blackwell Companion to Ethics*. Blackwell, 2000.

Solomon, Robert C. *On Ethics and the Good Life*. Wadsworth, 2005. Tillich, Paul. *Dynamics of Faith*. Harper & Row, 1957.

Thompson, Judith Jarvis. *Rights, Restitution, and Risk: Essays in Moral Theory*. Edited by W. Parent. Harvard UP, 1986.

Martin Luther King, Jr. © Bettmann/CORBIS.

9

—— 第九章 ——

正义和好的社会

Chapter 9

Justice and the Good Society

> 正义是人类灵魂中最原始、社会中最基础、思想中最神圣，也是当今大众要求最迫切的东西。它既是宗教的本质，同时又是理性的形式和信仰的秘密对象，并且贯穿着知识的始终。如何可能想象比正义更普遍、更强大、更完整的东西呢？[1]
>
> ——皮埃尔-约瑟夫·蒲鲁东

—— 开篇问题 ——

1. 你更愿意在哪种社会中生活：大的城市社会、小的乡村社会、比较安全的郊区、熙熙攘攘的贸易城市、平静但多少有些单一的城镇（人们或多或少持有相同的价值观），还是有许多不同民族的多种族聚居区？

2. 你主张把死刑用于最恶劣的罪行吗？为什么？

3. 如果美国总统的下属触犯了法律，总统应当受到弹劾吗？

4. 收容无家可归者的庇护所应当由政府（即纳税人）提供经费吗？承担这笔费用的应当是联邦政府、州政府还是当地政府？如果"以上都不是"，那么你认为应该如何解决这个问题？

5. 政治权力最终只不过是对电视所作的那些最强大、最有说服力的规定吗？政府是否不仅仅是那些操纵者所具有的权力？为什么要有政府？

6. 政府有权力（而不仅仅是权利）要求你把一定比例的收入用于纳税吗？为什么？

7. 正义是什么？我们社会的哪些方面使它是一个正义的社会？它的哪些方面是非正义的？

8. 有什么理由同工不同酬？

9. 是否存在教育上的"人权"？谁有责任确保你获得这种权利——父

---

[1] Proudhon, Pierre-Joseph. *De la Justice dans la Révolution et dans l'Eglise*, new ed., Brussels, 1868, p. 44, as translated in Chaim Perelman, *Justice, Law, and Argument: Essays on Moral and Legal Reasoning*, D. Reidel, 1980, p. 1.

母、政府还是你自己？

10. 你相信"人生而平等"吗？这意味着什么？人在哪些方面是平等的？

11. 我们国家是"法治，而不是人治"。这其中包含了对"人"的何种看法？

—— 道德与社会 ——

希腊人有一句谚语："要过良好生活就必须生活在一个伟大的城邦中。"当然，如何才算一个"伟大的城邦"一直都是备受争议的：纽约还是奥马哈，洛杉矶还是奥斯汀？但希腊人心中当然有这样一种观念：一个人要过良好生活就必须生活在一个好的共同体中——人们互相尊重，服从规则，人丁兴旺，不为犯罪和贫穷问题所困扰，个人幸福的获得无须以牺牲他人为代价。亚里士多德的《尼各马可伦理学》描写了这样一个共同体中的理想公民，而边沁和密尔的功利主义则为这样一个共同体的终极目标做出了说明——最大多数人的最大幸福。事实上，甚至连康德也在他的绝对命令的最后一个公式中提出，一个人应当总是按照达成一个"目的王国"的方式去行动，这个"目的王国"就是一个理想的共同体。毋庸置疑，对于我们中的大多数人来说，良好生活就预设了在一个好的地方与他人生活在一起，而且我们成为好人的能力至少要部分依赖于那些与我们一起在世界和社会中生活的人们。

然而，尽管我们也许能够设想这样一个社会，其中的每个人都富足而健康，人们互相尊重，各尽所需，没有犯罪，也没有贫困，但我们生活的世界却并非如此。值得注意的是，有些伟大的哲学家和社会思想家所梦想和描述的完美社会业已被称为乌托邦——它意味着"好地方"和"不存在"。众所周知，人类的生活充满了悲剧与不幸。提供给每个人的东西并不充裕，有时甚至是匮乏；有人出身贫寒，有人生来富贵；有些人出生时就带着生理或心理的疾病，而我们中的大多数人也会在某个时候身患重疾；同一种族或具有同一信仰的人看不起不同种族或具有不同信仰的人；城市街道上和遍及全国的猖獗的犯罪，并非仅仅是贫穷或需求不足所致。

因此，生活在一个理想社会依然只是个梦想。同时，我们不得不研究如何能在我们所居住的这个世界中生活得最好。既然人们出生时的境况相差极大，命运也各不相同，那么社会对此应作何考虑呢？我们应如何处置那些有意触犯法律、故意或不负责任地伤害他人的人呢？我们应如何组织社会？而谁又有权去运作？正如第八章中我们追问，我们作为个体应如何生活，现在我们必须问，我们应如何作为一个社会来生活。当然，这些问题绝不可能完全分开。

在回答这些问题时，我们先要指出一个事实，即哲学家通常会试图为他们自己社会的组织作辩护，然后讨论关于该由谁来统治的各种构想。接着，我们将讨论对必须有政府这一观念的质疑。鉴于正义的本性也许是社会—政治哲学的核心问题，本章将主要讨论这一主题，追问什么是正义、平等的含义，社会契约论作为正义的起源，等等。然后，我们将思考我们社会以外的正义问题，以及关于个人权利的不同哲学观点。最后，我们会简要讨论当代黑人和女权主义批判者的社会实践和哲学立场，他们的洞见可能帮助我们纠正过去的非正义，并相应地改造我们的体制。

—— 社会的性质 ——

人们总是生活在团体、大家族或部落之中，部落又衍生出大的城市和民族。"人是一种社会动物"——亚里士多德在2 500年前这样写道。而如果让一个25 000年前的穴居人谈谈他的看法，回答也会差不多。除了偶尔出现的（通常是虚构的）荒原上的孤胆英雄，我们都是相互依赖的生物。我们需要生活在一起，也乐于生活在一起，除非挨着某个吵闹不休的邻居。但是任何族群，无论规模大小，都需要某种组织形式，而人类的组织可以合理地比作生命有机体，在这个有机体中，一组个体偶然地生活在某个地方。每一种社会都有它自身的结构，它的"文化"、历史、组织模式和规则。问题是，这些结构和规则应该是什么样的，而我们又是哪种类型的人，以至于需要这些结构和规则。

 掌握概念：社会哲学中的一些关键对照

作为某种社会功能的人 ⟷ 自由地规定自身的个体

社会地位/特权 ⟷ 平等（根据出身、权力、天赋、技艺、成就）

对社会的职责 ⟷ 权利（向社会要求的）

从农民和以家庭为基础的农耕文化——我们在世界的许多地方仍然可以看到——到诸如纽约、巴黎、新德里和北京这样的人口流动极大的快节奏的城市，人们业已建立并发展起来的社会性质形态各异。在某些社会里，一个人会被如何看待严格取决于他在社会中的地位——作为某个家庭中的一员，某个阶层的一员，或作为一个将来会当士兵、鞋匠、农夫或外交官的人。而在另外一些社会里，"个体"概念是最为重要的，一个人的自我认同必须与出身和职能这样一些"偶然事件"区分开来。在某些社会中，凭借出身、能力和成就，某些人就天经地义地"优于"别人；而在另一些社会中，据称人人都是平等的，都应当得到平等的尊重和对待。

社会的性质以及人在社会中的角色是社会哲学所要考察的核心。当我们阅读不同哲学家关于社会性质的论述时，会发现哲学家们倾向于反映或投射出对他们自身所处社会的感知、偏好或不满。这一点不足为奇。柏拉图虚构的理想国很容易看出是希腊社会的变种；生活于君主政体之下的中世纪晚期哲学家们则捍卫"君权神授"；18世纪的英国哲学家们正值工业革命和资本主义狂潮到来之时，他们自然会起来捍卫资本主义所预设的私有财产权；而当今美国的社会哲学家们首先要捍卫的就是像言论和宗教自由这样的个人权利。之所以如此，并不必然因为怯懦或缺乏想象力，而在于无论思想多么自由，想象力多么丰富，我们都是养育我们的社会中的一员。我们对于好的社会及其结构的观念通常都是基于从母亲的乳汁中吸收来的养料。偶然的转变是一直存在的（心存悔意的共产主义者转变为激进的反共产主义者，成功的资本主义者以其余生支持社会主义），但正因为它们是非常罕见的，所以才是特殊的情形。有时整个社会可能会经历这样一种变革（中国在20世纪40年代抛弃儒家传统转而拥护共产主义），但是这些社会在转型过程中所面临的种种困难，却恰恰表明旧观念是多么根深蒂固。

—— 该由谁来统治？ ——合法性问题 ——

我们想要哪种类型的社会？应该由谁来统治？自古以来，似乎都是某个人——通常是群体中最强壮或最聪慧的人——在统治其他人，并对他们发号施令，而他自己则拥有某些特权和地位。当我们把视线从我们自身转移到自然界的其他生物时，就会发现情况为什么会如此。狼群是由一只最强壮、最聪敏的狼领导的，如果没有它，狼群通常就会灭亡。蜂群或蚁群都有各自的女王，否则就不会有蜂巢或蚁穴。因此可以想象，人类社会中领袖的出现也是同样"自然的"，他或她将是一个社会中最为强壮或聪慧的人。当然，这个人具体是谁要取决于社会的性质。在一个尚武的社会里，他极有可能是最优秀的战士；在一个崇尚理智的社会里，他可能是最有智慧的学者；在金钱就是力量的社会里，统治者将是富人（富豪制）；在一个依赖于某种专门技艺（比如对计算机的深入了解）的社会里，权力将取决于业绩和能力（精英制）；在某些社会里，宗教居于统治地位，掌握权力的是那些最有势力的宗教人士（神权制；从字面上讲，是"由上帝来统治"）；在某些社会里，统治者来源于社会中的最高等级或阶层，无论他生来就是如此，还是通过某种凭证——比如在享有盛誉的大学所获得的学位——而逐渐获得这种地位（贵族制；从字面上讲，是"由最优秀的人统治"）；在某些社会里，统治者是某个人（君主制）；在另一些社会里，统治者是一小部分人（寡头制）；而在像我们这样的社会里，至少从理论上说，统治是由每个人所共享的（民主制）。

然而我们一直告诫自己，我们并不仅仅是动物，而是具有理性的社会动物。我们能够理解事物，而大多数动物却不会。也许每个社会的确都需要某个权威或组织，但为什么这种权力和领导应当掌握在一个人手中呢？为什么不是一个团体？为什么不是在一起工作和思考的所有人？而如果需要有某个统治机构，那为什么我们应该只是听任其自然发展，而不是亲手去设计它？

 掌握概念：统治的种类

富豪制：由富人来统治

精英制：凭借业绩和能力来统治

神权制：由宗教，或由"上帝"来统治

贵族制：由"最优秀的人"来统治

君主制：由一个人来统治

寡头制：由少数人来统治

民主制：由"人民"来统治

 引文资料：少为最好

太上，下知有之，其次亲而誉之，其次畏之，其次侮之。

故圣人云：我无为，而民自化；我好静，而民自正。

为无为，则无不治。

续

是以圣人终不为大。①

——老子《道德经》，公元前6世纪

管得最少的政府是最好的。②

——无名氏，18世纪

即使在古代，"应当由最强壮的人来统治"这种观念也是令人难以接受的。当然，一个人要想活下去就不得不接受这样一位领袖，但这种权力是合法的与这种权力是正当的是两码事。纵观历史，每当那些掌权之人滥用权力时（僭主制就是一个用以表达滥用权力的古希腊词），就会有一些人组织起来（统治者的圈内人发动的一次民变）"把吃闲饭的赶出去"。合法的权力——或权威——不仅关乎力量或智力，它也是一个权力正当性的问题。一个合法的政府有权统治。这就是为什么多少个世纪以来，君主们要宣称通过"神的权力"来统治的原因。在一个宗教社会里，谁还能提供一种更有力、更能站得住脚的辩护呢？

是什么使得一个政府是合法的？过去认为，统治者是通过上帝而得到辩护的。然而尽管政治家们通常会搬出上帝来支持自己的立场（见第三章的"上帝站在哪一边？"），但我们却不再认为仅靠上帝就能证明一个政府的合理性，无论如何，它也得通过赢得一两次选举来证明上帝的支持。因此，强权即公正也许一度是事实（在过去，统治者往往是那些最强壮的或在其他方面最优秀的人），但现在我们并不认为，一个人拥有并且能够拥有权力这个事实就使他的权力或权威成为合法的。简而言之，我们相信政府应该服务于人民，而一个政府的合法性也依赖于此。

但即使是这样，仍然有一些难题需要解决。服务于人民就意味着使他们富裕吗？一个富裕的社会因此就是一个好的社会吗？一个使人民富裕的统治者也因此就是一个合法的统治者吗？还是说另有一种思考路径，即对于一个社会来说最重要的并非是整体上的富裕或生活得好，而是正义（一个我们即将探讨的重要概念）在社会中的普遍性？一个合法的政府就是不仅保护富人也同样保护穷人的政府吗？或者说它是一个在另外一种意义上捍卫正义的政府，即通过强制施行一些社会法规和准则，通过惩治做坏事的人而保护文化的价值？还是说一个政府的合法性根本不在于

---

① Lao Tzu. *Tao Te Ching*. Translated by D. C. Lau, Penguin, 1963, #17, p. 21; #42, p. 64; #3, p. 7; and #63, p. 70.

② 作者未知，通常被归于托马斯·杰斐逊。

政府为人民做了些什么，而在于政府是如何**由**人民来组成的。因此在我们看来，一个合法的政府首先是一个通过公平的政治竞争而被严格地选举出来的政府。

—— 无政府主义、自由市场以及对政府的需要 ——

 引文资料： 资本主义的益处

> 如果对所有这些情况全面地加以考察……我们就会觉得，如果没有成千上万的人的互助与协作，那么一个文明国家中的最微不足道的人，即便是按照（这是我们非常错误地想象的）他通常所适应的舒适简单的方式，也不可能使自己的基本生活得到保障。事实上，与更为奢华的大人物相比，他的食宿无疑是极为朴素简单的；而且与其说一个欧洲王子的食宿超过了一个勤勉而朴素的农民，不如说后者的食宿超过了一个掌握着成千上万野蛮人的生命和自由的非洲国王。[①]
>
> ——亚当·斯密《国富论》，1776

　　一种可能的然而在某种意义上并不吸引人的想法是，谁都不应该来统治。我们知道，政府最擅长的就是把事情弄得一团糟，虽然它占有的权力和特权过多，但给我们的回报却甚少。也许我们就应该让每个人做他所想做的事情，而讽刺地把政府称为无政府——一种混乱和社会无序的状态。没有了政府，组织方面显然会碰到一些问题（比如对安全驾驶做出规定、确保基本物资和服务的供给等）。但一个规模适度的智囊团不可能设计出一种为社会中的每个人所赞同的机制（比如一套交通法规、一套超市和汽车服务站系统），这一点却不是显然的。我们靠右行驶并不是因为政府强迫我们这样做，而是因为我们都同意，为了驾车的安全起见，我们必须就靠道路的哪一边行驶达成一致。而倘若大多数人都是右利手并且用这只手来换挡，那么这个协定就有了更多的意义。当然，总会有人不去遵守这种协定，但我们真的就需要一个政府（公路巡逻队、交通法庭、法官）来强制执行这种已经相互达成一致的规则吗？

　　我们这个时代最强有力的主张之一就认为，我们实际上并不需要政府去组织

[①] Smith, Adam. *Inquiry into the Nature and Causes of the Wealth of Nations*. Abridged and edited by Laurence Dickey, Hackett, 1993, part 1, chapter 1, p. 10.

社会。从某种意义上来说，我们可以就让每个人做他所想做的事情，而这正是自由市场的思想——人们做他们需要做的事情，而不是出于某种法律或政府的强迫。只要存在着需求，企业家就会受利益驱动来为人们提供必需的物资和服务，并从中牟利。如果说为了让社会更好、更安全，我们必须相互达成某些协定的话，那么我们仅仅出于自身的利益，而无须任何干预或其他什么权威就能实现这一点。当然，规则和限制还是需要的（比如说保证"公平游戏"的规范）——但这必须是也应该是没有政府干预的，而且没有专门的组织来影响市场的自由。

 引文资料：看不见的手

> 因此，由于每个人都努力把他的资本尽可能用来支持和管理国内产业，使其生产物的价值能够达到最高程度，他就必然为产生出尽可能多的社会岁收而辛苦劳作。事实上，一般来说他既无意于促进公共利益，也不知道他为公共利益做了多少贡献。由于宁愿支持国内产业而不支持国外产业，他所盘算的也只是他自己的利益。由于以产出价值最大化的方式管理这种产业，他所关注的只是他自己的所得。就像许多其他场合一样，在这种场合，他被一只看不见的手指引着去尽力达到一个并非他本意想要达到的目标。对于社会来说，这个目标并非他的本意并不总是坏事。较之于有意为之，他通过追求自己的利益，往往更为有效地促进了社会的利益。[①]
>
> ——亚当·斯密《国富论》，1776

另外，自由市场并没有表明自己有能力解决一些非常紧迫的社会问题。为了论证这样一种市场并没有很好地满足某些基本需求，我们无须质疑个人自由所具有的价值，或自由市场在满足我们至少一部分需求和欲望上的功效。医疗保健是一个在今天的新闻中频频出现的例子。对医疗保健的需要显然不同于对大多数消费品的需要。当一个人病重时，他不可能去"逛商店"，也不可能考虑是否能够支付得起这些服务。而且随着医学的进步，就算是一般性的治疗，费用也昂贵得让人望而却步。不仅如此，疾病往往是因其他方面的缺失而产生的（营养不良或没有栖身之所），所以它往往对那些无力支付的人们打击最大。

---

① Smith, Adam. *Inquiry into the Nature and Causes of the Wealth of Nations.* Abridged and edited by Laurence Dickey, Hackett, 1993, part 4, chapter 2, pp. 129–130.

📝 引文资料：异化劳动

什么构成了劳动的异化？首先，劳动对工人来说是外在的东西，也就是说，不属于他的本质的东西。因此，他在自己的劳动中不是肯定自己，而是否定自己；不是感到幸福，而是感到不幸；不是自由地发挥自己的体力和智力，而是使自己的肉体受折磨、精神遭摧残。因此，工人只有在劳动之外才感到自在，而在劳动中则感到不自在；他在不劳动时觉得舒畅，而在劳动时就觉得不舒畅。因此，他的劳动不是自主的劳动，而是被迫的强制劳动。因而，它不是满足劳动需要，而只是满足劳动需要以外的需要的一种手段。劳动的异化性质明显地表现在，只要肉体的强制或其他强制一停止，人们就会像逃避鼠疫那样逃避劳动。外在的劳动，人在其中使自己外化的劳动，是一种自我牺牲、自我折磨的劳动。最后，对工人说来，劳动的外在性质就表现在这种劳动不是他自己的，而是别人的；劳动不属于他；他在劳动中也不属于他自己，而是属于别人。在宗教中，人的幻想、人的头脑和人的心灵的自主活动对个人发生作用是不取决于他个人的，也就是说，是作为某种异己的活动，神灵的或魔鬼的活动的，同样，工人的活动也不是他的自主活动。他的活动属于别人，这种活动是他自身的丧失……结果，人（工人）只有在运用自己的动物机能吃、喝、性行为，至多还有居住、修饰等的时候，才觉得自己是自由活动，而在运用人的机能时，却觉得自己不过是动物。动物的东西成为人的东西，而人的东西成为动物的东西。[①]

——卡尔·马克思《1844年经济学哲学手稿》

自由市场在对穷人的关怀上也表现出无能。有一种古老的市场智慧是：富人更富，穷人更穷。市场似乎并没有建立起一种修正机制以解决这种日趋严重的不平等，因此就需要某种"制衡力量"——特别是政府——去保证穷人得到足够的保护和供给。有些人变得异乎寻常地富裕，有些人则陷入贫困的恶性循环，如果没有来自外界的大量援助，他们似乎没有脱身之日。也许施舍总是有的，但如果不够怎么办？当然，我们正在讨论的是一个被称为正义的庞大的政治概念。既然政府的目的和合法性是促进正义，那么我们就想知道——正如柏拉图在其伟大的著作《理想

---

① Marx, Karl. "Alienated Labor." *Karl Marx: Early Writings*, translated and edited by T. B. Bottomore, McGraw-Hill, 1963, pp. 124–125.

国》中所追问的——"什么是正义？"

—— 什么是正义？ ——

正义是社会制度的首要美德，正如真理是思想体系的首要美德一样。[1]

——约翰·罗尔斯《正义论》，1971

生活不是公平的……这对于我们大多数人来说是件好事。[2]

——奥斯卡·王尔德《理想丈夫》，1895

对于一个好的社会来说，仅仅繁荣是不够的，它还需要正义。例如：我们会强调好人要得到奖赏，坏人要受到惩罚；工作努力的人要受到尊重，并获得不错的报酬；人们要能保有他们的所得，不用担心会被抢掠一空，而那些身处危难的人也能得到照顾。当所有这些各种各样的要求无法被满足时，当供给不足时，或者当这些要求本身相互抵触时，正义的问题就产生了。如果不向富人征税，我们如何能够保证穷人得到照顾？如果不制止某些罪行，我们如何能够保证无辜的人受到保护？因此，正义关涉的是这些各种各样的要求的优先性，以及它们在一个我们承认并不完美的社会中的执行。

 掌握概念： 正义：回报和公平

报应的正义：确保恶人和做坏事的人得其应得。

分配的正义：对物资、利益和社会责任的公平配置。

正义通常分为两部分：一部分涉及惩罚，另一部分涉及物品和责任的分配。前者被称为报应的正义，它来源于"报应"这个词；刑事法庭和监狱是社会执行报应的正义的工具，在一个正义的社会中，罪犯被逮捕并公正地得到审判。量刑过重或过轻都是非正义的。如果罪犯因为有钱有势就"轻易脱身"，那么正义就没有被满足，因为正义的一个预设就是"无视"特殊的个人及其地位和权力（这就是为什么正义在传统上被描画成一个手持天平的蒙着眼睛的女人）。

---

[1] Rawls, John. *A Theory of Justice*. Harvard UP, 1971, p. 3.

[2] Wilde, Oscar. *An Ideal Husband* (1895). *Project Gutenberg E-book*, http://www.gutenberg.org/files/885/885-h/885-h.htm.

掌握概念： 平等的四种类型

- 每个人拥有同样的能力、才干和优势（这是不太可能的）。
- 每个人在法律面前有同样的地位（这是美国人正义概念的基础）。
- 社会中的每个人都应当被给予同样的物品、利益和责任（这是不可行的，而且也与我们关于价值和权利的观念相违背）。
- 社会中的每个人都应当拥有进步和成功的同样机会（这是一个必要的理想，但是难以实现）。

另一种正义是分配的正义（对物资的分配），它包括工资、因工作出色而得到的奖金、教育以及公众的医疗保障。分配的正义一直是当今生活中存在的深层争论的一个源头。比如卡尔·马克思的著名主张——"从按劳分配到按需分配"就遭到了强烈的反对。这句话是对一种正义理论的总结，但需要注意的是，它并没有谈及人们的所得或是对所有物的权利，也没有主张人们的应得可以超出他们的需求。许多人愤怒于某个无能的花花公子只是因其辛劳一生的父亲把财物留给了这个废物，就过着奢靡的生活。然而大多数美国人还是会说，由于他的父亲有权根据自己的喜好处理所得，因此这个年轻人有权拥有这笔钱。

然而，这种权利在马克思主义的正义概念中却没有地位，因为满足人们的需要才是正义主要关注的东西。但大多数美国人会说，这个年轻人*有权*得到这笔钱，只要他父亲有权按自己的收入做他喜欢做的事。美国人的正义感更多地集中在确保人们能够得到并保有属于他们自己的东西。在一个马克思主义的社会里，正义将要求剥夺花花公子的继承权，让他出去工作养活自己。他那笔非劳动所得会在需求者中进行分配；而在我们的社会里，即使我们认为那笔钱不是这个年轻人的应得，他也能设法保住它，因为正义要求一个人能够保有他有权得到的东西。

当然，正义的问题并非如此简单。马克思主义的社会发现，如果要激励人们更加努力地工作，那么酬劳就是必要的。在我们的社会里，这个无能的年轻人可以设法保住他的财产中的绝大部分，但我们也相信政府将从中抽取很大一部分用于再分配。事实上，纳税申报单上的每一行都是正义理论的缩影，它们体现了哪些是人们应得的东西，哪些活动被认为具有特殊价值。生养孩子会得到课税减免的奖励，而赌场上的损失政府是不予理睬的。投资盈利会得到低税率——甚至低于工资税——的奖励（这体现了正义概念的哪些方面）。分配的正义在我们的社会中无处不在：

从每一次工资谈判，到每一笔商业交易，甚至是教授给的每一个分数。

 掌握概念： 正义关注的四个方面

- 人们应当得到他们所需要的东西。
- 人们应当给予他们所能够给予的东西。
- 人们应当被准许保有他们的所得（权利）。
- 人们应当得到他们所应得的东西（功劳）。

然而，我们对正义的关注是一种永远不会停止的权衡工作，其对象是许多不同的、有时甚至是相互对抗的因素。我们同意马克思的观点，即人们应该逐步发展他们的能力并使其需求得到满足，但我们并不把这两者放在正义感的中心位置。我们也关注人们得到他们所争取的东西（就像在刑事案件中，我们也认为犯人应该得到其应有下场一样）。我们也认为冒险、承担大量责任都应该得到高额的回报。而且我们认为（这是一种值得深思的看法），在我们的社会中，收入最高、最有荣光、最为著名的成员是那些使我们快乐的人（比如运动员或演员），这也是无可厚非的。

但美国人的正义感也首先强调权利感——人们应当保有他们的所得，无论他们赚得这一切所花费的精力是多么小，无论我们怎样看待他们。与一些革命的国家迫切要求对财富进行激进的再分配相比，我们的正义感是相当保守的。事实上，许多杰出的社会理论家们已经主张，无论我们多么强调辛勤工作和功劳，正义在资本主义的体系中首先依赖于这种对权利的保守主义态度（比如说，私有财产神圣不可侵犯），然后才取决于其他方面的考虑。

—— 平等的含义 ——

法律，以其伟大的平等，禁止富人和穷人在桥下栖身，沿街乞讨，偷窃食物。[1]

——阿纳托尔·法朗士，1894

---

[1] France, Anatole. *The Red Lily [Le Lys Rouge]* (1894), ch. 7 , Create Space Independent Publishing Platform, 2014, pp. 68–69.

对于正义来说，无论是在马克思主义的社会还是我们自己的社会，平等概念都是最重要的。一方面，所有人显然不是在任何意义上都平等的。某些人生来就健康、富有和聪慧，另一些人生来就命苦、贫困和残疾。人们有不同的天分、不同的相貌、不同的才能。但另一方面，正义却强调人们是平等的，这是什么意思呢？

首先，它意味着在法律面前人人平等。正义再次以蒙住双眼的形象表明，它并不重视在等级和特权上的个体差异，而是平等地看待所有人。至少从理论上说，同样的法律以同样的方式适用于所有人。无论富人还是穷人，丑陋的流浪汉还是电影明星，只要他们犯了同样的罪行，法官就有义务对他们施以同样的判决。只要两个人做同样的工作，就应当得到同样的报酬。至于是男人还是女人，是黑人还是白人，是高还是矮，这都无关紧要。事实上，"同工同酬"已被写入法律，因为它对我们的正义感和好的社会是如此重要。

✍ 引文资料：正义的一个原则

只有当我们可以合理地指望，不平等能够符合每个人的利益，而且它所依系的地位和职务向所有人开放时，不平等才不是武断的。①

——约翰·罗尔斯《作为公平的正义》，1999

但许多学者已经指出，平等不能意味着每个人应该在一种更加一般的意义上被平等地对待。库尔特·冯内古特[Kurt Vonnegut（1922— ），美国小说家]在一个故事里描述了这样一个社会：它通过妨碍那些占有优势的人来实现人人平等，即迫使强壮的人干繁重的体力活使他们变得瘦弱；给聪明人戴上使人无法专心思考的噪声器使他们变得愚笨；让身段优美的人穿上轻重不均的厚重衣服使他们不再匀称。这个荒唐的故事表明，在任何社会中不平等都是不可避免的。某些不平等反映出人们在成就上的真实差异，并使得整个社会变得富裕。那些努力工作的人应当生活得更好，而那些有能力却不愿工作的人则不应得到同等的利益。因此，只要超过了人类生存所必需的生活水平，不平等就应当作为一种不可避免的、在某些情形下是值得欲求的和对每个人都有利的东西而得到宽容。

但是难道应该存在如此之多的不平等吗？这正是马克思所提出的问题，他抱怨说，当工人的劳动成果不由他们自己出售，而是属于别人比如工厂主时，工人

---

① Rawls, John. "Justice as Fairness." *Collected Papers*, edited by Samuel Freeman, Harvard UP, 1999, p. 48.

就被异化了。而且即便我们能够理解为什么美德和多产应该得到回报，但我们为什么就应该接受一种与此相去甚远的观点，即平庸和失败——或者就是时运不济和遭受不幸——也应该受到惩罚呢？难道我们努力工作的动机就不能与物质上的平等共存吗？

许多学者说，平等就意味着平等的机会。但这也有问题。当我们试图强调人人平等的时候，便会碰到一个无法避免的事实：人们在能力和优势上生来就是不平等的，甚至是最激进、最具颠覆性的社会重组也得在很大程度上保留这一点。此外，我们从情感上认为人们应该因其所作所为而受到奖惩，而且也感到人们应该能够保有他们所拥有的东西，这两点都与平等的含义相冲突。因此，我们便退回到机会平等的观念。但残酷的现实再一次摆在我们面前。机会的平等根本就不存在，因为给予某些人更多优势的环境也给了他们更多的机会。"花钱去赚钱"是一种古老的智慧，没有人会怀疑，即便去一流预科学校的是一个资质平平的懒孩子，他将来也会比贫民区学校里聪明伶俐的孩子拥有更多的机会。机会平等似乎与平等一样是闪烁其词的。

人们可能认为这种复杂性足以导致一种理想变得不切实际，但这其实是遗漏了道德理想在社会中的重要意义。也许从未有过完美的正义社会，也许将来也不会有。但有关正义与平等的理想为我们做的就是自始至终提醒我们，什么是我们所信仰和支持的。一种用于保证平等或机会平等的整体方案也许是我们所不能发现的，但是靠着对平等的一贯坚持，我们能够意识到并且纠正存在于我们周围的不平等。有些人也许认为，人与相同年龄、种族和宗教信仰的人联合是"自然而然的"；然而，当这种"自然的"倾向涉及公平时（比如在雇主对员工进行雇用、解聘或提拔的时候，在某些工人结成工会的时候，或者一个社团形成的时候），我们的正义感就会介入其中，并（可能在法律的帮助下）提醒我们这种歧视是不公平的。有些人同样可以争辩说，在一个复杂的企业中，以相同的头衔做相同工作的人发现他们拿着不同的薪水，这是无法避免的；但平等的概念再次出来解救我们，因为正是这个概念的力量才迫使我们感到要保证同工同酬。无论我们关于正义和平等的概念是多么困难和有争议，它们都是为我们社会中一个价值无法估量的目标服务的。关于它们的确切含义以及如何使用的问题，我们可能还要再争论两个世纪，但与此同时，它们将是我们用于改进社会的工具。

📝 引文资料： 正义的两个原则

　　我们可以把人类社会看作一个或多或少自足的联盟，它由一种共有的正义观念来规范，并旨在促进其成员的利益。作为一种为了相互利益的合作的冒险，它的特征是利益既冲突又一致。存在一致的利益是因为，较之每个人只靠自己的力量去生活，社会合作使得对于所有人来说过一种更好的生活成为可能；同时，人们对如何分配由他们的合作劳动所产生的更大利益并非漠不关心，因为为了促进他们自己的目的，每个人都更愿意获得较大而不是较小的份额。正义概念就是一系列原则，我们借助它们来对决定这种区分的社会体制的安排做出选择并且达成关于恰当的分配份额的一致意见。

　　正义的两个原则……可以做如下表述：首先，每一个参与到一种制度中来或受其影响的人都有平等的权利去拥有可以与别人的类似自由权并存的最广泛的基本自由权。其次，只有当我们可以合理地指望，不平等能够符合每个人的利益，而且它所依系的地位和职务向所有人开放时，由体制结构所规定或助长的不平等才不是武断的。

　　这些原则通过控制整个社会结构中的权利和义务的分配而规范了分配制度，首先是采用一种政治体制，然后依照它将这些原则应用于立法。分配份额的正义基于对社会的基本结构、即权利与义务的基础体系的正确选择。[①]

—— 约翰·罗尔斯，1967

　　但有一种平等观念应当位居其他平等观念之前。它先于法律面前的平等，也比收入乃至机会的平等更为重要。这就是平等尊重的观念，即我们应以这样一种模糊而极有意义的观念来看待每一个人：他们和我们自己一样都是有情感和思想、希望和忧虑、激情和牵挂的人。与其说这是一种政治的甚或社会意义上的平等，不如说是为我们所深切感受到的个人意义上的平等。我们中的大多数人从小就受到这样的教育，要成为一个"无阶级"社会的公民，这是首要的一点，无论我们在收入、财富、权力上有多么不平等。如果我们充分意识到相互尊重的重要性，也许我们社会生活中的其他不平等就会逐渐得到纠正。

---

① Rawls, John. "Distributive Justice." *Collected Papers*, edited by Samuel Freeman, Harvard UP, pp. 130 and 133.

—— 正义的起源与社会契约 ——

在市民社会以外，总是存在着所有人反对所有人的战争。[1]

——托马斯·霍布斯（1588—1679）

我们认为下述真理是不言而喻的：人人生而平等，造物主赋予他们若干不可剥夺的权利，其中包括生存权、自由权和追求幸福的权利。为了保障这些权利，人们才在他们中间建立政府。政府的正当权利，则是经被统治者同意授予的。[2]

——《独立宣言》，1776年7月4日

正义从何而来？为什么对正义的思考会持久地占据我们？我们为什么有国家和政府，又为什么应当服从它们（除了害怕惩罚）？对这些问题的最流行的现代回答是（源自于17、18世纪的一些伟大的社会思想家，尤其是霍布斯、洛克和卢梭），正义连同整个社会都是由一种一般性的社会协定，即社会契约产生的。我们有义务服从正义原则（以及执行它们的政府），因为我们（在某种意义上）同意这样做。我们似乎与国家——或者更恰当地说，是与我们社会中所有其他人——订立了某种契约，决定依照某些规定生活在一起，根据我们的充分计算，这些规定符合包括我们自己在内的每个人的利益。作为对我们服从规定的回报，其他所有人也会服从它们（否则就会被迫这样做）。

只要想想交通规则，就能发现这种思想很好地解释了为什么应当存在这些一般性的规则，以及（大多数时候）遵守它们是多么符合我们的自身利益。我们一致同意要公平，并一致支持和参与公平的制度[尤其是正义体制连同纳税体制（自愿缴纳"公平的份额"）、市场体制、契约和所有权体制]，作为回报，其他人也同样参与进来。这样社会将变得平稳有序，财产也将是安全的和有保障的，个人生活也得到了保护。由此，正义导源于相互之间的意见一致，即我们都同意受制于某些规则和原则。

当然，我们自己并没有签署这样的契约，即便有人可能认为（正如苏格拉底3 000多年前在《克力同篇》中所做的那样），通过"选择"生活在某个社会，我们就同这个社会订立了一种含蓄的协定。尤其是在美国，的确有某种类似于"社会契约"的东西，它是由当时的各州代表为了"建立"政府和一套一般性的法律——即宪法——而签署的书面文件。但是，无论我们是否相信曾经存在过或现在就有这样

---

[1]　Hobbes, Thomas. *Leviathan*. Edited by Edwin Curley, vol. 13, Hackett, 1994, p. 76.

[2]　Declaration of Independence.

一种契约，对社会契约论的诉求使得政府以我们（集体的）利益为条件，依赖于我们（集体的）决定（作为这种理论最主要的倡导者之一，让-雅克·卢梭把我们的集体要求称为人民的公意）。根据这种观点，政府并不是自然而然地出现并将那些规定强加于我们身上的。事实上，我们才是政府的规定和法律的最终来源，正是我们的"意志"变成了国家的法律。正如卢梭深刻指出的那样，我们最终把法律施加到自己身上。

人们聚在一起形成社会之前存在的是什么？他们为什么聚在一起？关于前"自然状态"（即社会形成之前）的最著名的理论是由托马斯·霍布斯提出的，他认为在社会和正义形成之前，人类的生活是一场"所有人反对所有人的战争"，其结果是"污秽、野蛮而短暂的"。[①]他主张人生而自私，在一个资源稀缺的世界上，要是没有法律和政府强迫我们行为规矩些，我们的确会自相残杀。那么我们为什么会加入一个社会并赞同这种法律呢？因为我们每个人都非常害怕受到其他人的伤害和杀戮，为了回报我们承诺不去伤害他们，他们也不去伤害我们。这是一笔不坏的买卖。

其含义显然是，人性大致相同，要是没有政府和法律，我们极有可能返回到那种野蛮的自相残杀的状况。在英国内战时期的著作《利维坦》里，霍布斯把内部纷争看作可能降临到一个社会身上的最大的恶。他认为，要想避免这一点，唯一的办法是把权力交给一个强有力的核心权威，要么是一个人，要么是一个集体。根据这种观点，社会成员自愿地将权利让渡给统治力量；但霍布斯相信，为了保证和平，付出这种代价是值得的。

 掌握概念：社会契约

作为讨论社会本质的一种理论，社会契约这个概念在18世纪广为流行且极富说服力，即使它经常是作为一种不太可信的社会起源论而被提出的。社会契约论认为社会是基于所有作为公民的个人所达成的一致意见而建立起来的；作为公民，他们放弃了某些权利和特权，作为对国家提供的保护和相互利益的回报。美国宪法是对这种契约的历史性展示的最好例证，各州代表聚集在一起制定了一个契约，用于建立联邦政府和对它的限制。此外，社会契约的思想还是对法国大革命（1789）的基本辩护。早些时候，美洲殖民地也曾将这一辩护用于摆脱英国的统治。

---

① Hobbes, *Leviathan*, p. 76.

与哲学家相遇： 三位社会契约论者

托马斯·霍布斯（1588—1679）是一位捍卫唯物论（"一切都是运动中的物质"）的英国哲学家，他受到了艾萨克·牛顿的影响。

约翰·洛克（1632—1704）是英国哲学家，以英国经验论（见第五章）之父而闻名于世。英国革命（1688）结束不久，他于1690年出版的《政府论》捍卫了社会契约的思想。

让-雅克·卢梭（1712—1778）是法国哲学家，他于1762年写了那部影响深远的《社会契约论》。

另一种较为温和的社会契约理论得到了霍布斯的继承者约翰·洛克的捍卫。洛克认为在自然状态下，我们本质上都是勤苦工作的生物。我们努力地修造房屋，耕作土地，并由此声称对财产的所有权，因为这些财产里"渗透着我们的劳动"。但自然状态下的所有权是很薄弱的。因为即使一个人通过自己的工作挣得了所有权，保护他所拥有的东西却是另外一回事。因此，为了保护我们辛苦赚来的财产，我们聚集在一起结成拥有法律和政府的社会。不用说，洛克的理论非常重视私有财产在正义和社会运作中的重要性。

还有一种更为温和的理论是让-雅克·卢梭所捍卫的，他把社会和正义（正如我们早先提到的）看作人民公意的表达。但卢梭并不像霍布斯那样把自然状态看成一场野蛮的战争，也不首先把它看成一个由勤苦工作的个人所组成的世界。相反，卢梭设想有一个物资充足的世界，我们前社会状态的祖先采野果，睡山洞，轻而易举就能活下来。他们互不干涉，即使他们对处于危难中的人们表示同情。卢梭认为，"自然人"比我们中的大多数人要更为幸福和健康。那为什么处于自然状态下的人们还要结成社会呢？卢梭认为，社会进化在大多数情况下是一种悲剧，它不仅是我们创造力的产物，而且也源于我们容易轻信。他说，我们天生善良快乐，但社会"败坏"了我们。不过，构思合理的社会不仅会在某种程度上恢复我们的天然活力，使我们的创造力得以发挥，而且还会把我们变得不仅仅是"自然的"。社会将使我们变得道德。社会将把一个单纯的女人和男人变成公民。

这三种关于人性的看法区别很大，但它们都得出了相同的结论。因为无论出于什么原因，我们聚集在一起结成了社会，法律和正义是它的主要特征。这是一种令人兴奋的想法。无论我们是否相信从历史角度给出的断言（或者是预设的人性理论，或者是社会契约本身的故事），这种想法都例证了我们对自身和社会所提出的许多最为看重的要求。

—— 我们边界之外的正义 ——

正义所引出的问题不仅关乎个人应当如何对待自己社会中的公民，而且关乎如何对待其他社会中的公民。一些哲学家在提出这种关切时，挑战了我们关于成为社会中的良好一员意味着什么的一些日常假设。

在我们大多数人看来，爱国是一种很显然的美德。但这种看上去的美德如何与正义的美德相一致呢？当我们把爱国主义观念表达为组成它的诸种态度时，这个问题会变得更清楚一些。爱国主义是否意味着更看重我们社会成员的幸福而不是外国人的幸福？如果是这样，这确实公平吗？托尔斯泰沿着这些线索分析了爱国主义，并认为它是不道德的，因为爱国主义对自己社会或国家的偏爱态度是以所有其他国家为代价的。但这真的是看待我们所谓的"爱国"的正确方式吗？我们难道不能说，爱国主义是忠诚于以多种方式支持我们一生的社会，以及我们与之打交道的特定成员吗？

我们应该如何定义"爱国主义"呢？它仅仅意味着我们支持自己的国家吗？这似乎是一个太弱的定义。一个人可以支持自己的国家并为之感到羞耻，许多人会认为这种羞耻是与爱国主义不相容的。另一些人也许会说，某些情况下的羞耻是爱国主义的表现，比如当一个人的国家没有践行其理想时。如果爱国主义是美德，那么它绝不是盲目赞同领导人、政府和本国人所做的任何一件事。爱国主义要有意义，就必须参与一个更大的社群和社会。为爱国主义辩护的人大都会同意，爱国主义参与有时可能涉及对一个人所效忠的那个国家进行批评。

无论如何，仅仅支持自己的国家还不是爱国主义。在我们大多数的用法中，"爱国主义"似乎要求对自己的国家充满热情并把它的利益放在第一位。为国家出生入死的军人常被视为爱国主义的化身。但是把自己国家的利益放在第一位这样的观念立刻把我们带回了那个问题：这种偏爱在道德上能否被证明为正当？

一种对爱国主义的辩护是，公民身份给公民强加了特殊的道德义务。这是柏拉图笔下的苏格拉底对其弟子克力同宣说的论证，苏格拉底说他对城邦有义务，因为城邦养育和教育了他，通过在城邦中居住，他与城邦签订了一张隐秘的契约，要求他服从城邦的法律。看起来，苏格拉底之所以把爱国主义的偏爱视为正当，是因为这种偏爱缘于与城邦签订的这张隐秘契约。

　　有些思想家认为，任何种类的偏爱都是不正当的。中国古代哲学家墨子主张，一切类型的偏爱，甚至是以家庭纽带为基础的偏爱，都是不道德的，而且对家庭成员和社会有害。他宣称，如果我们生活在一个"老吾老以及人之老"的社会里，我们就会更加相信，我们的父母会得到很好的照顾。

　　儒家哲学家孟子反对说，这种思想会把我们对众人表现的关切拉平（和苏格拉底一样）。孟子认为，我们对那些养育我们长大成人的人负有特殊的道德责任。对我们最亲近的人怀有特殊关切是自然的，正是在家庭的环境中，我们第一次学着照顾他人。虽然我们有特殊的义务去照顾最亲近的人，但随着我们对他人同情心的孕育，我们的关切自然会越来越多地波及他人。当麦金泰尔等当代社群主义者集中于社群而不是家庭时，他们同样认为偏爱那些培养其道德感的人不仅可以接受，而且是道德的要求。

　　国家进入战争状态，当时的情况特别能引出关于爱国主义道德基础的问题。当我们的国家对另一个国家宣战时，它乃是基于国籍来攻击他人，此时偏爱变得极端明显。战争是否是正义的，这是一个历史悠久的哲学问题。在印度教经典《薄伽梵歌》中，掌握着开战权力的阿周那（Arjuna）却不忍做出这样的决定，因为他想到自己的命令会导致双方亲人的死亡（他最终还是下达了命令，其原因我们将在第十一章讨论）。

　　至少，战争会使其他人丧命，它也许是错误行动的典型（至少在大多数情况下是如此）。人们通常会说，在有些情况下杀死别人并不错，许多人会把战争中杀死士兵归于此类。但如果他们是正确的，那么是否任何战争都是如此，无论它是否是被挑起的，或者有多么残忍，多么有侵略性？我们如何保证丧命的只有战士而没有平民（常被冷酷而委婉地称为"间接伤亡"）？大多数哲学家都认为，至少要对战争中的杀戮何时在道德上可以允许做出一些限制。

　　正义战争理论试图确定，何种情况下战争在道德上可以允许，以及战争发生时什么样的行动可以接受。正义战争理论家大都认为，一个国家受到攻击时的自我防卫是参战的一个正当理由。关于一个国家战争能否为了保护无辜的非本国公民而合法地开战，则有更多不同看法。当有多国盟军卷入时，问题就变得更加复杂了，特别是当其开战是为了保护非盟国的无辜民众时。一些人宣称，先发制人是消除潜在威胁的一种形式，但这引出了一个问题：威胁何时变得如此明显，以至于这种行动可以公平地称之为防卫。认为只有在谈判失败，迫不得已的情况下才能发动战争，这也是正义战争理论中的一条重要原则（有趣的是，以天才的战略分析而闻名的中国古代军事理论家孙子与正义战争理论家在这一点上有着相同的看法，尽管孙子提出的理由是出于谨慎而不是道德）。在战争的每一个阶段，正义战争理论家坚持说，冲突中的一方在道德上有义务尽可能地限制武力以实现其正当目标。

对偏爱之正当性的疑虑促使很多人持有所谓的"世界主义"立场。世界主义者（这里指的是那些持这种立场的人，而不是指善于旅游或四海为家等口语含义）。世界主义者很看重全球共同体的观念。他们通常主张我们对所有其他人负有道德义务。他们促进了国际政治安排的观念，这些安排将有利于全人类的福祉，不论人的国籍如何。例如，哲学家、经济学家阿马蒂亚·森（Amartya Sen）和哲学家玛莎·努丝鲍姆就捍卫这样一种世界主义观点，认为政策的制定应当帮助人们培养其自然能力来发展，并赋予他们利用这些能力的自由。

关于所捍卫的国际机构的性质，这些机构应当有多大权力，以及特定国家的公民在何种程度上对其同胞负有特殊义务，世界主义者有着不同的看法。但他们都认为至少应当在某种程度上弱化国家的统治权，以使特殊国家的政策或国家边界不会妨碍人的需求的满足。

—— 权利和个体 ——

在大多数当代的正义理论中，最重要的组成部分之一就是——有些人会强调这是正义的决定性要素——权利概念。从本质上讲，权利是一种要求。比如说，根据雇员与公司预先签订的协议，他们对工资享有一种权利。如果学生在一门课程中表现优秀，那么他们就有权获得A。说一个人拥有一种权利就是说其他人（也许是整个社会）对这个人负有某种义务或职责。例如，要是一个孩子拥有受教育的权利，那么社会就有责任使这种教育可以得到。不用说，关于谁应该对此负责，如何支付这笔费用可能存在较大分歧，但是，权利仍然伴随着相应的义务而存在。成为社会中的一个自我，就是拥有某些权利和相应的义务（比如负责他人受教育、纳税、送孩子去学校或者教书育人）。

存在着不同种类的权利和义务。比如，某些是契约性的——按劳取酬的权利、买东西付钱的责任或者信守诺言的义务；某些是法律性的——比如驾驶的权利（伴有某些合理的限制）以及限速驾驶的义务；还有一些权利和义务是公民性的，无论是否写入了法律，它们都是对自我的规定——比如投票以及发表政治意见的权利和义务；最后是一个一般性的人权（或"自然"权利）范畴，它适用于地球上的每一个人，无论社会或境遇如何——比如不被虐待和无故监禁的权利，以及不去虐待和无故监禁他人的义务。

然而，这种权利观引发了一些众人皆知的政治问题，主要是关于这些权利和义务的范围和性质。例如，我们都赞同不被虐待的权利是一种普遍人权，但免费医疗的权利呢？无论一个人是以何种方式得到他的财产的，他都有权维护自己的所得吗？社会应当拥有多大的权力（通过政府或"国家"）去控制作为个体的公民？一个人的自我在多大程度上是由公民资格所规定的？除了社会成员的身份，一个人在多大程度上是一个自我？

随着对个体的日益关注以及社会规模和权力的增长，在过去几百年里，人们对这些难题给出了多种多样的回答。比如，我们这里可以提出3种可能性：自由至上主义、自由主义和共同体主义。

自由至上主义

自由至上主义认为，人们是被作为个体所拥有的一系列自然权利所规定的自我，这些自然权利包括不被打扰、不被干预的权利，保有既得或赚得财富的权利，以及在所有的事情上免于政府干预的权利，除非这些干预对于普遍的善是绝对必要的。自由至上主义者倾向于强烈反对征税和大型政府，并且强烈支持所有类型的个人自由。对于自由至上主义者来说，自我是非常独立的，人们通过拥有这种自由的所作所为建立起自我。罗伯特·诺奇克（Robert Nozick）在其《无政府、国家与乌托邦》（*Anarchy, State, and Utopia*）中捍卫了一种自由至上主义立场。

自由主义

自由主义也认为，人们是被作为个体所拥有的一系列自然权利所规定的自我，但这些权利非常不同于自由至上主义者所捍卫的那些权利。自由至上主义者强调不被干预的权利，而自由主义者则强调享有社会福利的权利（适当的住房、教育、食品、医疗保健、安全等）。自由至上主义者强调最小和地方政府（"最好的政府是管得最少的政府"），自由主义者则倾向于建立一个强有力的中央集权政府去管理社会项目。对于当代自由主义者来说，自我是过一种得体生活的权利的载体，而保证这种权利正是社会的责任。约翰·罗尔斯（John Rawls）的《正义论》（*A Theory of Justice*）设想了以自由思想为前提的正义社会。自由主义的一种世界主义变体认为，所有人的权利，不论其公民身份如何，都应在一种国际基础上得到促进和捍卫。1948年，联合国大会按照这种思路通过了《世界人权宣言》，呼吁通过保护公民自由（消极权利）和免于匮乏（积极权利）来维护国际正义和捍卫每一个人的尊严。

共同体主义

共同体主义拒斥自由主义和自由至上主义所强调的单方面权利，而把重点转向了义务概念。这种观点认为，是义务而不是权利定义了公民（"要问的不是国家能为你做些什么，而是你能为国家做些什么"）。在共同体主义看来，自我有时成了社会的一种功能而不是独立的实体。比如，黑格尔就攻击社会契约论的观点，因为这种理论声称存在着个体的自我，他们能在使这种协定成为可能的社会产生之前就达成一种契约式的协定。他认为这是一派胡言。自我必须由社会来规定，社会之外的自我是不存在的。这种观点走向极端有时会导致极权主义（或者法西斯主义），即认为个体的自我根本就是不存在的，整体的自我是由国家来规定的，而且也是国家的属性（黑格尔本人拒斥这一结论）。

—— 被拒绝的正义：种族问题 ——

这并不意味着我们反对白人，但它确实意味着我们反对剥削，反对歧视，反对压迫。如果白人不愿让我们反对，他们就要停止压迫，停止剥削，停止歧视……[①]

——马尔科姆·X，1964

每个人都是国家的一个公民，但这并不总能保证我们的权利会受到保护，特别是，如果我们属于少数派的话。在美国，被边缘化的最重要的群体之一就是黑人。自从1776年《独立宣言》起草以来，甚至是在此之前，从第一批奴隶从非洲被贩运到弗吉尼亚和加勒比群岛的田野中做苦役算起，种族问题就一直是美国危机的一部分。在过去的50年里，种族问题已经演变成了一个威胁着美国道德和社会和睦的无法回避的问题。如何解决少数派种族所受的不公正，这个问题十分紧迫，政治哲学应能帮助我们加以解决。

然而，有人曾指控哲学为种族主义社会歧视有色人种推波助澜。例如，黑人作家的作品曾经无人阅读，并且被排除在美国大学的课程之外，这一事实被视为"文

---

① Malcolm X. "The Ballot or the Bullet." *Malcolm X Speaks: Selected Speeches and Statements*, edited by George Breitman, Pathfinder, 1965, pp. 24–25.

化奴役"的一种延续，即一个民族的思想被另一个民族的思想所边缘化。在这方面我们可以追问，传统的思想史进路忽视黑人思想家并且没有留意他们的（常常是政治的）关切，这是否是不公平的。在过去的半个多世纪里，黑人哲学的兴起朝着纠正这种不公平，朝着承认种族偏见在社会实践和哲学理论方面都起着作用前进了一步。于是，黑人哲学在过去的半个世纪里变得更加突出，这朝着该领域更大的正义迈进了一步，使我们对纠正过去的非正义抱有希望。

✎ **引文资料：** 哲学必须考虑种族

想想吧，"种族"的事实与对正义的要求怎么可能相容呢？怎么会适应我们这个存在着多种身份的现实社会呢？再没有什么比这更是一个明确的哲学话题了。如果这些讨论是符合现实的，那么我们就需要把[W.E.B.]杜·博伊斯[①]所谓的"奴隶制的社会遗产；歧视和侮辱"以及"种族差异"的当代含义一直铭记在心。

这些对于社会生活中的种族问题至关重要的论题，是与范围较窄的一类学术问题（我认为与其称之为教育哲学，不如称之为学院哲学），即研究种族身份和种族主义历史是怎样塑造了我们现有的学科传统的问题相互交叉的。哲学家们（和其他人一样）并不总是善于看清楚他们自己学科的历史形成。

女权主义哲学家指出，哲学论述的结构反映了长期以来对女性以及与女性相关事情的排斥。这种排斥先是来自于知识分子的生活中，然后又在大学中得到发展；它们给我们的教训并非只是说性别歧视在这些地方（就像在任何其他地方一样）伤害了女人和男人，而是说性别歧视蒙蔽了我们的理解。迄今为止，这些问题（比如性别歧视如何误导了我们更为抽象的反思；黑人的声音的缺失怎样影响了我们的哲学论述）仍未得到广泛而深入的探讨。令人吃惊的是，哲学家在政治哲学中绝少明确地承认，对于那些在国家与道德的交叉处产生的种种问题，种族和其他类型的集体认同以及性别各自具有不同的意义。[②]

——安东尼·阿皮亚[③]《论美国黑人哲学》，1992—1993

---

① Du Bois (1868－1963)，美国社会学家，20世纪上半叶最重要的黑人抗议运动领袖。

② Appiah, K. Anthony. "African American Philosophy?" *African-American Perspectives and Philosophical Traditions*, edited by John Pittman, Routledge, 2013, pp. 30–31.

③ Kwame Anthony Appiah (1954－)，前哈佛大学非洲研究委员会主席，现任普林斯顿大学哲学系教授。

这里，我们无法把黑人思想家的所有贡献都讲述一遍。但从20世纪60年代起，有两位黑人思想家变得极有影响，这两个人就是马丁·路德·金和马尔科姆·X，所以把我们的注意力集中在他们身上也许是有益的。尽管这两个人彼此认识，并且毕生都致力于提高黑人在美国和世界的地位，但他们的政治哲学是非常不同的。

马丁·路德·金遵循甘地和梭罗的传统，倡导"非暴力反抗"。也就是说，他寻求通过和平的政治抗议来提升黑人的地位。这种抗议包括违反不公正的法律并承担后果，但决不采用暴力。他也是一个"主张取消种族隔离的人"，他认为种族平等需要种族混合的社区、工作场所和学校。他的目标就是通过和平的、最终"不分肤色"的手段来完全取消种族隔离，并且使黑人和白人在公民权利上取得平等。

与此相反，马尔科姆·X倡导"黑人民族主义"，他通常被视为一个革命者。黑人民族主义是一种分离主义而非主张取消种族隔离的运动。黑人民族主义寻求全世界的非裔后代共同组成一个独立的社会。马尔科姆·X因其宣言——即全世界黑人的利益应当"尽一切可能的手段"加以提升——而变得有些臭名昭著，这就是说，当和平手段受挫时，暴力是合理的选择。总的说来，马尔科姆·X认为和平手段在白人压迫黑人的数百年间是行不通的。在他活跃的大部分时间里，马尔科姆·X是一个"黑人穆斯林"——以美国为基地的一个伊斯兰教派的成员。黑人穆斯林相信，伊斯兰教特别有助于此项团结全世界的黑人的事业。尽管马尔科姆·X后来缓和了他关于暴力和分离主义的强硬观点，但在大多数著述中，他都为这一立场进行辩护。由于他去世的时候年纪很轻，因此他在很大程度上是因这些观点而被记住的。

📝 引文资料：自卫的革命

不，既然联邦政府已经表明，除了对话他们不准备对（三K党）有任何作为，那么你我作为男人和人的职责……就是去组织我们自己，并让政府知道，如果他们不去阻止三K党，我们自己会去阻止。然后你就会看到政府开始有所作为了。但绝不要指望他们会在同一种道德基础上去做。不，所以我不相信暴力——那就是我想阻止它的原因。你不能用爱去阻止……不！我们所指的只是激烈的自卫行动，而且我们感到有理由通过任何必要的方式去实施那样的行动。

因为说了这些话，媒体就把我们称为种族主义者和"以暴易暴"的人。这就是他们蒙蔽你的手段。他们使你以为，如果你试图阻止三K党对你使用私

续

刑，你就是在以暴易暴……那么好，如果一个罪犯拿着枪在你家周围徘徊，兄弟，正因为他有一支枪而且要洗劫你的家，他就是抢劫犯，你不会因为抓起枪赶走他就也成了一个抢劫犯。不，这个家伙正在用一种狡猾的逻辑欺骗你……只要对媒体稍施伎俩，他们就能使受害者看起来像罪犯，使罪犯看起来像受害者。[1]

——马尔科姆·X《马尔科姆·X演讲录》，1965

尽管马尔科姆·X和马丁·路德·金在政治取向和政治分析上有很大分歧，但他们都决心推动黑人事业的发展。不过两人都因自己的观点而树敌，其中有些人不满于以语言或象征性的行动进行对话。马尔科姆·X于1965年遇刺，马丁·路德·金也于1968年遇刺。

美国黑人从"平等就是它所表达的那个意思"这个前提一路走来。但是到了20世纪60年代，大多数美国白人（包含许多怀着善意的白人）都把平等大致理解成采取某些措施为非白人改善环境。白人甚至没有在心理上做好准备去消除这种隔阂。他们实际上只是想让黑人的处境变得不那么痛苦和明显，但在大多数方面仍然想维持现状。

—— 性政治：女权主义哲学的兴起 ——

请记住，如果有能力的话，所有男人都是暴君。如果不对女士加以特别的照顾和关怀，我们就决心要煽动一场叛乱，不受任何未表达我们意见的法律的约束。[2]

——阿比盖尔·亚当斯（Abigail Adams），1776

将思想家排斥于哲学正典之外既可以基于种族，也可以基于性别。审视西方哲学传统中列出的主要人物时，我们应该问：女性在哪里？我们知道柏拉图学园中有女学生，中世纪也有女思想家，但她们为什么不属于官方的哲学正典呢？简短的回答也许是，她们中的大多数人从未有机会经营自己的学派，很难让她们的思想以书面形式保留下来，而且出于种种原因，都已经从传统的官方历史中"被抹去"。

---

[1] Malcolm X. "After the Bombing." *Malcolm X Speaks*, pp. 164–165.

[2] Abigail Adams to John Adams, March 31, 1776. *The Feminist Papers: From Adams to de Beauvoir.* Edited by Alice S. Rossi, Bantam, 1973, pp. 10–11.

最近的一些批评者认为，哲学家和学者们一直在努力打造和维护一种纯粹男性的、白人的、主要是欧洲的西方思想传统，它边缘化或忽视了那些不是男性、白人和欧洲血统的思想家的贡献。纵观欧洲和美国目前大学课程的发展，批评大学正典的人认为，欧洲的政治利益——本质上是殖民主义和工业化资本主义的混合体——影响和扭曲了大学课程乃至整个世界的思想生活。他们认为，传统的正典宣传的是工业化世界及其特殊的文化和哲学思想。

📝 引文资料：有性别的观点

如果从女性的角度来描绘、感受、描述、研究和思考，世界会不会完全不同呢？当我们注意到马克思等人提请我们注意的阶级现实时，很多东西看起来就完全不同了。不仅经济活动、政府、法律和外交政策呈现出完全不同的面貌。在知识社会学的审视下，"知识"本身可以被视为一种完全不同的事业。当我们在思想事业与阶级利益之间建立起联系时，就可以看到自称"价值中立"的社会科学为资本主义的现状提供了支持，我们可以认识到，被认为不偏不倚的规范理论可以用来蒙蔽现实，而不是促进所需的变化。

与阶级相比，性别是现实更为普遍和基本的一面。如果女权主义者能够成功地揭示并提醒我们注意"人类"的那些通过把"人"看成男性而被掩盖和歪曲的面向，那么几乎所有现有的思想都会发生反转。……这场革命与哥白尼、达尔文和弗洛伊德的观点从根本上改变了人类对人的看法时发生的革命同样重要。一些女权主义者认为，这场最新的革命甚至要更加深刻。[1]

——弗吉尼亚·赫尔德《女权主义与认识论》，1990

女性在很大程度上被排除在了哲学之外。长期以来，除了少数几个例外，她们被剥夺了学习、参与哲学讨论以及发表观点的机会。她们和她们的思想没有受到认真对待，或许她们的作用就像瑞典女王之于笛卡儿，是做一个好学生以打磨"他的"哲学，并为"他的"思想当陪衬。由于政治和较低的社会地位使女性一直被排除在哲学之外，因此很自然地，女权主义哲学首先就是社会和政治哲学。

---

[1] Held, Virginia. "Feminism and Epistemology." *Philosophy and Public Affairs*, vol. 14, 1985, p. 296.

与哲学家相遇：哈里特·泰勒（1807—1858）

1851年，英格兰女权主义者哈里特·泰勒发表了"妇女的公民权"一文。文中主张妇女应当接受教育、就业和享有公民权利——这既是为了女人，也是为了男人。虽然很多人都把妇女的从属地位看作自然的和有益的，但泰勒认为，这些人还没有意识到上述主张对不论男人还是女人的真正好处。

 引文资料：19世纪的女权主义

如果不必要，就不应当造成等级差异，这是人所公认的正义的命令。一切事情的根据都应建立在平等的基础之上。当一个人被获准而另一个人却被禁止时，必须要给出理由。然而，当那些被禁止的事情几乎包括了那些被获准的人所最珍视的一切时（如果这些东西被剥夺，他们会视之为奇耻大辱）；当政治自由，以及个人的行动自由成为某一个社会等级的特权时；甚至在产业活动中，当一个重要领域中几乎所有需要更高能力的通往声望、富庶或经济独立的工作，都被牢牢掌握在一个强势阶层手中时……即使这些都是真的，这种被当作分配如此不公之借口的卑劣的利欲熏心，也难以逃脱昭然若揭的非正义的罪名。我们深信（这样说绝非出于自利），把人类划分成两个等级，一级天生就要统治另一级，这是站不住脚的错误观念；它是道德败坏的源头——既对于获利的阶层，也对于为获利者付出代价的阶层；它没有造成任何通常被归因于它的好处，却构成了任何实质性进步——或者是人格上的，或者是人类社会状况上的——的难以克服的障碍。[1]

——哈里特·泰勒《妇女的公民权》，1851

自20世纪60年代以来，甚至是从那些早期的主张妇女参政权的人开始，女权主义者首当其冲地就是要为女性寻求政治上的平等。但政治平等首先需要哲学上的平等，现代女权主义政治哲学的一个转折点就是西蒙·德·波伏娃的《第二性》。波伏娃的著作对女性在我们这个社会中的体验做了开创性的分析，也在世界范围内激励女性对她们的社会和政治地位进行反思，并努力提高这种地位。

---

[1] Taylor, Harriet. "The Enfranchisement of Women." *Westminster Review*, July 1851.

她们一直都是女人。她们在解剖和生理的意义上是女人。在整个人类历史上，她们一直都受男人支配，因此，她们的依赖性不是某一个历史事件或某一次社会变革的结果。它不是某种出现的东西……然而，一种自然的状况似乎超越了改变的可能。事实上，和历史真相一样，事物的本性并非一经给定就永远不变。如果女人看起来似乎是某种非本质的、从来都处于次要地位的东西，那是因为她自己没能促成这种改变……女人不说"我们"，除非是在女权主义者的某个集会或正式的示威游行上；男人们说"女人"，而女人也用同样的词指呼她们自己。她们不会自动采用一种主观的态度。[1]

在波伏娃之后，凯特·米利特在其《性政治》一书中宣称，无论是历史上还是现在，男人对女人的政治支配在我们社会中的每一个机构、每一种经济关系、每一部文学著作以及每一种人际关系中都是很明显的。米利特把这种普遍的由男性主导的体制称为"**男权制**"，并且分析了男权制是怎样成为我们生活中每一个方面的规范的。

在对我们的两性关系的制度进行公正的考察之后，我们发现，从古至今，两性之间的状况……是一种支配与从属的关系。在我们的社会秩序中，基本上未被人们考察过的甚至常常得不到承认的（然而却被制度化的）是男人对女人的与生俱来的统治权。一种最巧妙的"内部殖民"在这种体制中得以实现……无论性支配在目前显得多么沉寂，它也许仍是我们文化中最普遍的意识形态、最基本的权力概念。

这是因为我们的社会，像历史上所有其他的文明一样，是一个男权制社会。只要我们回想一下这样一个事实，一切就会变得一清二楚：我们的军事、工业、技术、大学、科学、政治机构、财政，总而言之，我们这个社会通往权力的一切途径，包括警察这一强制性权力，都完全掌握在男人手中。[2]

在当前的争论中，有一个颇具争议的问题是：阴和阳（而不是生理学的范畴"男"和"女"）是生物问题还是教养问题，亦即是"天然的"还是"后天培养的"。许多女权主义者认为，与性别的范畴（"男"和"女"）不同，性的范畴（即"阴"和"阳"）是由文化来定义和创造的。它们不是"天然"的和强制性的。我们的文化创造出了这些范畴，为其赋予了社会政治地位，也可以改变这些范畴及其地位。波伏娃认为，性别角色是由文化构建的，她宣称："一个人并非天生就是女人。"波伏娃的意思是，把某个人称为"女人"并不只是说她在解剖学意义

---

[1]　de Beauvoir, Simone. *The Second Sex*. Translated by H. M. Parshley, Knopf, 1953, pp. 21–22.

[2]　Millett, Kate. *Sexual Politics*. U of Illinois P, 2000, pp. 24–25.

上是女人，而是把社会所强加的各种角色和行为投射到她身上，作为判断女人的标准。瓦米·安东尼·阿皮亚（Kwame Anthony Appiah）等哲学家也就种族范畴提出了类似的论点，认为不存在生物学上的"事实"来区分种族；种族完全是由文化建构的。

 与哲学家相遇： 西蒙·德·波伏娃（1908—1986）

　　法国哲学家和小说家西蒙·德·波伏娃在出版她的第一部小说时辞去了哲学教职，但她并没有放弃自己在这一领域的兴趣。1949年，她出版了《第二性》，这本书现在已被认为是女权主义最重要的文献之一，它的许多观点直到今天仍有争议。《第二性》认为"女人"是一个社会构建的范畴，它的含义是由"男人"的含义当中衍生出来的。

 引文资料： 女人是什么？

　　如果说发挥女性的功能还不足以定义女人，如果我们也不想用"永恒的女性"来解释女人，而且又要承认，女人的确存在着，那么我们必须面对这个问题：女人是什么？

　　在我看来，把这个问题陈述出来就等于已经暗示了一个初步答案。我问的这个事实本身就是很有意义的。男人绝不会想到要写一本书，去论述男性的特殊处境。但如果我想说明自己，就必须先说"我是一个女人"，所有的讨论必须以此为前提。男人在介绍自己时从来不会先介绍自己是什么性别；他是男人，这是不言而喻的。

　　把"男性"和"女性"这两个词对等地使用仅仅是个形式，比如用在法律文书中。在现实中，两性关系并不像两种电极，因为男人既代表正极又代表中性，人们通常用"男人"这个词泛指一般的人；而女人则只代表负极，她为限制性的标准所定义，没有互易性。倘若一个男人在进行理论讨论时说"你这么想是因为你是个女人"，这当然令人恼火；但我也懂得，我唯一能做的辩护就是"你不这么想是因为你是个男人"，因为大家都理解做男人没什么特别的。[①]

　　　　　　　　　　　　　　　　——西蒙·德·波伏娃《第二性》，1949

[①]　de Beauvoir, *The Second Sex*, pp. xvii–xviii.

女权主义哲学家谢利·奥特娜认为，自然与文化之间的区别本身并非自然区分，而是一种语言上的和文化内部的区分。然而奥特娜认为，"自然"常常与女性联系在一起，而"文化"则与男性联系在一起。女性从古至今都被表现得"更加贴近"自然，比如照看孩子、洗衣做饭和操持家务等，而"文化"——政治权力和特殊的人类成就——则主要由男人统治着。自然与文化的区分不应被视为理所当然，而应被视为剥夺妇女权利的一种手段。

其他女权主义者则称颂阴阳两性特征的不同。她们认为，阴性气质在培育和照料方面的优点使得它要比抽象的、更加尚武的阳性思维更有利于一种人道而和平的文明。她们并不否认这些区别，而只是主张女性应当在社会中拥有更多的发言权，甚至超过男人。

与哲学家相遇：玛丽·沃斯通克拉夫特（1759—1797）

玛丽·沃斯通克拉夫特是伦敦当地的一位自学成才的女性。她和她的妹妹伊莱扎一起在Newington Green创办了一所学校，并在那里任校长兼教师。不久，她确信她和妹妹所教的学生已经被男尊女卑的社会训练所奴役了。在《关于女儿教育的思考》（1787）中，沃斯通克拉夫特郑重提出了把女性平等地接受教育包括在启蒙主义理想之内的推论。

1792年，她出版了《对女权的辩护》一书。在这个里程碑式的女权主义著作中，沃斯通克拉夫特主张，所有人都拥有理性思维的能力，女性必须通过接受其非情感的指令来要求她们的平等。她拒绝接受那种认为女性存在的自然状况需要过分关注浪漫的爱情和值得向往的事情的说法，男性正是通过这些社会所强加的方式来获得其统治地位的。

1797年，沃斯通克拉夫特嫁给了一个激进的活跃分子——哥特派小说作家威廉·戈德温。女儿玛丽出生几天后她便去世了。她的女儿后来嫁给了诗人雪莱，并著有《弗兰肯斯坦》一书。

女性与身体

女性往往被更多地表现为自然的一部分，这种思想部分来源于另外一种思想，即女性比男性更被等同于身体。于是文化就被规定为男性的领地。在前面的章节，我们曾研究了"心—身"的哲学问题。自柏拉图以降，哲学家们发现把心灵（我们用来思考和推理的东西）与身体（我们用来感受、移动和占据空间的东西）区分开很重要。当然，正是身体才容易受伤、生病、衰老直至最后死亡，所以这么多哲学家曾经力图把心灵分离出来，保护其不受类似的灾难，就是不足为奇的了。特别是，近代哲学家笛卡儿宣称心灵是一种与身体相分离的实体，只有心灵才能确信是存在的。根据笛卡儿的观点，身体是一种通过推理得知的分离的实体。

但在最近的一些文章和书中，许多女权主义哲学家——特别是苏珊·波尔多和吉纳维芙·劳埃德——站在女权主义者的立场责备了像笛卡儿和柏拉图这样的哲学家，因为很难说心灵或推理能力就主要与阳性有关，而身体就主要与阴性有关。从某种意义上来说，笛卡儿和柏拉图的理论可以被理解成是在为男性（"专长于"理性）凌驾于女性（"专长于"身体事务）之上的权威作辩护。笛卡儿不仅在其形而上学中，而且也在其有关激情的理论中，把心灵或理性凌驾于所有与身体有关的事物上。由于笛卡儿和柏拉图是西方哲学传统中至关重要的哲学家，因此这些女权主义者把对女性的偏见，以及对所谓纯粹思维是更具阳性特征的优点的称颂在部分程度上归咎于他们。

许多女权主义者认为，亚里士多德也为性别歧视提供了哲学上的支持。在性能力方面，从某种程度上来说，男女两性的角色似乎已经在生物学的意义上被决定了，但男女之间的明显差别以及他（她）们的生物学角色应该怎样去理解——特别是生殖行为——却存在着大相径庭的观点。在《论动物的生成》中，亚里士多德（公元前4世纪）提出了他的观点：

因为必然存在着能生成的东西和它在其中进行生成的东西……在上述两种潜能相互分离的动物中，主动一方的肉体和本性与被动一方截然不同。如果雄性作为运动者和主动者，雌性之为雌性作为被动者，那么雌性给雄性的精液所提供的就不会是精液，而是精液所加工的质料。[①]

所以亚里士多德暗示，女性天生就更被动，而男人则更为主动。生殖的本质来自于雄性，而雌性只提供了质料。一块泥土具有成为雕像的潜能，但它毕竟只是质料。要使雕像被创造出来，惰性的质料必须被雕塑家加工。亚里士多德认为，在人的创生过程中，被加工的惰性质料是女性的贡献，而使变化得以发生的活动则是男性的贡献。在有关伦理的论述中，亚里士多德似乎强化了这种认识，暗示男性比女性更有能力完全实现他作为人的潜能。

这种把阳性与主动、阴性与被动联系起来的观点在亚里士多德之后仍然存在。它在基督教会和许多宗教的教义中都表现得很明显。我们在弗洛伊德有关男人和女

① Aristotle. *On the Generation of Animals (De Generatione Animalium). The Basic Works of Aristotle*, edited by Richard McKeon, Random House, 1941, line 729a, p. 676.

人的理论以及许多其他关于人性的理论（比如古老的中国儒家传统）中也发现了这一点。许多女权主义者都对此表示反对——在哲学方面，亚里士多德受到了特别的查验。因为亚里士多德的世界观为基督教神学和近代形而上学定下了基调，如果他关于女性和阴性的理解有误，那么这将导致严重的问题。在这些方面，就像在其他方面一样，他的观点统治了近2000年。直到现在，人们对其中的许多说法都深信不疑。

引文资料：被假定的劣等性

　　男性天生就级别更高，女性天生就级别更低；一个统治，一个被统治；这一法则必定对所有人都是有效的。[①]

——亚里士多德《政治学》

　　表现出一种令人生畏的性格的成年美国黑人女性往往会遭遇惊异、厌恶甚至是敌意。她很少作为幸存者赢得斗争所产生的必然后果而被人接受，但这应当受到尊重，即便得不到积极的承认。[②]

——玛雅·安吉罗《我知道笼中的鸟儿为什么唱歌》，1969

柏拉图：男权主义者还是早期的女权主义者？

　　虽然亚里士多德关于女性和阴性的观点是非常清楚的，但他的老师柏拉图的相关观点却在女权主义者和哲学家中间引起了广泛争议。从某些方面来讲，尤其是有关女性，柏拉图在他那个时代似乎是一个激进的平等主义者。比如在《理想国》中，柏拉图借苏格拉底之口主张女性在理想城邦中拥有完全平等的地位。苏格拉底认为，由士兵和警察所组成的重要的"护卫阶层"理应既包括男人又包括女人。他又进一步宣称，不论是什么性别，任何两个做同样工作的人都应受到同样的教育、培养和对待。在柏拉图的《理想国》中，苏格拉底（公元前4世纪）说：

　　那么，我的朋友，没有任何一项管理国家的工作因为女人在干而专属于女性，或者因为男人在干而专属于男性。各种的天赋才能同样分布于男女两性。根据自然，各种职务，不论男女都可以参加。[③]

[①] Aristotle. *Politics (Politica). The Basic Works of Aristotle*, edited by Richard McKeon, Random House, 1941, line 1254b, p. 1132.

[②] Angelou, Maya. *I Know Why the Caged Bird Sings*. Bantam, 1969, p. 231.

[③] Plato. *Plato's Republic*. Translated by G. M. A. Grube, Hackett, 1974, lines 455d and 457 b–c, pp. 117–119.

柏拉图对话中的这些内容以及其他相关段落使一些女权主义者得出了这样的结论，柏拉图同情她们的事业。例如，研究古代哲学的著名学者玛莎·努丝鲍姆就把柏拉图称作"第一个女权主义者"。

而另一些女权主义者，比如伊丽莎白·斯佩尔曼（Elizabeth V. Spelman），则把柏拉图的这些说法看作他那种典型的"阳性"哲学中的次要姿态。例如，在许多人看来，柏拉图的那种一再申明的主张——在健全的灵魂中，理性应该驾驭激情——显示了他对附有性别含义的心灵与身体之间的对立的认同。更有甚者，他倾向于把女人连同奴隶和动物看成灵魂未受理性支配的东西。因为在这些女权主义者看来，理性是与阳性傲慢地联系在一起的，而激情则是与阴性联系在一起的，所以从本质上说，柏拉图的和谐灵魂的观念是一个男性灵魂的观念。

 与哲学家相遇：萨福（约公元前625—前570）

希腊诗人萨福是一个主张女性之爱的教派的女祭司。该教派在公元前590年前后盛行于莱斯博岛，颂扬女性之间的爱情。她的诗歌质朴而充满感情，极大地影响了卡图卢斯、奥维德和斯温伯恩。

萨福描绘了一幅与柏拉图截然不同的爱的图景。不难想象，当柏拉图建议把诗人及其诗作驱逐出雅典时，他的脑海里出现的可能是萨福的形象。

萨福的诗句在草纸残片以及后人的批注中留存了下来。大约600多年以后，地理学家斯特拉波写道："萨福是一个奇迹。在人类的记忆中，没有哪个女诗人能与她相媲美。"

女性主义认识论和女性主义科学[①]

有些女权主义者问道，知识这个概念本身是否就是有性别偏见的，女性看待和思考实在的方式是否与男性一样。有些女权主义思想家与吉利根、波伏娃和米利特一脉相承，声称科学方法论和知识的标准在整个西方历史中都采用了阳性模式。她们中的一些人相信，采用一种阴性的科学方法模式会产生出一套非常不同的科学知识。伊夫林·福克斯·凯勒在她的《女性主义和科学》一文中谈道：

要把西方科学语汇中盛行的对权力和控制的强调特别看作男性意识的投影，

---

① ["Feminist"一词既可译作"女权主义"，又可译作"女性主义"，这里我在偏重争取政治经济权利的场合把它译作"女权主义"，而在偏重科学以及文学、艺术批评和历史学之类的人文学科的场合把它译作"女性主义"]

你并不需要发挥多少想象力。的确，这种认识已经不足为奇了。特别是，这些语汇把对自然的统治和自然作为女性的一贯形象结合了起来，这种做法在弗朗西斯·培根的著作中显得尤为突出。在培根看来，知识就是力量（权力），科学的允诺就是"把你引向自然和她的孩子们，让她保证为你服务，并成为你的奴隶……"[1]

我们可能想象一下这是怎么可能的。为了理解科学概念，我们往往把它们拟人化（即人格化，或用人类的术语来理解它们）。比如说，可能有这样一位化学老师，他把一个分子描述为正在"想"要找到另一个氢原子。但有时这种拟人的说法会出现在科学假说中。例如，生物学家会谈论"显性"和"隐性"基因，而这样描述就是为了承载"积极"和"消极"的性别含义，这也正是一些女权主义者对亚里士多德更为宽泛的繁殖论感到不满之处。当然，电路中"阴性"和"阳性"的配件，以及现代科学中所使用的其他种种对立关系都可供女权主义者进行诠释。然而，女权主义最强大的论证之一是，在各门学科中成为常规议题的论题反映了一种男性偏见。女权主义者特别指出，女性健康在医学研究中相对而言受到忽视，这显示了一种将男性当作人类标准的趋势。严肃科学的关切，特别是在医学和社会科学中，主要都是男性的关切。

女性主义语言哲学

凯勒提到的修辞和词汇对我们思维方式的影响，使我们回想起了之前讨论的萨丕尔—沃尔夫假说，该假说声称，一个人的母语结构模式决定了其理解世界的方式。女权主义者有时批评语言学的做法，因为后者支持一种性别歧视的实在观。例如，对男性代词的所谓性别中立的使用（比如用"他"来指称前面谈到的"那个学生"，即使这个学生也许是女性）；无论是男是女，都用"chairman"或"policeman"来指称"主席"或"警察"；用"他"来指称"全人类"，这种用法在他们看来是把男性作为标准的进一步的例证。有些相反的论证说，英语使用者用这样的词时是中性的，但女权主义者回应道，大多数人使用这些词汇时，或者至少是提及"he"或"chairman"时，所构想的都是一个男性。实际上，这些措辞在性别上并不真是中性的。

要想解决这个问题，一种方案是避免这种可疑的"性别中立的"用法，本书使用的正是这种方案。但这种方案可能很困难。如果我们想再次提及前面谈到的"那个学生"该怎么办？当然，我们可以说"他或她"，但如果我们反复用这些代词来

---

[1]　Keller, Evelyn Fox. "Feminism and Science." *Signs*, vol. 7, 1982, p. 598.

指称，那么这种陈述方式可能会变得非常繁复。一种常用的办法是用一个复数代词（比如they和their）来指称，即使所指是单数（比如"那个学生"），但这是不合语法的。另一种办法是在例子中轮流使用"他"和"她"。

幸运的是，在女权主义者看来，语言是演进的。美式英语的用法开始反映出对于包容的更多敏感性。在很多语境中，像"chair"这样的词已经替换了"chairman"，"humankind"听起来开始变得中性，即使用"humankind"来替换"mankind"初看起来显得有些古怪。然而，使语言变得不那么具有性别歧视色彩的最有效方法也许是改变用语言所反映的现实。倘若女性更多地成为强人和权威，语言将需要反映出这一点。

女性主义认识论者、女性主义科学哲学家和女性主义语言哲学家都很关注那些在政治上占主导地位的多数派的视角是如何囿于我们关于世界的信念中的。在这一点上，他们与关心种族主义如何限制了我们看法的黑人哲学家以及其他思想家有类似之处。通过暗中破坏强权者用来支持其特权立场的那些自私理论，所有这些哲学家的分析都可以帮助改正过去和现在不公正的看法。更重要的是，它们可以使我们的社会变得更加公正，从而丰富我们所有人的生活，只有当我们认可并且承认我们同胞中的女性和少数派群体时，才能做到这一点。

—— 篇末问题 ——

1. "强权即公正"意味着什么？在你看来，是什么使得一个政府"合法"？

2. 在你看来，正义最为重要的特征是什么？是为了让人们过得更好？保证同工同酬？保证人们可以持有他们的所得？保护人们的权利？确保每个人都被平等地对待？

3. 在法律上废除奴隶制之前，拥有奴隶在道德上是否正当？为什么？

4. 你认为在我们所了解的社会形成之前，人类是什么样子？如果我们脱离任何社会或社会环境而长大（并存活下来），我们会是什么样子？你认为这些问题是相关的吗？

5. 如果你和其他几百个人打算结成一个新的社会（假设你们进入太空，要移民到一个新近发现的星球上去），你会向你的同类提出什么样的正义原则？你认为什么样的原则（如果有的话）会获得普遍赞同？（比如"捡到者收起，丢失者哭泣"，"与他人平分其所得"，"任何人在任何情况下都不应受到惩罚"，"人只要违犯法律就要被流放，哪怕只是一丁点"等。）

6. 如果一个已经很富有的人又在一次幸运的股票投资中获得了一笔财富，他有权（资格）拥有全部所得还是应该纳税？你的回答暗示了什么样的正义感？

7. 基于年龄或容貌雇用或辞退一位电视新闻女主播是公平的吗？为什么？

8. 仅仅因为更有钱就应该得到更好的教育、医疗保健和法律援助，这是公正的吗？如果你认为是公正的，请解释为什么；如果你认为这不公正，说说你认为应该如何改变这种状况。

9. 平等地对待每个人在什么意义上是公平的，在什么意义上是不公平的（比如在工资的分配和支付劳务费上）？工作努力的人应当比不努力的人拿钱更多吗？为什么我们认为"努力工作"应当受到嘉奖？一个有20年工龄的雇员应当和一个新手拿得一样多吗？为什么"工龄"会导致分配结果的差别？公司的所有者扣留的利润应当同他/她支付给雇员的一样多吗？为什么所有权很重要？一个急需一大笔钱做性命攸关的心脏手术的人，应当比一个身体健康也不特别需要钱的人被给的更多吗？我们真的把这种需要看作衡量"正当所得"的重要标准吗？为什么一个人具有特别的天赋或才能就得到更多？毕竟，他/她只是因幸运而拥有天赋，或是出生在能培养其天赋的家庭中。因此，为什么我们仅仅因为运气就对不同的人区别对待？

10. 你认为黑人已经在争取平等的斗争中取得重大进展了吗？你认为取消种族隔离能够有效地改善这个国家的种族关系吗？你认为自愿的种族隔离可能同样有效吗？为什么？

11. 你是否认为男权制（男人进行统治）和种族主义是在西方哲学和文化中被制度化的？为什么？

12. 我们语言中出现的各种二元对立总是或基本上是与性别相关的，这种观点你同意吗？为什么？

13. 你是否同意世界主义者的说法，即政治安排应当有利于所有人的幸福，无论他们来自哪里？世界主义者会认为什么东西对于制定政治难民政策是重要的？

—— 阅读建议 ——

Alcoff, Linda Martín, and Eva Feder Kittay, editors. *Blackwell Guide to Feminist Philosophy*. 2nd ed., Blackwell, 2006.

Alcoff, Linda Martín, and Elizabeth Potter, editors. *Feminist Epistemologies*. Routledge, 1993.

Appiah, Kwame Anthony. *Cosmopolitanism: Ethics in a World of Strangers*. Norton, 2006.

Bordo, Susan. *The Flight to Objectivity*. State U of New York P, 1987.

Brock, Gillian, and Harry Brighouse. *The Political Philosophy of Cosmopolitanism*. Cambridge UP, 2005.

Dworkin, Ronald. *Taking Rights Seriously*. Harvard UP, 1977.

Feinberg, Joel. *Social Philosophy*. Prentice-Hall, 1973.

Fisher, David. *Morality and War: Can War Be Just in the Twenty-First Century?* Oxford UP, 2011.

Harding, Sandra. *Whose Science? Whose Knowledge?* Cornell UP, 1991.

King, Martin Luther, Jr. *The Autobiography of Martin Luther King, Jr.* Edited by Clayborne Carson, Warner Books, 1998.

———. *Testament of Hope*. Harper & Row, 1986.

Lau, D. C., translator. *Mencius*. Penguin, 2005.

Lloyd, Genevieve. *Feminism and the History of Philosophy*. Oxford UP, 2001.

Lott, Tommy L., and John P. Pittman. *A Companion to African-American Philosophy*. Blackwell, 2003.

MacIntyre, Alasdair. *After Virtue*. U of Notre Dame P, 1981.

Malcolm X. *The Autobiography of Malcolm X* (with Alex Haley). Ballantine, 1987.

———. *Malcolm X Speaks*. Edited by George Breitman. Pathfinder, 1965.

McCracken, Janet, editor. *Thinking About Gender: A Historical Anthology*. Wadsworth, 1997.

Nagel, Thomas. "Equality." *Mortal Questions*. Cambridge UP, 1979.

Nicholson, Linda. *Feminism/Postmodernism*. Routledge, 1990.

Nozick, Robert. *Anarchy, State and Utopia*. Basic Books, 1974.

Primoratz, Igor, editor. *Patriotism*. Humanity, 2002.

Sen, Amartya. *The Idea of Justice*. Harvard UP, 2009.

Solomon, Robert C. *A Passion for Justice*. Addison-Wesley, 1990.

Solomon, Robert C., and Michael Murphy, editors. *What Is Justice?* 2nd ed., Oxford UP, 2000.

Sterba, James P. *Justice: Alternative Political Perspectives*. Wadsworth, 1979.

Sun Tzu. *The Art of Warfare*. Translated by Roger T. Ames, Ballantine, 1993.

Watson, Burton, translator. *Basic Writings of Mo Tzu, Hsün Tzu, and Han Fei Tzu*. Columbia UP, 1967.

West, Cornell. *Race Matters*. Rev. ed., Beacon P, 2001.

Williams, Bernard. "The Idea of Equality." *Problems of the Self*. Cambridge UP, 1973.

Williams, Patricia. *The Alchemy of Race and Rights*. Harvard UP, 1992.

———. *Seeing a Color-Blind Future: The Paradox of Race*. Noonday P, 1998.

10

———— 第十章 ————

美

Chapter 10

Beauty

> 一个人如果从未有过机会比较不同类型的美，那他就完全没有资格评价呈现在他面前的任何物品。[①]

——大卫·休谟，1757

—— 开篇问题 ——

1. 是什么使得某些人造的东西成为艺术（比如一幅绘画或一阙音乐），而另一些（比如你现在坐的批量生产的课桌椅）则不是？
2. 一幅绘画杰作的复制品本身是艺术品吗？
3. 艺术在什么意义上是对现实的模仿？
4. 欣赏美会使人变得更好（更高尚）吗？
5. 你个人最喜爱的艺术作品是什么？你怎样描述你与它之间的关系？

—— 美学 ——

　　哲学的理念经常被归结为真、善、美。关于最终的实在，人们提出了各种问题：它是什么样的？如何去认识它？人应当如何生活？应当做什么？什么是从根本上对人有益的？人类生活中最美好、最有益的层面之一就是艺术和审美，即对艺术和美的欣赏。因此，柏拉图和孔子（以及许多其他思想家）都用美来描述人类生活所能达到的至善。我们经常用美学术语谈论大自然的奇观，比如复杂的有机分子之美、晶体之美、宇宙中的星辰之美等，还把科学理论形容为"优美的"。我们用"崇高"或"美好"来赞赏特别慷慨或英勇的举动，也把干得漂亮的事情称为"富于艺术性"。的确，许多人（包括哲学家尼采在内）都说过，良好生活本身就是一件艺术品。我们经常把自己的生活比作一篇小说、一部正在上演的戏剧，或是把自己的处境当作电影中的一幕（当然，总是有音乐这一伟大的艺术门类相伴随的）。

　　然而美并不总是与真和善相一致。我们的小说和故事并不都是真实的。我们说一个故事是"杜撰"的，就是说它绝不是真的。当我们观赏绘画以及表现虚构场景

[①] Hume, David. "Of the Standard of Taste." *Essays Moral, Political, and Literary*, edited by T. H. Green, vol. 1, Longmans, 1882, p. 266.

或幻想中的人物的摄影作品时，我们主要关注的并不是它们的"真实性"。还有音乐，它似乎完全不是要"再现"什么。艺术与真实的关系是什么？有些哲学家和诗人（如约翰·济慈）坚持认为，美本身就是一种真理，甚至是终极真理。然而，如果坚持艺术有它"自身的真理"，这似乎只会加强人们对艺术的怀疑，即艺术并不总是与我们关于何为真、何为假的日常观念相一致。而且我们都知道，艺术有时是会迷惑人心、扰乱心神甚至置人于死地的，就像荷马史诗《奥德赛》中的喀耳刻[喀耳刻（Circe），希腊神话中的美丽的魔女，擅长巫术。她住在地中海的一个小岛上，蛊惑旅人，将他们变成牲畜。她曾把奥德修斯的同伴变成猪]一样，从而构成了我们求善的障碍。因此，艺术必须以它自身的方式加以理解，美学和艺术哲学值得单辟一章来讲。

人们为什么要创造艺术、音乐和故事？我们为什么会欣赏它们，甚至会经常为之感动？是什么使得一件作品成为艺术品？我们如何在好的艺术和差的艺术之间做出区分？何为伟大的艺术？如果我喜欢一件作品，这是否就意味着它是好的？这些都是美学中的问题，它们同哲学本身一样古老。顺便说一句，"美学"一词的含义在过去的两个世纪里发生了巨大的改变。最初（根据它的希腊文词根）它与一般的感情相关，而后变成了对感性知觉的研究，再后来变成了对美的欣赏。到了今天，它实际上是指对所有艺术以及许多非艺术的研究和欣赏。它不仅研究美好的事物，而且也研究崇高的、引人注目的，甚至是愚蠢的和丑恶的事物（如在喜剧中）。

在本章，我们将思考具有突出的历史地位而且仍然重要的几个美学问题：美与真（在自然中或艺术中）是否是相配的；为什么对现实世界中令人不愉快的某些事物的艺术呈现可以是令人愉快的；品位是否是客观的；艺术如何才能与伦理和宗教联系起来。然后我们要看看是什么使某种东西成为艺术，在20世纪，这成了一个紧迫的问题，因为当代艺术家放弃了艺术的许多传统目标，给出了公众所无法理解的许多作品。最后，我们将超越传统意义上的艺术主题，提醒人们注意，在我们与大众文化的日常接触的更广泛语境中提出的美学问题是普遍存在的。

—— 美与真 ——

"美即真，真即美"，这就是你在世上所知道和所需知道的一切。[1]

——约翰·济慈（1795—1821）

---

[1] Keats, John. "Ode on a Grecian Urn." *The New Oxford Book of English Verse, 1250–1950*, edited by Helen Gardner, Oxford UP, 1972, p. 608.

在西方文化和亚洲文化中，关于艺术的一个持久的信念是：艺术揭示了世界的某种深层实在，甚至是科学和哲学所无法阐明的实在。但不同的文化对于实在的本性肯定有着迥然不同的理解，所以它们的艺术也可能千差万别。纵观西方艺术的历史，你可能会为美的地位的显著改变而感到惊异。在许多可以追溯到古希腊的艺术传统中，艺术的目标显然是描绘美。所描绘的美既可能是艺术品的题材，比如那些体魄健美的青年男子（例如，米开朗琪罗的《大卫》）以及体态姣好的少妇（例如，波提切利的《海贝上的维纳斯》），也可能是描绘本身（例如，中世纪的那些描绘恐怖的耶稣受难场景的作品，它们就题材而言不再是"美丽的图画"，但由于其蕴含的宗教寓意以及描绘技法的高超，这些作品依旧是美的）。

在艺术史的大部分时间里，给予一件艺术品的最高评价一定是"它很美"。但这已是昨日黄花。随着19世纪现实主义艺术的兴起以及艺术品位的变迁，伟大的艺术甚至可以是丑陋的，这不仅可以表现在题材上，而且可以表现在描绘手法上。我们不妨设想一下古典音乐（至少是20世纪以前的）与时下许多旨在让人震惊和痛苦的流行音乐之间的区别。不难看出，与之相伴随的是哲学面貌的改变：从中世纪的信仰和18世纪的乐观主义，哲学逐渐变化到19世纪和20世纪愈演愈烈的愤世嫉俗和绝望。在西方历史的大部分时间里，由上帝创造的现实本身被认为是美的。今天，我们关于宇宙秩序和意义的哲学疑虑也表现在艺术中——艺术可以不再是美的。的确，许多当代美学家会认为艺术中的美在大部分时候是感伤的或魅惑人心的，而美学也不再被认为是对美的欣赏。

📝 引文资料：美的教育

凡是想依循正路达到这神秘境界的人应从幼年起，就倾心向往美的形体。如果他依向导引入正路，他第一步应从只爱某一个美的形体开始，凭这一个美的形体孕育美妙的道理。第二步他就应学会了解此一形体或彼一形体的美与一切其他形体的美的贯通。这就是要在许多个别美的形体中见出形体美的形式。假定是这样，那就只有大愚不解的人才会不明白一切形体的美都只是同一个美了。想通了这个道理，他就应该把他的爱推广到一切美的形体，而不再把过烈的热情专注于某一个美的形体，就要把它看得渺乎其小。再进一步，他应该学会把心灵的美看得比形体的美更珍贵。如果遇见一个美的心灵，纵然他在形体上不甚美观，也应该对他起爱慕，凭他来孕育最适宜于使青年人得益的道理。

续

从此再进一步，他应学会见到行为和制度的美，看出这种美也是到处贯通的，因此就把形体的美看得比较微妙。从此再进一步，他应该受向导的指引，进到各种学问知识，看出它们的美。于是放眼一看这已经走过的广大的美的领域，他从此就不再像一个卑微的奴隶，把爱情专注于某一个个别的美的对象上，某一个孩子、某一个成年人或是某一种行为上。这时他凭临美的汪洋大海，凝神观照，心中涌起无限欣喜，于是孕育无量数的优美崇高的道理，得到丰富的哲学收获。如此精力弥漫之后，他终于豁然贯通唯一的涵盖一切的学问，以美为对象的学问。[①]

——柏拉图《会饮篇》，公元前4世纪

许多个世纪以来，把美等同于终极实在的最大权威是柏拉图。正如我们在第四章已经看到的，柏拉图对实在的理解基于不变的"理式"，即产生世间万物的完美的原型。其中一种"理式"就是美，这种纯粹的美仅在所有美的事物中显现自身。因此，美本身并不就是（美的）事物的真实情况。美是一种超验的"理式"，它潜藏于每一种美的事物之中并使之显得美丽。柏拉图认为，一个人坠入爱河就意味着他发现自己被"美"所吸引，被呈现在一个美人身上的美的"理式"所吸引。但另一个人身上的美并不就是这个人的一种属性，在他身上显现以及被觉察到的其实是"美"本身。因此，从根本上来说，一匹漂亮的马、一尊体态健美的雕像或一阙优美的音乐都指向同一个"理式"。美也因此成为客观的，成为一个对象在客观上真实的东西。"美即真，真即美"这样的观念对于柏拉图来说是完全正确的。

而另外，真和美毕竟有所不同。一尊雕像之所以让人觉得美，其中的一个原因就是大理石洁白无瑕、光彩照人。换言之，原因在于雕像不是一个真人的精确复制。在东西方的艺术中，许多最为动人的绘画描写的都是神话场景，它们在现实中并无对应物。我们的确可以说，一个东西要想成为艺术品，它必须首先是一个人造物，也就是说是虚构的、建构的或想象出来的完全不真实的东西。因此，艺术展现给我们的是理想而非现实。

在中世纪艺术中，耶稣受难的场面并非旨在精确地再现十字架上的基督。他的脸部和身体都经过了变形，显得平面化，缺乏立体的深度。艺术家自古以来就已

---

① Plato. *Symposium*. Translated by Benjamin Jowett. *The Works of Plato*, edited by Irwin Edman, Modern Library, 1956, lines 210a–211, pp. 377–378.

经知道如何准确地描画人的脸部和身体（比如，这在古罗马甚至古代克里特的壁画中是显而易见的）。因此，以非自然和非写实的方式描绘基督及其生活和死亡的各个场面，这显然是中世纪艺术家的本意，而不是他们能力不够。于是许多理论家都主张，艺术与精确的再现没有关系，艺术关注的是表现。这种艺术的"真"不是精确再现的真，而是其中所蕴含的感情力量的"真"，这才是真正重要的东西，才是具有感召力的信仰。中世纪艺术的首要目的是表达和激发信仰，而不是仅仅提供一份记录。况且，一个完全写实的耶稣受难场景可能是丑陋的，它可能激起恐惧和厌恶，而不是信仰。

真与美，或者更一般地说，真与艺术之间的区分没有比虚构的文学作品更能说明情况了。正因为不是真实的，一部文学作品才被称为虚构的。亚瑟·柯南道尔精心刻画了他虚构出来的侦探夏洛克·福尔摩斯，每一个侦探故事迷对此都耳熟能详。但这里每一个细节都不是真实的，由此便引出了一些非常有意思的问题。例如，福尔摩斯最好的朋友是华生医生，福尔摩斯叼着一只烟斗，他住在贝克街的一间公寓里，这些描写在柯南道尔创造的世界里都是真实的。但实际上并不存在福尔摩斯和华生这样的人物，贝克街上的公寓也从未有过。因此，如果被问到"华生医生真的是福尔摩斯最好的朋友吗？"你可能会为如何回答而感到为难。或者你可以说，在那个虚构的世界中是如此；或者你也可以说，福尔摩斯没有最好的朋友，因为他根本就不存在。

引文资料：诗的危险

我们最好赞同他们，说荷马是首屈一指的悲剧诗人；可是千万记着，我们心里要有把握，除掉颂神的和赞美好人的诗歌以外，不准一切诗歌闯入国境。如果我们让步，准许甜言蜜语的抒情诗和史诗进来，我们国家的统治者就会是快感和痛感，而不再是法律和古今公认最好的道理了。①

——柏拉图《理想国》，公元前4世纪

尽管柏拉图是美的坚决捍卫者（尤其是在他的哲学中），但他却向艺术和艺术家发难，因为他们偏离了为最终的实在提供真实图像的目标。于是在《理想国》的末尾，柏拉图对雅典的诗人颁布了著名的禁令，因为他们不像哲学家那样说真话。柏拉图还认为，艺术和艺术家应当担负起社会责任，要对美德有所贡献而不是招致罪恶。于是他也禁止在理想国中吹笛，因为这会使人心性放荡。他认为，诗歌（甚

---

① Plato. Plato's *Republic*. Translated by G. M. A. Grube, Hackett, 1974, line 607a, p. 251.

至是荷马的作品）可以通过以假乱真和对诸神的不光彩描述而使人误入歧途。应当禁止诗歌，除非它能显示出一些可取之处。

柏拉图也因此成为延续至今的艺术审查制度的来源之一。艺术品仅仅讨大众的喜欢是不够的，因为它可能只是激起人的欲望或毫无价值的幻想（当然，这与柏拉图对理想国的空想是不同的）。因此，当今对影视进行审察的要求是对柏拉图主张的直接继承，即艺术不应就其自身来评价，而只能根据它所唤起的至关重要的真和善来评价。

——— 欣赏悲剧 ———

亚里士多德反对柏拉图将美视为一种超验的"理式"，就如同反对柏拉图一般意义的"理式"论一样。没错，使一件艺术品美的东西是它的形式，但这个形式是作品直观意义上的形式，没有必要假定超验的"理式"。亚里士多德的艺术哲学试图通过分析形式和结构来发现，为什么有些艺术品动人，有些不动人。亚里士多德特别关注戏剧艺术和悲剧（他对喜剧也有过论述，但这些著作已经遗失了）。在亚里士多德时代的雅典，西方文学史上一些最伟大的戏剧已经产生并且定期上演，受到了公众的热烈欢迎。索福克勒斯的《俄狄浦斯王》和欧里庇得斯的《美狄亚》就是其中两部。亚里士多德想要弄清楚这些戏剧何以如此成功，于是就提出了一套对于剧本的本质要素、时间安排和剧中角色的细致的分析方法。

📝 引文资料：起始、中段和结尾

根据定义，悲剧是对一个完整划一且具有一定长度的行动的模仿，因为有的事物虽然可能完整，却没有足够的长度。一个完整的事物由起始、中段和结尾组成。起始指不必承继他者、但要接受其他存在或后来者的出于自然之承继的部分。与之相反，结尾指本身自然地承继他者、但不再接受承继的部分，它的承继或是因为出于必须，或是因为符合多数的情况。中段指自然地承上启下的部分。因此，组合精良的情节不应随便地起始和结尾，它的构成应该符合上述要求。[①]

——亚里士多德《诗学》，公元前4世纪

---

① Aristotle. *Poetics*. Translated by Ingram Bywater. *The Basic Works of Aristotle*, edited by Richard McKeon, Random House, 1941, 1450b, p. 1462.

《俄狄浦斯王》讲述的是一个国王弑父娶母的著名故事。在索福克勒斯的这部戏剧中，俄狄浦斯想要找到毁灭他的城市的瘟疫的起因。真相大白之后，他的妻子/母亲用发簪自尽，而俄狄浦斯也用它刺瞎了自己的双眼。在《美狄亚》中，一个母亲残忍地杀死了自己的孩子。尽管题材令人生畏，但这些戏剧被公认为伟大的艺术作品，并且获得了公众的欢迎。是什么使它们成为艺术作品？是角色的展开、节奏的疾徐有度和剧本的结构。但最重要的是，这类戏剧使一些基本的情感比如畏惧和哀怜得以表达，而且角色和剧本能够有力地唤起这种情感。

例如，戏剧的闭合（closure）——它自身的完整性以及明确的限制、拥有"起始、中段和结尾"——有利于观众聚焦于所描述的事件及其情感意义上。闭合是亚里士多德用来评判悲剧是否成功的最重要的标准之一，其中许多标准都被后来的理论家用于除戏剧以外的其他美术。西方艺术家通常会使用完全成形的形式、清晰的边界以及（对绘画而言）文字框架来标明艺术品与环境的分离。但即使这种明确的划分不存在，闭合的概念可能也是有效的。例如，在日本，艺术家只是暗示要结束，让想象力来填补作品所暗示的完整形式（格式塔心理学家们声称，我们天然会按照固有的心理倾向把感觉元素组织成统一的整体，其中一种倾向即为他们所说的"完形原则"，日本艺术家便是利用这种倾向从知觉上填补不完整的形式）。

 引文资料：我们为什么会在看电影时流泪？

我们经常会被虚构作品中的角色和事件感动得不能自己，这个事实的确有些令人迷惑。因为那些角色是从未存在过的人，那些事件也从未实际发生过，而且我们在阅读或观看这类作品时也都很清楚这一点。毕竟，我们中的大多数人在观看《奥赛罗》的演出时不会想到冲上台去，奋力将苔丝特蒙娜从奥赛罗的"铁钳"下救出。而如果有人试图从密苏里州的档案馆找出汤姆·索耶的出生证明原件，那他显然是误解了马克·吐温的小说中所描写的一切。如果我们想要欣赏虚构的作品并做出适当的反应，那么在我们欣赏和做出反应时就必须把它们当成是虚构的。

但为什么知道一件作品是虚构的，就会使我们对它的情感反应莫名其妙起来？……柯林·雷福德认为这在很大程度上是由于在日常环境中，信念和判断力在我们的情感反应中起着至关重要的作用。比如对一个人来说，使他感到害怕的是，他意识到自己所处的环境是危险的或存在着威胁的。类似地，只有

续

> 当我相信其他人正处于不幸时，我才会对他起怜悯之心。这类信念似乎只有在相信对象存在时才会产生。例如，如果我知道厨房里没有贼，那么我声称自己害怕厨房里的贼就没有什么意义。假如我已经知道贼不存在，我又怎能相信贼（什么样的贼）会威胁我呢？[①]
>
> ——亚历克斯·尼尔和亚伦·里德利（当代英国哲学家）《艺术争论》，2001

　　从那以后，美学家们就一直沿着亚里士多德的思路追问：人们为什么会从那些对人类可能发生的最丑恶的事物的怪异描绘中获得乐趣？亚里士多德想要理解人们为什么愿意忍受一个人刺瞎双眼和杀死孩子这样的场景。今天，他可以对流行的恐怖电影和"惊险读物"问同样的问题：为什么人们会花钱让自己在两个小时里吓得灵魂出窍？

　　亚里士多德对此的回答引发了无尽的讨论和争论。他认为，这类戏剧的功能是使我们（无论是演员还是观众）通过净化或"释放"一些最乱人心神的情感来表达自己。通过在剧院（或电影院）感受惧怕和恶心，我们便"去除"或"纯洁"了这类感情。通过设身处地面对虚构的情境，并与剧中的主人公同喜同悲，我们削弱了那些感情对我们的控制，也减轻了我们的脆弱感。与此相反，柏拉图却认为诗歌（以及戏剧）会引发那些激情而不是释放它们，他之所以提议禁止某些类型的诗歌，原因也正在于此。2 000多年以后，西格蒙德·弗洛伊德重新拾起亚里士多德的净化概念，并对它加以现代的改造，使之成为心理分析理论的基础。

——　关于品位的争论　——

> 对于那些喜欢这类事物的人来说，这类事物就是他们所喜欢的。[②]
>
> ——马克斯·比尔博姆（1872—1956）

　　然而，柏拉图和亚里士多德都同意美是客观的，也就是说，美或者存在于艺术品中，或者（对于柏拉图而言）存在于它们"背后"的一个客观领域中。这样，关于艺术的争论也就有了一个解决。艺术品要么展现美，要么不展现美；要么呈现出亚里士多德所说的存在于每一部伟大悲剧中的理想结构，要么不呈现。但在现代，

---

① Neill, Alex, and Aaron Ridley, editors. *Arguing About Art*. 2nd ed., McGraw-Hill, 2001, p. 237.

② Beerbohm, Max. *Zuleika Dobson*, Boni and Liveright, 1911, p. 187.

无论品位的标准有多么严格，人们对于美的客观性或艺术品的质量却没有这种自信。"美存在于观者眼中，品位问题无法争论"，现代美学理论的一个著名部分如是说。这种观念认为，美和一般意义上的艺术包含人的情感反应，但却未必包含艺术品的某种客观特征。人们对一件艺术品质量的评价有可能产生分歧，你喜欢的东西别人不一定喜欢。但没有办法证明谁的评论是对的。

 引文资料： 艺术中跨文化的差异

　　既然艺术是文化的一种表现，可以想见，不同的文化在艺术表现上也有所不同，即使当题材相同时也是如此。甚至在艺术最经久不衰的一个领域——对色情的描绘上，文化差异也可以显示出来。以下是马拉·米勒关于日本春宫画的论述。

　　在具有鲜明的色情意味的版画中，女性并非仅是男性欲望的被动对象。她们相当明显地呈现为主动的欲望主体。女性有时显出屈从的姿态，但更为常见的是站直或坐直着，或是和男性并躺着。无论是男性还是女性在上位，他们可能相互交缠着，哪一方都不具有明显的主导性。在日本，西方色情画中特征性的姿势——例如女性仰面躺着，手枕在脑后，在观者眼前一览无余；或是在难以自制的狂乱中头向后抬起，仿佛脖颈折断了一般——直到日本与西方接触之后才出现。

　　这些女人不仅主动，而且避免表现出极端的主导性或屈从感，但却让人心生渴望。她们主动地拥抱着男人，抚弄着他的生殖器。在狂喜中，她们的脚趾都扭曲了，不可能错认她们的快活。

　　西方的色情物件中裸体所具有的全盘托出的意味在日本的例子中消失了。裸体在西方背景下是重要的，因为它是愿意展示给男性观者的信号：女性的裸体去除了社会阶层的标示，不仅表明她愿意接受男性的注视/幻想/行动，而且经常表明她的淫荡——除了女人是脆弱的以外，正是淫荡使她愿意这样做。而另外，裸体在日本却未必被视为脆弱的，也不一定是欲望的表现（在日本，裸体本身并不性感，公共澡池中裸体是司空见惯的）。对于日本男人来说，一个招惹欲望的女人是与之积极互动的主体，而不是投射幻想的对象。对于表现一个人的主体性来说，着装（样式的选择和搭配）、色彩以及与之相关的联想是至关重要的。①

---

① Miller, Mara. "Art and the Construction of Self and Subject in Japan." *Self as Image in Asian Theory and Practice*, edited by Roger T. Ames with Thomas P. Kasulis and Wimal Dissanayake, State U of New York P, 1998, p. 442.

大卫·休谟（1711—1776）认为每个人必须自行判断一件艺术品是否值得欣赏。换言之，艺术欣赏完全是一件**主观的**事情。休谟认为，一件艺术品如果能够激发特定的审美情感，那么就是有价值的。你也许会上一门课去学习有过哪些艺术品，观赏那些艺术史上最伟大的杰作，了解它们产生的背景、蕴含的象征意义、制作技法以及它们作为艺术品的历史（谁是订制者，谁是收藏者，它们在各场战争中遭遇如何，诸如此类）。或者是上一门音乐史的课程，聆听你以前没有听过的音乐。但你是否喜欢它们却不是能够教授的，尽管你肯定会迫于压力去硬着头皮喜欢那些一般被认为"伟大的"或特别美的作品。品位也许是主观的，但许多人（包括那些艺术感极好、审美体验极佳的人）都会对艺术品取得某种一致，认为某些作品是杰作，而某些则是平庸之作或粗糙滥制。

然而倘若艺术的品位无法争论——如果没有办法解决你（只喜欢前卫爵士）和你的室友（只喜欢挪威死亡金属）之间的争论——那么品位的差异怎么又会常常导致严厉的责难，甚至更严重的攻击呢？部分原因可能在于，对音乐来说，你不可避免要去听别人的品位，而对视觉艺术来说，你也不得不去观看某个人悬挂在公共空间中的艺术品。然而除此以外，还有一个更深层的原因，它和品位本身的观念有关。

> ### 📝 引文资料：对美的判断
>
> 然而尽管艺术的一切普适法则都只是基于经验和对人性中共同情感的考察，但我们在任何情况下都不应设想，人们会对这些法则感到满意。思维中那些更细腻的情感的天性是极为微妙和精致的，它们需要在诸多条件共同达到适宜的状态下，才能根据它们普适的明确法则精确地发挥作用。对于这些小发条的一丁点外部阻碍，或是极其细微的内部干扰，都会扰乱它们的运动，进而使整部机器的运行发生错乱……心灵的清明如镜，思维的记忆清晰，对于对象的适当关注，这些条件缺一不可。如果其中的任何一个不满足，我们的体验都将是靠不住的，而且也不能判断……普适的美。[1]
>
> ——大卫·休谟《论品位的标准》，1757

当我们谈及某人"有品位"或"没有品位"时，问题不在于他是否（在美术、

---

[1] Hume, "Of the Standard of Taste," pp. 270–271.

音乐、诗歌等方面）有某种偏好，而在于他是否有**好的**品位，能否在艺术方面做出**好的**判断。但如果品位是主观的，这将如何判定呢？于是休谟得出结论说，尽管品位是主观的，但仍旧存在着判定艺术品价值的方法。一个人可以而且应该求教于那些最有经验的、在判断上相对不偏不倚的人。美术、音乐和文学上的杰作就是由这些人共同认定的。

事实上，我们甚至还可以作比这更强的论证。伊曼努尔·康德（1724—1804）反对休谟将品位归结为内在于个人的。正如康德坚持认为心灵有着内在的结构，从而规定了知识（见第五章）和伦理（见第八章）的基本原理一样，他也坚信人的心灵具有内在的结构，正是这种结构确立了审美的可能性。不仅如此，使我们能够审美的并不是情感的反应，而是一种理智上的反应（正因如此，具有恰当品位的是人而不是动物。一条狗可以判断出它的食物是可口还是难吃，但它却不能判断食物摆放得是否优雅）。情感反应与理智反应的区别在于，只有后者才是"无功利的"。倘若你因欣赏塞尚画的一盘水果而感到饿，想要吃一个水果，这并不是审美反应。审美反应是脱离这种"功利"的（一个人在看这幅画的时候，可能决定买下它作为一种投资。但这种意图表明，他所采取的态度并不是无功利的，因此不是审美的）。从这种无功利的审美角度看来，真正与他人分享美的体验是可能实现的。

—— 艺术、伦理与宗教 ——

在本章的开头，我们说关于艺术的一个持久的信念就是：艺术在某种意义上揭示了关于世界的深层次的真理。但无论这些真理是不是关于实在的真理，它们都可能是关于我们自身的重要真理。艺术的本质往往被认为是对基本情感的表达和激发，所以艺术在伦理和宗教中经常扮演一个重要的角色。

世界各地的许多哲学家都提出了艺术的教育作用，因为艺术是美的。在中国，伟大的哲学家孔子认为欣赏音乐有益于德行。追求人生的和谐可类比于欣赏音乐中的和谐。柏拉图也使用了大体相同的音乐隐喻，这些说法是从他最有影响的老师之一毕达哥拉斯那里借过来的。音乐能够强烈地影响人格，这种观念在世界的许多文化中都能找到，其中当然也包括印度、非洲和许多部落宗教。据说音乐甚至能使猛兽俯首，不论这种说法是否属实，音乐至少对于大多数人具有抚慰和唤起情感的作用（人类学家指出，尽管世界上的艺术和风俗千差万别，但几乎没有一种文化是音乐不在其中扮演重要角色的）。其他艺术门类也是如此，舞蹈和视觉艺术差不多也是世界性的。事实上，每一种文化中，艺术都不仅仅被认为是娱乐性的，它还有教化作用，具有重要的文化意义，而且能够启发人的心智。

 与哲学家相遇：弗里德里希·席勒（1759—1805）

弗里德里希·席勒是诗人、剧作家、历史学家和哲学家，也是歌德的亲密朋友和对话者。贝多芬在第九交响曲第四乐章中使用了席勒的著名诗作《欢乐颂》。

弗里德里希·席勒只是众多西方哲学家中认为欣赏艺术能够使人变得更好的人物之一。像中国古代的孔子一样，席勒在近代的德国宣称，美不是从严肃的生活事务中抽身而出，而是激励人做好公民。席勒认为，美是德行的象征，是与我们的个人利益相对的那个世界的象征。然而通过美的体验，我们认识到自己的利益同这个世界是和谐一致的。因此，和柏拉图和孔子一样，席勒也认为艺术与美有助于我们与他人和谐共处。当然，这个理论的实践结果就是艺术和美学应当成为每个儿童的教育的重要部分。

悲观论者阿图尔·叔本华遵循康德的观点，将艺术视为本质上"无功利的"。但他同时也认为，较之其他的人类活动，艺术能使我们更加深入地洞察自己，从而与这个最终没有理性的、永不满足的世界取得和解。在前面的章节里，我们讨论了叔本华那种激动人心而又略显怪异的理论，在这种理论中，世界"本身"是理性的意志，它是我们的欲望和野心的根源，从而也是我们的不幸的根源。然而音乐却能使我们"忘我"。叔本华告诉我们，音乐并非其他，而就是那个意志的直接展现。当我们"融入"一阙音乐时，我们是在与关于我们自身的最基本的真理相接触。

除了揭示关于我们本性的真理，艺术还能促进伦理洞见。当我们欣赏任何一件艺术品时，根据叔本华的理论，我们不再是某个特定的个体，而是成了"纯粹的无意志的知识主体"，我们忘却了自己的欲望和野心，至少是暂时如此。他说，对美的欣赏"使我们得以从意志的严酷奴役之下解脱出来"。我们一旦忘却自己的欲望和野心，就会变得更能同情他人，毕竟，他们与我们是同舟共济的。叔本华的美学也许部分反映了他对印度哲学的兴趣。印度美学强调艺术能够帮助我们超越自我本位，带着普遍的情感设身处地为他人着想。

关于美学与伦理之间关系的一种最激进的看法来自弗里德里希·尼采。尼采并不认为美学价值有助于伦理（事实上，他完全拒斥大部分我们称为"道德"的东西），而是提出美学价值应当取代道德价值。也就是说，我们不应再按照上帝和理性指示的规则考虑自己应该做什么，而应把像美（和丑）这样的价值作为自己的行动指南。比如他说，"人应当把人生看作一件艺术品"。我们应该做的是"美好"的事物，而不是义务驱使的事。

 引文资料： 尼采论审美

> 只有作为审美现象，世界才能被永恒地辩护。①
>
> ——尼采《悲剧的诞生》，1872

尽管如此，尼采还是对艺术和美学的两种不同渊源作了著名的区分，他把两者分别称为（根据希腊人的说法）"阿波罗式的"和"狄奥尼索斯式的"。前一个渊源的名字来自于希腊的太阳神和古典美之神——阿波罗；而狄奥尼索斯则是酒神，这种美的观念更类似于迷狂。阿波罗式艺术的典型范例是古希腊优雅的大理石雕像；而狄奥尼索斯式艺术的典型范例则是音乐，尤其是使我们忘乎所以地舞蹈不止的狂野的音乐。阿波罗式艺术关注的是个体，它将世界描绘成有秩序的、和谐的。阿波罗式的伦理学也因此是明晰的、理性的，对于尼采而言，其典型是苏格拉底的伦理学；而狄奥尼索斯式的艺术则超越于个体之上，将他消融于生活的狂热洪流中。相应地，狄奥尼索斯式的伦理学是非理性的，它几乎与个体和传统所说的"伦理学"毫不相干。它在很大程度上是非道德的，它所关注的是狂乱的宇宙而不是日常生活的细枝末节。

然而，伟大的艺术既不是单纯阿波罗式的，也不是单纯狄奥尼索斯式的，而是二者的结合。因此尼采赞美古希腊的艺术，尤其是希腊悲剧，称赞它在两种极为不同的艺术和伦理观念之间达到了理想的和谐。根据这种理论，尼采向艺术只有一个目标或目的的传统假设发难。他还为那种惊世骇俗的观点辩护，即世界上既有狂乱和混沌的艺术，又有让人凝神静观的艺术。但尼采又指出，这只是世界存在的方式而已，艺术的"真理"既不是我们情感的表达，也不是我们对世界的精确再现，而是比二者之和更多。艺术的"真理"是我们与世界的亲密联系以及与之相伴随的对生活的热爱。

---

① Nietzsche, Friedrich. *The Birth of Tragedy*. Translated by Walter Kaufmann, Random House, 1967, section 5, p. 52.

—— 它为什么是艺术 ——

西方艺术在大部分时期都旨在以某种媒介来模仿实在的现象。据柏拉图所说，这正是艺术的一个问题——它强化了人类陷入与实在（对柏拉图而言是理式）相对的现象的倾向。随着新技术使机械复制事物的写实表象成为可能，这一模仿现象的理想开始转变。一些艺术家开始怀疑传统绘画在摄影时代的意义。哲学家阿瑟·丹托（Arthur Danto）指出，电影对艺术家的冲击更甚于摄影，因为电影能复制运动物体的现象，而静态图像无法做到这一点。

早在19世纪初黑格尔就指出，他那个时代的艺术已经意识到了自身的局限性，正在变得比直接的模仿更具有反思性。例如，绘画开始关注并不直接展现的东西，如肖像画中人物的内心世界。艺术不再仅仅与某个美的客体有关，而是越来越涉及对主观体验的沉思。20世纪初的许多法国绘画无疑正是如此。例如，印象派画家试图表现眼睛当下接收一块块色斑的动作。但许多哲学家认为，美学理论上的分水岭出现在艺术家马塞尔·杜尚（Marcel Duchamp）展出他所谓的"现成品"时，它们都是日常环境中的物品，通常只略加修改。杜尚的现成品中包括小梳子、雪铲，最臭名昭著的是几个小便池（其中一些附上了艺术家的签名和日期）。

杜尚的现成品不仅震惊了艺术界和公众，也促使哲学家从一种新的思路提出问题。如果这些东西是艺术，那么是什么使之成为艺术？是因为它们做得特别好吗？（杜尚的确声称，他的小便池使人注意到了瓷器的原始美，但很多人认为这些话言不由衷。）是因为杜尚是艺术家，他说这些东西是艺术，它们就是艺术吗？是因为美术馆愿意展出它们吗？还是整件事根本就是一个骗局？

哲学家们开始考虑这一问题：某种东西是艺术，这是什么意思。一些人主张功能的定义，声称某种东西因其表现出某种**功能**而是艺术。艺术（至少是视觉艺术）的传统功能一直是模仿实在的特征。然而，当梳子和铲子今天还是工具，明天就成为艺术品时，基于功能的艺术定义就很难成立了。另一个传统回答是艺术应当是美的，但这也引出了问题：是否存在一些重要而极具价值，但无论如何也算不上美的艺术品？在众多当代艺术馆中逛一逛就会得到一种印象：许多当代艺术家根本无意制造美的作品。要想让功能的艺术定义涵盖这些作品，就必须另谋出路。

另一种途径是诉诸一种程序上的艺术定义：如果对某物执行了某种程序，则可将其算作艺术。这些程序可能包括某位艺术家创作了这件作品，或某件作品被准许进入美术馆或博物馆展览，或某件作品进入了博物馆目录，成为艺术批评的对象。

许多所谓的艺术品实际上并非艺术家所造（杜尚的现成品就是这样，许多当代作品也是如此，如杰夫·昆斯[Jeff Koons]的作品，他为其作品构思想法，但雇人来制造这些艺术品），因此一些持程序观点的哲学家主张，艺术家只需宣称某物是艺术品便已足够。许多赞同这类定义的人将艺术家的活动仅仅视为一个因素，也许是一个不太重要的因素；他们认为，某物是否是艺术这一问题的仲裁者应是像美术馆、博物馆这样的正式机构和艺术期刊，或一些影响着社会如何看待或评价艺术的不那么明确的机构和人（阿瑟·丹托把后者称为"艺术界"）。哲学家、艺术家提摩太·宾克利（Timothy Binkley）认为，任何人只要声称某物是艺术就足以使之有资格成为一件艺术品——他说，更有趣的问题在于它是否是一件好艺术品。但也许我们，要知道艺术应当来做什么，或者为了回答这一问题应当采用什么其他标准。

对于是什么使某物成为艺术，阿瑟·丹托还有另一种论述。据他所说，这是"一种理论氛围"。他指的是，关于艺术领域中有什么的某种看法被"艺术界"的成员充分分享，该物就处于这一范围中。这一回答也许不能让公众感到满意，公众往往对当代艺术的展品迷惑不解，不清楚流行于艺术界的种种理论。有些人因这些展览反复表明他们是"门外汉"而感到不快。许多人从当代艺术展中得到的精英主义印象也许会使许多潜在观众感到厌烦，从而进一步确保了专家意见在当代艺术中的支配性。

—— 大众文化美学 ——

人们往往认为，美学是对高质量的优美艺术（*fine arts*）的关切：古典音乐、歌剧、传统戏剧、博物馆收藏的油画和雕塑、芭蕾和古典舞等。但艺术其实无处不在，所以美学也无处不在。我们周围的大多数艺术很糟糕，甚至令人不快，但这种情况恰恰应当促进美学分析，而不是使之灰心。是什么使得糟糕的艺术成为糟糕的？更重要的是，是什么使得好的艺术如此有价值，对我们如此有意义？是什么使得一部电影伟大或优秀？为什么有些电影开始时说得神乎其神（大牌明星、获奖无数的导演、令人激动的情节），最后却令我们失望？歌曲中打动我们的是什么？节奏、歌词、曲调还是风格？它是否使你感到愉快或沮丧？你怎样改善这种状况？所有这些都是正当的美学问题。在本章的最后，我们将指出日常生活中碰到的现象的一些美学方面，其中许多现象都是通过大众文化碰到的。

✎ **引文资料**：流行的现代艺术：一种批评

何塞·奥特加·加塞特是20世纪初的西班牙哲学家，艺术中正在发生的转变引起了他的极大兴趣。其下文的主题是"艺术的非人化"，从艺术中的自然主义渴望转向一种新的感性。

艺术家非但没有好歹笨拙地向现实靠拢，人们看到的是他们在背道而行。他们恬不知耻地着手将现实加以歪曲，粉碎了它人性的方面，使之非人化。我们能够与传统绘画表现的事物进行想象中的交流——许多英国的年轻人爱上了乔康达[蒙娜丽莎]，而要与现代绘画中的对象进行交流则是不可能的。艺术家已经剥去了它们"活生生的"现实层面。他们炸毁了桥梁，烧毁了航船，断绝了我们回到日常生活的归路。他们将我们锁在一个古怪难解的世界里，周围尽是人类无法与之交流的对象，于是迫使我们编造出其他的交流方式，这些方式完全不同于我们日常的交流方式。我们必须生造出一些闻所未闻的姿态以适应那些奇特的形象。这种预设了自然而然的生活已被废除的新的生活方式，正是我们所谓的对艺术的理解和欣赏。这种生活不乏感伤和激情，但那类感伤和激情显然属于一个奇特的植物区系，它们所覆盖的丘陵和山谷不是基本的人类生活。那些超对象在我们内向的艺术家心中唤起的不是原初的激情，而是审美的感伤。[①]

——何塞·奥特加·加塞特《艺术的非人化》，1925

大众文化美学最近越来越热，不仅在通俗杂志和在线聊天室中，而且也在哲学中。对《黑客帝国》等电影和《辛普森一家》等电视剧做哲学分析的书层出不穷。不论是《时尚》还是《国家》，音乐评论和音乐欣赏是许多杂志不可或缺的内容。许多专著把音乐哲学追溯到古代，论述音乐意味着什么，它为什么能够打动我们，以及音乐是如何起作用的等。家庭美学领域在哲学中不大突出，也许是因为许多哲学家都是单身，但从讲房屋和花园装饰的花花绿绿的杂志可以看出，许多人对它都有极大的兴趣。问题仍然是，我们住在哪里如何影响我们？我们如何来设计居所和工作间以使自己感到更加舒适和幸福，更有创造力，而不会导致情绪消沉、郁郁寡欢？

① Gasset, José Ortega Y. *The Dehumanization of Art and Other Essays on Art, Culture, and Literature*, Princeton UP, 1948, pp. 21–22.

我们的环境不仅是我们在哪里生活和如何选择生活，我们生活的美学也不只是我们如何选择电影、电视节目和音乐。环境美学在很大程度上是强加于我们的。一个很好的例子是，铺天盖地的广告时时处处都在包围我们、攻击我们，它可谓无孔不入，以至于我们几乎注意不到它的存在。在电影《少数人的报告》（2002年）中，一个包含着主人公所有个人喜好信息的广告牌扫描着主人公的视网膜，单独和他说话。这种场景未必不能成为现实。今天，目标明确的广告、没完没了地交换个人市场数据和联系地址，意味着我们整天都淹没在商业讯息的海洋中。只要想想我们每天在各种器械、用具、服装、广告牌、包装袋上所看到的生产者商标，想想广播（包括号称"无广告的"NPR在线英语广播电台）和电视就可以了。你每天要看到多少垃圾传单和目录？有多少杂志几乎完全是精心包装的广告（少数广告伪装成文章）？你认为这对你的日常经验和你思考自己和世界的方式有怎样的影响？这些问题同样也是美学的一部分。

 运用概念： 电影的哲学含义

> 许多电影都有一个哲学主题或哲学含义。挑选一部这样的电影，解释其哲学含义和美学效力。

《黑客帝国》常被认为是一部专门探讨什么是实在、什么是显现的影片。但和艺术一样，这里的美学问题是：电影如何影响我们的情感，是什么使电影具有感染力。例如，特效的意义在哪里？英雄和恶棍的全套装备在何种程度上能够给人暗示？你是否注意到，影片多次借用了古代史诗和古典悲剧的素材？《星球大战》前三部曲中就有丰富的古代形象，特别是古典印度史诗（《摩诃婆罗多》）。那么，这些特效对你欣赏电影有何影响呢？你如何用摩尼教的善恶结构来评价这些电影？当善与恶的界限不再清晰时（比如在第六部《星球大战》中），你是否有些不知所措？为什么？

如今，我们可以听许多音乐。在一个多世纪以前，这还无异于天方夜谭，因为听音乐只局限于某些特殊场合，比如在音乐厅、去酒店赴宴等。今天，学生们可以随时随地在数以千计录好的曲子中进行选择，无论是在慢跑还是在做功课，无论是在汽车里还是在学校。我们都有自己喜欢的音乐，但很少有人会问，为什么我们会那么喜欢它。这的确非常困难。在描述电影时，我们可以对人物、情节、事件发生的背景等作出详细说明；但在描述一段音乐时，我们似乎很难抓住任何实际的东西。大多数人并不知道任何音乐理论或技法，所以倾向于用类比或比喻进行描述。这已经相当好了。用自然现象（瀑布、雷鸣、闪电、奔腾的溪流等）或身体机能（心脏狂跳、慢舞等）来描述音乐有时是我们所能做到的极致。对于理解我们喜欢（或不喜欢）什么以及为什么会喜欢（或不喜欢），把我们的反应用语言表达出来，往往是一大飞跃。

 运用概念：被音乐打动

就一段特别能打动你（或使你厌烦）的音乐写一篇乐评。它的哪些方面打动了你（或使你厌烦）？这种影响在多大程度上是由于歌词（如果是一首歌曲的话）？在多大程度上是由于配器、旋律、和声、节奏或人声？

最后，日常美学中一个更为困难的主题是幽默这一概念。说有些东西"可笑"是什么意思？亚里士多德曾说，笑话某人是受到了他的劣等（以及自己相应的优越）的促动。弗洛伊德提出，笑表达了宽慰，受压抑的想法或欲望通过稍微改变形式而得到了释放（因此，在通俗喜剧中会充斥着大量荤段子和浮夸的语言）。而康德和叔本华等哲学家则认为，幽默是一种对不协调的感觉，是某种（令人愉快的）惊奇。当然，笑有时与幽默无关（比如当你被挠痒或感到尴尬时），就像哭可能与悲伤无关一样（比如当你剥洋葱时）。有时，笑本质上是一种同感（fellow feeling）——人们乐于彼此交往，而不必然有任何特别可笑的东西。但"什么使得某种东西可笑"的确是一门有趣而深刻的学问。

 运用概念：是什么使笑话可笑

讲一个你感觉特别可笑的笑话。是什么使得它那么可笑？当然，对笑话的解释本身通常并不可笑，对笑话进行解释甚至可能会葬送它。但作为一个临时的练习，这样做可能会有不少启发性。

—— 篇末问题 ——

1. 时下流行的音乐与所谓的古典音乐之间存在着质的差异吗？是否存在

某种令人信服的论证，说明我们应当更喜欢其中一种而不是另一种？

2．我们在何种意义上相信虚构的对象？说一件艺术品（比如一部小说）是"完全虚构的"，也就是说，里面没有一样东西是真实的，这样说得通吗？

3．你是否相信艺术和审美活动能使一个人变得更好？你是怎么想的？

4．为什么音乐会使我们感动？试以一段音乐为例。

5．请对你的寝室或寓所做出美学评价。它有什么优点和缺点？它能表现你和你的感情吗？能表现你对学校的态度吗？能表现生活吗？

—— 阅读建议 ——

Binkley, Timothy. "Piece: Contra Aesthetics." *The Journal of Aesthetics and Art Criticism*, vol. 35, no. 3, Spring 1977, pp. 265–277.

Cooper, David E., et al., editors. *A Companion to Aesthetics*. 2nd ed., Blackwell, 2009.

Danto, Arthur. *The Abuse of Beauty: Aesthetics and the Context of Art*. Open Court, 2003.

———. *Transfiguration of the Commonplace*. Harvard UP, 1981.

Feagin, Susan, and Patrick Maynard, editors. *Aesthetics*. Oxford, 1998.

Goldblatt, David, and Lee B. Brown, editors. *Aesthetics: A Reader in the Philosophy of the Arts*. 2nd ed., Prentice Hall, 2004.

Harries, Karsten. *The Meaning of Modern Art: A Philosophical Interpretation*. Northwestern UP, 1968.

Higgins, Kathleen M. *Aesthetics in Perspective*. Wadsworth, 1996.

Hofstadter, Albert, and Richard Kuhns, editors. *Philosophies of Art and Beauty*. Chicago UP, 1964.

Kant, Immanuel. *Critique of Judgment*. Translated by Werner Pluhar, Hackett, 1987.

Nehamas, Alexander. *Only a Promise of Happiness: The Place of Beauty in a World of Art*. Princeton UP, 2007.

11

—— 第十一章 ——

非西方哲学

Chapter 11
Non-Western Philosophy

> 在黑非洲，人们总是跳舞，因为他们在感受。"舞蹈是去发现
> 和重新创造，是将自己与生命的力量融为一体。"无论如何，舞蹈
> 是最高形式的知识。古典欧洲的理性是通过利用进行分析，而非洲
> 黑人的理性则是通过参与进行直觉。[1]
>
> ——桑戈尔（Léopold Sédar Senghor）《论黑人特性》

—— 开篇问题 ——

1. 你相信男人和女人的思维是不同的吗？你从何而知？如果确实如此，你会把这种不同归因于什么——天性、后天教育还是个人选择？
2. 是什么使得一种"文化"不同于另一种文化？把某种信仰或习俗从一种文化"翻译"到另一种文化是如何可能的？你是否相信，只要所有文化都学会"说同一种语言"，它们就可以相互理解？

—— 超越西方传统 ——

回顾前面的章节以及其中提到的哲学家，你可能已经注意到了，几乎所有被引述的作者都是白种男人（圣奥古斯丁和孔子属于极少数例外，但在大多数哲学讨论中，极少有人探究过奥古斯丁的非洲血统）。除了都是白种男人以外，这些人大都有一个共同点，那就是都遵循着同一种哲学传统，这个传统发源于古希腊，并通过犹太—基督教神学和欧洲科学的兴起而得到发展。到目前为止，虽然我们在这本书里主要探讨的是哲学问题而不是这些哲学家，但我们所追溯的主要是这个传统，并囿于它的范围之内。但对哲学以及人类思想历程来说，还有太多超出这个"西方"传统的内容。

西方哲学的伟大观念可见于一种保存完好的、书面的、论证性的、多多少少科学性的或至少是字面主义的传统。这种传统要求字面上的哲学真理，而不能仅仅停留在隐喻或寓意的层次。那些没能使自己的思想刊印出来的哲学家（或者那些没能教上柏拉图这样的学生，或使亚里士多德成为自己仰慕者的哲学家）便从这种传统

---

① Senghor, Léopold Sédar. "On Negrohood." *Diogenes*, vol. 32, 1962, pp. 1–15.

中消失了，一些没有对传统做出主动回应的思想家也常常被忽略了（所以在西方，神秘和"秘传"的传统通常仅见于脚注）。而那些通过神话、英雄传说和非一神论宗教对生活和宇宙所做的非文字、非科学的解释，最好的结果也是被斥为原始的或前哲学的。其结果就是我们在书中已经讨论过的那些明确的问题和一连串哲学家。这是一种令人钦佩的高贵的传统，但并不是唯一的传统。

在印度和南亚地区，有一种——毋宁说是若干种——古老的传统是至少和西方传统同样悠久的，而在中国，也存在着一种延续了几千年的哲学传统。此外，有一些很有说服力的证据表明，远在欧洲人到来以前，美洲和北非的哲学学派就已经很兴盛了。在非洲和许多南太平洋岛国，至今仍然保持着代代相传的口述传统，而且我们所听说的每一种文明都有一些概念明确表达它的起源和它在宇宙中的位置。因此，我们不应该狭隘自负地把哲学定义为只包含古希腊、中世纪以及近现代欧洲的思想，这一点是很重要的。

更完整的哲学观应该考虑西方以外的那些哲学视角，在这一章中，我们无法奢望临时熟悉世界上的各种主要哲学传统。我们所能做的是意识到我们自身思维方式的独特性和局限性，特别是意识到这种思维方式是怎样被我们所秉承的传统的特性塑造甚至是歪曲成现在的样子的。在本章中，我们将简要介绍一些通常不会出现在标准哲学课程中的作者和观点。

在某些情况下，我们会发现一些意想不到的相似之处和哲学贡献，譬如中国儒家伦理与古希腊的亚里士多德伦理之间的相似之处。再比如，欧洲哲学在很大程度上得益于中世纪的阿拉伯、犹太和波斯哲学家对许多古希腊和罗马哲学的阐述和保存——在那段漫长的时期，这些哲学都是被西方传统禁止的，而就是这个西方传统，却在后来宣称这些哲学都是为它所独有的。然而，在更多的情况下，我们所注意到的是我们自己的思维与其他思维之间的巨大差异。例如，中国哲学在很大程度上使用的是类比和类比思维，而我们则会把这些东西称为隐喻式的比照，而不是一种讲求证据和推理的逻辑。中国哲学经常用讲故事的方法来提出哲学论点，而西方哲学（至少是最近）则避免"轶事证据"，倾向于用更加科学的模型来查明实在的本性。

在我们简短的非西方哲学之旅一开始，我们要考虑一些与拓宽我们的哲学视野有关的挑战。指出大多数文化中宗教传统与哲学传统之间的紧密联系之后，我们会进而考察印第安哲学、非洲哲学、拉丁美洲哲学、中东哲学、南亚哲学和东亚哲学这几个传统中的重要主题和议题。

—— 拓宽我们的视域 ——

为了修正和拓展哲学的"正典"，我们似乎只要在课上布置更多的参考书，扩充我们的阅读书目——黑人、第三世界哲学家、印第安人、女性以及其他被忽略的哲学家所写的书——就可以了。我们可以补充一些印度哲学、中国哲学、阿拉伯哲学和古埃及哲学，而这也恰恰是许多从事哲学改革的人当下正在做的事情。然而，定义整个传统的许多文本都已经找不到了，这或者是因为战争和疾病毁灭了整个文明，或者是因为文本本身被毁掉了（比如中美洲的情形），还可能因为根本就不曾有过文字的记载，而只存在经过极度歪曲的或业已消失的口头传统（这是大多数传统非洲哲学的情况）。

此外，许多批评家都指责说，我们一直在讨论的这种传统的影响是如此巨大，以至于它已经渗入或转化了我们试图阅读的任何一种其他传统，从而使我们根本不可能找到另外一种"原汁原味"的传统。于是，有几个倡导一种独特的女性哲学风格的人宣称，一个女作家并不一定要为妇女问题呼吁或是表达一个女性的看法；而一些黑人哲学的倡导者也有理由抱怨，对这种哲学的每一次尝试都已经受到了殖民主义的残酷历史和奴隶制度的污染，一种"原汁原味"的非洲观点已经不复存在了。

中国哲学则给我们提出了一个很不一样的问题。中国积极地保护她自己的传统，她之所以把自己多次封闭在西方世界之外，就是为了避免那种摧毁了世界其他地方的原初文化和思想的"妥协"和"污染"。而中文也就因此显得十分与众不同——"高深莫测"并不能恰如其分地描述这种独特性——以至于即使我们读中文的文本，我们也很难进入那种使这些文本得以理解的情境中。不仅如此，这种语言是如此之不同，以至于足以使任何翻译的尝试收效甚微。中文的模棱两可令人惊叹，这种特征受到了中国学者和哲学家的挚爱和赞美，却使许多西方学者眉头紧锁，使西方翻译者灰心丧气。因此，从某种意义上说，虽然这些文本是现成的，而且可以被轻而易举地添加到我们的阅读书目中，但这却并不意味着我们会理解它们或它们所属的那个世界。

今天的哲学家和哲学学生所面临的最重要和最具挑战性的课题之一，就是拓展那些使他们感到自在和熟悉的背景。同时，以一种不同的角度去理解自己所处的背景和传统，理解一个文本（哪怕是数学、认识论或宗教哲学中的文本）和它所处的社会文化背景，甚至于作者及其最初的读者所处的社会政治地位，也变得更为重要。西方种族哲学家和女权主义哲学家强调，要认识到文化（往往是性别歧视文化和种族主义文化）能够极大地影响我们的哲学表述。

正如我们所看到的那样，哲学在很大程度上是一种自我反思，是试图理解一个人自己及其在世界中的位置。但被迫在**另一种文化**的范畴中理解自身，却可能是有害无益，甚至有很多害处。正如我们在上一章所指出的，一些女哲学家抗议说，在哲学中她们不得不以男人的方式去思考，从而把自己看成低于男人一等或是"不充分的"男人（简直是亚里士多德对女性的看法）；同样，第三世界的哲学家也抗议他们不得不以西方的方式进行哲学上的思考，从而认为自己在哲学上是幼稚的、原始的或处于"发展中的"。我们应当努力去理解其他哲学传统，而不是将我们自己的哲学范畴强加于它们。相反，我们应当通过它们的关切和出发点去尽可能地理解其哲学立场（可能与我们的有所不同），即使认识到我们自己的观点会不可避免地影响我们的解释。

—— 其他文化，其他哲学 ——

理解另外一种文化的哲学绝非易事。对一般的美国学生而言，如果说"西方"哲学中的一些概念显得有点古怪，那么他们至少还是熟悉这些概念所属的思维方式的。所举的例子（通常）可以取得预期效果，提出的问题也与那些我们长大以后就会理解的问题足够相似，即使它们有时显得极端或者怪异（如"我的心灵或灵魂与我的身体是不同的吗？它可以与我的身体相分离吗？"或者，"上帝怎么能允许世界上有恶存在呢？"）。但为了理解另一种文化的哲学，我不得不把自己也沉浸到那种文化中去，除此别无他法。哲学绝非一套完全超然的、脱离时空的思想，它总要扎根于那些发问和求解的人。哲学的风格和主题会随着社会的改变而改变。尽管我们有信心总能找到一些熟悉的相似之处——毕竟，我们都是人，而且面对着生活中的同样一些基本问题——但两者之间的差异总会给我们留下深刻的印象，有时甚至会使我们一筹莫展。

正如很大一部分西方哲学的背景和推动力都来自我们的宗教传统一样，文化各异的哲学的源头往往也会在不同的宗教传统中找到。例如，在印度，哲学与宗教思想很难区分开，而在西方更为世俗的现代传统中，做这种区分就容易得多。又如在许多文化中，在非洲、中国以及南太平洋和南亚的许多岛国，宗教本身更少抽象，更为人性化。这并不是说这些宗教的神是以人类为中心的（这一指控适用于对犹太—基督教上帝的许多理解），而是说，他们的宗教和哲学中最重要的成分在犹太教、伊斯兰教和基督教中顶多扮演着非常次要的角色，那就是祖先的观念。

在许多文化中，一个人的祖先被认为仍然存在于现实生活中，并对其产生着影响。例如在新几内亚，祖先是社群的重要组成部分，它规定了每一个社群。在中国，宗族和社群的重要性压倒一切。世界两大宗教的领袖孔子和佛陀并没有像耶稣在基督教中那样被神化，经常有人指出（就像我们在第三章中指出的那样），世界上有些伟大的宗教不应被归为"有神论"。因此，世界上有些伟大的哲学所使用的概念，是与定义了自柏拉图以来的西方哲学的概念非常不同的。

✎ 引文资料：文化的冲突

我时常会感觉到一种尴尬，这种尴尬源自我和主人（美国人）的思考方式和感觉方式之间的差异。比如我刚到美国时，我经熟人介绍拜访了一个美国人。当我们交谈的时候，他问我："你饿吗？我这里有冰淇淋，你想不想来点儿？"我记得我当时很饿，但被初次见面的主人直截了当地问是否肚子饿，我无法主动承认这一点，于是便婉言谢绝了。我满以为他会坚持要我吃，但令人失望的是，主人就说了声"好的"，就不再说什么了，让我在那里好生后悔没有实话实说。我在想，日本人几乎从不随便问陌生人是否肚子饿，而是会不声不响做些吃的拿给他。[1]

——土居健郎，哲学家和日本精神病学家，1920—2009

下面，我们将简要介绍一下各种著名的有影响的哲学传统，它们分别来自世界上的一些伟大文化。不过在此之前，让我们思考一下"文化的冲突"这段文本框里的话，这段话出自日本著名哲学家兼精神病学家土居健郎，他发现美国生活中的一种最普通的表示使他大惑不解。于是，在对其他哲学传统进行最初探索的过程中，我们可能也会感到不适应。

印第安哲学

在北美洲的大部分地方和非洲，一个重要问题是，文化有口头传统而非文字传统（比如我们讨论过的前苏格拉底哲学家所在的希腊）。但这就意味着，当这些文化逐渐消亡或是被殖民者摧毁时，哲学通常也将随之消亡。于是我们就无从得知

---

[1] Takeo Doi. *The Anatomy of Dependence*. Kodansha, 1973, p. 1.

文明在非洲或美洲存在了多久，或是如何发展起来的。我们不知道中非雨林中被遗弃的古城有多么古老，或者纳瓦霍族、霍皮族、奥吉布瓦族、阿帕齐族、塞米诺尔族、易洛魁族以及数以百计的其他美国印第安部族已经在北美生活了多久。有考古证据显示，早在数千年以前，北美就已经人畜兴旺；而非洲则在数万年以前就有了许多居民。这些文化似乎缺少历史，这一事实反映了文字记录的缺乏而不是他们没有哲学。然而，无论我们对这些不同的世界文化的学习有多么粗浅，它都在日益丰富着，而且越发显得迷人。这里，我们只能通过几个一般性要点来表明这种日渐清醒的认识。

各种印第安部落社会对待自然的态度虽有不同，但我们只要指出，他们都信奉这样一种哲学观点，那就是如《创世记》中所承诺并为弗朗西斯·培根（1561—1626）所重申的，人类被置于这块土地并不是为了"统治"其他的生灵万物。我们是大地的一部分，我们依靠它，它也依靠我们。我们要对生态负责，我们周围的世界或"自然"并非仅是供我们感官享受的资源或来源。

事实上，我们对地球和其他生物负有道德责任。印第安部落通常把自然界看成"伟大精神"的显现，尽管不能对这个"伟大精神"作拟人化的理解（拟人化的诸神的确出现在神话描述中，但这些神灵仍然是"伟大精神"的显现）。人类对待地球应该心存敬畏，照料它并且尊敬它。我们是地球的守护者，但并不拥有它。因此，依照这种观点，我们不应把土地视为私有财产。

动物也有道德尊严，应当得到像人一样的对待。印第安狩猎部落承认他们亏欠于那些为其提供食物的动物。在他们看来，杀掉其他生物并非权利，而只是一种生存需要，人必须对此心怀感激和敬畏。感谢一个人的猎物并为之祈祷，这可能会令大多数超市购物者感到奇怪，然而，清楚地意识到另一生物的被杀只是为了让某人受益，这也许更应被视作人性的重要组成部分。感恩节上的祈祷反映了大多数美洲印第安传统的一个共同特征——把每天的生活都看成神圣的，看成一种伟大的精神循环的一部分。

 引文资料： 自然之圆

　　你知道，当我听到年纪轻轻的白人小孩把某些行为和思想僵化的老年人称为"老古板"或"方脑袋"时，我总会忍俊不禁。那些"老古板"并不一定是老年人，你18岁就可以是一个"老古板"。不管怎样，把这些人称为"方脑

续

袋"可能是印第安人想出来的。相对于我们的思维方式，印第安人的符号是圆或环。大自然希望事物是圆的。人类和动物的身体都没有拐角。对我们来说，圆代表大家围坐在篝火旁，亲朋好友聚在一起抽烟斗。分布着印第安圆锥形帐篷的宿营地是环形的。人们围坐在圆锥形的帐篷里，村子里的所有家族都是一个更大的圆中的小圆，这个更大的圆是苏族人的七堆篝火围成的，它代表着一个民族。这个民族只是宇宙的一部分，而圆形的宇宙又同样是由圆形的地球、太阳和星辰所组成。还有月亮、地平线、彩虹——圆圆相套，没有开始，也没有尽头。

这对我们来说是美丽而适宜的，它们既是符号又是实在，表现了生活与自然的和谐。我们的圆是永恒的、流变的；它是从死亡中获得的新生——生命战胜了死亡。

白人的符号是方形。他们的房子是方的，办公楼连同把人们彼此分隔开的墙壁是方的，用于阻挡陌生人的门、美钞、监狱也是方的，还有白人用的那些小玩意儿——盒子，盒子，盒子，更多的盒子——电视机、收音机、洗衣机、电脑、小轿车都是方的。这些东西都有拐角和尖利的棱边——用时钟预约以及上下班高峰来指示时间——在我看来，这就是拐角的意义。人成了被困在所有这些盒子里的囚徒。

越来越多的白人青年不想再做"老古板"和"方脑袋"了，而是尝试着变"圆"，加入我们的圈子。这很好。[1]

——John (Fire) Lame Deer and Richard Erdoes, *Lame Deer:*

Seeker of Visions, 1976

非洲哲学

非洲有着数百种不同的文化和语言。但大量前殖民时期的非洲哲学都可以用部落文化和一种特殊意义上的与自然合一这对孪生的观念来刻画（这对概念也适用于印第安社会）。

部落文化仅在一个人的家族和共同体的背景中才能确立他的身份和意义。对于那些已经抛弃了这种家族和共同体情结而赞成激进的个人主义的当代西方人来说，

---

[1] Lame Deer, John (Fire), and Richard Erdoes. *Lame Deer: Seeker of Visions*. Simon & Schuster, 1972, pp. 110–111.

这种观念简直是不可思议的。但对那些生活在这种哲学中的人来说（包括亚洲的儒家文化以及美洲和南太平洋的许多部族社会），一个缺少具体身份和无形血缘纽带的孤立个人会被认为迷失了自己或实际上已经死了。

引文资料：精神维度

我们拒绝接受西方人那种以力量为基础的社会，那种社会似乎永远在关心如何完善他们的技术，但在其精神维度上却很失败。长远来看，我们相信非洲将在人类关系的领域为世界做出特殊的贡献。世界上的超级大国也许已经奇迹般地赋予了世界一种工业和军事的面貌，但伟大的馈赠仍须来自非洲赋予世界一种更加人性的面貌。[①]

——Steve Biko《一些非洲文化概念》，1998

传统非洲部落倾向于把人格看成是一个人通过成为社群的一部分而随时间获得的东西。成为一个人是一种成就。生与死并不标志一个人的开始和结束。一个刚出生的婴儿还算不上一个人，而一个活在后代记忆里的死去的人却仍然是一个人，尽管他在身体上已经死了。在大多数部落社群中，人会仪式对于正式成为其中一员是极为重要的，只有这样，他才能成为一个完整的人。同样，贯穿人的一生的仪式和典礼保持着个人生活与他所处的社群之间的协调一致。

在绝大多数传统的非洲人看来，西方关于个体的原子式的灵魂观念是不可思议的。比如在约鲁巴族（现在主要在尼日利亚）和拉各巴拉族（现在主要在乌干达）这样的部落，人格的社群基础反映在这样一种观念中，即人是由多种精神元素构成的，这些元素对一个人的生命至关重要。比如在约鲁巴族，祖先的灵魂可以返回到他们的后代体内，而且有时是三番五次地返回。约鲁巴人的观念与一种孤立的个人灵魂相差如此之远，以至于他们相信，甚至在父辈祖辈还健在的情况下，其直系后代都有可能是他们的投胎转世。

非洲部落社会（以及美洲的印第安部落）往往信奉泛灵论，即认为世间万物均被赋予了灵魂，而这些灵魂通常被认为是那些不知名的祖先的灵魂。对于大多数传统的非洲人来说，自然充满了生命力。精灵居于自然之中，人类可以与这些精灵

---

① Biko, Steve. "Some African Cultural Concepts." *The African Philosophy Reader*, edited by P. H. Coetzee and A. P. J. Roux, Routledge, 1998, p. 30.

进行某种程度的相互作用，即利用这些精灵的力量，或是把它们赶到别处。非洲人深信，人与自然是血脉相通的，这种信仰是传统信仰——自然从本质上说是精神性的——的一部分。

最近几十年，许多非洲思想家重新思考了他们与欧洲哲学传统的关系。欧洲哲学倾向于连同政治、经济、生活一起将其哲学殖民化。一些思想家试图用哲学思想来解决在殖民主义中觉醒的非洲社会的独特问题。他们有时会把传统的哲学观念和价值用作资源，以重建被殖民主义破坏或弄得四分五裂的社会。转向传统来寻求资源，从而复兴受到严重破坏的社会，这种做法与孔子有某些相似之处。

另一些非洲思想家则追问是否存在一种真正的非洲哲学，以及应当如何切入非洲的哲学。在非洲哲学家中，文化主义立场和普遍主义立场都有人秉持。文化主义者声称，哲学总是产生于具体的社会背景下，以解决那种背景自身的特定问题；而普遍主义者则主张，无论在哪里，哲学都包含着同样的关切和方法。文化主义者包括桑戈尔（Léopold Sédar Senghor，1906—2001）等思想家，他们试图称赞非洲与欧洲的差异。桑戈尔是"黑人特性"（Negrohood或negritude）运动的发起人之一，这一运动声称，非洲黑人及其后代有一种精神上的统一性，这种统一性的基础是，他们主要通过参与和情感而与世界发生联系，而不是像欧洲人那样依靠不带感情的思考。虽然桑戈尔的观点的确鼓励了非洲人的自我肯定，但还是有人批评说，他的文化分析基于种族，而且加强了非洲人在理性上不如欧洲人这一刻板看法。另一些非洲思想家则用不同的理由来为泛非洲主义进行辩护，即相信非洲的团结一致和共同特性。他们声称，非洲人的共同之处源于共同的殖民史和后来要面对的问题。

非洲哲学家中有很多文化主义者认为，并非只有通过书写来表达的哲学才是真正的哲学。一些人试图解释隐含在传统故事、神话和实践（包括艺术实践）中的哲学立场。另一些人则坚持哲学应该批判性地评价，他们认为单纯地列举和详细阐述传统信念并不能算是哲学。但他们声称，非洲传统上是有圣贤的，他们不仅掌握着文化的世界观，而且还对其进行批判性的评价。这些思想者是真正的哲学家，无论他们的观点是否以书写的方式来表达。

与此相反，普遍主义者们声称，非洲哲学无论在目的还是方法上都与世界其他地方的哲学无异。他们中的一些人坚持认为哲学必须要书写下来，以便表述的观点足够稳定，从而得到批判。许多普遍主义哲学家承认，非洲哲学家的特殊关切与他们在后殖民时代的问题有关。但他们并不认为非洲哲学仅仅局限于这些问题，很多人提出的问题也是欧洲和美国哲学所关注的，而并不必然与非洲人特别相关。

拉丁美洲哲学

当代拉丁美洲哲学家有着和非洲哲学家类似的关切，因为在他们那里，有两种情况是共同的：缺乏文字记录，以及殖民主义的历史。在很多情况下，这些记录曾经存在过，但通常伴随着文明本身的毁灭而被毁掉了。例如，墨西哥的阿兹特克人曾经有过一个繁荣的哲学学派，属于这个学派的哲学家被称为特拉玛提尼米（Tlamatinime，意为"通晓事情的人"）。但现在保存下来的只有关于他们的学说的一些残篇，这在很大程度上是因为西班牙占领者故意烧毁了他们的大部分书籍。

📝 引文资料：特拉玛提尼米

在欧洲人到达美洲海岸数年以前，美洲有着高度发达的多种文明和思想体系。阿兹特克文明是其中之一。阿兹特克哲学家就是特拉玛提尼米，他们的哲学强调生命转瞬即逝的本质。下面这段话出自米古尔·莱昂-波堤拉：

那些特拉玛提尼米的出发点是世间万物的短暂和脆弱。"昨日美玉，今朝碎玉；昨日金块，今朝金粉；昨日艳羽招展，今朝稀绒消残。"显然，"这里并非万物生发之地，而是一片荒凉，没有生机"，"我们只是在做梦，一切皆如梦"。

由于确信世间生灵的转瞬即逝，那瓦特族的智者提出了两个问题，一个比较实际，另一个则更具思辨意味。"在世上，为某种事情而奋斗果真是值得的吗？""我们可能说出任何真理吗？"既然真是所有事物的基础，第二个问题就指向了两个更加紧迫的问题："果真如此，那么真又是什么？""人果真是真的吗？"换句话说，人和事是否有真正的真或基础存在？抑或它们只不过是梦幻，就像那些当人刚刚睡醒时进入到半意识的脑海中的东西一样。

这些问题通过古代神话的语言以宇宙论的方式被提了出来，而且第五个太阳行将消亡，在此之前他们必须找到答案。对于在世间还没有"成形的脸和心"的人来说，有关他自己的真的问题是最迫切的，因为真包含了他的由来、他的人格以及他最终的归宿。[1]

——米古尔·莱昂-波堤拉《阿兹特克的思想与文化》，1963

---

[1] León-Portilla, Miguel. *Aztec Thought and Culture*. Translated by Jack Emory Davis, U of Oklahoma P, 1963, pp. 177–178.

美洲哲学（现在的墨西哥和中南美洲）的核心是相信时间与实在可以划分为三个等级——普通的、神秘的和神圣的。实在的神秘和神圣这两级能够在可以预知的时间对人的日常经验层面造成实际的影响。这种信仰促使他们特别关注历法的制定和天文观测。实在的不同等级之间的平衡是如此脆弱，以至于人类不得不对维持宇宙的秩序担负责任。他们相信，宇宙本身的持续存在有赖于人的行为、仪式以及自我牺牲的意愿（尤其是后者）。玛雅人和阿兹特克人都认为，鲜血是基本的生命力。

所有这些信仰暗示了最为著名和恐怖的古代阿兹特克祭祀——拿大批的人做血腥的祭祀——背后的逻辑。类似地，玛雅的国王和王后会周期性地刺破自己的身体流出鲜血以产生宗教幻象。他们把适度的牺牲当作对通过牺牲自己来创世的众神的回报。对于阿兹特克人来说，牺牲则要小很多，主要是成批地杀掉社会中最健康的青年人和一些战俘。有资料显示，阿兹特克战士被西班牙侵略者打得惨败的原因之一，就是他们牺牲了这么多最好的青年战士以供奉那些看似反对他们的众神。所以，哲学既可能赋予伟大文明以力量，又可能给它带来毁灭。

 与哲学家相遇：奥克塔维奥·帕斯（1914—1998）

奥克塔维奥·帕斯是墨西哥诗人和批评家，他的散文探究了墨西哥人的身份，《孤独的迷宫》（1950）是其中一部。他深刻的洞察、优雅的文笔以及广博的学识使他赢得了1990年诺贝尔文学奖。

 引文资料：现代的理性

现代人喜欢假装自己的思维是清醒的。但这种清醒的思维却把我们引入了一个可怕的迷宫，在这个迷宫中，刑房在理性的镜子里永无休止地重复着。[①]

——奥克塔维奥·帕斯《孤独的迷宫》，1950

---

① Paz, Octavio. *The Labyrinth of Solitude: Life and Thought in Mexico.* Translated by Lysander Kemp, Yara Milos, and Rachel Phillips Belash, Grove, 1985, p. 212.

✍ **引文资料：** 墨西哥哲学

　　这里，帕斯讨论了哥伦布以前的对待死亡的态度，这种态度仍然保留在墨西哥节日"亡人节"当中：

　　　　在古代墨西哥人眼里，死亡和生命的对立不像我们认为的那么绝对。生命在死亡中延续。反之，死亡也并非生命的自然终结，而是无限循环中的一个环节。生、死、再生是宇宙无止境的发展过程中的不同阶段。生命的最高职能是通向死亡——它的对立和补充部分；而死亡也并非生命的终结；人们以死来满足生的无限欲望。死亡具有双重目的（一方面，人进入了生命创造的过程；同时，作为人，偿还上帝的债）；另一方面，供养了社会生命和宇宙生命，而社会生命是由宇宙生命供给营养的。

　　　　也许这个概念最突出的一个特征是死亡的非个体性。生命不属于个人，那么死亡也没有什么个人动机。死者——不论是战死沙场的战士、死于难产的妇女，还是太阳神辉洛波克特利（Huitzilopochtli）的伙伴——过一段时间便消失了，重新变为无机物，回归到空气、土壤、火以及宇宙间其他蕴涵生机的物质之中。我们的土著祖先不相信死亡属于他们，并如基督教教义那样，也不认为生命真的是"他们的生命"。

　　　　自降生起，一个人的生与死就由其社会阶层、出生地点和出生年月日等综合因素全权决定。和死亡一样，阿兹特克人对他们的行为也不必负什么责任。①

　　　　　　　　　　　　　　　　　　——奥克塔维奥·帕斯《孤独的迷宫》，1950

　　西班牙人入侵后，拉丁美洲发展出来的哲学长期以来由欧洲传统所支配。最初引入的欧洲哲学是经院哲学传统（一种试图通过运用理性来阐明基督教学说的论辩传统）。后来，由19世纪法国思想家奥古斯特·孔德（1798—1857）创立的实证主义吸引了一些拉丁美洲的思想家，这些人反对那种用基督教思想来为帝国主义辩护的方式。实证主义是一种完全世俗的运动，它试图完全凭借自然规律来解释人的行为，从而拒斥宗教和形而上学的解释。社会学家们应当确定这些规律是什么，然后根据这些规律来组织社会。当实证主义为墨西哥和巴西的政权提供了背后的指导原则时，它不仅产生了理论影响，而且产生了实际影响（实际上，这两个政权在性质

―――――――――
①　Ibid., pp. 54–55.

上非常不同。在墨西哥，政府利用实证主义原则来维护其自身的极权统治；而在巴西，实证主义充当了一种适应于经济技术发展的改革议程）。

然而，在以前的西班牙殖民地，一些思想家反对这种想法，即一切人类行为都可以通过科学定律来解释。例如，墨西哥哲学家、政治家何塞·巴斯孔塞洛斯（José Vasconcelos，1882—1959）抱怨说，实证主义不承认情感在组织我们的知识、使我们接触到世界韵律方面的重要性，特别是与音乐和其他艺术有关的情感。巴斯孔塞洛斯不仅是哲学家，而且曾任墨西哥的公共教育部长和墨西哥国立大学的校长，大力推进教育和文化。

除了经院哲学和实证主义，在中美洲和拉丁美洲产生影响的第三种欧洲哲学运动是马克思主义。在拉美，穷人和富人在财富和权力上的悬殊促使很多思想家提出了社会公正问题，一些人在马克思主义那里发现了有用的范畴，可以对政治和经济问题进行分析。而另一些人则发现马克思的分析过分关注于欧洲工业化的历史情况和国际革命的前景，以致无益于处理那些曾被西班牙殖民的人的后裔的特殊情况。

关于欧洲模型是否适合于思考这些被殖民国家所面临的问题，这在最近的拉美哲学中（就像在非洲哲学中一样）引起了激烈的争论。拉丁美洲的一些普遍主义思想家认为，没有什么特殊的理由能够说明为什么欧洲模型在拉美背景下是不适用的。另一些以秘鲁思想家奥古斯托·萨拉查·邦迪（Augusto Salazar Bondy，1927—1974）为代表的拉美文化主义哲学家则认为，拉美哲学应当根据其特殊关切而发展其自身的哲学身份。在20世纪70年代的阿根廷，有一个哲学运动尝试这样做，它被称为自由哲学。自由哲学试图满足被剥夺公民权之人的需要，从他们的视角进行哲学思考，并且清楚地阐明如何使社会朝着更加公平的方向改变。

中东哲学

中东是文明的摇篮之一，那里不仅诞生了三种最有影响的西方宗教（它们都来自东方），而且也诞生了一些古老的伟大哲学。比如，古巴比伦、亚述和波斯的首都所滋养的思想体系最终产生出我们自己的哲学宗教概念。再比如，古波斯宗教琐罗亚斯德教通常被认为是其他一些伟大宗教以及我们的许多核心哲学概念（如善与恶的根本对立）的前身。中世纪时，中东也在保存大量古希腊和罗马的伟大思想方面起到了关键性的作用，而此时这些思想却被禁止在欧洲传播。在中世纪的全盛期，基督教、犹太教和伊斯兰教之间的交流是如此频繁，以至于通常很难把各种创新和影响截然分开。

西方三大宗教中的第三种，同时也是最晚出现的一种宗教——伊斯兰教发展出了一套神学以及与之相配的哲学。与欧洲同时代的东西相比，它们从任何意义上来说都不失深刻和详尽。然而，尽管我们通常倾向于把各种穆斯林文化统合成一种单一的"阿拉伯的"概念，但这些文化之间仍然存在着重大的差异，其中有些根本就不是"阿拉伯的"。比如，在波斯就存在着一种可以追溯到琐罗亚斯德教的神学和哲学传统。随着7世纪时伊斯兰教的传播，波斯开始研究神学以及欧洲的基督徒正在研究的问题。

中世纪的伊斯兰哲学家熟知来自古希腊的观念，并把它们用于自己的思考中。其中许多思想家尤其受到亚里士多德的影响，他们对亚里士多德的思想做了详细阐释，并试图把它与伊斯兰教的教义整合起来。比如来自今天伊拉克的金迪（AL-Kindi，约800—866）就用亚里士多德的因果性思想来解释神与自然界的关系。他的一个观点是，只有神是在完满的意义上行动，所有其他存在都仅仅是在次级的意义上行动。神从无中创造了世界，其他一切的事物都是上帝发动的因果链条所导致的结果。甚至我们现在的活动都依赖于上帝的行动。

思考上帝与造物关系的另一位伊斯兰思想家是波斯哲学家伊本·西纳[Ibn-Sina，拉丁化名字为阿维森纳（Avicenna，980—1037）]，无论在哲学还是医学领域，他都是一位革新者。伊本·西纳把神描述为纯思想，神在创世时"流溢"出地位较低的灵智（intelligences）。换句话说，受造物从作为纯思想的神的活动中流出。

中世纪伊斯兰思想的一个中心议题是，在认识真理的过程中，具有首要性的是理性还是启示。生于突厥斯坦的法拉比（Al-Farabi，？—约950）为理智的首要性做了辩护。他关于亚里士多德逻辑的评注很有争议，因为这些评注似乎是力图脱离启示来确立真理。虽然法拉比认为启示也很重要，但他的确认为理性是获得知识最重要的手段，他把理性作为辨识能力来捍卫，好的统治者应当依赖这种能力。伊本·鲁世德[Ibn-Rushd，拉丁化名字为阿威罗伊（Averroes，1126—1198）]试图证明启示的真理与理性的结论是一致的，他指出《古兰经》本身鼓励运用思辨的理性。这些阿拉伯思想家不仅利用了较早的"西方"传统思想，而且通过对托马斯·阿奎那产生影响而对后来的西方思想做出了重要贡献。

在《宝座的智慧》（*Wisdom of the Throne*）一书中，波斯思想家毛拉·萨德拉（约1571—1641）对神与世界的关系以及理性与启示的相对重要性问题进行了思索。萨德拉主张，在创世过程中，神与较为低等的造物分享了他的存在。萨德拉利用12世纪哲学家苏哈拉瓦迪（Suhrawardi）所使用的一种意象，将神的创世比作光，从其源头倾泻下来，照亮了其他事物。神的存在是永恒的，但神允许其自身的存在溢出，赋予世间万物以有限的存在。神的存在也在每个特殊事物中显现，尽管是以一种有限的方式。萨德拉主张，对真理的理智追求和神秘体验必须相互补充，在理想状况下，哲学家应当投身于两者。

📝 引文资料：波斯（伊朗）哲学

要知道，为了获得真正内在的神的知识，一个人必须遵循直观的证明或"昭示"，正如主——愿主荣光！——所说："别忘了带好证据，如果你的确是个能说出真理的人！"（2:11）；以及主——愿主荣光！——所说：任何召唤和主同在的另一个神的人都没有后者存在的证据（23:117）。此项证明是主洒向虔信者心灵的一道光，这道光照亮了他内在的理想，使他能够看清"事物的本来面目"，正如先知——愿上帝的祝福与安宁与他同在！——在为他、他集体里的蒙主挑选者以及他亲密的门徒所做的祷告中提到的那样："哦，我的主，让我们看清事物的本来面目吧！"

还要知道，哲人们与先知们意见相左的那些问题——愿主保佑他们！——并不是可以轻易把握和解决的问题；它们也不能通过摒弃我们理性的逻辑智慧、它们（固有的）标准以及学习和研究的沉思活动而获得解决。因为果真如此的话，那些穷其一生使用思考和反省的方式去获取事物（真正）本质的人就不会在这些问题上（与先知）有任何意见不合了；而那些（哲人）也就永远不会在这些问题上犯错，并且主也就没有必要派遣先知了（如果这些形而上的实在如此容易被把握）。所以应该知道，这些问题只有通过接收预言书的灯龛所放出的光芒，并且诚挚地追寻这些光芒才能得到理解。因为那光芒就是奥秘，就是门徒和圣徒真正的内在含义。[1]

——毛拉·萨德拉《宝座的智慧》，17世纪

南亚哲学

最古老的哲学文本（甚至比《旧约》还古老）可能诞生于公元前1500年左右的印度。那就是《梨俱吠陀》，一部反思世界的起源、本性以及诸神品性的著作。它

---

[1] Mulla Sadra. *The Wisdom of the Throne: An Introduction to the Philosophy of Mulla Sadra*. Translated by James Winston Morris, Princeton UP, 1981, pp. 253–254.

是多部吠陀文献或圣书之一。古印度哲学与"印度教"密不可分，但严格地说，没有哪一套哲学或宗教可以被称为"印度教"（"印度"是一个阿拉伯词，它不是指宗教而是指一个地方，即"印度河以东"）。印度教指的是基于吠陀的种种信仰。它也与一种独特的社会制度——种姓制度密切相关，吠陀哲学使这种制度合理化。

传统的印度教中充斥着众多奇异的生灵。对于经典印度神话来说，三大主神是最基本的：梵天（创造之神）、毗湿奴（保护之神）和湿婆（毁灭之神）。但它们都是同一个神的不同面孔，同一种现实的不同方面（这种看法有时被称为单一主神教）。对毗湿奴的通常描绘涉及这样一种传统，在这种传统中，众神总是有各种各样的形式和变现，扮演各种各样的角色，起各种各样的作用，从而也就有各种不同的名字。毗湿奴有时会化身为人，帮助维护世界。神化作人形叫作"化身"。西方人熟悉的极少数印度神灵之一克利须那便是毗湿奴的化身。

 引文资料：创生歌

1. 那时，既没有"无"，也没有"有"；
既没有空（气），也没有它外面的天。
什么被包含着？在什么地方？在谁的庇护之下？
是否有深而无底的水？

2. 那时，既没有死，也没有不死。
没有夜与昼的标记。
彼一靠自己的力量无风地呼吸。
在此之外，没有其他的东西。

3. 最初，黑暗被黑暗所掩盖。
这一切都是无法辨别的水。
生者为空虚所遮盖。
彼一通过炽热之力而产生。

4. 最初，爱欲出现于其上，
它是心（意）的最初种子。
智者以智慧在心中探索，
"有"的联系在"无"中被发现。

续

> 5. 他们（智者）的绳（尺）伸展过去，
>
> 有在下（者），（还是）有在上（者）？
>
> （那里）有持种子者，（也有）力量。
>
> 自力在下，冲动在上。
>
> 6. 谁确实知道？谁在此表明过？
>
> 这（世界）由何处产生？这创造从哪里（来）？
>
> 众神是随着这（世界）创造后（才出现的）。
>
> 那么，谁知道（世界）由何处产生？[1]
>
> ——《梨俱吠陀》，约公元前1500

然而，无论它的变现或显现有多少种，我们发现生命的更新与延续以及宇宙的合一是一切古代印度思想中经久不衰的主题。吠陀文献的后一部分即《奥义书》或《吠檀多》，则进一步集中在终极实在的独一性，那就是梵（和前面提到的梵天要区分开来）。就像早期印度的大量神话一样，关于梵的理论所蕴涵的思想就是在无限多种变现后面有一种本体。认为存在着许多神，所有这些神都是同一个神的不同变现，这种思想无疑会使一神论者和多神论者一头雾水，因为后者可能认为神性是一种固有的永恒不变的性质。对于那些坚信实在不仅是唯一的，而且最终是理性的和不会发生变化的人来说，印度哲学也是令人困惑的或前后不一致的。梵只在持续变化的意义上是不变的。

传统印度思想列举了人生的四个目标，物质拥有（利），愉悦和爱（欲），支配个人和集体行为的宗教伦理规范（法），以及精神解脱（解脱）这一终极目标。当一个人超越了日常幻觉并且认识到了终极实在——梵——时，他就获得了解脱。

法的概念在《薄伽梵歌》中得到了强调。《薄伽梵歌》是伟大史诗《摩诃婆罗多》中重要的哲学文本。《摩诃婆罗多》讲述了两个家族为了争夺王位继承权而展开的斗争。《薄伽梵歌》中描绘的一幕发生在一场战争爆发前夕，当时双方均已集结完毕，只等下令开战。被选出下达这个命令的人是阿朱那，他是一位出色的弓箭手，是交战一方的五兄弟之一。阿朱那在战场上放眼望去，看到两边都有他的朋友和亲人。对于是否要发起这场会导致许多人丧命的战斗，阿朱那犹豫再三。

---

[1] "Hymns from the Rig Veda." Edited and translated by A. A. Macdonell. *A Source Book in Indian Philosophy*, edited by S. Radhakrishnan and Charles A. Moore, Princeton UP, 1957, pp. 23–24.

克利须纳是一个邻国的统治者，在为阿朱那驾驶战车。他对阿朱那说，作为武士阶层的一员，开战是阿朱那的义务。而且，另一方用非法手段篡夺了王位，所以阿朱那也有责任为其家族复仇。克利须纳还告诉阿朱那不要畏惧死亡，死亡只不过是把人的身体换成了另一个身体，就像换衣服一样。

然后克利须纳作为一个化身向阿朱那显现，并且建议阿朱那应当去做**无我瑜伽**（无自我起作用的瑜伽）。"瑜伽"的字面意思是"束缚、控制"，是一种精神训练方法。根据《瑜伽经》（这是一部瑜伽概要，据说由公元前2世纪的帕坦伽利所作）的说法，瑜伽的目的是使心灵宁静，从而消除那些干扰觉悟的精神活动。传统瑜伽包含一些非常不同于日常活动的精神练习和身体练习。然而，克利须纳提出的无我瑜伽包含参与日常活动，不过是带着一种转变的态度。

业（字面意思为"行为"）的观念是指，任何行为都会产生结果。除了明显的外在结果，每一个行为都会在心灵（通常是无意识的心灵）中留下残余（或"习"），这种残余大都是无意识的。我们的行为会建立起一些倾向，它们可能成为习惯。虽然对于"业"这个术语西方已经比较熟悉了，但它经常被误解为，你应有的赏罚最终会在今生对你产生影响。印度哲学预先假定了轮回，印度关于业的教义并没有宣称，行为的结果必然会在当世出现。我们生来的个性便是被前生的业所塑造。只要业力持续，我们就会持续轮回。然而在印度思想中，不断轮回并不被视为一件好事，它反而使人的最终目标即精神解脱变得更远。因此，进一步造业是不值得向往的。

克利须纳所提出的无我瑜伽便涉及不再进一步造业。无我瑜伽的实修者依照道德律令（**法**）从事日常活动，但并不关心结果。他采用一种超脱的态度，不再认为一个人行为的结果为其自己所拥有，而是把人的行为结果提供给神，把人的思想专注于神。通过不加关切地持有一个人的行为及其结果，这个人可以避免继续造业。如果阿朱那本着无我瑜伽的精神下令开战（他最终正是这样做的），他这样做就不会承担更多的业。他应当把他的行为提供给神，而不关心结果是否合自己意。

公元前6世纪左右，印度教催生了另外两大宗教。一个是由乔达摩·悉达多（"佛陀"，公元前566—前486）开创的**佛教**，另一个是由释迦牟尼的同时代人筏驮摩那开创的**耆那教**，一种完全致力于生活的圣洁和非暴力（*ahimsa*）的宗教。这两位宗教的创始者都反对种姓制度，他们关注的都是人在世间的苦难以及应如何使自己从中逃脱或解放出来。佛教徒把这种逃脱称为觉悟和**涅槃**，印度教徒则把它称为解脱（*mukti*），一种极乐状态。对所有这三种哲学来说，这种解脱都是通过正确的生活、仪式活动（如"瑜伽"）和沉思冥想来实现的。

而神秘主义的深刻体验在这三种宗教中都占据着中心地位。神秘主义是确信一个人与一种精神实在合一，并试图通过直接体验来洞察这种合一性。把印度哲学（即使是其最古老的形式）仅仅看作神秘主义——西方哲学家往往喜欢以此为借口来忽视整个印度哲学——是大错特错的。印度哲学不仅详细阐述了实在的本性，而且用理性论证来为宗教观点辩护。但最古老的吠陀经典表达了对"梵只能通过理性或反思来把握"这一看法的怀疑。对梵的认识可能来自一种无所不包的、统一的神秘体验。然而，伟大的佛教哲学家龙树（约公元200年）认为，可以用理性来认识梵。他用出色的理性论证瓦解了其论敌的观点，使这些观点不再那么符合他们自己的看法。

佛教在早期分裂成了南亚版本的小乘佛教和东亚版本的大乘佛教。小乘佛教主要集中在印度境内或周边，注重个人觉悟，而大乘佛教则传到了中国、朝鲜、越南和日本（在日本主要作为禅在武士中流行）。大乘佛教强调慈悲的首要性和利他精神，其精神目标是成为菩萨。菩萨觉悟时不会进入涅槃状态，而会像佛陀一样积极入世来帮助别人离苦得乐。

📝 **引文资料：禅宗**

在这样一个不可预知的世界里，把时间浪费到忧虑谋生的种种出路上以期推迟自己的死亡——它本身也是不可预知的——是愚不可及的，更不要说把时间花在对别人耍弄阴谋诡计上了。

正因为这是真理，佛祖才用它普度众生，族长才在他们的传道和写作中只谈这个真理。……成败转瞬即逝，生死才是大事。在你心中时刻念记这个真理，片刻也不要浪费。全身心投入到"道"的实践中去。

记住，你只在今天的这一刻是活着的。除此之外，（对"道"的实践）其实是简单的。你无须讨论自己是优越还是低等，卓越还是平庸。[1]

——道元《正法眼藏随闻记》，13世纪

在印度哲学中，对自我本质的思考随处可见。一方面，印度哲学中有个体灵魂"吉瓦"（*jiva*）的观念，它把每个人都看成一种独特的存在。然而，这种吉瓦到底

---

[1] Dōgen, *Shōbōgenzō Zuimonki*, as cited by Graham Parkes. "Japanese Philosophy." *World Philosophy: A Text with Readings*, 2nd ed., Rowman & Littlefield, 1995, p. 11.

存不存在，或者它能否比肉身更长久，则是一个令人着迷的争论话题。另一方面，这个自我也被称为"阿特曼"（atmen），可以理解为存在于每个人身上的生命原则。阿特曼在每一个个体中都是相同的，这暗示我们都共享着同一个大我。认为我们个体的自我是完全迥异的东西，这种信念是一种幻。于是，我们可以把每一个个体都看成由阿特曼赋予生命的吉瓦，或者截然不同地，把吉瓦看作假我，而把阿特曼看作真我。

然而吠陀经典明确指出，我们不应把吉瓦和阿特曼看成同一个人当中两个争夺优先性的自我。我们在自身当中认识到的自我最终而言是阿特曼，阿特曼与终极实在"梵"并不是分离的。通过内观我们自己，我们发现了处于万事万物背后且赋予万事万物以生命的终极实在。作为我们个体自我的小宇宙和作为梵的大宇宙最终是同一的。在《唱赞奥义书》中有一段话，一位古鲁（字面意思是"从黑暗引向光明的人"）让他的学生关注世界中的各种现象——各种生物被同样的生命赋予生气，多个树枝共享同一棵树的生命，微小的种子可以长成参天大树，各地的水都有着同样的味道——并且在每一个例子中都教导学生，"你就是那样"。换句话说，学生自己的实在就是使这些事物得以存在的那个实在。

佛教徒彻底抛弃了自我的观念。他们认为一切生命都是不持久的，实在就是一系列瞬间的存在，根本没有什么永恒不变的实体。是幻觉和妄想致使我们相信自我有一种持久的实在性。事实上，永恒的自我或灵魂并不存在。一个人只不过是色、受、想、行、识（"五蕴"）的一系列短暂聚合罢了（我们可以把这种观点与休谟的观点进行比较，见第六章）。除此之外，其背后并没有什么自我或灵魂。被吠檀多派称为"阿特曼"的那个更大的永恒自我也不存在。这种佛教教义被称为"无我"。佛教徒认为，认识到这个"自我"以及所有欲求对象都是不恒久的，便是向觉悟和离苦进了一步。

📝 **引文资料：** 佛教经典

人们应自己先修好善法，然后才可教导他人。此等智者不会有烦恼。

自己所做的应如自己所教的；只有在完全制伏自己后才可制伏他人。制伏自己的确是很困难的。

自己的确是自己的依归，他人怎能作为自己的依归？制伏自己之后，人们获得了难得的归依处（阿罗汉果）。

续

> 自己所造之恶，由自己所生，由自己造成，它摧毁了愚人，如同金刚粉碎了宝石……
>
> 持有邪见的愚人诽谤阿罗汉、圣者、住于正法者的教法，实是自我毁灭；如迦达迦树生果实，实是为自己带来灭亡。
>
> 只有自己才能造恶，自己才能污染自己；只有自己才能不造恶，自己才能清净自己。净与不净只看自己，无人能够清净他人。
>
> 无论利益他人的事有多重大，也莫忽视了自身的利益；清楚地知道了自身的利益，他应当尽全力获取它。
>
> 诸行无常。当以智能知见这点时，他就会对苦感到厌倦。这即是朝向清净之道。
>
> 懒人当勤时不努力，虽年轻力壮却怠惰，意志薄弱及心散乱，无法以慧体证道智。
>
> 慎言、摄心、亦不以身造恶。且让他清净此三业，及赢获圣者觉悟之道。[1]
>
> ——《法句经》，公元前3世纪

与此相反，耆那教徒坚信，人乃至任何生灵都有自我和灵魂。正因如此，他们才如此坚决地尊重一切生命，因为他们——像许多印度教徒一样——相信，人的灵魂可以在动物身上再生。耆那教徒把"不伤生"作为他们的第一准则，他们尊重生命的行为甚至到了避免踩死地上的小虫或偶然吸入飞虫的地步。

由于佛教和耆那教特别关注苦的本性以及如何从中解脱，因此它们的哲学也主要集中在这个问题上。例如，佛陀指责种姓制度是因为它加重了人的痛苦。但佛陀的基本哲学所关注的却主要是个人的内心转变，要达此目的，就必须洞察佛教的"四圣谛"：

1．苦谛——生活是苦。

2．集谛——苦源于自私的贪念。

3．灭谛——自私的贪念可以被消除。

4．道谛——人可以通过遵循"正道"来消除自私的贪念。

---

[1] *Dhammapada* (excerpts). *The Teachings of the Compassionate Buddha*. Edited by E. A. Burtt, New American Library, 1982, pp. 60, 66.

这条通往解脱或觉悟的正道被称为佛教的"八正道"，它包括（1）正见；（2）正思维；（3）正语；（4）正业；（5）正命；（6）正精进；（7）正念；（8）正定。

佛教的目标是把人从对自我以及与之伴随的一切——欲望和沮丧、野心和失望、骄傲和耻辱——的妄想执着中摆脱出来，从而获得觉悟，离苦得乐。由于无知，我们每个人都以为自己有一个与他人分离的个体存在，我们试图确保这个分离的存在能够情况良好。但这是不可能的。正如佛教的"无常"教义所说，万事万物都在流变之中。我们不可能把任何情况维持下去，也没有一个明确的自我去维持。

在"缘起"教义中，大乘佛教强调万事万物的互相依存性。世间万物都只能相对于其他事物而存在，其相对的"存在"持续不断地发生转化。因此，我们自私的贪欲乃是基于一种错误的实在观，因为它们预设了一个可以不断得到满足的持久自我。八正道提供了克服这种无知认识的实际方法。只要遵循八正道，一个人就可以学会正确地感知事物，建立正确的行为习惯。大乘佛教同样把我们自我的状态以及我们执着的"事物"描述为"空"。佛教中"空"的概念既被用来指现象世界的虚幻本性，也被用来指现象世界背后的唯一实在，即佛性。

 引文资料：空

> 若人信于空 彼人信一切。
> 若人不信空 彼不信一切。[①]
>
> ——龙树（约150—250）中观哲学

东亚哲学

伟大的中国哲学家孔子（公元前551—前479）与佛陀、筏驮摩那和古希腊最早的哲学家生活在同一时代。公元前6世纪时，中国已经有了高度发达的政治文化，它同时也是一个动荡不安的社会。与这些情况相对应的孔子的哲学（即所谓的儒家学说）关心的是和谐的社会政治关系、出色的领导能力、如何与他人相处以及个人修养。一般来说，中国思想的核心问题是"什么是良好生活"这一伦理问题。在孔子看来，对这个问题的回答是与他人和谐共处，他的哲学关注的是为人处世之"道"。

---

① Nāgārjuna. "Averting the Arguments." Translated by Frederick J. Streng. *Emptiness: A Study in Religious Meaning*, Abingdon Press, 1967, pp. 90, 224, 227.

与哲学家相遇：中国八大思想家和他们的主题

孔子（公元前6世纪）	德行，和睦
老子（公元前6世纪）	自然和谐
墨子（公元前5世纪）	兼爱，非攻
孙子（公元前4世纪）	兵法
韩非子（公元前4世纪）	法治
庄子（公元前4世纪）	自然和谐
孟子（公元前4世纪）	人性本善
荀子（公元前3世纪）	人性本恶，重教化

孔子提出通过复归古代的礼来恢复社会的和谐。他认为礼无须强制便可使人和谐。人们力图进行有尊严的交往，在社会中与他人形成某种伙伴关系。因此对孔子而言，礼是一种重要的美德。礼就像帮助人们参与社会活动的某种词汇。通过在社会中知礼（做事的方式），一个人可以完全参与到社会生活中。

掌握概念：中国哲学中的五个关键术语

道：生活得好的途径

仁：人性/仁爱/美德

礼：仪式

和：和谐

义：正义

孔子还要求一种基于高尚道德的高贵感。在他那个社会，重要职位曾经皆由继承而来。孔子认为高贵是个人品德，而不取决于家庭出身（在西方世界，高贵观念也发生过类似的转变。我们认为"绅士"不再指出身于贵族家庭，而是指有好的行为举止）。虽然孔子为传统的王位继承制度辩护，但他认为君主应该基于品德来选择他的臣子，即使这意味着让一个平民在朝中任职。孔子在一生中的大部分时间里颠沛流离，无论是平民还是贵族，他有教无类，并且强调，一个人家族显赫并不能保证他有好的品德。

孔子建议君主成为其臣民的道德榜样。为此，君主应真正像慈父一样对待社会。太多的君主在他们的时代都没有做到这一点，他们通过税收聚物敛财，以满足自己的私欲，几乎不考虑人民的关切和需要。根据孔子的说法，践行其角色的君主将会成为明君，因为他会得到人民的支持。这样一位君主将会成为其国家的"北斗星"，他会有一种道德感召力促使人们遵从他的领导，这种力量是那些通过胁迫进行统治的君主所不具备的。

然而，孔子所关注的并不只是君主。他指出，人是在家庭环境中学习合作和其他政治美德的。政治生活始于家庭。理想的家庭应该是人际和谐的典范，家庭成员各司其职，而且有着共同的目标，那就是满足所有成员的需要。因此，儿女的孝和尊重老人是一种极为重要的儒家美德。孔子称，尽孝已是在参与治国。

不论是否为官员，每个人都应该履行其职责。孔子提出了一种令人惊讶的看法：如果他在朝中有了权力，他要做的第一件事情就是"正名"。这听起来也许有些古怪，其弟子们最初听起来想必也是如此，但这种想法源于对人与人关系的重视，实际上，关系正是这种想法背后的首要关切。正名意味着我们赋予事物的名称应符合实在。君君，臣臣，父父，子子。孔子的部分要旨是说，我们角色的名称是有道德负载的。它们指示着我们应尽的义务。这些名称可以帮助我们评价一个人是否真的履行了他的责任。

孔子还关心语言是如何作为一种交流媒介起作用的。当人的语词对所有各方都意味着同样的事物时，人们会有最好的关系。语言能够协调我们的计划和意图。语言的误用或含糊不清的使用会导致语言无法完成它应当完成的工作。

为了理解孔子的意思，可以试想一下你不得不与某个办事处打交道的经历，比如学校的停车管理处。你的停车证丢了，需要办张新的。首先，你不知道停车管理处在哪儿，而别人总是给你指错路。经过一番周折，你到了那里，但需要排队等候。好不容易轮到了你，你说了自己的来意。办事员告诉你，管理处现在不再发放停车许可证，现由户籍员办理。你说，"但这里是停车管理处"。办事员说，"是的，但户籍员真的喜欢办理停车证"。这类情况不仅会让你沮丧，而且暗示了这样一个系统，其组织方式会误导任何需要办理停车许可的人。语言应当是一种有效率的交流工具，而不是只有某些人才懂的神秘代号。要使机构平稳运转，语词必须指向实在，而且是以每个人都能明白的方式。

容易想见，孔子会反对用委婉的说法来粉饰太平。当杀死无辜的人被称为"间接伤亡"时，我们并没有直面实际情况。乔治·奥威尔在其短文《政治和英语》中提出了一种观点，它与孔子的精神很有共通之处。

当今之世，政治性的演讲和写作，很大程度上都是对不甚光彩、又难以直言之事的强辩。譬如英国对印度的继续统治，苏联的大清洗与大流放，美国对日本投下了原子弹等，事实上可以为这些事情进行辩护，只不过那些论点对大多数人来说太过于残酷而难于接受了，并且这和那些政党所宣扬的目标相违背。因此，政治语言不得不包含大量的委婉说法、自问自答，以及彻头彻尾的云山雾罩和含混不清。毫无防御能力的村庄被从空中轰炸，居民被赶往乡下，无数的牲畜被猎杀，燃烧弹使村舍燃起熊熊大火，这就是所谓的"和约"；数百万农民的农场被洗劫一空，他们只能带着力所能及的食物，疲于奔命，辗转跋涉，这就是所谓的"人口转移"或是"边境调整"；人们要么被先监后审，一监数年，要么死于暗杀，或是因为坏血病被发配到北极圈附近的难民营等死，这就是所谓的"消除不安定因素"。如果你需要描述一些事情，而又不想唤起人们对这些事物的感知，这些词汇实在是太有必要了。[①]

孔子会把这些委婉的说法看成是对道德责任的抛弃。如果我们拒绝让语言命名需要讨论的真实情况，那么我们就回避了这些情况。委婉语意在掩盖事实，即使它们自称是为了交流。在一个正了名的社会中，词语表达了其旨在表达的含义。彼此交谈的人之所以能够和谐地行动，是因为通过用同样的语词进行描述，他们对某种情况有着共同的理解。

孔子认为人际关系是有等级的，他没有为任何形式的平等主义辩护。然而，人际关系中的义务是相互的。父母对孩子有权威，但也有义务照顾孩子。长大后，孩子也有义务照顾父母。无论地位高低，人们在履行自己职责的过程中都应尽可能地彼此帮助。一般来说，孔子鼓励每个人都能设身处地从别人的角度来考虑问题："己所不欲，勿施于人。"助人者，人恒助之。孔子所理解的自我，本质上是关系性的。我们之所以是我们，是因为我们作为孩子、父母、兄弟、朋友、同事等与他人有关系。我们与特定人群的特定关系之网造就了我们之所是。

引文资料：道

道可道，非常道。名可名，非常名。无名，天地之始；有名，万物之母。故常无欲，以观其妙；常有欲，以观其徼。此两者同出而异名，同谓之玄。玄之又玄，众妙之门。

---

① Orwell, George. "Politics and the English Language." *Shooting an Elephant, and Other Essays*, Harcourt, Brace, 1950, p. 88.

续

> 我愚人之心也哉，沌沌兮！俗人昭昭，我独昏昏。俗人察察，我独闷闷。淡兮，其若海，望兮，若无止。众人皆有以，而我独顽似鄙。我独异于人，而贵食母。
>
> 上善若水。水善利万物而不争，居众人之所恶，故几于道。居善地，心善渊，与善仁，言善信，政善治，事善能，动善时。夫唯不争，故无尤。
>
> 人之生也柔弱，其死也坚强。草木之生也柔脆，其死也枯槁。故坚强者死之徒，柔弱者生之徒。是以兵强则灭，木强则折，强大居下，柔弱居上。[①]
>
> ——老子《道德经》，公元前6世纪

大致与孔子同时代，有一位被称为老子的圣贤对良好生活的方式（道）有着不同的看法。根据老子的说法，我们通过合乎自然之道来实现良好生活。对于老子和其他有类似想法的思想家来说，道就是不断变化的整个世界。这些人因为注重这种意义上的道而被称为"道家"。道家建议我们调节自己以适应世界中生生不息的能量之流。于是，他们试图识别这种宇宙之流所表现出的能量和样式，并根据它们来调节自己的行为。

由于对最好的生活方式有不同的理解，道家与儒家有一些基本的不同看法。例如儒家认为，对于追求（儒家意义上的）道来说，仕途是可取的。而道家则认为，人们往往因为追求官位或权力而损害健康。在他们看来，为了争取社会地位或政治地位而使人操劳，这很不值得。较之社会名利，生命的存养更被注重。

📝 **引文资料**：超越理解

> 宠辱若惊，贵大患若身。何谓宠辱若惊？宠为下，得之若惊，失之若惊，是谓宠辱若惊。何谓贵大患若身？吾所以有大患者，为吾有身，及吾无身，吾有何患？故贵以身为天下，若可寄天下；爱以身为天下，若可托天下。
>
> 视之不见，名曰夷；听之不闻，名曰希；搏之不得，名曰微。此三者不可致诘，故混而为一。[②]
>
> ——老子《道德经》，公元前6世纪

[①] Laozi (or Lao-Tzu). *Dao De Jing (Tao Te Ching)*. Translated by T. K. Seung.

[②] Laozi (or Lao-Tzu). *The Way of Life According to Lao Tzu: An American Version*. Translated by Witter Bynner, Penguin, 1986, # 13, pp. 42–43.

引文资料：道家

夫言非吹也，言者有言。其所言者特未定也。果有言邪？其未尝有言邪？其以为异于鷇，亦有辩乎？其无辩乎？道恶乎隐而有真伪？言恶乎隐而有是非？道恶乎往而不存？言恶乎存而不可？道隐于小成，言隐于荣华。故有儒墨之是非，以是其所非而非其所是。欲是其所非而非其所是，则莫若以明。[①]

——《庄子》，公元前4世纪

道家还认为，孔子强调礼是误入歧途。根据道家的说法，规定的礼的程式很容易流于形式而不是发乎本心。我们应当通过自然的行为来尊重自然，允许我们自己的本性天然地流露。这并不意味着我们可以随心所欲做任何事情。道家认为，我们过分受到社会环境的影响，我们必须从观念中清除那些阻碍我们对本性和自然进行觉知的已有的习气。这同样与儒家的看法相反，儒家强调通过学习经典和效仿古代先贤来培养自己，道家也鼓励培养，但对他们而言，这种培养是指回到一种原始古朴的情形。就像一块未经加工的璞玉，应当再次运用在社会塑造我们的习惯之前、我们通过本能去操作时所拥有的力量（可以看到，道家关于社会决定的看法与卢梭的立场有某种相似之处）。

根据道家的观点，真正重要的是对道的明确体悟。这要求心灵能够接纳。太多时候，我们总是将自己的注意放在自己要追求的事物上。甚至我们用来描述事物的语言就是达到理解的方式，一旦我们对某事可以用语言描述，就感觉自己把握了它。根据庄子所言，词语就像渔网，它可以抓住一些东西，但是会让更多的东西溜走。语词既不像实在那样精微，也不能表现出实在的持续变化。根据老子的《道德经》说："道可道，非常道；名可名，非常名。"

道家通过很多奇特的隐喻来强调接纳，比如婴儿的隐喻。他们暗示，婴儿几乎完全处于潜能的状态，在这个意义上要比最强壮的人都更强和更具有男子气。婴儿是柔顺的典范。类似地，道家用水来比喻这种理想状态。水会顺应包围它的容器。在这方面，它是"柔的"和"弱的"，其自身缺乏一种确定的形状。然而，水却有着巨大的力量，它可以刻出巨大的峡谷，这正是因为水会依照地势流动。事实上，水的柔弱就是它的刚强。

① Hall, David L., and Roger T. Ames. "Chinese Philosophy." *World Philosophy: A Text with Readings*, edited by Robert C. Solomon and Kathleen M. Higgins, McGraw-Hill, 1995, p. 47.

这些道家隐喻中看起来的矛盾（婴儿最具男子气，水的柔弱就是它的刚强）反映了道家所强调的一个理想——"无为"，其字面意思是"不作为"。实际上，无为并不是什么都不做，而是不刻意地做事情，该做什么做什么。考虑一下你急着要去某地，在拥挤的车流中开车的情形。当你发现自己处于这种情况下时，可能会感到非常恼火，你的挫败感会随着时间的流逝而增强。这种经历说明，当你的欲望不适应你处境中的能量流动时，会出现无用的能量消耗。道家会说，你在无谓地浪费你的精力。你最好是身体力行地实践无为，不是把意志强加于环境，而是随缘应物。

再者，看似柔弱的实际上刚强。行无为法会使环境中产生巨大的力量。庄子讲了很多手艺人和工匠的故事，这些人的技能源于他们允许道——内在于环境的能量——从他们当中流过。道引导着他们的技艺。

要想弄明白道家的观点，可以考虑一下你已经掌握的技能，比如某种体育运动或者学习演奏某种乐器。在学习技能的过程中，起初你会非常有意识地重复一些特定的动作（击球，练习钢琴指法）。然而，当你已经实际掌握了这种技能时，你可以不假思索地做出应做的动作。它们仿佛是不思而得，不勉而中。你做的时候，它们就在那里。这种不刻意的行动就是无为的本质。用更加肯定的方式来刻画这种行为就是，它是自发的（自然），这正是道家的理想。这种自发的存在方式表达了一个人内在的本性。

尽管有这些分歧，古代儒家和道家还是有很多相同的看法。他们都从总体上强调，和谐是社会与个人的理想状态，也都坚持一种无所不包的或整体论的人生观，强调个人在更大背景中的位置。儒家和道家都认为，个人品性的发展是人生的主要目标，但这里的个人不能用个体主义的方式来定义。（对于儒家来说，个人的就是社会的；而对于道家来说，人的生活应当顺应自然。）不管他们关于自然与社会的相对重要性有怎样的分歧，中国的思想家对一点的看法是一致的，那就是人的生活必须与一个更大意义上的"人"（而不仅仅是他个人）保持和谐。因此，当大乘佛教早在公元前1世纪初传入中国时，尽管它在许多方面都显得很陌生，但中国人可以在佛教教义中看出某种熟悉的东西，即分离的自我是不存在的。这三个思想流派都对中国的世界观做出了重要贡献，至今仍有深刻影响。

—— 篇末问题 ——

1．是否存在着某些普遍真理，它们可以作为所有宗教信仰的共同基础？你认为不同的宗教传统及其观点之间是互不相容的吗？为什么？

2．哲学在什么意义上是它所属的文化的产物？这是如何可能（或不能）的？在多大程度上？

3．你是否同意普遍主义者的观点：世界各地的哲学都会提出同样的问题，使用相同的方法？为什么？

4．在阅读任何有关非西方传统的内容时，你是否想将它与西方哲学中的某种理论相比较？如果是这样，你认为两种传统的哪些特征可以比较？

—— 阅读建议 ——

Appiah, Kwame Anthony. *In My Father's House: Africa in the Philosophy of Culture*. Oxford UP, 1992.

Chukwudi, Emmanuel Eze, editor. *Postcolonial African Philosophy: A Critical Reader*. Blackwell, 1997.

Coetzee, P. H., and A. P. J. Roux, editors. *The African Philosophy Reader*. Routledge, 1998.

Deutsch, Eliot. *Advaita Vedanta: A Philosophic Reconstruction*. East-West Center P, 1969.

Fingarette, Herbert. *Confucius: The Secular as Sacred*. Harper & Row, 1972.

Fung Yu-Lan. *A Short History of Chinese Philosophy*. Translated by Derk Bodde, Free Press, 1977.

Gracia, Jorge J. E., and Elizabeth Millan-Zaibert. *Latin American Philosophy for the Twenty-first Century*. Prometheus Books, 2004.

Hall, David L., and Roger T. Ames. *Thinking from the Han*. State U of New York P, 1998.

Schutte, Ofelia. *Cultural Identity and Social Liberation in Latin American Thought*. State U of New York P, 1993.

Solomon, Robert C., and Kathleen Higgins, editors. *From Africa to Zen: An Invitation to World Philosophy*. 2nd ed., Rowman & Littlefield, 2003.

Solomon, Robert C., and Kathleen Higgins, editors. *World Philosophy*. McGraw-Hill, 1995.

Suzuki, D. T. *Zen Buddhism*. Doubleday, 1956.

Waters, Anne. *American Indian Thought: Philosophical Essay*s. Blackwell, 2004.

Zimmer, Heinrich. *Philosophies of India*. Edited by Joseph Campbell. Princeton UP, 1951.

哲学写作

Appendix A
Writing Philosophy

真理存在于其中的真的形式只能是它的科学体系；哲学必须是成体系的。[①]

——黑格尔（1770—1831）

成体系的意愿是一种正直的缺乏……一种狡猾的堕落，是一个哲学家试图显得比他实际的情况更加愚蠢。[②]

——尼采（1844—1900）

—— 开篇问题 ——

1. 到了现在，你应该已经对你的哲学是基于哪些思想有相当程度的认识了。接下来的问题是应该如何运用它们。简要地写出（不要超过10行）你所要提出和捍卫的观点。按照重要性把它们排序，并根据排好的顺序把它们重新写出来。

2. 想象你与一位特殊的读者在一起（他可以是你的朋友、你的老师，也可以完全是一个想象中的人物，比如历史上的一位大哲学家）。这

① Hegel, G. W. F. *Phenomenology of Spirit*. Translated by Arnold V. Miller, Oxford UP,1977, p. 3.
② Nietzsche, Friedrich. *The Portable Nietzsche*. Translated and edited by Walter Kaufmann, Penguin, 1966, pp. 441–442.

次是按照这位读者可能的兴趣再列一下上面的单子，并排出顺序。你们对哪些观点的看法可能是完全一致的？哪些可能是有分歧的？换句话说，哪些观点是你可以不用费力去解释，就会被大家当作事实接受下来，而哪些是你不得不为之辩护的？

3．把这两张单子排在一起，草拟一份陈述方案。决定应从哪些观点开始讲起（比如从分歧较少的开始），并对每种观点都设计出一系列论证。一定要分清哪些观点是你认为最重要的，哪些只是初步的，哪些是主要思想的推论。

4．写一篇一页左右的摘要（即对你的计划的概括），向你那位想象中的朋友描述你最终想要证明的是什么以及怎样证明（你需要写出若干篇这样的摘要，才能最终完成任务）。

—— 写好哲学的规则 ——

相对于哲学的**内容**——某个哲学家的特殊观点——来说，哲学家们有时会更加关注哲学的**形式**。这是有很好的理由的。因为我们已经说过，在一个社会中，大多数人所持有的大部分观点都是一致的，因此，正是写作的形式、风格和个性赋予了哲学以独特的特征。此时你也许已经开始准备自己的写作了，所以或许想知道应当怎样着手写作，那么这篇附录的目的就是想告诉你，表述一种哲学观点应当采取哪几种形式。同时，你也将有机会领略历史上的一些大哲学家采用了哪些各不相同的风格。不过其主要目的还是为了给你的工作提供某些范本。

我们可以把哲学表述分为两类：一类是"标准的"；另一类是"间接的"。在标准表述中，你在最开头就把你的主要观点提出来了，然后再去论证它们，举例支持它们，表明它们是怎样联系在一起的。间接写作可以采取多种形式，它既可以仍旧非常直截了当，只是采取了一种更加微妙的技巧，把你更有争议的观点留到后面，而只从那些不大会引起争议，甚至显然是平凡的观点入手来建构它们，也可以是更加困难和复杂的对话体和隐喻式的表述。像大多数区分一样，这两种风格之间的区分是有些死板的，大多数哲学家都把它们结合起来使用。不过至少在开始，让我们看看足够直接的哲学表述是什么样的。

好的哲学表述的规则也是写好一般文章的规则。

组织

在你动笔之前，先要对你的思想进行组织。弄清楚你的主要观点是什么，对那些首要的问题（比如"生活的意义是什么？""你信仰上帝吗？""什么是实在的？"等）做出回答，并对它们加以排列，这不必是以重要性为序，但要以你觉得最有把握的顺序来排列。在直接表述中，你的文章本身应当显示出这种组织。

直接一环扣一环进行组织的一个出色的例子是路德维希·维特根斯坦的《逻辑哲学论》（*Tractatus Logico-Philosophicus*）（你也许想给自己的作品起一个简单一点的标题）。维特根斯坦围绕7个要点把他的全部写作组织了起来，从1到7依次把它们标记，并用小数标出论证和归属，比如1.1，1.2，1.21，1.22等。他的哲学相当有技术性，但显示出他论证的某些基本轮廓也许是值得的。

1.世界是一切发生的事情。

1.1世界是事实的总体，而不是事物的总体。

2.发生的事情，即事实，就是诸事态的存在。

2.1我们给自己建造事实的图像。

2.2图像和被图示者共有逻辑图示形式。

3.事实的逻辑图像是思想。

4.思想是有意义的命题。

4.1命题表述事态的存在和不存在。

……

7.对于不可说的东西我们必须保持沉默。[①]

维特根斯坦的写作非常分析化，他极力避免那些堂皇的隐喻。这些语句中的大多数似乎相当显然，但维特根斯坦从中推出的结论却不是显然的，它们能够给人以极大的启发。但你可以看到，这个轮廓（因此整部著作）是怎样一步步向前推进的，它从一个似乎完全无法反驳的陈述出发，一环扣一环地做出论证。

组织在结构中体现得很鲜明的一个更有想象力的、篇幅更长的著作是斯宾诺莎的《伦理学》。斯宾诺莎的大胆结论——个体性是一种幻觉，不存在自由，上帝就是宇宙本身——体现在一部很长的技术性著作中，而这部著作是从几条明显到几乎无法进行质疑的陈述出发的。事实上，斯宾诺莎是按照几何学的方法设计他的全部哲学的，他从公理和定义出发来证明出定理，就像你在高中用三角形、直线和点

---

① Wittgenstein, Ludwig. *Tractatus Logico-Philosophicus*. Routledge & Kegan Paul, 1960, pp. 31, 39, 41, 43, 61, 75, 189.

所做的事情一样。但斯宾诺莎所谈论的却是生活的意义、上帝的存在、实在的本性等。然而（正如我们已经看到的），所有这些都是起始于对一个技术性术语——"实体"——的定义。

你也许觉得几何学冷冰冰的严格性不合你的胃口，但斯宾诺莎的工作却给人以另一种启发。它很好地说明了第一流的哲学可以被组织得多么好。无论怎样，即使你无法写得如此清楚明白，为你所想建立的主要观点的轮廓、建立的顺序以及你想使用的种种论证、例子和其他方面写一个概要，终归是个不错的想法。

简洁

许多学生似乎觉得由于自己在做哲学，所写的文章都是关于像"生活的意义"这样的"深奥"话题，所以就应该把文章写得特别夸张难解。好的哲学就像好的新闻报道或小故事，是由简明扼要的、直截了当的句子组成的。除了少数几个专门术语，它应该使用25美分的词，而不是使用只有在词典中才能找到的3美元的词。把你所想要说的东西说清楚，以使你的读者用不着把时间花在猜测你的意思上。让你的读者知道你的想法，以使其马上就能知道怎样与你展开讨论。比如，康德的道德理论一开始是这样进行表述的：

在世界之中，甚至在世界之外，除了善良意志，不可能设想一个无条件善的东西。理解、明智、判断力等，或者说那些精神上的才能——勇敢、果断、忍耐等，或者说那些性格上的素质，毫无疑问，从很多方面看是善的并且令人称羡。然而，倘若使用这些自然禀赋，其固有属性称为品质的意志不是善良的话，它们也可能是极大的恶，非常有害。这个道理对幸运所致的东西同样适用。如若没有一个善良意志去正确指导它们对心灵的影响，使行动原则和普遍目的相符合的话，那么财富、权力、荣誉甚至健康和全部生活美好、境遇如意，也就是那名为幸福的东西，就会使人自满，并由此经常使人傲慢。大家都知道，一个有理性而无偏见的观察者，看到一个全无纯粹善良意志的人却总是气运亨通，并不会感到快慰。这样看来，善良意志甚至是不值得幸福的不可缺少的条件。[1]

清晰

哲学家维特根斯坦说："一切可说的都是可以说清楚的。"在那些大哲学家当

---

[1] Kant, Immanuel. *Fundamental Principles of the Metaphysic of Ethics*. Translated by T. K. Abbott, 3rd edition. Longmans, Green, 1926, p. 10.

中是有一些特例的，但对那些由于某种原因而成为学生偶像的晦涩难解的哲学家来说，有许多人已经很自然地被遗忘了。花时间阅读这些作品是得不偿失。如果面前摆着一条大道，为什么还要费力地穿过一条荆棘丛呢？

你的哲学不应像下面这样：

普遍而言，每一种个别存在都是"偶然的"。它如是存在着，就其本质而言它可以不如是存在……但是这种被称为事实性的偶然性的意义是有限制的，因为它与一种必然性相关，此必然性并不意味着在诸时空事实间并置关系的有效规则这种纯事实性的组成，而是具有本质必然性的特性，并因此具有一种涉及本质一般性的关系。当我们说，任何事实"按其自身本质"可以是其他样子时，我们已经是在说，每一偶然事物按其意义已具有一种可被纯粹把握的本质，并因而经验一种艾多斯（Eidos）可被归入种种一般性等级的本质真理。[①]

没有必要使用这么多技术性的行话，而不用例子来澄清；当存在着一个现成的英文词时，用不着使用一个外语词（Eidos是被柏拉图用来表示"理式"的词）。如果引号的唯一作用就是为了破坏它里面的词的意义，那么引号就不必使用。

可巧的是，这段话恰恰出自20世纪的一位非常重要的哲学家之手（埃德蒙德·胡塞尔，《大观念》）。但必须指出，如果不是已经知道这是一位深刻而重要的人写的，那么没有人会愿意花时间读它。我们中的大多数人没有那么幸运。如果我们写作不清晰，那么我们就没有权利指望会有人读它、理解它或得到高的分数。

人性化

请记住，你正在试图吸引读者的注意力，试图把你的思想写得富有吸引力。这意味着他们必须首先感觉你真的相信你所说的话，他们是在分享你的思想，而不是被它们所攻击。个人的轶事和例子经常会大有裨益。让我们看一看笛卡儿的《第一哲学沉思集》的开篇：

我在好多年前就已经觉察到，我从早年以来，曾经把大量错误的意见当成真的加以接受。从那时起，我就已经断定，要想在科学上建立一些牢固的、永久的东西作为我的信念，我就必须在我的一生中有一次严肃地把我从前接受到心中的一切意见一齐去掉，重新开始从根本做起。可是这个工作的规模对我来说好像是太大了，

[①] Husserl, Edmund. *Ideas*： *General Introduction to Pure Phenomenology*. Translated by W. R. Boyce Gibson, Collier, 1962, p. 47. First published 1931.

因此我一直等待我达到一个十分成熟的年纪，成熟到我不能再希望在这以后还会有更合适于执行这项工作的时候为止，这就使我拖延了如此之久，直到我认为如果再不把我的余生去用来行动，光是考虑来考虑去的话，那我就铸成大错了。而现在，由于我的精神已经从一切干扰中解放了出来，我又在一种恬静的隐居生活中得到一个稳定的休息，那么我要认真地、自由地来对我的全部旧见解进行一次总的清算。[①]

下面这段广为人知的话出自大卫·休谟的《人性论》：

最幸运的是，理性虽然不能驱散这些疑云，可是自然本身却足以达到那个目的，把我的哲学的忧郁症和昏迷症治愈了，或者是通过松散这种心灵倾向，或者是通过某种事务和我的感官的生动印象，消灭了所有这些幻想。我就餐，我玩双六，我谈话，并和我的朋友们谈笑；在经过三四个钟头的娱乐以后，我再返回来看这一类思辨时，就觉得这些思辨那样冷酷、牵强、可笑，因而发现自己无心再继续进行这类思辨了。[②]

使用例子

以一连串不着边际的抽象作为开篇是没有好处的。如果你讨论的是上帝参与尘世事务的可能性问题，那就使用《圣经》上的一两个例子；如果你讨论的是生活的意义，那就不要怕谈论生活；如果你谈论的是科学中的说明，那就不要害怕使用科学中的某些例子。例如，考虑康德对下面例子的使用。在此之前，他刚刚以一种非常抽象的方式完成了这样一个论证，即只有每个人都类似的行动，一种道德的行动才是有意义的（见第八章）。他给我们举了几个证明这一论点的例子。

1．一个人，由于经历了一系列无可逃脱的邪恶事件，而感到心灰意冷、倦厌生活，如果他还没有丧失理性，能问一问自己，自己夺去生命是否和自己的责任不相容，那么就请他考虑这样一个问题：他的行为准则是否可以变成一条普遍的自然规律。他的行为准则是：在生命期限的延长只会带来更多痛苦而不是更多满足的时候，我就把缩短生命当作对我的最有利的原则。那么可以再问：这条自利原则，是否可能成为普遍的自然规律呢？人们立刻就可以看到，以通过情感促使生命的提高

[①] Descartes, René. *Meditations on First Philosophy. The Philosophical Works of Descartes*, translated by Elizabeth S. Haldane and G. R. T. Ross, vol. 1, Cambridge UP, 1911–1912,p. 144. 2 vols.

[②] Hume, David. *A Treatise of Human Nature*. Edited by L. A. Selby-Bigge and P. H. Nidditch, Oxford UP, 1888, p. 269.

为职责的自然竟然把毁灭生命作为自己的规律，这是自相矛盾的，从而也就不能作为自然而存在。这样看来，那样的准则不可以成为普遍的自然规律，并且和责任的最高原则是完全不容的。

2．另一个人，在困难的逼迫下觉得需要借钱，他知道得很清楚，自己并无钱归还，但事情却明摆着，如果他不明确地答应在一定期限内偿还，他就什么也借不到。他乐于作这样的承诺，但他还良知未泯，扪心自问：用这种手段来摆脱困境，不是太不合情理太不负责任了吗？假定他还是要这样做，那么他的行为准则就是这样写的，在我需要金钱的时候我就去借，并且答应如期偿还，尽管我知道是永远偿还不了的。

这样一条利己原则，将来也许永远都会占便宜，现在的问题是，这样做对吗？我要把这样的利己打算变成一条普遍原则，问题就可以这样提出：若是把我的准则变成一条普遍原则，事情会怎样呢？从这里我们可以看出，这一准则永远也不会被当成普遍的自然规律，而不必然陷于自相矛盾。因为，如果一个人认为自己在困难的时候，可以把随便作不负责任的诺言变成一条普遍规律，那就会使人们所有的一切诺言和保证成为不可能，人们再也不会相信他所作的保证，而把所有这样的表白看成欺人之谈而作为笑柄。

3．第三个人，有才能，在受到文化培养之后会在多方面成为有用之人。他也有充分的机会，但宁愿无所事事而不愿下功夫去发挥和增长自己的才干。他就可以问一问自己，他这种忽视自己天赋的行为，除了和他享乐的准则相一致之外，能和人们称之为责任的东西相一致吗？他怎能认为自然能按这样一条普遍规律维持下去呢？人们可以像南海上的岛民那样，只是去过闲暇、享乐、繁殖的生活，一句话，去过安逸的生活。不过他们总不会愿意让它变成一条普遍的自然规律，因为作为一个有理性的东西，他必然愿意把自己的才能，从各个不同的方面发挥出来。

4．还有第四个事事如意的人，在他看到别人在巨大的痛苦中挣扎，而自己对之能有所帮助时，却想到这于我有什么关系呢？让每个人都听天由命，自己管自己罢。我对谁都无所求，也不妒忌谁，不过他过得很好也罢，处境困难也罢，我都不想去过问！如果这样的思想方式变为普遍的自然规律，人类当然可以维持下去，并且毫无疑义地胜似在那里谈论同情和善意，遇有机会也表现一点点热心，但反过来却在哄骗人、出卖人的权利，或者用其他方法侵犯人的权利。这样一种准则，虽然可以作为普遍的自然规律持续下去，却不能有人愿意把这样一条原则当成无所不包的自然规律。做出这样决定的个人需要别人的爱和同情，有了这样一条出于他自己意志的自然规律，那么，他就完全无望得到他所希求的东西了。①

法国存在主义者让-保罗·萨特尤其以他举的例子而著称。你也许知道，萨特同时还是一位小说家、剧作家和报纸撰稿人。他的某些抽象论述经常极为晦涩，比如"存在本身（意识）是它所非是，而非它所是"②这样的话。但他所举的例子几乎总是有洞见的，这倒与一个小说家相称。他用这些例子暂时中止抽象论述，每每能使读者领会他的意思。例如，为了说明他关于"自欺"的概念，他向我们描绘了反犹主义者。通过这个例子，一个抽象的哲学概念变成了一种极为真实的、有血有肉的问题。

反犹主义者根据自己的需要创造了犹太人。偏见不是知识不够的意见，而是一种完全自由选择的态度……反犹主义者当然不是害怕犹太人，而是害怕他自己，害怕他的良心、他的本能、他的责任，害怕孤独、变化、社会和这个世界；害怕除犹太人以外的一切东西……他是一个不愿向自己承认他的胆怯的懦夫……一个由于惧怕后果而不敢进行反抗的心怀不满的人。通过坚持反犹主义，他不仅采纳了一种意见，而且还把自己选择为人……他选择了一个听命于上司——他其实没有上司——的士兵的一切不负责任之处……犹太人只不过是一种掩饰罢了；在其他地方它还会是黑人、黄种人……总而言之，反犹主义就是害怕……③

关于例子的第三种用处，我们可以看看另一位存在主义者索伦·克尔恺郭尔（我们曾经在第三章中讨论过他）。克尔恺郭尔关心的是他所说的伦理生活（"不可杀人""不可偷盗"等）与宗教生活（献身于上帝的生活）之间的关系。大多数人会认为这两者是等同的，但克尔恺郭尔却想知道它们有时是否会相互冲突。他发现情况的确如此，并用《圣经》中的一个例子来说明这一点，这种做法要比冗长而抽象的论述有效得多。这个选自《创世记》的故事是说，上帝命令亚伯拉罕用杀掉自己儿子以撒的方法来证明自己的虔诚。什么能比杀害自己的儿子更邪恶呢？可什么又能比违抗上帝直接的命令更违反宗教？借着这个例子（尽管到最后还要加以论证），克尔恺郭尔证明了自己的论点，即这两种对生活的看法仍然可以认为是相容的。在另一部名为《非此即彼》的书中，克尔恺郭尔也提出一种关于伦理生活与快乐的感性生活之间的对抗的类似观点。那里他所举的例子是婚姻，通过这个例子，

---

① Kant, Immanuel. *Fundamental Principles of the Metaphysic of Ethics*. pp. 47–49.

② Sartre, Jean-Paul. *Being and Nothingness*. Translated by Hazel Barnes, Simon & Schuster, 1956, p. 68.

③ Sartre, Jean-Paul. *Anti-Semite and Jew*. Translated by George J. Becker, Schocken, 1948, pp. 53–54, 143.

他把握了责任与义务的道德生活与仅仅追求自我享受而不顾其他的不负责任的生活之间的全部差异。举例再一次使他的区分和论证有了分量，否则他的论述就只是一串抽象而已。

论证你的观点

论证并不必然是充满敌意的或气急败坏的。在哲学上，论证是指提出你自己的观点，给出你为什么要接受它，以及别人为什么也应该接受它的理由。论证是从你认为读者已经接受的一些陈述出发，逐步推论出有的读者可能不接受的观点。斯宾诺莎就是从"实体""上帝"和"自由"等词项的不偏不倚的、无可置疑的定义以及几条没有人会有不同意见的公理出发，逐渐论证了关于生活、上帝和我们自身的一些极有争议的观点。

论证是多种多样的，但好的论证无一例外是**有说服力的**。许多同学似乎认为，只要他们自己已经接受了某种立场，那么任何论证都是可行的。但要记住，即使手头上掌握着若干条好的论证，一则坏的论证也可能把读者的眼光从支持你转向反对你。他们的通常反应是："如果作者把这么糟糕的论证用来支持他的观点，那么这种观点本身就不可能有什么价值。"理想的论证是那种足够简明和完备，以至于能把读者牢牢限于其中不得脱身的论证。考虑我们在第五章中曾经讨论过的苏格兰哲学家大卫·休谟的那则严密的论证。休谟首先区分了两种证明陈述的方式。

1. 如果它是一则数学陈述或"理性真理"，那么它就可以通过计算（比如在算术中）或定义语词的含义而得到证明（比如"狗是动物"可以通过说明"狗"这个词部分就意味着是一个动物，而被证明为真）。

2. 如果它是一个"事实"，那么它就可以通过经验而得到证明。比如说，"澳大利亚有狗"可以通过在澳大利亚找到狗而得到证明。

休谟说，这些是证明陈述为真的**仅有的**方式，这也为接下来要做的论证（实际上是整个一系列论证）做好了准备。（如果你不同意休谟的结论而想反驳休谟，那么这里就是出发点了。这两种论证真的就是仅有的论证类型吗？）

现在，休谟提出了这样一个问题，即我们是否有正当的理由相信，真的存在着一个我们心灵之外的"外在世界"，或者说我们是否当下正在做梦，世界只是一场梦，而不是什么外在于我们的东西。你也许会说："这是荒谬的！"但在休谟看来，如果我们关于"存在着一个外在世界"的陈述是有道理的，那么我们就必须能够证明它为真。我们怎样才能做到这一点呢？休谟说，只有两种方式：

1."存在着一个外在世界"这则陈述能否像一条数学陈述那样被证明？这个问题仅仅关乎语词吗？也许有些哲学家的确会说，"世界"这个词就已经意味着"外在"了。但外在世界是否存在仍然个问题。休谟回答说，"不能"；外在世界的存在并不单单是"理性"的事情，它也不是定义或逻辑的事情，因为我们至少可以设想（我们已经这样做了）不存在一个外在世界意味着什么，比如我们是否正在做梦。

2."存在着一个外在世界"这则陈述能否通过诉诸经验而得到证明？你的第一反应也许是"当然可以"。但你必须问问自己："通过什么样的经验？"有没有什么你醒的时候的经验是你在梦中不可能有的？你能否在自己身上对它们的区别进行检验？有些人认为，你可以通过捏自己来说明你是否在做梦，但毫无疑问的是，你也可能梦见你正在捏自己，而且可能梦见你会感到痛（你甚至可能梦见自己醒了，尽管与此同时你实际上仍在做梦）。因此，我们关于存在着一个外在世界的陈述不可能通过经验来证明。

休谟的结论是，我们不可能知道我们到底是否在做梦，以及到底是否有一个外在世界存在。你也许会觉得这荒谬极了，其实他也这么认为，但他的论证是如此的紧凑和有说服力，以至于200年之后的大哲学家伯特兰·罗素依然说："休谟的怀疑论结论……无论是要驳斥还是接受，都是同样困难的。这个结论对哲学家来说是一个挑战，依我之见，它仍未被完全解决。"[1]

一则好的论证应当是简洁的——简短而又切题。在这以后，你可以为自己的评论做出辩护，并进一步支持你的说法，但它的力量取决于精确程度。考虑托马斯·阿奎那关于上帝存在的三则论证（我们在第五章中曾见过第二种论证，即宇宙论论证）。

第一，从事物的运动方面论证。在世界上，有些事物是在运动着，这在我们的感觉上是明白的，也是确实的。凡事物运动，总是受其他事物推动；但是，一件事物如果没有被推向一处的潜能性，也是不可能动的。而一件事物，只要是现实的，它就在运动。因为运动不外是事物从潜能性转为现实性。一件事物，除了受某一个现实事物的影响，绝不能从潜能性变为现实性。例如，用火烧柴，使柴发生变化，这就是以现实的热使潜在的热变为现实的热。但是，现实性和潜能性都不是一个东西，二者也不同时并存，虽然二者也可以在不同方面并存。因为既成为现实的热就不能同时是潜在的热；它只可以作为潜在的冷。因此，一件事物不可能在同一方

---

① Russell, Bertrand. *A History of Western Philosophy*. Simon & Schuster, 1945, p. 663.

面，同一方向上说是推动的，又是被推动的。如果一件事物本身在动，而又必受其他事物推动，那么其他事物又必定受另一其他事物推动，但我们在此绝不能一个一个地推到无限。因为，这样就会既没有第一推动者，因此也会没有第二、第三推动者。因为第一推动者是其后的推动者产生的原因，正如手杖动只是因为我们的手推动。所以，最后追到有一个不受其他事物推动的第一推动者，这是必然的。每个人都知道这个第一推动者就是上帝。①

考虑反对意见和其他可能情况

哲学并不只是对一种观点的表述，它也是一种对话和讨论，无论是否采用对话或讨论的形式。这意味着你应当总是为自己预想某位批评者（你在写作的时候，脑子里想着某个特定的人是有帮助的），他会用精心设计的反对意见和例子证明你的观点和论证是错误的。一则论证几乎总是不够的。考虑下面选自贝克莱主教的《人类知识原理》的段落，它实际上包含着与想象中的一个对手的对话（他头脑中的对手是约翰·洛克）。

不过，你可以说：虽然观念本身并不离开心灵而存在，但仍然可以有与观念相似的东西，而观念只是它们的摹本或相似物；这些东西则是可以离开心灵而存在于一个不思维的实体之中的。我答复说：观念只能与观念相似，而不能与别的东西相似；一种颜色或形状只能与别的颜色或形状相似，而不能与别的东西相似。如果我们稍微考察一下自己的思想，我们就会发现，只有在我们的观念之间，设想一种相似性才是可能的。我要问的是，我们假设的那些为观念所描绘或代表的"原本"或外物本身究竟是能被感知的呢，还是不能被感知的？如果是能被感知的，那么它们就仍然是些观念，这正表示我的主张胜利了；但是如果你说它们是不能被感知的，那么，我可以告诉任何人，看看断言颜色与某种不可触知的东西相似，这种说法是有意义的吗？其余的性质也是如此。②

定义你的专门术语

如果你引入了一个并不常用的技术性术语，或者以某种特殊方式使用一个常用词语，那么就应该告诉读者它的含义是什么，并让他们保持这种理解。如果你把

---

① Aquinas, Thomas. *Summa Theologica*, vol. 1, McGraw-Hill, 1964–1981, p. 13. 10 vols.

② Berkeley, George. *A Treatise Concerning the Principles of Human Knowledge. The Empiricists*, Doubleday, 1974, pp. 153–154.

"substance"（"substance"一词有多种含义，比如既可以指"实体"，又可以指"材料"或"东西"）一词用来指称实在的最终单位，那么就明确说出（许多大哲学家并没有做到这一点）什么才算一个实体，你如何知道某种东西是否是一个实体；在任何时候都不要落入我们对substance的日常理解中去（比如你鞋上的橡胶，或车库的罐子里装的某种东西）。不过，在论证的每一步都进行定义也是不必要的，语言并不是这样运作的。只要你使用的是日常英语，那么你就可以想当然地认为你的读者也理解日常英语。

正如我们在斯宾诺莎的《伦理学》中所看到的，引入专门术语的一种直接的然而又稍欠灵活的方式就是，在文章开头通过一连串特殊定义来引入。另一种更加优雅的做法是当这些术语在文中出现时，把定义直接带到你的讨论中去。例如，伊曼努尔·康德在他的讨论中是这样引入他的技术性术语"经验"和"先天"的：

有没有什么知识是独立于经验，甚至是独立于所有感官印象的？这种知识被称为"先天"知识，它与源自经验的经验知识不同。①

无论你在什么时候使用像"主观""客观"这样已经有多种不同定义方式的词（见第五章），都要注意弄清楚你正在使用的是哪种定义，而且要固守这种定义。还有一点也很重要，那就是不要用与日常用法相冲突的方式定义日常英语中的语词，因为这样做肯定会引起混淆。比如说，安·兰德只把日常语词"自私"定义为"为某人自身的利益而行事"，而它通常的含义却是"仅为某人自身而*不顾他人利益行事*"。因此毫不奇怪，兰德后来不得不为自己辩护，说"如果我所说的'自私'真的不具有通常的含义，那么这就是对利他主义的最糟糕的指控之一：它意味着利他主义不允许人的自尊和自立"。②不过当然，兰德自己对术语是这样定义的，所以她所提出的问题主要也是她自己的创造。

利用哲学史

毕竟，你现在已经是哲学史的一部分了。不要害怕引用其他哲学家的观点来为你提供支持。你可以重复他们的论证（同时要申明你在这样做），引用他们的说法。你可以使用他们用过的特别吸引人的句子或描述来进一步阐述你的看法，还可以在开头引用或列出与你的意见相左的哲学家的观点。当你对自己进行论证的时候，想想那些肯定不会同意你的意见的哲学家会说些什么（或者已经说了什么）是

---

① Kant, Immanuel. *Critique of Pure Reason*. Translated by Norman Kemp Smith, Macmillan,1929, p. 42.

② Rand, Ayn. *The Virtue of Selfishness*. New American Library, 1964, p. xii.

一个好办法。当然，你在刚起步的时候不可能了解整个哲学史，但你的确知道得越多越好。你越是明确地把自己视作古老传统的一部分，觉得别人的术语和思想影响了你，你也就越会对自己所说的话有信心。那种认为我们每个人都已经具备了一种"原创的"哲学的想法绝对是胡说；事实上，我有时让学生做的一种降格的练习就是，把那些大哲学家的思想还原到也许是你的祖母曾经对你说过的一些话——比如把康德的整个道德哲学（见第八章）还原为"如果其他每个人都这样做会怎样"。这里面是否包含着什么新思想，这是值得怀疑的。甚至连爱因斯坦的观点都可以追溯到那些古希腊早期科学家的看法。使哲学有价值的东西不是全新，而是它在什么意义上成为一种悠久传统的一部分，以及你本人对它所贡献的个人风格和个性。

引用其他哲学家的规则很简单：当你陈述它们的时候，一定要保证你做得完全正确。如果你是在对一位哲学家做一种新的或有争议的解释，那就如实指明（"我知道这不是对苏格拉底的通常理解，但我可以基于以下几点为之辩护：……"）。如果你是在引用某位批评者的话，最好也能说出来（"按照著名的斯宾诺莎学者"S.H.的看法……"）。无论什么时候，只要你借用了别人的观点或语句，特别是大段的引语，都要指明它的出处。你可以加一个注释，也可以在文中非正式地指出，比如你可以说，"正如黑格尔在其《精神现象学》一书中所指出的……"或者"用黑格尔所说的更富戏剧性的话来说"……除非引文出处已为读者耳熟能详，以至于无人不知、无人不晓，否则不要间接地提到大哲学家。例如，在《精神现象学》中，黑格尔在许多地方不指名地说"那位独一实体的哲学家"，但每个人都知道他所说的是斯宾诺莎。然而在其他不少地方，黑格尔又间接地提到一些身份不易辨认的哲学家，于是就导致了混乱，许多学术争论都把精力浪费在弄清楚他到底指的是谁上。

—— 间接风格 ——

间接表述远比直接表述困难得多，在以这种方式做论文之前，非常建议你咨询一下你的指导老师。一般来说，也许除非是作为个人实验，并不建议刚开始学习哲学的学生这样做。然而，有一种间接表述的形式是足够稳妥的，而且我们已经把它当成了"标准的"，那就是（斯宾诺莎所采用的）把你最重要的结论留到最后，而把不大有争议的说法放在开头，诱使读者由他们肯定会赞同的说法得出他们很可能不赞同的观点。这种方法的问题，同时也是许多学生在阅读一个像斯宾诺莎这样的作者时所遇到的问题，是读者远在抵达目的地之前就已经厌倦了。这就好比写一部侦探小说，你必须从一开始就通过提出一些令人困惑的问题，让所有人相信这是值得探究的来吸引读者。老是向读者许诺一些大的东西（"我们很快就会看到激动人心的结果"）通常是不会奏效的。大多数读者（特别是批阅大量论文的教师）会远在它们到手之前就疲惫不堪了，即使熬到了目的地，也很可能会大失所望。

对话体

间接风格的第一种，同时也是最著名的一种类型是对话体。柏拉图就是用这种文体来改编苏格拉底与朋友之间的讨论的，因此被称为"苏格拉底对话"（事实上，正如我们已经指出的，柏拉图编造了其中的许多篇，苏格拉底可能根本就没有参与任何一次这样的对话）。对话的策略是让别人做出哲学陈述，以便树立靶子，经过一番你来我往之后，对话的最终结局是，苏格拉底（柏拉图）的观点突显了出来，它被证明是比其他所有意见更好的。下面一段话选自柏拉图的《泰阿泰德篇》。

📝 引文资料：信念和知识

苏格拉底：那么，让我们再次从头开始，知识是什么？我们肯定还没有想要放弃这个问题。

泰阿泰德：没有，除非你放弃。

苏：那么告诉我，我们能提供什么样的定义而自相矛盾的危险最小？

泰：我们前面尝试过的那个定义，苏格拉底。其他我们没有什么建议可提。

苏：那个定义是什么？

泰：知识就是真正的信念。相信真实的事物确实不会有错，结果也总是令人满意的。

苏：当被问及这条河能否涉水而过时，泰阿泰德，人们常说，试试看你就会明白了。所以，如果继续我们的探索，我们会碰上我们正在寻找的东西。如果我们停留在原地，我们就什么都找不到。

泰：对。让我们继续前进，看看到底有什么。

苏：好吧，不过在这一点上我们不需要走得很远。你会发现有种职业完全

续

证明了真正的信念不是知识。

　　泰：怎么会这样？什么职业？

　　苏：那些理智的完人从事的职业，人们称之为演说家和律师。这些人使用他们的技艺使他人产生信念，不是通过教导，而是通过使人相信他们想要他相信的任何事情。你几乎无法想象竟有如此能干的教师，能在计时沙漏允许的短暂时间里用那些听众并未亲眼所见的抢劫案或其他暴力的事实教导听众。

　　泰：我很难想象，但他们能使听众信服。

　　苏：你所说的信服指的是使他们相信某事。

　　泰：当然。

　　苏：陪审团正当地相信了只有目击者才知道的事实，于是他们根据传闻做出判决，并接受一种真实的信念。尽管我们可以说，如果他们找到了正确的裁决，表明他们的信念是正确的，但他们是在没有知识的情况下做出判决的，对吗？

　　泰：当然对。

　　苏：如果真实的信念和知识是一回事，那么最优秀的陪审员绝不会拥有正确的信念而没有知识。而现在我们似乎得说，知识的信念和知识一定是不同的。[①]

——柏拉图《泰阿泰德篇》，公元前4世纪

　　一个更近的例子是乔治·贝克莱主教在"对话三篇"中关于唯心论与唯物论的对话。

 引文资料：唯心论与唯物论

　　费罗诺斯：海拉斯，您不是取笑，就是记性太坏了。我们虽然把各种性质逐一考验过，但是我的论证，或者不如说您的让步，并不会准备来证明那些第二性质不能各个独自存在，我们原是想证明它们完全不在心外存在的。自然，在讨论形相与运动的时候，我们曾经说过，它们离了心不能独立，因为我们甚至不能在思想中把它们同一切第二性质分开，以至于设想它们可以独自存在。不过在那时候我们所应用的理由并不止于此。好啦，您只要想把我们所说过的

① Plato. *Theaetetus*. Translated by Francis M. Cornford. *Plato's Theory of Knowledge*, Bobbs-Merrill, 1957, lines 200d–201c, pp. 140–141.

话一笔勾销，不再算数，我也愿意把全盘辩论都取决于这一点。就是，如果你能设想各种性质或可感的对象，结合以后或混合以后可以离了心而存在，那么我也可以承认事实真是这样的。

海拉斯：要是这样，问题就容易解决了。要想一棵树、一所房子独立自存，不依靠于任何心，也不被任何心所知觉，那不是再容易不过的吗？我在此刻就设想它们是照这样存在着的。

费：海拉斯，这么说，您能看见一件同时看不见的东西吗？

海：那是一种矛盾，不可能的。

费：那么您要说，您能设想一种不能设想的东西，那不是一样大的矛盾吗？

海：是的。

费：您所思想的树或房子，是不是您所设想到的东西？

海：还有第二个说法吗？

费：所设想的都是存在于心中吗？

海：怎么能不是这样？

费：那么您为什么还说，树或房子可以独立于任何心之外，自己存在？

海：我自己承认那是我的疏忽。不过稍等一会儿，让我想想我何以会疏忽——这个错误真有趣。我方才只是想僻地中不被人见的一棵树，而且以为那就是设想外面不被知觉、不被思想着的一棵树；实在不晓得我自己在那时候正是设想那一棵树。不过现在我清楚了，我所能为力的也不过是在心中形成观念罢了。我诚然能在心中设想着一棵树、一间房、一座山等观念，不过除此之外，再没有别的。这话如何能证明我能设想它们离了一切精神的心还能存在呢？

费：您现在也承认，自己不能设想任何有形的可感物离了心可以独自存在了。

海：我承认。

费：那么您何以还认真为那连设想也设想不到的真理来争辩呢？

海：我也明白，我真有些糊涂；不过我仍然有些怀疑。我不是分明在远处看见一些东西吗？我们不是看见，在远处有星宿和月亮吗？这不是我们的感官所明白知觉的吗？

费：您在梦中，不是也知觉那些东西和别的东西吗？

海：是的。

续

费：它们不是也一样似乎在远处吗？

海：是的。

费：但是您并不因此就说，梦中的幻象可以离了心独立存在吧？

海：自然不会。

费：那么，您便不应当根据可感物的外貌，或我们知觉它们的方式，就来断定可感物是在心之外了。

海：我承认这一点。不过在那些情况下，我的感官不是欺骗了我吗？

费：完全不会。理性同感官都不会报告您说，您直接所知觉到的观念或事物，都是存在于心以外的。借着感官，您只知道自己被某些光和颜色等感觉所刺激。但是您不应当说它们是在心之外的。

海：是的。不过除此以外，您不以为视觉也暗示某种外在性或距离吗？

费：我们若是走近一个距离远的物体时，可见的大小同形象是继续在变，还是在一切远近距离下都一样呢？

海：它们自然要不断地变化。

费：那么视觉并不向您暗示，或在任何方式下向您报告，您所直接知觉到的可感对象存在于远处，或是说在您继续走近的时候，才可以被您所知觉，而在您往前走的时候只有继续不断的一连串的可感对象。

海：视觉自然不这样暗示我。不过在看到一个对象的时候，我仍然知道，经过某种距离以后，我可以知觉到什么对象，不论以后所见的同以前所见的是否真正相同。在这种情况下，仍然暗示出一种距离来。

费：好，海拉斯，您可以稍想一会儿再来告诉我，您的意思是否只是，您借着经验，就可以从视觉所显示知觉到的观念，按照自然的定则，推知出在时间与运动继续多久以后，您将会被其他的观念所刺激呢？

海：大体上说，我认为就是如此。

费：假如有一个生而盲者，忽然得到视觉，那么他在起初还不是显然一点经验也没有，不知道什么可以被视觉所暗示吗？

海：显然是这样。

费：照您所说，他不是不会在他所见的物体上，附有距离的观念吗？他不是会把他所见的东西，当成一套只存在于心中的新感觉吗？

海：这是不能否认的。

续

> 费：再说得明白一点，所谓距离不是以其一端向着眼的一条直线吗？
>
> 海：是的。
>
> 费：那样摆着的一条直线，能被视觉所知觉吗？
>
> 海：不能。
>
> 费：结果所谓距离不是不能被视觉凭其固有能力直接知觉的吗？
>
> 海：好像是这样的。
>
> 费：还有，您主张颜色是在远处吗？
>
> 海：我们必须承认它们只能存在于心中。
>
> 费：不过颜色同广延与形象，不是看见在一处共存吗？
>
> 海：它们是这样的。
>
> 费：您既然承认，颜色不在外边，为什么能够根据视觉推知形象是在外面呢？颜色同形象两者的可感的现象都是一样的啊！
>
> 海：我不知如何答法。
>
> 费：我们纵然承认，我们的心真正知觉到距离的存在，我们也不能因此就证明距离存在于心之外。因为我们直接所知觉的东西都只是一个观念，有什么观念能离开心而存在吗？[①]
>
> ——乔治·贝克莱《海拉斯与费罗诺斯的对话三篇》，1713

讽刺体

第二种策略比第一种更难，它叫作讽刺体，即把某种观点以一种荒谬可笑的方法表述出来，从而达到攻击的目的。比如下面一段诙谐文字选自伏尔泰的《老实人》，伏尔泰用它来嘲弄莱布尼茨的这是"所有可能世界中最好的一个"的观点。

船身颠簸打滚，人身上所有的液质和神经都被搅乱了：这些难以想象的痛苦使半数乘客软瘫了，快死了，没有气力再为眼前的危险着急。另外一半乘客大声叫喊，做着祷告。帆破了，桅断了，船身裂了一半。大家忙着抢救，七嘴八舌，各有各的主意，谁也指挥不了谁。雅各帮着做点儿事；他正在从舱面上，被一个发疯般的水手狠狠一拳，打倒在地；水手用力过猛，也摔出去倒挂着吊在折断的桅杆上。

[①] Berkeley, George. *Three Dialogues Between Hylas and Philonous. Project Gutenberg E-book*, http：// www.gutenberg.org/files/4724/4724-h/4724-h.htm.

好心的雅各上前援救，帮他爬上来；不料一使劲，雅各竟冲下海去，水手让他淹死，看都不屑一看。老实人瞧着恩人在水面上冒了一冒，不见了。他想跟着雅各跳海；哲学家邦葛罗斯把他拦住了，引经据典地说：为了要淹死雅各，海上才有这个里斯本港口的。他正在高谈因果以求证明的当口，船裂开了，所有的乘客都送了性命，只剩下邦葛罗斯、老实人和淹死善人雅各的野蛮水手；那坏蛋很顺利地游到了岸上；邦葛罗斯和老实人靠一块木板把他们送上陆地。

他们惊魂略定，就向里斯本进发。身边还剩几个钱，只希望凭着这点儿盘缠，他们从飓风中逃出来的命，不至于再为饥饿送掉。

一边走一边悼念他们的恩人，才进城，他们觉得地震了。港口里的浪像沸水一般往上直冒，停泊的船给打得稀烂。飞舞回旋的火焰和灰烬，盖满了街道和广场；屋子倒下来，房顶压在地基上，地基跟着坍毁；三万名男女老幼都给压死了。水手打着呼哨，连咒带骂地说道："哼，这儿倒可以发笔财呢。"邦葛罗斯说："这现象究竟有何根据呢？"老实人嚷道："啊！世界末日到了！"水手闯进瓦砾场，不顾性命，只管找钱，找到了便揣在怀里；喝了很多酒，醉醺醺地睡了一觉，在倒塌的屋子和将死已死的人中间，遇到第一个肯卖笑的姑娘，他就掏出钱来买。邦葛罗斯扯着他袖子，说道："朋友，使不得，使不得，你违反理性了，干这个事不是时候。"水手答道："天杀的，去你的吧！我是当水手的，生在巴太维亚，到日本去过四次，好比十字架上爬过四次，理性，理性，你的理性找错了人了！"

几块碎石头砸伤了老实人；他躺在街上，埋在瓦砾中间，和邦葛罗斯说道："唉，给我一点儿酒和油吧！我要死了。"邦葛罗斯答道："地震不是新鲜事儿；南美洲的利马去年有过同样的震动；同样的因，同样的果；从利马到里斯本，地底下准有一道硫磺的伏流。"——"那很可能，"老实人说，"可是看在上帝的份上，给我一些油和酒啊。"哲学家回答："怎么说可能？我断定那是千真万确的事。"老实人晕过去了，邦葛罗斯从近边一口井里拿了点水给他。

第二天，他们在破砖碎瓦堆里爬来爬去，弄到一些吃的，略微长了些气力。他们跟旁人一同救护死里逃生的居民。得救的人中有几个请他们吃饭，算是大难之中所能张罗的最好的一餐。不用说，饭桌上空气凄凉得很；同席的都是一把眼泪，一口面包。邦葛罗斯安慰他们，说那是定数："因为那安排得不能再好了。里斯本既然有一座火山，这座火山就不可能在旁的地方。因为物之所在，不能不在，因为一切皆善。"①

---

① Voltaire, François-Marie Arouet de. *Candide, or Optimism.* Edited by Norman L. Torrey, Appleton-Century-Crofts, 1946, pp. 14–16.

格言体

最难的文体要算**格言体**了。像针灸一样，它命中了所有关键点，但打个比方说，它就像刺向已经很好建立起来的思想整体的成百上千的针。因此，最关键的是你的读者已经很清楚这些**命中**点是什么。而且同样重要的是，这些刺也应当尖锐和切题。一则含糊的格言就像一支钝头的针，它或者完全没有刺穿，或者会弄得很疼。你可以亲自做一些尝试，但不建议你的全部作业采用这种文体。

这里我们可以举两则简短的格言的例子。一则是德国警句家利希滕贝格的针对设计论证的评论："幸亏上帝在猫皮上弄了一条窄缝，猫的眼睛才有地方放。"另一则是尼采对他的同时代人故意把文章写得很晦涩的评论："他们把水搅浑以使其显得更深。"[①]好的格言都是非常短的，长度很少会超过一句。它们通常极为机巧，而且必须直抵问题的核心。"问题"是什么必须很明确。例如，克尔恺郭尔的格言"站着证明上帝的存在与跪倒感恩是非常不同的"[②]攻击了整个神学史的核心。下面一则格言选自克尔恺郭尔的《日记》：

像列波来洛一样，有学问的学者开一张单子；当唐璜引诱女孩子寻欢作乐之时，列波来洛却记下了时间、地点和对女孩的描述。[③]

这是对从事抽象学问而不去热情参与的谴责。他的另一句警语批评了其社会中过分的循规蹈矩：

人们几乎从未利用过他们所拥有的自由，比如说思想的自由；相反，他们要求言论自由作为补偿。[④]

尼采是一切时代最伟大的格言哲学家之一，然而即使连他也承认，在他的所有格言背后，他更清楚他所憎恨的东西而不是他所要表达的东西。他的有些格言是一句尖刻的话，比如用一行字就说出关于真理的整个理论，"究竟什么是人的真理？——**无可辩驳的谬误便是**"。也有一些格言是一整段话，下面是一些简短的摘录：

成为道德的行动本身不是道德的——使人们服从道德的原因是多种多样的：奴性、虚荣、自私、阴郁的热情、听天由命或孤注一掷。服从道德，恰如服从一位君王，本身并无道德可言。

① Nietzsche, Friedrich. *Thus Spoke Zarathustra. The Portable Nietzsche*, vol. 2, Penguin, 1966, pp. 17, 240.

② Kierkegaard, Søren. *The Journals of Kierkegaard*, 1834–1854. Translated by Alexander Dru, Collins, 1958, p. 68.

③ Kierkegaard, Søren. *Selections from Journals*. Translated by Alexander Dru, Oxford UP, 1938, pp. 134–135.

④ Kierkegaard, Søren. *Either/Or*. Translated by David F. Swenson and Lillian Marvin Swenson, revised by Howard A. Johnson, vol. 1, Princeton UP, 1959, p. 19.

毁坏者——毁掉一个年轻人的万无一失的方法是教他对那些与他思想相同的人比对那些与他思想不同的人评价更高。①

一个民族是自然的迂回，自然先是到了六七个伟人那里，然后又绕开了他们。②

出自一次博士考试——"一切高等教育的任务是什么？——把人变成机器——"用什么方法？"——他必须学会厌倦自己。

利己主义的自然价值——自私的价值取决于自私者的生理学价值：它可能极有价值，也可能毫无价值、令人鄙视。③

最后是路德维希·维特根斯坦的后期哲学。这篇附录的前面曾经介绍过他在第一次世界大战期间写的《逻辑哲学论》的大致轮廓。到了1940年，他的想法改变了。他这时留下的几部格言著作都假定了读者已经非常熟悉整个当代哲学特别是他自己的哲学了。比如下面这些选自《哲学研究》的精心设计的格言都是为了挑战这样一种标准哲学信念，即人人都拥有一些能够比别人更清楚地知道的感觉。

"想象有这么个人他不能记住'痛'这个词所意指的东西——这样他就经常用这个名称来称呼不同的事物，一旦他使用这个词的方式仍然与痛的惯常症候及其预设一致"——简言之他像我们所有人那样的使用这个词。对此我就可能会说：一个可以自己转动而并无其他东西随之转动的轮子并不是机械装置的一部分。

关于私人经验的根本的东西其实并不是每个人拥有他自己的范本，而是没有人知道究竟其他人有的也是这个还是另外的某种东西。因此下面这个假设是可能的——尽管无从证实——人类的一部分对红有一种感觉，而另一部分人却有另一种感觉。

请看一块石头并且想象它有感觉——我们对自己说：人们怎么竟然会有把感觉归于物的想法呢？他们同样也可以把感觉归于一个数！——现在再看看一只打转的苍蝇，那么这些困难马上就消失了，看起来痛能够在这儿立住脚，而在此之前对于痛，一切都可以说是太滑溜了。

想一想对面部表情的识别。或者想一想对面部表情的描述——这并不在于给出

① Nietzsche, Friedrich. *Daybreak*. Translated by R. J. Hollingdale, Cambridge UP, 1982, sections 97 and 297, pp. 59 and 153.

② Nietzsche, Friedrich. *Beyond Good and Evil*. Translated by Walter Kaufmann, RandomHouse, 1966, section 126, p. 87.

③ Nietzsche, Friedrich. *Twilight of the Idols*. *The Portable Nietzsche*, translated and edited by Walter Kaufmann, Penguin, 1966, p. 532.

那张脸的量度。再想一想我们怎么能够不在镜子里看自己的脸，就模仿一个人的面部表情。

但是，说身体具有痛，那不是很荒谬吗？——为什么人们会感到这种说法荒谬呢？说我的手并不感到痛而是我感到我手上的痛，真正说法在什么意义上是正确的？

这是一个什么样的问题：感到痛的是不是身体？——应当如何判定它呢？是什么使得那种不是身体感到痛的说法似乎有道理？——也许是像这样的东西：如果某人手上觉得痛，那么手并没有这样说（除非手把它写出来），而且别人也不去安慰手，而是安慰忍受痛苦的人：人们对着他的脸看。①

对于作业的最终完成而言，哲学的体裁是与其中所包含的特殊观点同样重要的。然而，不论你选择哪种体裁，最重要的是你的写作能够体现出认真而清晰的思考，它可以引导读者进入你对世界的看法。大多数哲学家——甚至是那些大哲学家——都是以直接的陈述开头，至少是为了使他们的观点清晰（甚至柏拉图也写过直接的文章，但后来遗失了）。因此，最合理的开始方式是直接写出你的主要观点，以简短的（一页左右）论证对它们进行整理，然后再补充细节部分，并提供引文和例子。在这之后，如果你愿意试验一下，你也许可以使用一篇短的对话或几则短小的格言来为你的工作进行补充，但它给人留下的整体印象必须是清晰的思考和对思考的热情投入。哲学，无论它采取什么体裁，无异于此。

---

① Wittgenstein, Ludwig. *Philosophical Investigations*. Translated by G. E. M. Anscombe, Macmillan, 1970, sections 271, 272, 284, 285, 286, pp. 95, 98.

—— 附录二 ——

演绎逻辑　有效的论证形式

Appendix B
Deductive Logic
Valid Argument Forms

在"逻辑准备"一章中，我们介绍了陈述的真（或假）与演绎论证的有效（或无效）之间的差别。即使一则论证的前提和结论均为假，它也可能是有效的。例如：

所有的狗都是绿的，

苏格拉底是狗，

_____

因此，苏格拉底是绿的。

这是一则有效论证，即使它的前提和结论都为假。要使演绎论证能够保证结论为真，它的前提必须为真，*而且该论证必须是有效的*。这里，我们想就什么叫做有效论证进一步讲讲。

有效论证具有正确的*形式*，而无效论证则没有。论证的正确形式基于一套基本的推理的规则，例如：

三段论形式

所有的P都是Q，

S是P，

_____

因此，S是Q。

是一种有效的形式。但是，

所有的P都是Q，

S是Q，

———————————

因此，S是P。

就不是。我们是如何知道这一点的呢？由于（有效的）演绎论证的定义就是前提为真能够保证结论为真，因此我们可以看看能否找到一种虽然具有真的前提，但却具有假的结论的论证。如果没有这种论证，那么这种形式就是一种有效论证形式。如果存在这种论证，那么它就不是一种有效论证形式。因此，我们之所以知道前面那种形式是无效的，是因为我们可以构造这样一个例子：

所有的柠檬都是黄的，

萨姆（一只金丝雀）是黄的，

———————————

因此，萨姆是一个柠檬。

当你怀疑一则哲学论证有可能是无效的时候，你可以先把该论证翻译成形式符号（"所有的P都是S……"），然后再去找另一则符合这种形式，但却有着真的前提和假的结论的论证（"那就好比说……"）。只要有一种情况的论证形式是无效的，那么这种形式就不是一种有效的论证形式。

前面说过的最熟悉的演绎论证形式是**直言三段论**。一则三段论由两个前提和一个结论所组成（两个前提项都被称为中项）。这些陈述本身的形式都是量上的，由"一切""有的""没有……"和"并非所有……"所引导。

然而，并不是所有的演绎论证都是三段论，还有一些论证包含着其他各种各样的推理和复杂情况。最为常见和著名的两种论证形式是肯定前件（*modus ponens*）和否定后件（*modus tollens*）。肯定前件具有如下形式：

如果P，则Q，

P，

———————————

因此，Q。

例如，

如果苏格拉底老是给人添麻烦，那么他将会有麻烦。

苏格拉底不会停止给人添麻烦。

———————————

因此，他将会有麻烦。

否定后件具有如下形式：

如果P，则Q，

非Q，

_____

因此，非P。

例如，

如果你足够认真，那么你将考第一。

你没有考第一。

_____

因此，你不够认真。

尽管满足这其中任何一种形式的论证都是有效的，但它是否也是正当的则要取决于前提是否为真。

有两种论证表面上看似肯定前件和否定后件，但其实却是无效的。它们是：

如果P，则Q，　　　　　如果P，则Q，

Q，　　　　　　　　　　非P，

_____　　　　　_____

因此，P。　　　　　　　因此，非Q。

例如，

如果你起床太晚，那么你将错过早饭。

你错过了早饭。

_____

因此，你起床太晚。

如果你起床太晚，那么你将错过早饭。

你起床不晚。

_____

因此，你没有错过早饭。

这两种错误分别被称为**肯定后件谬误**和**否定前件谬误**。这两种谬误必须加以避免！

有一种否定后件论证在哲学上有特殊的用途，它被称为归谬法（*reductio ad*

absurdum）。一位哲学家主张P（比如"正义就是强者所坚持的任何东西"），他的对手主张如果P则Q（比如"如果正义是强者的意志，那么强者不公正也就是公正的了"），但这里Q显然荒谬的，因此为假——于是最初的断言P必定也为假（这个例子是苏格拉底的一则著名论证）。攻击一种哲学立场的一个好办法就是说明，尽管它表面上很合逻辑，但其结果却是荒谬的。

 引文资料： 憎恶逻辑

"有一种危险我们必须加以提防。"苏格拉底说道。

"什么样的危险？"我问道。

"变得憎恶逻辑，"他说道，"这是在人们变得憎恶人的意义上说的。对任何人来说，没有比憎恶论证更大的不幸了。憎恶论证和憎恶人是以同样的方式产生的。憎恶人的产生是由于不加批判地相信某人。你假定某个人绝对诚实、忠心、可靠，而后又发现他是虚伪的、不可靠的。同样的事情一而再、再而三地发生。由于对这些被认为是你最亲近的人的反复感到失望，你和他们的友谊以可恨的结果而告终，这种情况会使你憎恶任何人，认定在任何地方都不可能找到真诚……

"论证与人之间存在的相似不是我刚才讲的那种相似，而是我前面说的那种相似。如果一个人相信某个论证是真实的，但没有对之使用逻辑的技艺，稍后在决定对错时说它是错的，同样的事情一而再、再而三地发生……最后他们相信自己比其他任何人都要聪明，因为只有他们发现在事实中和在论证中，没有任何事物是稳定的、可靠的，一切事物均像定时涨落的渠中流水一样波动起伏，不会在任何时候任何地点停滞不动……"

但假定有一个真实而有效的论证，然而有人却一生中老是抱怨和斥责论证，由此错过了认识关于实体的真理的机会，这岂不是一桩可悲的事？[1]

——柏拉图《斐多篇》，公元前4世纪

---

[1] Plato. *Phaedo. The Last Days of Socrates*, translated by Hugh Tredennick, Penguin, 1969, lines 89d–90e, pp. 144–145.

📝**引文资料：推理规则**

⊃ ＝如果，那么

～ ＝非

• ＝和

∨ ＝或

∴ ＝所以

1.肯定前件

　p ⊃ q

　p

∴ q

2.否定后件

　p ⊃ q

～ q

∴ ～ p

3.假言三段论

p ⊃ q

q ⊃ r

∴ p ⊃ r

4.选言三段论

p ∨ q

~p

∴ q

5.二难推理

(p ⊃ q)• (r ⊃ s)

　p ∨ r

∴ q ∨ s

6.吸收

p ⊃ q

∴ p ⊃ (p•q)

7.简化

p • q

∴ p

8.合取

　p

　q

∴ p • q

9.添加

p

∴ p ∨ q

——欧文·柯匹《逻辑导论》，1986[①]

---

① Copi, Irving. *Introduction to Logic*. 7th ed., Macmillan, 1986, pp. 311–312.

常见的非形式式谬误

Appendix C
Common Informal Fallacies

────── "非形式"谬误 ──────

许多论证尽管从形式上说是有效论证，但它们却是谬误。也就是说，它们并不违反推理规则和演绎论证的正当形式，但却仍然是不好的论证。比如说，重言式是一种直接有效的论证（如果P，那么P），但在一次讨论或在一篇哲学论文中，这样一种论证显然对于问题的深入起不到任何作用。下面是一些常见的、几乎总是不好的"非形式"谬误。

只作断言

你接受一种观点这一事实不足以让别人也相信它。陈述你的观点并不是对它的论证，除非你只是在回答一次公众意见调查，否则每种意见都需要有论证作支持。当然，有一些陈述是大家都会照字面接受的，所以你用不着去论证。然而这并不意味着它们没法争论，因为如果遇到挑战，即使是常识中最明显不过的事实，也必须被论证——这正是大部分哲学所要讲的。

循环论证

另一种谬误虽然看起来像是论证，但实际上却是把要被论证的结论当成了前提。比如说，假定你主张人人都应当成为基督徒，理由是《圣经》是这样说的。这也许对你来说的确是结论性的，但如果你试图说服的对象不信仰基督，那么他也许同样不信《圣经》上的话。因此，诉诸《圣经》是一种对成为基督徒的循环论证。

循环论证往往是由一个经过改装的结论组成的，比如，"这本书将会提高你的分数，因为它能帮助你在考试中表现得更好"。

恶性循环

循环论证与另一种通常被称为"恶性循环"的论证相似。让我们考虑上面那种谬误的一种更为精致的表述。一个人声称自己知道上帝存在，原因是他看到了一种宗教场景。当被问及他怎么知道这种场景是宗教的而不是他所吃的某种东西的反应时，他回答说，这种复杂而强烈的体验只能由上帝引起，而不可能由其他东西引起。当被问及这又是为什么时，回答是，上帝亲自——在场景中——告诉他的。再比如说，"他一定是犯罪了，他脸上的表情可以做证。""你怎么知道他是犯了罪，而不是被吓着了或正处于悲伤之中？""因为他就是做那件事的人！"如果你用B来论证A，用C来论证B，却用A来论证C，那么你就陷入了一个恶性循环。它之所以是恶的，是因为就像循环论证一样，你已经假设了你所要证明的东西。

但需要记住的是：凭借着那些只有接受其余的许多信念才能加以辩护的信念，也许所有的观点最终会形成一个整圆。宗教信徒和无神论者之间的争论往往就是如此。自由市场的支持者和马克思主义者之间的争议也是一样。长时间的争论清楚地表明，每个人都接受了一个大的信念体系，所有这些信念都依赖于其他的信念。某些逻辑学家把这称为一种"良性循环"，但这并不意味着没有恶性循环存在。一个良性循环是一整套世界观的发展，它需要进行充分的思考和组织。而恶性循环则像循环论证一样，它通常只是思考粗心的结果，而不能通往任何地方。

离题

你一定见过这样的人，他对一种观点进行论证的方式是提出别的东西，比如抛出一堆统计图表，或是对宇宙的状态大加抱怨，或是说一些笑话。总之，什么都做了，就是不谈正题。这也许是一种拖垮对方的技巧，但却不是说服别人同意你的观点的方式。无论一则论证可能被打扮得多么华丽，如果它偏离了你所要辩护的主题，那就没有任何用处。

人身攻击

最使人不愉快的一种离题是对对方进行人身攻击，而不是反驳他的观点或立场。你所要反驳的人有可能会说谎、穿着很不讲究、秃头或面相丑陋、还不到选举年龄或者老得干不动活，但唯一重要的是他说的是否能被接受。对对方的外表、声誉、举止、智力、朋友或财产品头论足，有时也许会对你理解对方为什么会持这样一种立场有所帮助，但它并不能对这种观点本身进行证明或否证。对对方的动机、私人考虑进行考察，也许量少了是适当的，但量多了通常就会冒犯别人，而且往往对你更有害。所以，务必尽一切可能避免这种类型的论证。它往往表明你自己没有任何好的论证。

结论含糊或变动

　　读起来最令人头痛的论证之一是那种结论含糊的或每一段文字的结论都变动的论证。如果某种事物是值得捍卫的，那么它就应当被清楚地表达出来，并且得到坚持。如果你主张服用药品的人应当受到惩罚，但并没有说清楚这些人是指吸食海洛因的人，还是服用阿司匹林的人，那么你的观点就没有考虑的价值。如果你说你指的是非法的毒品罪犯，那就不要主张药品对你的身体有害，因为无论是合法的还是非法的药品都同样有效；如果你说你指的是服用安非他明（一种中枢兴奋药）的人，那么当有人向你解释安非他明的几种药用价值时，就不要转而谈论药品是否非法。一定要搞清楚你正在争论的是什么，否则你的论证就会没有目标。

改变含义

　　有时一则论证虽然表面上看是有效的，但其实却含有谬误。比如：
　　只要人们可以为自己打算，那么就是自由的。
　　监狱里的罪犯可以不受约束地为自己打算。

　　————————————————

　　因此，监狱里的罪犯是自由的。
　　之所以会得出这种悖谬的结论，就是因为"自由"一词的含义模糊不清。它在第一句话中是指一种心理的自由，而在第三句话中则是指身体的自由。一个有趣的例子是这样一则论证，它通常被认为是著名的英国哲学家密尔提出来的："人们想要的东西就是值得要的东西。"请注意，这则论证是拿英语中的一个含糊之处做了手脚。并不是每一件实际被欲求的东西都是应当被欲求的（比如酒精被酒鬼所欲求），所以这则论证是演绎无效的（不过密尔认为，x是值得要的唯一判据就是人们事实上想要它）。请注意你的论证中的关键词项一定要自始至终保持相同的含义。

分散注意力

另一种常见的谬误形式是"用题外话引开别人注意"，即没完没了地去讨论一些偏离主题的话题。例如，在一则关于心脑关系的论证中，一个神经学家也许很乐于详细地告诉你神经学中的一些奇特事实，告诉你他所做过的一些脑手术，还有对神经学一无所知的哲学家过去曾经提出的一些愚蠢的理论。但是如果这些与所谈的问题没有关系，那么它们就不过是一种挺不错的周末消遣方式，而不是消除歧见的步骤。当论证的时间有限时，分散注意力是一种特别有利的谬误（这也就是为什么它在课堂上特别盛行的原因）。

伪问题

有的时候，谬误源于所问的问题。例如，有些哲学家认为像"心灵是怎样与肉体相联系的？"或者"上帝能否创造一座连他也搬不动的山来？"这样的问题就是一些伪问题。也就是说，它们看上去像是真正的问题，甚至是深刻的问题，但由于它们所基于的一些无意义的假设，因此最终是无法回答的。（具体到这两个例子，他们认为心灵与肉体之间没有合理的区分，因此任何有关它们是如何"相联系"的问题都是无意义的；第二个问题则预设了上帝的"全能"包括了他可以做逻辑上不可能的事情，而这是荒谬的。）同分散注意力一样，伪问题也把我们带到一条很长的死胡同里去了，只不过在伪问题的情况下，我们连出发点都是错的。

不可靠的权威

我们较早前曾经提到，近代哲学是基于我们有权——有时还是一种责任——对权威提出质疑这一假设之上的。然而，无论是科学家还是那些特别有智慧的"一部分人"，我们的大多数知识和意见都是基于权威的。不诉诸权威即使不是极为危险的，也是极为愚蠢的，特别是在我们这样一个高度技术化的社会如此复杂的世界中。我们会问一个经济学家如果利率下跌会发生什么，会问礼仪小姐食用沙拉应当使用哪副叉子。如果我们问错了人，问的不是相关领域的专家，那么就可能出现这种谬误。比如说，当内科医生被问及有关核政策的问题，或是物理学家被问及有关高中教育的问题时，他们在一个领域有专长并不说明他们在另一个领域也同样如此。是否应当诉诸出版物上的观点要看该作者或该出版物的权威，印刷出来的东西并不必然就是权威性的。

滑坡隐喻

往往会弥散到整个论证之中。一个较为常见的隐喻是"滑坡"，即一个打滑的斜坡，人一旦踏上去，就必定会滑到底部。（在政治上，这有时被称为"寒蝉效应"[所谓"寒蝉效应"（chilling effect），是指试图从事法律所保护的活动的个人由于政府管制的间接影响而不得不打消从事这种活动的念头。也就是说，如果政府对不法活动的管制影响了合法活动的进行，便存在着一种寒蝉效应]或"多米诺骨牌效应"。）比如有人主张，任何对自由言论的干涉，甚至是禁止一个人在拥挤的礼堂中喊"着火了！"，都迟早会导致包括有益的、负责任的政治讨论在内的一切自由言论的消失。但我们通过攻击一种极端的情况，就一定能危及整体吗？有时也许是这样，但更多的情况是，滑坡隐喻会使我们认为存在着这种不可避免性，但事实上它并不存在。

攻击稻草人

拥有过硬的论证的真实对手有时是很难反驳的，因此，转而攻击一个论证很容易反驳的假想的对手真乃轻松之策。这被称为攻击稻草人。例如，法国存在主义者让-保罗·萨特主张人有"绝对自由"，意思是他们总能找到对付某种困难处境的方式。但不赞成他的批评家们马上就把他的主张解释成一个人可以做任何他所想要做的事情，比如通过扇动耳朵飞到月球——他们以为用这么愚蠢的例子就驳倒了萨特。

同情（以及诉诸其他感情）

有些形式的谬误诉诸我们的某些较好的部分，这甚至发生在它们对我们脆弱的逻辑能力构成挑战之时。诉诸同情往往就是这样一种论证。受苦人民的照片也许可以很好地刺激社会行动，但在我们的同情——这是一种无可否认的优点——与相应的社会行动之间的关联并不构成一种论证。诉诸同情（以及对所有感情的诉诸）在哲学论证中有着完全合法的位置，但这种诉诸本身却不是对任何特定立场的论证。一个演说者也许会使我们恼火，但我们对相关问题所要做的却必须是进一步论证的产物。

诉诸力量

身体的力量永远也不能造就哲学上的正确性。有时一个人会受到威吓，但他却并不因此而被驳倒。有时我们不得不用力量来支持一种哲学信念，但力量却构不成对这种信念的辩护。

不恰当的论证

我们最后要提到的一种谬误与方法的选择有关。当强有力的归纳论证反对你的时候，你却坚持要求用演绎论证，这同样是一种谬误——也许不是一种错误的论证，但仍然是一种逻辑错误。比如说，假设你正在演绎地论证某个国家不会有任何刑讯逼供存在：因为Q先生正统治着这个国家，而且Q先生是一个好人（这里隐含的前提是，"好人不会允许刑讯逼供在他的国家存在"）。但如果有成百上千的可靠的证人公开描述他们亲眼见过或经历过刑讯逼供，那么你最好还是放弃这个论证。在这种信息面前仍要坚持你的演绎是愚蠢的。这也许告诉不了你论证的问题出在哪儿：也许Q先生没有这么好，也许他被推翻了，也可能他听不到汇报，所以就无法防止刑讯逼供的发生等，但无论如何，这种论证都应当立即中止。

反过来也是一样。某些抽象的问题似乎只能通过演绎来回答。比如当探讨宗教问题时，寻找建立一种归纳论证的证据可能就是愚蠢的。这里关键的地方是你关于宗教的基本概念及其含义。作为相关事实的证据可能是无关紧要的，非常抽象的问题往往只需要进行演绎论证。

出现以上任何一种谬误几乎都是令人窘迫的，而且往往会危及你的整个论证。如果你想论证一件事情，那么就要用最有说服力的方式去论证它。说服别人的最有效的方式就是，巧妙地把演绎论证和归纳论证结合起来，再辅以类比和对其他立场的恰当的批评。如果你认为自己的意见很重要，那么没有什么能比用最好的论证去支持它们更值得做了。

术语表

（以汉语拼音为序）

阿波罗式的（尼采）[Apollonian (Nietzsche)]：艺术的理性原则；形式。

阿特曼（atmen）：（梵文）超越个人的、最高的自我，在每个人那里都是一样的。另见吉瓦（*jiva*）。

白板（*tabula rasa*）：洛克哲学中的术语。洛克认为心灵就像一块白板，从而与天赋观念存在的学说相对立。换句话说，心灵在人刚出生时是"空白的"，我们所知道的任何东西都必须通过经验"印上去"。

报应的正义（retributive justice）：公平处罚。

悲观主义（pessimism）：认为生活是不快乐的，而且也没有最终的目标。宽泛地说，悲观主义者是料想事情最终会最糟的人。康德（他根本不是一个悲观主义者）的追随者，19世纪的德国哲学家叔本华是历史上的悲观主义者中最重要的人物之一。

悖论（paradox）：基于表面上看没有问题的论证而得出的自相矛盾的或似乎荒谬的。

本体论（ontology）：对存在的研究："什么是最真实的？""一个事物存在意味着什么？"

本体论的（ontological）：与存在的观念相关的。

本体论论证（ontological argument）：试图从"上帝"这个概念证明上帝存在的一个（或一套）论证。例如，"上帝"根据定义就是拥有各种可能的完美性的存在；存在是完美性的一种；因此上帝存在。

本真的自我（authentic self）：存在主义的一种说法，指真正的、个体的自我认同，从而与非本真的自我相区别，非本真的自我只是一个人所扮演的角色和公众的认同而已。这个词在20世纪经由马丁·海德格尔的哲学而变得盛极一时。见本质自我。

本质自我（essential self）：使一个人成其为那个人的特征。见本真的自我。

必然真理（necessary truth）：某种既不可能是另一种样子，也不可能被想象成另一种样子的事物。在哲学中，根据物理定律（如引力定律）是"必然的"，或者根据风俗习惯（比如打击逃税的法律的"必然性"，或者饭后抽烟的必然性）是"必然的"，并不足以说明某种事物是必然的。必然性甚至不允许想象中的反例。因此，二加二得四是必然真理，我们不但对此确信不疑，而且发现我们没有能力怀疑它，无论我们的想象力有多么丰富，也不可能说出它如果错了会是怎样一种情况。

辩证法（dialectic）：一种被黑格尔和马克思大加使用的哲学方法，在辩证法中，矛盾之间互相对抗以达到真理。辩证法的起源可以在古希腊哲学中找到。

不可靠的（论证）[unsound (argument)]：一种坏的论证；一个无效的或前提为假的演绎论证（或两者兼而有之）。

不可知论者（agnostic）：既不愿意相信上帝存在，也不愿意相信他不存在的人，理由通常是这两种看法都没有充分的证据。

不连贯的（incoherent）：缺乏连贯性；不能以一种有序的或逻辑上相容的方式搭配在一起。使用一些没有准确含义的花哨的行话也许是不连贯的一个来源。随便拉一张信念的清单，而没有按照任何秩序或逻辑把它们排在一起也会出现这种情况（它们甚至可能是相互矛盾的）。一种不连贯的哲学也许是富有洞见的，或者部分上正确的，但由于它永远也不可能构成一个系统，所以它看起来很可能就像是一堆胡言乱语或只言片语。还有一些时候，不连贯的哲学也许是一种无法理解的哲学。它的术语完全让人摸不着头脑，它的原理只是一些凌乱的堆积，而没有明确的关联或解释。

不一致的（inconsistent）：坚持或主张相互矛盾的立场。即使某种哲学的所有论点似乎都是可靠的，但如果不一致，它也是有问题的。

禅宗（Zen Buddhism）：见佛教（Buddhism）。

阐释（interpretation）：一种理解的方式，从某种眼光出发去看一套事实。

超然（detachment）：不怀有意图或情感关切。伟大的悲观主义者阿图尔·叔本华提出通过禁欲式的否定（或通过审美沉思）来达到超然，以回应这样一个事实：由于我们连续不断的非理性欲望，生活中充满了烦恼。叔本华的解答类似于古代的斯多亚派哲学，这种学说认为，我们的绝大部分激情都是非理性的，运用理性的超然智慧可以最好地使我们免受它们的干扰。

超人（Übermensch）：尼采著作中的一个概念，指一个有可能在未来取代我们的卓越的人。

超验的（transcendent）：独立的。在宗教哲学中，**超验的上帝**与他所创造的宇宙是相分离的和迥然不同的。这与内在的上帝概念相反，比如在泛神论中，上帝是等同于他的造物的，或可举一个不同的例子，在某种形式的人本主义那里，上帝是与人类相等同的（黑格尔主张这种观点）。

超越（transcendence）：存在主义者让-保罗·萨特哲学中的概念，指我们总能超越或越过那些已经对我们为真的事实，或萨特所说的我们的事实性。超越意味着自我不是由那些关于我们的事实所决定的，而是由我们对这些事实的（不断的）解释所决定的。

禅宗（Zen Buddhism）：佛教的一次更为晚近的发展，强调沉思和教导的重要性。

沉思（的生活）[contemplation(the life)]：按照亚里士多德（和其他哲学家）的说法，这是最幸福的生活，即是思想和哲学的生活。

承诺（commitment）：一种自愿形成的需要遵守的义务。

存在的世界（World of Being）：柏拉图形而上学中的术语。指理想中的"理式"的世界，这个世界是没有变化的，我们只能通过理性和思想来认识这个世界。

存在主义（existentialism）：20世纪的一种哲学运动，在法、德两国通过海德格尔、萨特和其他一些哲学家的著作而展开。它的基本主题是人的自由和责任、既定规则的缺乏以及我们需要对自己的行动负责。

单一主神教（henotheism）：认为同一个神圣实在以各种不同的形式显示出来。

单子（monad）：莱布尼茨用来指一切不变事物的最终组成部分的非物质实体。上帝是唯一一个不是被创造的单子，他作为自我封闭的（"无窗的"）的先定实体创造了所有其他单子。

道德（morality）：一般来说，就是指提倡正确行动的规则和反对错误行动的禁令。有的时候，道德指在任何时代、任何社会对任何人都有效的唯一一套绝对的规则和禁令。从更宽泛的意义上来讲，道德可以是任何一套最终的原则和实践，只要它对一个社会来说是基本的。

道德美德（moral virtues）：与行为方式和做人方式有关的美德。

道德绝对主义（moral absolutism）：认为至少有某些道德价值和道德准则是普遍的。见绝对主义。

道德（或伦理）相对主义（ethical relativism）：认为道德的恰当性是相对于社会而言的，因此在一种文化语境中是错误的行为，在另一种文化语境中可能是正确的。见相对主义。

道德哲学（moral philosophy）：对正确和错误的行动、道德价值和原则的研究。

德国唯心论者（German idealists）：19世纪德国的一群哲学家，他们认为心灵和观念是最终的实在。

狄奥尼索斯式的（尼采）[Dionysian(Nietzsche)]：艺术、精力和意志中的非理性原则。

多神论（polytheism）：信仰许多个神。

多元论（pluralism）：一种形而上学的观点，认为宇宙中存在着许多各不相同的实体，也许有许多不同种类的实体。

多元论（伦理学中的）[pluralism(in ethics)]：接受若干种不同的伦理价值体系可以在一个社会中共存，无论它们是否相互矛盾。

多元论者（pluralist）：相信存在着不止一种实体的哲学家。（"多元主义"还可以有其他含义，比如可以指容忍哲学中不同方法论进路的人。）

恶的问题（problem of evil）：人们相信上帝是全知全能的，但世界上又存在着恶和苦难，于是在试图协调信仰与现实时就出现了两难困境，这就是恶的问题。

二元论者（dualist）：承认存在着两种基本实体（通常是心灵和物体）的哲学家。

法律权利（legal rights）：通过立法赋予的权利，比如驾驶的权利（伴有某些合理的限制）。

法西斯主义（fascism）：认为国家有权控制个人生活的每一个方面，原因在于国家是最重要的，个人只居次要地位（有时也称极权主义）。

梵（Brahman）：（梵文）"一"；终极实在；绝对存在。

反驳（refute）：因好的、可信的理由而拒斥。我们通过表明一条陈述是假的来反驳这条陈述；通过表明一个论证是无效的或者它的结论是假的来反驳这个论证。

反例（counter example）：一般说法的例外情况。通过表明某个论点的一个前提并非在任何情况下都成立，使用反例可以批评这个论点。比如说，如果有人声称"所有美国人都热爱足球"，那么我们只要能够举出一个不喜欢足球的美国人的例子，就可以反驳这种说法了。

反思（reflection）：对已被断言或被认为理所当然的东西进行思考，从而理解和评价它。

泛灵论（animism）：认为一切事物——甚至是宇宙整体——都是活着的观点。

泛神论（pantheism）：信仰万物皆神。比如斯宾诺莎就是一个泛神论者。从部分程度上来说，印度教也是一种形式的泛神论。

非决定论（indeterminism）：这种观点认为，在宇宙中至少有一些事件不是被决定的，它们并非由先前的条件所引起，也许是不可预言的。

非理性的（irrational）：与理性规则相违背（不等于"没有理性的"，比如我们可以说虫子和鱼是"没有理性的动物"）。只有理性的（即会思考、会计划、会计算的）生灵才可能是非理性的。

非物质论（immaterialism）：认为非物质实体存在的一种形而上学观点。它的弱版本只是认为存在着这种实体；而它的强版本即唯心论则认为，只有这种实体存在（也就是说，不存在物质对象）。

分配的正义（distributive justice）：对物资和服务的公平分派。

分析（analysis）：通过区分和澄清各种组分来理解某种观念。比如，"谋杀"这一观念包含三个子观念：杀害、错误与意图。

佛教（Buddhism）：由乔达摩·悉达多（约公元前566—前480）在印度创立的一种宗教。它源于印度教，教导人们苦是人类存在的普遍境况。

否定后件（*modus tollens*）：一种有效论证形式和推理规则。否定后件具有如下形式：

如果P，则Q，

非Q，

_____

因此，非P。

富豪制（plutocracy）：由富人来统治。

概念（concept）：关于某种对象或事物状态的观念，通常用一个词或一个短语来表达（概念有时候被说成是词语的含义）。

概念框架（conceptual framework）：指这样一个概念系统，在这个系统中，人们以某种特定的方式对对象加以分类和识别，其中某些理解和观念被给予了优先性。例如，在一个科学的概念框架中，我们倾向于用**物理的力**来讨论；在一个宗教的概念框架中，我们倾向于用**精神的力**来讨论；在一个经济学的概念框架中，我们倾向于用价格、费用、供应等这样的词来讨论（例如，我们可以比较一下用科学的、宗教的和经济学的术语来讨论教堂上一座新的尖塔，其方式各有什么不同）。

公理（axiom）：一个因定义为真或显然为真，以至于用不着再去证明的陈述。因此，公理可以被用作论证的出发点，而无须进一步争论。

公民（citizen）：一个有组织的社会中的成员。卢梭用这个术语来与他的"自然人"概念进行对比。"自然人"比现代人更健康、更幸福，现代人已经被（有缺陷的）社会所败坏。但卢梭认为，正确构想的社会不仅能在一定程度上恢复我们的自然活力和利用我们的创造力，而且会使我们实际成为某种不仅仅是"自然"的东西。社会将使我们变得道德。社会将把一个人变成公民。

公民权利（civil rights）：行使某些政治自由或社会自由的权利，比如投票的权利或义务，或者就某些政治话题说出自己想法的权利或义务。

公意（卢梭）[General Will (Rousseau)]：一个民族集体的愿望和决定。

功利主义（utilitarianism）：一种道德哲学，主张我们的行动应该为了使最大多数人得到最大幸福。

功能主义（functionalism）：这种理论把精神事件等同于大脑中某些特定的过程，而且其他媒介（如计算机）中的类似过程也会产生类似的精神表现。

功能主义者（functionalist）：相信功能主义的人。

共同体主义者（communitarian）：主张这样一种社会理论，强调个体在特定共同体背景下的相互依赖性。这种观点认为，是义务而不是权利定义了公民（"要问的不是国家能为你做些什么，而是你能为国家做些什么"）。在共同体主义者看来，自我有时成了社会的一种功能而不是独立的实体。

寡头制（oligarchy）：由少数人来统治。

关怀伦理学（care ethics）：一种道德理论进路，强调人际关系，呼吁基于与关怀有关的美德来评价如何在特定的情况下行事。这种进路已被女权主义理论家所发展和辩护，有时被称为"女权主义伦理学"，尽管原则上可以在不涉及妇女或女权主义问题的情况下捍卫这种进路。

观察语言（observational language）：科学家用来描述我们所能看见、触摸和操作的东西的语言（比如在科学实验中）。

归谬法（*reductio ad absurdum*）：一种论证形式，通过表明一则陈述会导致荒谬的结果来反驳它。

归纳，归纳推理，归纳概括（induction,inductive reasoning,inductive generalization）：从足够数量的特殊观察样本（"这只天鹅是白的，那只天鹅是白的，还有那一只，那一只……"）中推导出一般结论（比如"所有天鹅都是白的"）的过程。它通常与演绎相对立，演绎推理保证结论和前提同样可靠，而归纳却永远不能给出一个和前提同样可靠的结论。它的结论至多只是有可能的（永远都有这样的可能：世界上的某个地方——比如澳大利亚西部——存在着黑天鹅）。

归纳逻辑（inductive logic）：对归纳和归纳推理的研究。

规范伦理学（normative ethics）：一个道德哲学领域，关注道德性以及我们应该做什么和不做什么的基本问题。

贵族制（aristocracy）：由来自社会最高等级的人来统治（字面意思是"由最优秀的人来统治"）。

过程（process）：一段时间内的发展。黑格尔和最近的一些思想家认为，上帝必须被理解为一个过程，换句话说，理解为生成或发展。

海森伯不确定性原理（物理学中的）[Heisenberg uncertainty principle(in physics)]：一个亚原子粒子的运动和位置不可能同时确定。

合法性（legitimacy）：符合法律的标准或规范。

合理的（rational）：与有效思维的规则相符合，这些规则包括一致性、连贯性、可操作性、简单性、可理解性，注重论据并加以认真权衡，而不是匆匆得出结论等。合理性也许不能保证真理；我们所相信的全部证据和任何东西都可能指向同一个结论，而我们的后代在知道了一些我们所不知道的东西之后，他们也许会发现我们的结论是不正确的。几千年前的人相信地球是扁平的，这是合理的，即使它并不为真。而如果我们还说地球是扁平的，那就是不合理的了，因为我们的证据和所有其他信念均已表明，认为地球是球形（或近似球形）才是合理的。

合理性（rationality）：主要是指按照目标、计划和策略进行思考和行动的能力。合理性也指能够很好地、有效地思考，并且有思考成熟的目标、计划和策略。首先，合理性是与无理性相对的；其次，它是与非理性相对而言的。虫子是无理性的，傻子和疯子则是非理性的。

后果论（伦理学中的）[consequentialism (in ethics)]：认为行动的好坏依赖于行动的实际后果（比如谁受害了，谁得到帮助了）。

化身（avatar）：神化作人形。

怀疑的方法，方法论的怀疑（method of doubt，methodological doubt）：笛卡儿用于发现那些我们可以"完全确信"的原则的技巧；即怀疑一切，直到你发现那些不可能被怀疑的原则为止。

怀疑论（skepticism）：一种哲学的信念，主张知识是不可能的，怀疑不会被任何有效的论证克服。持这种信念的哲学家被称为怀疑论者。怀疑论并不只是私人的怀疑；它要求系统的怀疑，并为怀疑提供理由。

幻（*maya*）：（梵文）幻觉、幻象。

荒谬的，"荒谬"（absurd，the "absurd"）：不合理的，非理性的，无意义的。阿尔贝·加缪用这个术语指"理性的人和一个冷漠的宇宙的遭遇"，这个世界似乎对我们关于正义和意义的要求漠不关心。

积极自由和消极自由（positive and negative freedom）：积极自由是去实现一个人的潜能的自由，这是通过遵守规则、接受良好的教育、从经验中学习等来实现的；消极自由是指从束缚中摆脱出来的自由，比如不再坐牢或不再被威胁坐牢，或者不再被禁止做自己想做的事。它们是同一种考虑的两个对立面；每一个摆脱束缚的例子同时也是去做某件事的自由，反之亦然。

极权主义（totalitarianism）：认为个人完全服从于国家的政治哲学观。见法西斯主义。

吉瓦（*jiva*）：（梵文）个体的自我或灵魂。见阿特曼（*atman*）。

假说（hypothesis）：需要通过诉诸经验和事实来确证（或反驳），通过实验和观察来查明的。

僭主制（tyranny）：由那些压迫和暴虐地使用权力的人来统治。

结论（conclusion）：论证的结尾；最终的主张。

解脱（*mukti*）：印度教对于解脱后的极乐状态的称法。

禁欲主义（asceticism）：一种严格自律和节制的哲学。主张尽可能地拒斥人世间的舒适、奢侈和快乐。

经验（experience）：与世界的实际互动和我们由此获得的知识。今天"科学"这个词往往仅限于那些可以而且必须通过经验和经验外推来回答的问题。

经验概括，归纳概括（generalization from experience，inductive generalization）：从观察、经验和实验中推出一个关于某类事物所有成员的一般命题。比如一个研究者在实验室里发现，对烟草所做的某些实验总能得到同样的结果。他通过归纳，从实验观察中概括出了一个关于所有烟草的主张（或假说）。但需要注意的是，这种概括永远都不是确定的（这与几何学中的情况是不同的，在几何学中，证明了关于这个三角形的一个定理，就可以概括出关于所有三角形的一个定理）。永远都存在着这样的可能：实验中存在着侥幸，或者研究者选择了一些特别的植物样本。

经验论（empiricism）：经验论是这样一种哲学，它声称除某些逻辑真理和数学原则之外，所有知识都来源于经验。我们往往用英国经验论来特别指三位哲学家——洛克、贝克莱和休谟。然而时至今日，它仍然是一种充满生机的运动，伯特兰·罗素和其他一些当代哲学家也在此列。

经验真理（empirical truth）：因事实为真而且可以通过经验获得的陈述。

经验知识（empirical knowledge）：源于经验并且只能通过诉诸经验来辩护。经验知识只能这样获得，并且只能这样来辩护（与先天知识相对，它无须经验）。

精神（Spirit）：黑格尔哲学中的概念，指包含了整个宇宙和所有人的无所不包的观念。更一般地说，精神意指热情（如在"团队精神"或"当这种精神令我感动"中的意思）；在宗教中，精神通常是指一种无形的存在，比如上帝，有时也指人的灵魂。

精英制（meritocracy）：凭借业绩和能力来统治。

净化（亚里士多德的）[catharsis (Aristotle)]：通过艺术来纯洁或涤净情感。

决定论（determinism）：宇宙中的任何事件都依赖于其原因事件。在这种观点看来，人的一切行动和决定，甚至是那些通常被看作"自由的""不确定的"事件也完全依赖于产生它们的早先的事件。见强决定论，弱决定论。

决定论者（determinist）：认为一切事物都是由先前的条件和影响完全决定（或引起）的人。

绝对命令（categorical imperative）：康德哲学的用语，即一种无条件的、不受情况限制的道德律令。绝对命令是特别是指这样一种行动规则，告诉我们应当以我们希望其他每一个人都这样做的方式去行动。

绝对主义（伦理学中的）[absolutism (in ethics)]：正确的道德标准只有一种，它适用于一切社会。

绝对自由（absolute freedom）：不受任何限制（这是不可能的）。让-保罗·萨特用这个术语指一个人无论受到环境的什么限制，总是可以自由选择的，但他并未因此就说一个人可以摆脱限制。

君主制（monarchy）：由一个体现着国家主权的人来统治。

科学（science）：对自然界和物理实在的系统研究，依赖于经验观察和实验。

可靠的论证（sound argument）：一则好的论证；一个既是有效的、前提又为真的演绎论证。

可普遍性（universalizability）：毫无例外地适用于每一个人的能力。按照康德和其他哲学家的说法，这是道德原则的本质特征。

客观真理（objective truth）：独立于个人的观点而为真，而且可以向任何人证明为真。

肯定前件（*modus ponens*）：一种有效论证形式和推理规则。肯定前件具有如下形式：

如果P，则Q，

P，

———————

因此，Q。

快乐主义（hedonism）：一种关于良好生活的概念，它认为快乐就是最终的善。

宽容（tolerance）：宽容是我们这个多种族、多民族、多元化的社会的核心价值之一。宽容包括接受社会内部的差异，而不试图消除或干涉与自己不同的其他群体的观点和做法。

类比（analogy）：相似，比较。类比论证说，两种事物在某些关键的方面相似，因此可能在其他方面也相似。

理论语言（theoretical language）：科学家用来表达由理论产生的概念（例如"原子""分子""化学键""氧化"）的语言，而不是直接报告所观察到的东西的语言。不过，理论是在观察的基础上提出来的，但理论超越了描述。

理性（reason）：抽象地思考、形成论证以及进行推理的能力。有时理性指的是人心灵的一种"能力"（18世纪心理学的一个残余物）。而在形而上学中，这个词有一种很有争议的含义，即人仅仅通过思想超越经验去**确定**实在是什么样子的能力。

理性真理（"truth of reason"）：在传统的唯理论中，信念的证明只能通过诉诸理性和直观，或者由基于直观的前提演绎出来。唯理论者和经验论者都认为，算术和几何是这种真理的典型例子。他们的争议主要是围绕着这种真理的范围以及对诉诸直观所加的限制而展开的。

理由（reasons）：用来支持一个信念或一条陈述的证据或论证。如果一个信念或陈述为充分的证据或论证所支持，或者能用它们进行支持，那么这个信念或陈述就是合理的。

理智美德（intellectual virtues）：在理论和实践问题上都能良好思考的美德。

利己主义（egoism）：认为人是为了自己的利益而行动的。见伦理自我中心主义，心理自我中心主义。

利他主义（altruism）：一个人应当为他人利益着想，而不是只为自己利益着想。见伦理利他主义，心理利他主义。

良好生活（good life）：过得很好的生活；最可取的生活方式。

灵魂（soul）：对个人的存在来说最本质的东西；在基督教中指人脱离死亡的那部分。更一般地说，我们用"灵魂"来指深藏于一个人之中的基本的东西。

伦理利己主义（ethical egoism）：人应该为自己的利益而行动。

伦理利他主义（ethical altruism）：人应该为他人的利益而行动。

伦理学（ethics）：对生活方式及其价值的研究，包括由一般性的道德、原理、道德的概念、道德的基础所组成的一个体系。有时也专指对道德原理的研究。

论证（argument）：从一种主张推出另一种主张的过程。论证也许是针对一个明确的竞争对象，但并不必然如此。哲学论证并不要求有一个靶子或不同意见。

逻各斯（*logos*）：希腊词。指言语、理性、逻辑，尤其是隐藏于实在背后的赋予世界以秩序的"逻辑"。

逻辑实证论者（logical positivists）：这些哲学家认为，任何不能作经验检验的陈述都是"无意义的"（除非它是一个平凡的真理或是数学或逻辑上的陈述）。

逻辑学[logic (or philosophical logic)]：哲学的一部分，研究理性论证的结构，尤其是有效推理的规则和归纳概括的规则。一般来说，逻辑就意味着"秩序"。

美德（virtue）：一种令人钦佩的个人品质，是优良品性的一个方面。

美德伦理学（virtue ethics）：认为评价人及其行动的最重要的特征应该是当事人的品性。

美学（aesthetics）：哲学的一个分支。讨论美，特别是艺术作品中出现的美，以及对这些作品的艺术价值所作的判断。

民主制（democracy）：由"人民"来统治（即由所有人当中大多数人的意志来统治）。

明确表达（articulation）：用清晰、简洁、易懂的语言把你的思想表达出来。

谬误（fallacy）：无效的论证。

摩尼教（Manichean）：与一种古代哲学相关或类似，它教导世界上存在着善恶之间的客观斗争。

目的论（teleology）：认为一切现象都有一种目的、结果或目标（源自希腊词，意思是"目的"）。亚里士多德的形而上学是一种目的论，意思是说，他相信宇宙本身——因此还有它所包含的万事万物——是按照目的活动的，它们都可以根据目标来解释。**目的论**的宇宙观（或者对任何具体现象的目的论观点）试图用目的，而不是用因果或起源来解释一切。

目的王国（kingdom of ends）：在康德的道德哲学中指完美的道德共同体，在这个道德共同体中，所有人都把对方当作目的本身来尊重（而不仅仅是达到某人目的的手段）。

内在的（上帝）[immanent (God)]：认为上帝居于世界和人类的精神之中，而不是同人类和他所创造的宇宙截然分开。

拟人的（anthropomorphic or anthropomorphize）：像人一样的。拟人的上帝观念把人的属性赋予了上帝，这些属性通常是像正义感或妒忌这样的人格特征，有时（比如在希腊神话中或儿童故事里）也把身体属性包括在内。

涅槃（nirvana）：佛教中的术语，指宁静安详的理想状态。这个词的字面意思是"灭"，指通过消除自私的渴望来消除痛苦。

女性主义伦理学（feminist ethics）：女权主义者发展出来的一种道德理论进路，强调人际关系以及使关系得以发展的价值和责任。这种进路有时被称为"关怀伦理学"，尤其是在未提及妇女的地位或其他女权主义问题的情况下进行讨论时。见关怀伦理学。

偶然的（contingent）：不是必然的，本可能是其他的样子。如果我们可以想象一个东西是另外一种样子，那么它（或事物的状态）就是偶然的。

偶然谬误（contingent falsehood）：指虽然错误但本可以不出错的陈述。"地球有两颗卫星"是偶然谬误，因为我们可以想象如果地球真有两颗卫星会是什么。

偶然真理（contingent truth）：本可以不是这样的真陈述。"重物落向地球"是偶然的，因为我们很容易想象，如果它们不这样会是什么情形。即使从物理上说，重物下落是必然的，它也依然是偶然真理。

帕斯卡的赌注（Pascal's wager）：这是17世纪的法国哲学家帕斯卡提出的一个建议。该论证说，信仰上帝要三思而后行，因为如果他存在而你又信仰他，那么你将永远得到回报；然而如果他存在，你又不信仰他，那么你将永远受到惩罚。

批判性思维，批判（critical thinking, criticism）：认真地思考。它并不必然意味着攻击别人的观点。

平等（equality）：与正义相关联，指在法律面前人人享有同样的权利和地位，每个人被给予的发展机会也应该是一样的。

平等的机会（equal opportunity）：不根据种族或性别等特征来区别对待人。有些人认为这正是平等的含义。

评价性（evaluative）：涉及价值判断，而不是简单地描述性的。

菩萨（*Bodhisattva*）：佛教用语。指致力他人觉悟的已经觉悟者。

普遍因果性原理（principle of universal causality）：相信每一个事件都有它的原因。在科学界，为了消灭奇迹和神的干涉（这在莱布尼茨那条与此类似但却更加广泛的充足理由律中是允许的）的可能性，"事件的充分的自然原因"通常会作为普遍因果性原理的补充。

普遍主义（和普遍主义者）[universalism (and universalist)]：主张无论在哪里，哲学都包含着同样的关切和方法。

其他可能性原则（principle of alternative possibilities）：认为一个人必须有真正的选择，才能对自己的行为负道义上的责任。

耆那教（Jainism）：印度三大宗教之一，戒杀生。

启蒙运动（Enlightenment）：18世纪占主导地位的文化运动，其特征是：在理智问题上反对教会的权威，热衷于现代科学，坚信人类通过理性的力量可以获得知识和促进社会进步。

契约（contract）：见社会契约。

前提（premise）：一条从论证一开始就被接受的陈述，它本身并没有被论证。"我思"是"我思，故我在"这一论证的前提。

强的论证（strong argument）：一种归纳论证，这种论证的证据使结论具有高度的可能性。

强决定论，强决定论者（hard determinism, hard determinist）：毫不妥协的、绝对的决定论。

取消式唯物论（eliminative materialism）：认为（至少有一些）心灵状态不存在，我们应该试图用指称正在实际发生的物理过程的神经学术语来取代指称心灵状态的日常"民间"术语。

全能的（omnipotent）：无所不能的，通常用来形容上帝。

全知的（omniscient）：无所不知的，通常用来形容上帝。

权力（power）：使某件事情得以了结的能力。有时它被定义为超越于他人的力量，但这种力量只是在做某件事情需要动员他人或绕过他人时才会用到。

权利（entitlement）：对某种东西拥有一种权利（right）。正义关注的核心问题之一就是权利，即一个人有权保有他所拥有的东西，保有他所挣得的或被给予的。

权利（right）：被法律、习惯或道德证明为正当的要求或资格。

犬儒主义（Cynicism）：古希腊哲学的一场运动，强调美德和过一种"自然"生活。该词取自"狗"的希腊词。犬儒派通过过一种苦行的贫穷生活而获得了这一名声，在其同时代人看来，他们的生活比"狗的生活"好不了多少。

确定的（certain）：无可置疑的。值得强调的是，哲学意义上的"确定性"并不只是普通的心理学意义上的"确信"。一个人可以确信某种东西，但他在这一点上仍然可能是错误的或愚蠢的。从哲学的意义上来讲，一种东西只有在证明是毫无疑问的、不会有任何怀疑的理由被提出来时，才能是确定的。

人身攻击（*ad hominem*）：一种针对个人而完全不顾主题的论证（又可写作*ad feminam*）。

认识论（epistemology）：对人类知识的本性、起源和正当性的研究。

融贯性（coherence）：是一个统一的整体，不同部分能够彼此搭配得很好。

儒家学说（Confucianism）：基于中国哲学家孔子（公元前551—前479）学说的东亚哲学—宗教。孔子的哲学（即所谓的儒家学说）关心的是和谐的社会政治关系、出色的领导能力、如何与他人相处以及个人修养。一般来说，中国思想的核心问题是"什么是良好生活"这一伦理问题。在孔子看来，对这个问题的回答是与他人和谐共处，他的哲学关注的是为人处世之"道"。

弱的论证（weak argument）：一种归纳论证，它的证据没有为结论的真实性提供足够的保证。

弱决定论，弱决定论者[soft determinism（and soft determinist）]：这种观点虽然接受决定论，但它主张某种原因——一个人的性格——使我们可以把他的活动称为"自由的"。因此，弱决定论者是相容论者，他既相信自由又相信决定论。

萨丕尔—沃尔夫假说（Sapir-Whorf hypothesis）：由爱德华·萨丕尔和本杰明·沃尔夫提出的观点，认为一个人的母语结构模式决定了其理解世界的方式。

三段论（syllogism）：演绎推理的一种。最著名的例子是那些具有如下形式的论证：

所有的P都是Q。（大前提）

S是P。（小前提）

_____

因此，S是Q。（结论）

大前提是一个一般性断言，小前提通常是（但并不总是）一个个别断言。

善良意志（good will）：一种没有隐秘动机的意志，其动机仅仅是想尽一个人的义务。

设计论证（证明上帝的存在）[argument from design (for God's existence)]：一种试图"证明"上帝存在的论证，它把上帝存在的原因归之于自然的复杂微妙和"设计"。这种论证的根据是，宇宙被设计得如此完美，所以它必定有一个设计者。最常见的一个类比是，我们在海滩上发现了一个复杂的机械（比如说一块表），由此我们推断必定有一个智慧的存在物创造了它。

社会契约（social contract）：全社会所有成员之间达成的心照不宣的或明确的共识。在社会中，每一个公民让度出某些权利和特权，以此来获得社会的保护和共同的利益。

神秘（mystical）：指的是体验到与上帝进行直接而密切的融合。

神秘主义（mysticism）：相信人可以通过一种非常特殊的直接体验来把握某种根本性的宗教真理（上帝的存在、宇宙的统一性等），它与日常的理解有别，与理性也相抵触。

神权制（theocracy）：由宗教或由"神"来统治。

神学（theology）：对宗教的学说、实践和体验的理论研究和阐释。

神正论（theodicy）：力图解释恶的存在如何能与神的存在相容。

生成（becoming）：变成一种新的状况。黑格尔的一个大胆说法就是，作为普遍精神的上帝不能只用上帝的当下存在——某一特定时刻的某个存在者——来把握，而必须通过一段长期的发展，作为一个过程来理解。换句话说，上帝并非总是现在这个样子，而是一直处于生成过程之中。

生成的世界（World of Becoming）：柏拉图的形而上学中的术语。指我们的生活世界，由感官把握的对象的变化的世界。

生活方式（life style）：依据某种价值和观念而生活。

实践理性（practical reason）：我们的理性在实践问题特别是道德问题中的运用，其解决是一个行动（而不是一条陈述或一种理论）。

实体（substance）：一种或多种事物的本质实在，它隐藏在各种属性和属性变化的背后。它最常见的定义是："能够独立自存的东西"；"一个不变也不可能变的事物的本质"。在传统形而上学中，实体等同于"最终的实在"。对实体的研究是那门研究实在的形而上学的分支——本体论。

实在（reality）：实际存在的东西，与仅仅看上去存在的东西、也许曾经存在的东西或不存在的东西相对。这是一句形而上学的赞辞，比如"最真实（real）的东西是……"。

实证主义（positivism）：这个词以前被用作经验论的同义词。它也被用来指19世纪思想家奥古斯特·孔德的哲学，他认为人的行为遵循科学法则，社会政策应当建立在这些法则的基础上。在最近一个时期，它被用来指由逻辑实证主义者提出的一种看法，即只有能够得到经验证实的句子才是真正有意义的。

世界观（Weltanschauung）："worldview"；一种看待世界和理解世界的方式。

世界观（worldview）：看待世界的一种方式，理解更广阔的前景的一种方式。

世界主义（cosmopolitanism）：认为我们最终都是一个全球共同体的公民，因此对于那些并非我们自己国家或社会的公民的人，我们负有道德上的义务。

事实（"matter of fact"）：休谟的术语，指一种需要通过经验来证实或否证的经验。

事实性（facticity）：萨特用这个词来指称对一个人在任何时刻都为真的事实总体。

事实真理（factual truth）：见经验真理。

属性（attributes）：斯宾诺莎认识到，当笛卡儿把心灵和身体定义为两种不同的实体之后，他并不能解释它们是怎样相互作用的。于是斯宾诺莎选择不把它们当作不同实体，而是同一实体的不同方面（或他所说的属性）。

思想气候（climate of opinion）：人们所共同持有的一套观念和信念，以及这些东西被广泛接受的理智氛围。

思想着的自我（thinking self）：笛卡儿哲学中真正的自我，这个自我通过在思想活动中把捉自己，从而（超出任何怀疑地）发现了它自身的存在。

斯多亚主义（stoicism）：古代哲学的运动之一，教导人们自我控制，把激情降到最低，随时准备承受即将到来的命运。

琐罗亚斯德教（Zoroastrianism）：古波斯宗教琐罗亚斯德教通常被认为是其他一些伟大宗教以及我们的许多核心哲学概念（例如善与恶的根本对立）的前身。

天赋观念（innate ideas）：我们与生俱来的观念，也许包括以某些被"固化"在我们心灵之中的方式来思考的倾向。

同情（compassion）：相互理解、共感、对他人痛苦的分享。

（心身）同一性理论[identity theory (of mind and body)]：这种观点主张精神事件和物理事件是相同的，它们只是大脑神经过程的不同方面而已。

推理[infer (inferred, inference)]：从一套原理推出另一套原理的过程，就像在论证中所做的那样。演绎推理只是推理中的一种。

推理规则（rule of inference）：被人们普遍接受的、能够从一条陈述推出另一条陈述的原理。

万有在神论（panentheism）：认为尽管神超越了世界，但神仍然居于世界的每一个部分中。

唯理论（rationalism）：这种哲学的特点是：相信理性特别是直观能够认识独立于经验的实在。大陆唯理论通常是指笛卡儿、斯宾诺莎和莱布尼茨这三位伟大的欧洲哲学家。

唯我论（solipsism）：这种观点认为我们只能知道我们自己心灵的存在；它有时又被称为自我中心主义的困境。

唯物论（materialism）：一种认为只有物质及物质的属性存在的形而上学观点。那些看似非物质的实体其实就是物体：比如说，讨论精力在某种程度上就是讨论身体的潜能；讨论心灵，就是简略地讨论行为；讨论观念，就是以一种误导的方式讨论对象之间的各种结构和相互关系；数本身并不存在，而只是代表着对象的集合的集合（比如八个东西的所有集合的集合就是数8）。在现代的科学文化中，唯物论一直是一种强有力的世界观。它也是前苏格拉底哲学家中最常见的观点。

唯心论（idealism）：一种形而上学看法，认为只有心灵及其观念才是存在的。

唯心论者（idealist）：持这样一种形而上学观点的人，认为心灵和观念是最终的实在。

文化相对主义（cultural relativism）：主张不同民族事实上持有不同的价值。

文化主义，文化主义者（culturalism, culturalists）：认为哲学总是产生于具体的社会背景下。

乌托邦（utopia，Utopia）：对理想社会的憧憬，通常对怎样才能达到这个理想社会未予太多指引。

无法言表的（ineffable）：不可能用语言来描述的。

无广延的（unextended）：不占据空间。笛卡儿所定义的心灵实体是无广延的或不在空间中，而物理事物则在空间中有广延。

无可置疑的（indubitable）：无法受到怀疑。

无神论（atheism）：一种主张世界上没有神的信仰。

无神论者（atheist）：一个不信神的人。

无效的（invalid）：在论证中没有正确地遵循公认的推理规则。这个词只适用于论证，不适用于陈述。

西西弗斯（的神话）[Sisyphus (myth of)]：在希腊神话中，有一段关于西西弗斯的故事。众神为了惩罚西西弗斯，让他推着石头上山，刚到山顶，石头又重新滚落，于是西西弗斯就不得不永远重复这一过程。阿尔贝·加缪以此为模型，说明人的生活总体上的荒谬性。

先天的（*a priori*）：先于经验，只通过理性。

先天的（知识）[*a priori* (knowledge)]："在经验之前的"，或者更准确地说，独立于全部经验的。先天知识总是必然的，因为不可能想象出一个反驳它的例子，而且对它的怀疑也是不可理解的。一个人固然可以通过经验知道一些先天的东西（例如，你画了上万条平行线，发现没有任何平行线相交），但对于先天知识来说最本质的是，它不需要这样的经验。

显然的（obvious）：无须论证或证明就被认为是真实的；看起来是不容置疑的。

现象背后的实在（reality behind the appearances）：形而上学中的用语，关于事物看上去的样子和实际之所是之间的传统区分。顺理成章的问题就是：我们怎样才能确信我们所知道的现象就是对实在的准确呈现？

相容论（compatibilism）：认为决定论（在有些解释中）和自由行动都可以是真的。决定论并不排除自由行动，自由行动的可能性也并不要求决定论是假的。它们是相容的立场。

心理利己主义（psychological egoism）：这种观点认为，人总是为自己的私利而行动的，即使他们看起来像是为了他人的利益而行动，那也只是表面现象（比如当一个人向慈善团体捐款时，利己主义者会说，这个人只是为了使自己能够体验到一种正直的感觉）。

心理利他主义（psychological altruism）：这种观点认为，人"天然地"就是为了他人的福祉而行动的。

心—身问题（mind-body problem）：精神事件（疼痛、思想、感觉）是怎样与身体——特别是大脑——相关的。

信仰（faith）：通俗地说，就是你在没足够的证据或缺少好的根据时，相信某种东西。在神学中，信仰通常指信徒对上帝最终的慈悲与公平所应当持有的信赖。有的时候，信仰被说成是对上帝的一种理性信念（比如在康德哲学中）。更常见的情况是，信仰被说成是与理性相对抗（比如在克尔恺郭尔的哲学中）。

信仰的飞跃（leap of faith）：克尔恺郭尔的用语。他认为一个人不可能证明他所信仰的东西。

行为主义（behaviorism）：精神事件不存在（或它们不具有科学意义上的重要性）。我们用心灵方面的名称（疼痛、感情、动机）所称谓的东西实际上是行为的样态，它们被误认为是内在的、"幽灵般的"事件。

形而上学（metaphysics）：最简单地说，就是对最基本的（或"第一"）原理的研究。从传统上说，它研究的是终极实在或所谓的"存在"。通俗地说，任何一种抽象的或晦涩的思考都叫形而上学。今天的大多数哲学家会把形而上学定义为对科学和人类生活的那些最一般概念的研究，如实在、存在、自由、上帝、灵魂、行动、心灵。

形式（或理式）（Form）：事物的结构。它被看作一个特殊的事物或一种事物。在柏拉图那里，理式是独立存在于"存在的世界"中的实体，它决定着这个世界中的那些特殊事物的本性。在亚里士多德那里，形式只是确认一个事物是其所是的本质特征，它不是独立存在的。

幸福计算法（happiness calculus）：由杰里米·边沁发展出来的一种技巧，它用行动产生的快乐和痛苦的量来计算行动的正确性。快乐之间相互比较，并与行动产生的痛苦相抵消，那么给最多的人带来最多快乐和最小痛苦的行动就是应该做的。

休谟的叉子（Hume's Fork）：大卫·休谟的一种论证，即每一个得到辩护的真陈述要么是一个"理性真理"，要么是一个"事实"。

虚无主义（nihilism）：认为一切都没有任何价值。

循环论证（begging the question）：把一个问题中正在争论的观点假设为正确的。例如，我怎么知道上帝不会欺骗我？因为上帝赋予我的理性的自然之光告诉我，上帝不会这样做。

演绎（deduce）：根据业已接受的推理规则从一个原理推出另一个原理。演绎或演绎论证的关键在于，结论的确定性是由前提的确定性来保证的。

演绎（deduction）：演绎有时候被更狭窄地定义为：通过三段论的方式，从一个一般性的前提推出一个特殊的结论。例如，从"所有的人都是哺乳动物"和"苏格拉底是人"推出"苏格拉底是哺乳动物"。然而，这并非一般意义上的演绎的意思，也不是笛卡儿使用这个词的目的所在。

一神论（monotheism）：只信仰一个神。

一元论者（monist）：认为最终只有一种实体、实在即一的哲学家。

义务（duty）：一个人应该做的事情，不论是因为他在社会中的地位（比如在柏拉图或亚里士多德那里），还是因为理性的道德原则（比如在康德那里）。见义务论道德。

义务论道德（duty-defined morality）：认为道德上的是非首先是由一个人的责任和义务概念来决定的。

艺术哲学（philosophy of art）：对艺术的本质以及艺术体验或愉悦体验的研究，包括对"美""表现"等概念的理解。

意识（consciousness）：心灵的觉知（注意不要与"良心"[conscience]相混淆）。

意识形态（ideology）：一个价值和观念的体系，人们就是在这个体系中理解和评价行为和事件的。

意向性（intentionality）：指向世界上的某个对象或情况（是情感或信念等心理状态的典型特征）。

意志（will）：允许我们选择自己的行动，或至少是选择自己试图要做的事情的心灵的力量。在康德那里，善良意志是唯一一种"无条件"善的东西，即根据正确的理由，带着良好的意愿而行动。

印度教（Hinduism）：印度的古老宗教，它关于终极实在的观念并不包括一个像我们所说的"上帝"这样的观念。印度教强调生活的统一以及与宇宙"合一"的理想。

尤德摩尼亚（eudaimonia）：亚士多德用来称谓"幸福"的词，或者更精确地说，就是"生活得好"。

有广延的（extended）：占据空间。笛卡儿把物理事物定义为有广延的，同时声称心灵实体是无广延或不在空间中的。

有神论（theism）：信仰神。

有效的（valid）：如果一个论证遵循了公认的推理规则，就说这个论证是有效的。这个词只适用于论证，不适用于陈述。

瑜伽（yoga）：一种精神训练方法，目的是使心灵宁静，达到觉悟。

宇宙论论证（cosmological argument）：一种关于上帝存在的论证，这种论证基于以下这种观念：宇宙的存在必定有一个第一因或最终的原因。

宇宙学（cosmology）：对诸如宇宙是怎样形成的，空间和时间的本性是什么，宇宙有多少维，这样一些问题的研究。

语言决定论（linguistic determinism）：认为语言塑造了人们理解世界的方式。

预设（presupposition）：一条被当作论证的先决条件的原理，但它本身并没有受到论证的检验和批判。例如，律师预设了法庭以正义为目标，而且法庭已经有了一些关于正义的观念。对那些主张提出挑战的是哲学家而不是律师。

元伦理学（metaethics）：这个道德哲学领域思考的是道德的地位和作用，并且对道德术语做出定义。

原子（atom）：最小的可能物体之一。原子是现实世界的砖块。德谟克利特被认为是第一个原子论者。约翰·道尔顿是近代原子论之父，他的近代原子论是近代化学的基础。

哲学（philosophy）：关于生命的意义、我们知道什么、我们应该相信什么、我们应该如何生活等重大问题的研究领域。

真理的符合论（correspondence theory of truth）：这一理论认为，一个陈述或信念当且仅当与"事实""相符"时，它才是正确的。然而，即使我们考察的仅仅是关于事实的陈述，一旦这种常识性的"理论"试图挑出什么和什么相符，它就陷入了困境。比如，离开了我们用以确认事实的语言，我们怎样才能确认一个"事实"？说一个陈述与一个事实"相符"是什么意思呢？

真理的融贯论（coherence theory of truth）：这种理论认为，当且仅当某种陈述或信念与一个陈述或信念的系统相一致时，它才是正确的。由于我们永远也不可能"越出"自己的经验，所以一个信念为真仅仅是指它与我们的其他经验相一致。

真理的实用论（pragmatic theory of truth）：这种理论主张，一个陈述或信念是真的，当且仅当它"管用"。也就是说，如果它能够使我们在日常生活中有效地预言某种结果或功能，或者如果它能够鼓励我们更加深入地探究，并且帮助我们生活得更好，那么它就是真实的。

正义（justice）：对社会中公平的回报、处罚、利益和责任的管理。

证据（evidence）：相信的理由，基于经验。

直观（intuition）：直接的、没有中介的意识。正如这个词通常的用法所显示的那样（比如当人们谈及女性的直觉[intuition]时），它暗含了某种神秘的理解方式。然而，作为一个技术性的哲学术语，"直观"并不必然具有这种含义。于是康德把感观知觉描述为一种直观形式。

智慧（wisdom）：人类思考的理想——尽管人们对哪种学说或人物是最具智慧

的还有分歧。从本质上说，智慧既是抽象的或理论的知识，又是实践的知识，包括"应该怎样去生活，怎样才能生活得好"。

主观唯心论（subjective idealism）：这种观点认为，除观念和心灵之外，无物存在。18世纪早期的唯心论者乔治·贝克莱持一种主观唯心论的极端立场，它可简单地概括为"存在就是被感知"（*esse est percipi*）。按照贝克莱的说法，相信那些我们不能经验到的东西存在是毫无意义的。

主观真理（subjective truth）：一种在相信它的人看来也许为真，但对其他人也许并不为真的观念。在克尔恺郭尔那里，主观真理是一种激情式地笃信的观念，但从客观上讲，它既不真也不假。

资本主义（capitalism）：以私有制、自由生产和自由买卖为基础的一种经济体制。资本主义的前提之一是，人人都追求自己的利益，才能最好地服务于公共福利。

自律（autonomy）：独立。*理智的自律*就是一个理性的人得出他相信什么和不相信什么的结论的能力。*道德自律*就是一个理性的人得出他关于对错的道德结论的能力（这并不意味着他们将由此得出不同的结论）。

自明的（self-evident）：明显的，无须论证就可以接受的。例如，《独立宣言》的开头通过宣称某些真理是"自明的"，从而使某些论证不可能做出。

自欺（bad faith）：萨特以此来描绘一个人拒绝接受他自己。它有时意指不接受对你为真的事实，更常见的意思是，把关于你的事实作为对你而言是结论性的接受下来，比如"哦，这件事我不能做，我太害羞了"。

自然神论（deism）：犹太—基督教传统的一个变种，它在科学思想盛行的18世纪极为流行。自然神论主张，上帝必定先于他所创造的宇宙和宇宙的定律而存在（因此，它通常会接受某种形式的宇宙论论证），但它还主张，我们没有理由相信上帝对人类对正义有特殊的关照，也没有理由认为上帝拥有我们在崇拜他，向他祈祷时以及《圣经》故事所赋予他的那些人格属性。

自我认同（或自我同一性）（self-identity）：你描述自己特征的方式，无论一般描述（比如一个人、一个男人或女人、一个上帝面前的造物或许多动物中的一员），还是具体描述（比如跑得最快的人、每门功课都得C的一个学生、班上穿得最差的同学）。换句话说，一个人的自我认同不仅仅是对一个"物"的认同，比如对一个人的身体的认同。它是关于我是"谁"的问题，而不仅仅是我是"什么"的问题。

自我中心主义的困境（egocentric predicament）：这个问题源于：我们只能直接了解我们自己的心灵，我们也许永远也不可能认识别的东西或别的人。

自相矛盾（self-contradictory）：指矛盾存在于同一个或同一套陈述之中。我所说的可能与你所说的是矛盾的，但我所说的可能也与我所说的其他东西相矛盾，在这种情况下我就是自我矛盾的。此外，在一些奇特的情况下，我自己的一句陈述也许是自相矛盾的；例如说："我不存在。"

自由（freedom）：人的决定和行动是一个人自己的责任，它可以受到适当的赞扬和责备。对"自由"的最极端的解释就是缺乏任何原因或决定。于是一个非决定论者会说，如果一个事件没有原因，那么它就是自由的；一些哲学家会说，如果一个人的行动仅由他自己来决定，而与其他任何东西（包括一个人的性格）无关，那么这种行动就是自由的。然而，有些决定论者（"弱"决定论者）会说，只有当一个行动"与某人的性格相符"，并且建立在一个人的愿望和个性之上时，它才是自由的。最一般地说，如果一个人的行动本可以以另外一种方式去做，那么它就是自由的，无论这种行动是不是意识决定的结果，也无论是否有某种原因包括进来。

自由市场（free market）：一个自愿交换的系统，其中的每一个能动者都可以"在市场所能承受的范围之内"进行自由的生产买卖，而不受任何外在权威的干扰或标准的限制。

自由意志（free will）：哲学家中间的一种有些陈旧的说法（比如"他是出于自己的自由意志这样做的"），意思是说，一个人有能力决定那些先前的条件不能决定的事情。当然，事前的考虑也许是存在的，比如一个人想要什么、相信什么，但自由意志的意思是说，这些考虑永远也不能确定一个人的决定。它们充其量是"决定的一部分"。

宗教改革（Reformation）：16世纪由马丁·路德在德国发起的宗教运动，它导致了基督教会的分裂和新教的建立。

宗教哲学（或哲学神学）[philosophy of religion (or philosophical theology)]：对宗教、宗教的本质、神圣事物的本质以及相信（或不相信）上帝存在的各种理由的哲学探究。

综合（synthesis）：将各种不同的观念结合成一种统一的看法。比如，古代哲学家毕达哥拉斯的"天球和谐"观念就把数学、音乐、物理学和天文学综合了起来。

译后记

时下，如果我们问一个普通的学生哲学是研究什么的，那么他很可能会回答说，哲学可是一门高深的学问，据说是研究世界观、方法论的。而至于什么是世界观、方法论，他往往并没有清楚的看法，而可能会说无非就是唯心主义是坏的，唯物主义是好的，辩证法是最科学的，云云。这就是目前我们所开设的政治课，以及平日里一些人云亦云的说法对学生所产生的误导，因为许多人都是从与政治有关的材料上第一次邂逅哲学的。更有甚者，这在某种程度上直接导致了人们对哲学普遍提不起兴趣和不够了解。当然，政治课上所讲的内容并非完全与哲学不相干，但如果我们只知道那些内容，那么当我们阅读一本正规的哲学著作时，便很可能对书中的内容感到完全陌生。而当我们翻开一本正统的西方哲学史时，它所讲的内容好像也与我们在政治课上学到的说法大相径庭。那么，哲学到底是讲什么的？空洞地下定义是没有什么意义的，最稳妥的办法就是看看哲学书上到底谈的是什么问题。其实，许多人并不是不想了解哲学，但面对着冠以"哲学"之名的浩如烟海的书籍，人们往往感到无所适从。目前，市面上所能见到的相关读物要么是非常专业的晦涩难懂的专著，让人望而生畏；要么是一些快餐读物，把哲学庸俗化、简单化；再就是一些空洞无物、夸夸其谈的"伪哲学"，使人对哲学的本意产生误解。人们最缺少的，或许也是最愿意读的，可能首先是一本较为浅显的、颇具吸引力和启发性的哲学入门著作，它不仅能让自己乐于读下去，而且讲的还是正规的哲学，不会产生什么误导。

目前，国内能够见到的关于西方哲学史的好书少而又少，其中最出名的也许要算罗素的《西方哲学史》和梯利的《西方哲学史》了。它们的确都是很有分量的名著，讲的也都是正统的哲学。但对于前者，许多专业人士都认为太过偏颇和主观，并不适合初学者阅读，更不适合当教材；而后者读起来可能又过于枯燥，即使是专业学生也很难坚持看完。而且几乎所有这类书都是按照时间顺序来叙述哲学的历史，这往往使有些非专业人士提不起兴趣。

《大问题》则是一本可以很好地弥补这种不足的哲学入门读物，它很适合作为普通读者初识哲学的引路人，也可作为大学本科哲学导论课程的教材或参考书。对于前面谈到的读者的所有这些需求，《大问题》不仅都做到了，而且还做得相当出色，这也就是为什么它会在十几年里连续再版十次，并被美国多所院校选作哲学导论课的教材的原因。它最大的优点是叙述生动，很吸引人，特别是能够吸引那些非专业人士的注意力。作者不是按照一般哲学导论著作那样按照时间顺序罗列哲学史上的一些说法，而是完全把读者当成一点都不了解哲学，按照一些关乎人生的大问题来组织材料的。也就是说，随着讨论的不断深入，自然而然地把读者引入哲学的殿堂。读者可以在不知不觉中熟悉哲学史上的一些最重要的观点，而且很可能会对许多问题重新进行审视，真正享受到思考的乐趣。当我第一次见到这本书时（那时还是第2版），就希望能把它翻译出来以飨读者。我曾把该书的英文本推荐给我的几个非哲学专业的本科生朋友，他们竟能饶有兴味地读下去，甚至一气读完，这更增加了我翻译此书的决心。更加难能可贵的是，这本书还加了几篇附录，生动地讲解怎样写作哲学，哲学的规范、文体、风格是什么，以及一些基本的逻辑常识，这对学术写作的规范可以起到很好的指导作用。本书作者罗伯特·所罗门生前是美国得克萨斯大学奥斯汀分校的教授，尤以擅长授课和写作清晰晓畅而著称，难怪本书写得那么善解人意，字里行间都能透出为普通读者的考虑。

如果读者看了本书以后，除增长了一些哲学史上的知识以外，还能觉得对自己以前零碎的想法看得更清楚了，对许多事物的认识也不那么简单了，再看哲学方面的书也觉得不是那么陌生了，而且还愿意继续深入阅读一些别的书籍，那么译者的心愿就算达到了。当然，这本书毕竟只是哲学的入门，要想深入地理解哲学，仅靠这本书是远远不够的，我们还必须阅读其他哲学书籍，特别是哲学原著。但我相信，首先阅读一本导论性的著作是一种不错的方法，而且对于许多人来说也是更加可行的。愿读者能够通过阅读本书获得一段愉快的思考时光。

2004年，我将《大问题》的第6版译成中文，出版后广受读者好评，在两年的时间里数次重印，在社会上取得了良好的反响。不少高等院校都将它作为哲学导论课的教材，甚至是考研的指定参考书。对此，我深感欣慰。同时我也深切地感到，在西方人文基础教育方面，国内能够见到的好教材实在是太少了，希望今后能有更多的优秀教材出版。

2006年，《大问题》的英文版出了第7版，其中增加了一些章节（主要是在第三章中增加了"宗教宽容"一节，在第十一章中增加了"大众文化美学"一节，共约1万字），且在不少细节处作了调整（主要集中在第六章）。于是，我又根据这个新版做了增补，并借此机会对原文做了重新校对和打磨。

2013年，《大问题》英文版出了第9版，增补地方很多也很零碎，尤其是第九章和第十章的内容作了很多调整。我又根据这个英文版对中译本作了修订。

2017年，《大问题》英文版出了第10版，版式做了很大调整，内容也有很多修改，其中改动最多的是第八章。借《大问题》拿到清华大学出版社出版的机会，我又根据这个新的英文版对中译本作了全面修订。

衷心感谢陈嘉映、靳希平、张祥龙、孙正聿和邓晓芒等著名哲学家热情地推荐本书！

不幸的是，本书作者罗伯特·所罗门教授于2007年1月因心脏病突发在瑞士苏黎世去世，享年65岁。我们因失去了这样一位卓越的学者和哲学教师而深感悲痛！在此祝愿所罗门教授在天堂里安息！

译者
2017年12月28日
清华大学科学史系

悦 · 读人生 |书|系|

生为人，成为人，阅读是最好的途径！

品味和感悟人生，当然需要自己行万里路，更重要的是，需要大量参阅他人的思想，由是，清华大学出版社编辑出版了这套"悦 · 读人生"书系。

阅读，当然应该是快乐的！在提到阅读的时候往往会说"以飨读者"，把阅读类比为与乡党饮酒，能不快哉！本套丛书定位为选取国内外知名学者的图书，范围主要是人文、哲学、艺术类。阅读此类图书的读者，大都不是为了"功利"，而是为了兴趣，希望读者在品读这套丛书的时候，不仅获取知识，还能收获愉悦！

"最伟大的思想家"

北大、人大、复旦、武大等校30位名师联名推荐，集学术性
与普及性于一体，是不可多得的哲学畅销书

京东
购买

当当
购买

当当
购买

京东
购买

聆听音乐（第七版）

耶鲁大学公开课教材，全美百余
所院校采用，风靡全球

当当
购买

京东
购买

大问题：简明哲学导论（第十版）

全球畅销500万册的超级哲学入
门书，有趣又好读

艺术：让人成为人

人文学通识（第10版）

被誉为"最伟大的人文学教科书"，教你"成为人"

当当
购买

京东
购买